Wayne W. Dyer

Glück
der positiven Erziehung

So werden Kinder frei, kreativ und selbständig

CIP-Titelaufnahme der Deutschen Bibliothek

Dyer, Wayne W.:
Glück der positiven Erziehung : so werden Kinder frei, kreativ und selbständig / Wayne W. Dyer. [Aus d. Amerikan. übers. von Helena Jadebeck]. – München ; Landsberg am Lech : mvg-Verl., 1989
   (mvg-Paperbacks ; 413)
   Einheitssacht.: What do you really want for your children? <dt.>
   ISBN 3-478-08413-X
NE: GT

Titel der Originalausgabe: »What Do You Really Want For Your Children?«
William Morrow and Company, Inc.,
Copyright © 1985 by Dr. Wayne W. Dyer
Aus dem amerikanischen übertragen von Helena Jadebeck

Umschlaggestaltung: Gruber & König, Augsburg
Druck und Bindearbeiten: Presse-Druck Augsburg
Printed in Germany 080 413/789802
ISBN 3-478-08413-X

Inhalt

Einleitung

Es gibt viele interessante Zitate zur Kindererziehung, doch keines hat auf mich größeren Eindruck gemacht als die Worte des Earl of Rochester, John Wilmot, der im 17. Jahrhundert lebte: »Vor meiner Heirat hatte ich sechs Theorien über die Kindererziehung, jetzt habe ich sechs Kinder und keine Theorien.« In dieser Aussage steckt viel Wahres. Nichts scheint größere Forderungen an uns zu stellen als die Verantwortung im alltäglichen Umgang mit Kindern.

Ich habe kein wissenschaftliches Werk zur Kindererziehung geschrieben. Mein Ziel ist vielmehr, praktische Erziehungshilfen zu geben, die sich auf meine Erfahrung mit Kindern, meinen Kontakten zu erfolgreichen und fähigen Eltern und die Tatsache stützt, daß ich stets Kinder um mich habe und immer schon eine tiefe Zuneigung für sie empfunden habe.

Die von mir beschriebenen Ideen, Strategien und Wege sind übertragbar auf jedes Alter eines Kindes. Sie sind jederzeit nützlich, um Kindern zu helfen, sich zu selbständigen und freien Menschen zu entwickeln. Ich habe dieses Buch geschrieben, um Ihnen *jetzt* zu helfen. Denn ich bin nicht der Meinung, daß man in der Erziehungsweise seiner Kinder nichts mehr ändern kann, sobald eine bestimmte Entwicklungsstufe erreicht ist.

Wenn man davon ausgeht, daß die meisten Eltern ihren Kindern eine positive Grundeinstellung vermitteln wollen, wo liegt dann eigentlich der Fehler für die Probleme unserer Gesellschaft begraben? In der Realität, der wir jeden Tag gegenüberstehen oder in den Wünschen und Zielen, die wir für unsere Kinder haben? Tatsache ist, daß die meisten von uns nicht wissen, wie sie ihren Kindern dabei helfen können, das Leben zu genießen, weil wir dieses Geheimnis selbst nicht kennengelernt haben. Unsere Kinder fallen dieser Unkenntnis zum Opfer. Wir glauben häufig zu wissen, was einen erfolgreichen Menschen ausmacht, und verbringen unsere Zeit damit, die Heranwachsenden darauf hinzutrimmen, was *wir* für richtig halten. Wir sehen unsere eigenen Fehler und schwören uns, daß sie bei unseren Kindern nicht wieder vorkommen sollen. Wir glauben, daß wir im Laufe unseres Lebens genügend Erfahrung sammeln konnten, was die jungen Menschen begrüßen sollten. Nichts jedoch weicht mehr von der Wahrheit ab als diese Annahme. Das Leben genießen können ist eine Einstellung. Dies vergessen wir häufig, oder wir haben diese innere Überzeugung nie selbst entwickelt und können sie daher auch nicht an die Heranwachsenden weitergeben. Eine wesentliche

Voraussetzung für dieses Buch und für alles, was ich je geschrieben habe, ist, daß Sie fähig sein müssen, das vorzuleben, was Sie anderen beibringen wollen.

Die Fähigkeit, für seine Kinder selbst ein Vorbild zu sein und ihnen die positive Grundeinstellung vorzuleben, ist wesentlich, damit die für Ihre Kinder angestrebten Ziele Wirklichkeit werden.

Kapitel 1

Was ist Ihr größter Wunsch für Ihre Kinder?

»Es gibt keinen größeren Reichtum als das Leben.«
(John Ruskin)

Führen Sie einmal zum Spaß eine Meinungsumfrage durch unter allen Eltern, die Sie kennen, und stellen Sie ihnen die Frage: »Was ist Ihr größter Wunsch für Ihre Kinder?« Und wenn Sie schon gerade dabei sind, dann fragen Sie auch sich und Ihren Ehepartner, falls Sie verheiratet sind. Überlegen Sie sich die Antwort gründlich, während Sie dieses Buch lesen. Sie werden viele verschiedene Antworten erhalten, die wichtigsten jedoch werden sich meiner Erfahrung nach alle um ein zentrales Thema drehen: das Leben genießen zu können.

Wir wissen, daß materielle Güter keine Garantie für Erfüllung und Glück sind und es ist uns wichtig, daß unsere Kinder ihr persönliches Glück nicht in der Anhäufung materieller Güter suchen. Wir alle haben in den letzten Jahren erkannt, daß Statussymbole, eine gewisse gesellschaftliche oder berufliche Stellung, Reichtum sowie einige andere der eher traditionellen Erfolgsmaßstäbe keine Gültigkeit mehr besitzen. Zu viele Geschichten haben wir gehört über die sogenannten »Erfolgsmenschen«, die abhängig sind von Beruhigungstabletten, die regelmäßig ihren Psychiater aufsuchen müssen, für die Depressionen etwas Alltägliches sind, die im Selbstmord durchaus eine Lösung ihrer Probleme sehen oder nur noch damit beschäftigt sind, nach »mehr« zu streben.

Wir möchten, daß unsere Kinder eine positive Einstellung zum Leben haben. Nur dann werden sie in ihrem Leben wirklich erfolgreich sein und das Leben genießen können – und das ist unser größter Wunsch für die Zukunft unserer Kinder.

Vorbild sein

Es gibt keine bessere Reaktion auf die negative Einstellung eines Kindes als selbst ein positives Vorbild zu sein. Für ein Kind, dem es an Motivation mangelt, gibt es keine bessere Hilfe als motivierte Menschen. Ein wütendes Kind braucht eine ruhige Person. Einem wehleidigen Kind ist am meisten mit einem enthusiastischen Menschen geholfen. Obwohl Ihre Kinder nicht alle Eigenschaften von Ihnen übernehmen werden, so ist es zur Förderung der kindlichen Fähigkeiten am besten, wenn Sie so oft wie möglich voller Stolz auf Ihr vorbildhaftes Leben aufmerksam machen können.

Wenn Sie sich ständig demütigen, ohne viel Selbstachtung von einem Tag in den anderen hineinleben und Ihren Kindern buchstäblich zeigen, daß Sie nicht viel von sich halten, dann sind Sie wohl kaum in der Lage, einem Kind dabei zu helfen, an Selbstachtung zu gewinnen. Sie müssen ein Vorbild sein! Wenn Sie möchten, daß diese positive Einstellung auf Ihre Kinder abfärbt, dann ist es wichtig, daß Ihre Kinder in Ihnen einen Menschen mit Selbstachtung sehen können. Sie müssen mit Ihrem eigenen Leben gut zurechtkommen, damit Sie Ihren Kindern als gutes Beispiel vorangehen können.

Auch wenn Sie kein Mensch sind, der seine wunden Punkte überwunden hat, und glauben, noch viel tun zu müssen, können Sie damit anfangen, an jenen Bemerkungen zu arbeiten, mit denen Sie Ihre eigene Unfähigkeit widerspiegeln, das Leben zu genießen. Vergessen Sie solche Aussagen wie:

»Es ist alles so deprimierend – wir kommen einfach nicht vom Fleck.«

»Uns scheint nie etwas zu gelingen.«

»Wie kann ich je glücklich sein, wenn Du mir solche Sorgen machst?«

»Manche Menschen haben das Glück gepachtet.«

»Das Leben ist die reinste Hölle.«

Wenn nicht alles nach Ihren Vorstellungen läuft, dann üben Sie sich in positiven Formulierungen:

»Das ist nur ein kleiner Rückschlag. Wir werden schnell darüber hinwegkommen.«

»Wir alle können diesem etwas Positives abgewinnen.«

»Deine Sorgen betreffen Dich allein. Auf meine Gemütsverfassung haben sie keinerlei Einfluß.«

»Jeder ist seines Glückes Schmied!«

Wenn Sie möchten, daß Ihre Kinder die Fähigkeit entwickeln, das Leben genießen zu können, und Sie bemerken, daß sie eine negative Einstellung entwickeln, dann sollten Sie zunächst sich selbst unter die Lupe nehmen. Sie können keine destruktiven Verhaltensweisen und Einstellungen bei Kindern auslöschen, wenn Sie ihnen kein Vorbild sind und sich vom Leben unterkriegen lassen.

Wenn Sie Vorbild sein wollen – nicht nur um der Kinder willen, sondern auch um Ihrer selbst willen – dann sollten Sie sich an die Dinge erinnern, die im Leben wirklich zählen.

Allzu häufig legen wir nur Wert darauf, Wissen zu erwerben, etwas zu leisten und zu erreichen, und äußerliche Belohnungen, wie eine steile Karriere oder Geld, spielen eine zu große Rolle – auf Kosten der weit wichtigeren Fähigkeit, nämlich glücklich zu sein.

Ihr Wissen gegen Ihre Gefühle

Was ist in jedem Augenblick Ihres Lebens von größerer Bedeutung: Ihr Wissen oder Ihre Gefühle? Es ist unmöglich, beides völlig voneinander zu trennen, aber was hat im allgemeinen Vorrang?

Uns allen ist bewußt, daß in Zeiten, in denen es uns schlecht geht, unsere Leistungsfähigkeit abnimmt und es uns schwerfällt, unsere Pflichten richtig zu erfüllen, bis wir unsere negativen Gefühle irgendwie korrigieren. Gefühle spielen die wichtigste Rolle in unserem Leben, und trotzdem ignorieren wir sie fast völlig, während wir sowohl in der Schule als auch zu Hause den Erwerb des Wissens überbewerten. Pädagogen stehen seit Jahrhunderten vor diesem Problem. Der »affektive« (Gefühls-) gegen den »kognitiven« (Wissens-)Ansatz ist die wissenschaftliche Bezeichnung für die Kontroverse in der Erziehung. Schulen und Eltern investieren viel Zeit und Energie in die Entwicklung des kognitiven Bereichs, und dabei wissen wir alle in unserem Innersten, daß unsere Gefühle in fast allen wichtigen Situationen des Lebens Vorrang haben.

Zu lernen mit unseren Gefühlen umzugehen, Selbstbewußtsein und Selbstachtung zu haben, Depressionen, Angstgefühle, Streß, Beklommenheit, Sorgen, Schuldgefühle, Eifersucht, Schüchternheit und ähnliche Empfindungen zu vermeiden, sind die wichtigsten Fähigkeiten, die freie Menschen haben. Die Fähigkeiten aus dem affektiven Bereich sind eine wichtige Voraussetzung für ein ausgefülltes und glückliches Leben. Und dennoch ignorieren wir unsere affektiven Fähigkeiten und tun sie als trivial ab oder als etwas, das wir bereits beherrschen. Nur wenige von uns können mit ihren Gefühlen richtig umgehen und noch wenigere können ihren Kindern beibringen, mit den Fehlern einer schlechten Erziehung im affektiven Bereich fertig zu werden.

Menschen, denen es an Liebe und Vertrauen mangelt, sind durchaus fähig, einen Rechtschreibwettbewerb zu gewinnen. Häufig können sie anspruchsvolle Reimschemata der esoterischen Poesie aufstellen. Menschen, die Tabletten nehmen, um mit dem Leben besser fertig werden zu können, konnten oft quadratische Gleichungen lösen. Schüchterne Menschen erbrachten oft gute Leistungen im Lesen und Schreiben. Zornige und feindselige Menschen werden gewöhnlich den Anforderungen ihrer

Arbeit gerecht und verstehen sogar den komplizierten Schaltplan eines elektronischen Geräts. Ängstliche Menschen können subtrahieren und addieren und haben oft gute Schulzeugnisse. Sie verstehen jetzt also, daß die wirklich wichtigen Fähigkeiten innerhalb des überkommenen Bildungssystems ignoriert werden. Ich glaube sehr an die kognitive Lernfähigkeit. Je mehr man auf allen Gebieten weiß, um so besser sind die Chancen, in seinem ganzen Leben ein wirklich freier Mensch zu sein.

Der affektive Bereich

Ein wichtiges Ziel dieses Buches ist, Ihre Kinder zu einem glücklichen Leben, frei von Neurosen, zu führen. Dabei müssen Sie davon ausgehen, daß sie diese Fähigkeiten und Verhaltensweisen in der Schule nicht lernen werden: Die Förderung freier Menschen ist im Lehrplan nicht vorgesehen. Die Schule arbeitet diesem Ziel sogar entgegen. Kinder werden sich ihre freien Vorstellungen draußen in der Realität aneignen müssen. Herman Melville, ein amerikanischer Autor des 19. Jahrhunderts und Verfasser des weltbekannten Romans »Moby Dick«, drückte sich folgendermaßen aus: »Ein Walfangschiff war meine Yale Universität und mein Harvard.« Eine clevere Art auszudrücken, daß man sein Wissen aus eigenen Erfahrungen bezieht und nicht aus Vorlesungen einer renommierten Universität. Ihre Kinder werden ihr eigenes Walfangschiff brauchen, wenn sie lernen sollen, ihr emotionales Schicksal zu bewältigen.

Völlig im »Gefühlsbereich« zu leben, ist äußerst lohnend. Im affektiven Bereich gibt es keine Regeln, die man sich merken muß, keine Prüfungen, die man ablegen muß, keine Noten, die auf einem Zeugnis erscheinen. Die Belohnung ist ein glückliches und erfülltes Leben, unabhängig davon, welche Aufgaben Sie übernehmen. Die Regeln sind flexibel und vielfältig. Die Prüfungen bestehen darin, wie Sie im Alltag mit dem realen Leben fertig werden. Es ist keine Schulerziehung für eine künstliche Umgebung oder eine Methode, um später im Leben einmal viel Geld zu verdienen. In diesem Lebensbereich ist jede Situation, jeder Mensch, dem Sie begegnen, jeder Moment Ihres Lebens eine Gelegenheit, Ihr Können und Ihre Fähigkeiten unter Beweis zu stellen.

Unsere Ziele sind daher nicht schwer zu erreichen. Wir selbst müssen unsere Fähigkeiten ausbilden, um auch unseren Kindern beizubringen, in ihrem »Gefühlsbereich« so vital und gesund wie möglich zu werden. Wir möchten, daß unsere Kinder kennenlernen, was ein freies Leben ausmacht. Wir können ihnen durch unsere Erziehung und unser Vorbild helfen, indem wir versuchen, die Einstellung eines freien Menschen vorzuleben.

Zum größten Teil handelt ein freier Mensch nach inneren Signalen, wobei er sich selbst Vertrauen entgegenbringt und gewillt ist, Risiken zu übernehmen. Er ist manchmal wütend, aber diese Wut hat nie eine lähmende Wirkung auf ihn und er ist auch kein Mensch, der über sich die Kontrolle verliert. Er nörgelt nicht, sondern ist tatkräftig und beklagt sich nie bei anderen über sein Schicksal. Ein in meinen Augen freier Mensch verschwendet seine Zeit nicht mit Überlegungen, was morgen geschehen wird. Statt dessen konzentriert er sich darauf, wie man Probleme vermeiden kann. Gleichzeitig belasten ihn keine Schuld- und Angstgefühle aus der Vergangenheit. Dieser Mensch weiß, wie man aus der Vergangenheit lernt, ohne sich über Dinge, die geschehen und vorbei sind, aufzuregen und traurig zu sein. Er sieht einen Sinn und Ziele in seinem Leben, und keiner kann ihm diese Stärke nehmen. Er hält an seinem Lebensziel fest, und Hindernisse bestärken ihn nur in seinen Vorsätzen.

Ein Mensch, der frei von inneren Zwängen ist, ist durch anspruchsvollere Qualitäten, wie ästhetisches Verständnis, Liebe, Respekt, Gerechtigkeit und Frieden motiviert. Er weiß, daß sein Glück aus ihm heraus kommt und daher vergeudet er sein Leben nicht damit, nach Glück, Liebe, Zufriedenheit und Erfolg zu streben. All dies besitzt er und bringt sie in sein Leben ein, statt sie vom Leben zu fordern.

Freie Menschen können in einer kooperativen Weise an das Leben herangehen. Sie haben nicht das Gefühl, mit anderen im Konkurrenzkampf zu stehen und messen sich selten an ihren Erfolgen. Sie sind ihr eigener Herr und empfinden sich als etwas Besonderes in diesem Universum. Daher erkennen sie den Unsinn des Vergleichs. Sie suchen vielmehr nach der Wahrheit, als daß sie nach Anerkennung streben. Sie können den gegenwärtigen Moment ausleben und sind daher nicht von dem Gedanken besessen, was in der Zukunft passieren wird oder wie sie Geschehenes wieder rückgängig machen können. Sie wissen, daß man nicht allen gerecht werden kann und aufgrund ihrer starken inneren Überzeugung liegt ihnen nichts daran, anderen zu imponieren. Innerlich freie Menschen vermeiden es, über andere Urteile zu fällen, und gestehen jedem das Recht zu, über das eigene Leben zu entscheiden, solange sich dies mit den Rechten der anderen vereinbaren läßt.

Freie Menschen verstehen es, das Leben mit einem tiefen Gefühl der Dankbarkeit voll auszuschöpfen. Sie suchen sich keine künstlichen Höhepunkte, sondern empfinden das Leben an sich als Höhepunkt. Sie kennen kein Gefühl der Langeweile oder des Desinteresses. Sie wissen das Leben zu schätzen und es ist schwierig, irgend etwas zu finden, was sie nicht fasziniert. Sie sind bescheiden und fähig, sich an allem zu erfreuen. Vom Sport bis zum Opernbesuch, vom Wandern bis zum Lesen von Gedichten – ihnen macht einfach alles Spaß, Freude.

Freie Menschen führen ein gesundes Leben, bleiben fit und lassen sich nicht dazu verführen, ungesund zu leben. Dies liegt nicht daran, daß sie anderen überlegen sind, sondern vielmehr daran, daß ihnen eine innere Stimme sagt, wie unwohl man sich fühlt, wenn man dick und untrainiert ist, Drogen konsumiert oder Nahrungsmittel zu sich nimmt, die für den Körper reines Gift sind. Aufgrund ihrer Lebensauffassung sehen sie einen Zusammenhang zwischen einem gesunden Geist und einem gesunden Körper und diesem messen sie mehr Bedeutung bei als gesellschaftlichem Prestige. Genau wie ein Tier sich von einem Glas Whisky abwendet, lehnen sie den Konsum von giftigen Substanzen ab, weil es ihnen töricht vorkommt, ihren Körper zu vergiften.

Diese Menschen haben einen starken Sinn für Humor entwickelt. Sie sind überall beliebt und verschwenden ihre Zeit nicht damit, anderen ihre Fehler vorzuwerfen, weil sie nicht gewillt sind, anderen die Schuld für eigene Fehlleistungen zu geben. Sie haben eine ausgeprägte Eigenmotivation, ihre Selbstbestimmtheit hilft ihnen, für ein Leben als unabhängige Menschen mit eigenen Lebenszielen verantwortlich zu sein. Sie sehen sich selbst nicht als erfolgreiche oder erfolglose Menschen, sondern akzeptieren Mißerfolge als einen Teil des Lernprozesses und sind gewillt, alles zu probieren, was sie interessiert. Sie sind keine Konformisten und umgehen engstirnige Regeln und Sitten, die anderen so viele Schwierigkeiten zu bereiten scheinen. Diese Menschen haben ihre eigenen kreativen Ideen und sie gehen in sich, um zu entscheiden, wie man an eine Aufgabe herangehen kann. Sie sind nicht besessen vom Wunsch nach Erfolg – sei es nun die Anerkennung durch andere oder das Übertreffen anderer durch bessere Leistungen – und trotzdem werden sie von anderen, die mit solchen Begriffen umgehen, als erfolgreich bezeichnet.

Es gibt keinen Weg zum Erfolg, denn Erfolg ist eine innere Einstellung, die wir unseren Bemühungen im Leben entgegenbringen. Wenn Sie der Liebe hinterherjagen, wird sie Ihnen entgleiten. Sie müssen zusehen, daß die Liebe Ihnen folgt. Wenn Sie Sicherheit verlangen, werden Sie sich immer unsicher fühlen. Wenn Sie dem Geld nachjagen, werden Sie nie genug haben. Sie müssen dafür sorgen, daß das Geld Ihnen dient.

Die große Ironie des Lebens ist, daß es den Weg zum Glück nicht gibt. Glück heißt dieser Weg.

Diese ironischen Zusammenhänge sind neurotischen Menschen selten bewußt. Die meisten Menschen verbringen ihr Leben damit, nach Glück, Sicherheit und Liebe zu streben und bemerken nicht, daß sie all dies haben könnten, wenn sie nur damit aufhörten, danach zu streben und statt dessen diese Verhaltensweisen in ihr Leben integrierten. Kinder scheinen dies zu wissen. Sie verfügen in hohem Maß über diese natürlichen Eigenschaften und wir müssen Kindern, die ohne innere Zwänge auf die Welt gekommen sind, das zubilligen, was ihnen zusteht: sich frei zu entwickeln. Natürlich brauchen sie unsere Unterstützung, aber wir dürfen nie vergessen, daß wir von unseren Kindern genausoviel lernen können, wie sie von uns. Wir sollten unsere Bemühungen als Eltern nicht zunichte machen, indem wir meinen, es sei unsere Aufgabe, diese jungen Menschen zu dem zu machen, was wir für richtig halten. Im Grunde sind sie hinsichtlich ihrer Fähigkeiten und Verhaltensweisen, die sie zu einem innerlich freien Menschen machen, bereits perfekt. Wir müssen unbedingt darauf achten, daß wir ihnen in unserem Eifer, sie zu »erfolgreichen Menschen zu machen«, diese Eigenschaften nicht rauben.

Während wir überlegen, was wir als Eltern tun sollten, dürfen wir unsere Ziele nicht aus den Augen verlieren. Wir versuchen, unsere Kinder zu bilden und sie dazu zu ermutigen, ihre Träume und Vorstellungen zu realisieren, so daß sie zu all dem werden, was potentiell bereits in ihnen steckt. Dabei sollen sie gleichzeitig erkennen, daß sie perfekte Wesen sind. Wir müssen verstehen lernen, daß sie nicht immer einer Meinung mit uns sein werden, daß sie viel öfter ihren eigenen Kopf durchsetzen wollen, als es uns lieb ist. Wir müssen einsehen, daß sie ihren eigenen Willen haben, auf den wir keinen direkten Einfluß ausüben können, und daß ihre Vorstellungen wohl kaum unseren entsprechen werden; daß sie sich zu anderen Dingen berufen fühlen als wir und daß ihre Ideen in eine ganz andere Richtung gehen als unsere.

Es gibt im Leben keine größere Herausforderung als Eltern zu sein. Wir müssen das Steuer den jungen Menschen überlassen und uns damit zufrieden geben, es eine Zeit in der Hand gehabt zu haben. Unsere Realität bestimmt, daß sie uns ablösen werden und das gleiche werden eines Tages deren Kinder tun. So ist das Leben. Wenn wir erkennen können, wie wichtig es ist, Kinder zu freien Menschen zu erziehen, damit sie das Leben meistern können und ein erfülltes Leben führen können, dann werden wir überrascht feststellen, daß die Probleme, die wir zuvor nicht ausmerzen konnten, wie Armut, Hunger, Krieg, Verbrechen oder

Umweltverschmutzung, besser gelöst werden können von einer Generation, die mit ihrem eigenen Leben zurechtkommt. Vielleicht sind *sie* besser gewappnet, um große Probleme zu lösen, wenn sie nicht auf ihre eigenen unbedeutenden Probleme fixiert sind. Ein altes chinesisches Sprichwort sagt:

> Wenn Du ein Jahr im voraus denkst – dann streust Du Samen.
> Wenn Du zehn Jahre im voraus denkst – dann pflanzst Du einen Baum.
> Wenn Du hundert Jahre im voraus denkst – dann bildest Du die Menschen.

Stellen Sie sich die Welt voller aufgeklärter Eltern vor, die ihre Kinder zu gut funktionierenden freien Menschen erziehen – eine Generation emotional stabiler und ausgesprochen motivierter Menschen, deren Welt nicht so wie früher von destruktiven Gedanken beherrscht ist. Der englische Schriftsteller und Soziologe John Ruskin schrieb einmal: »Am reichsten ist das Land, welches die meisten erhabenen und glücklichen Menschen hervorbringt.«

Dies ist tatsächlich eine Möglichkeit: Die Menschen zu bilden und eine Nation entstehen zu lassen, in der die Mehrheit der Bevölkerung erhabene und glückliche Menschen sind. Ich kann mir kein besseres Vermächtnis vorstellen!

Kapitel 2

Mein Wunsch: Kinder mit hoher Selbstachtung

> Wer frei ist von inneren Zwängen, hat sich selbst verwirk-
> licht. Er ist voller Lebensfreude, kennt kein Bedauern,
> keine Bedenken, keine Selbstgefälligkeit. Er ist sich be-
> wußt, daß er von anderen geliebt und geachtet wird. Die
> gleiche Offenheit, die er anderen zeigt, wird auch ihm
> entgegengebracht. Menschen, die frei sind von inneren
> Zwängen, haben keine Angst vor der Ablehnung anderer.
>
> *So wie der Mensch sich selber hochachtet, achtet er seine Natur in*
> *jedem anderen Menschen hoch.*
> *Pestalozzi, »Der natürliche Schulmeister 3«*

Von all den Meinungen und Vorstellungen, die wir haben, ist keine
so wichtig wie unser Selbstverständnis. Als Eltern sollte es deshalb
unsere Hauptsorge sein, was unsere Kinder von sich denken, statt zu
versuchen, ihr Verhalten an andere Menschen und Lebensumstände
anzupassen.

Unser Selbstverständnis ist bei der Beurteilung, ob wir erfolgreich und
glücklich sind, der wichtigste Faktor. Während viele meinen, daß Begabung, Zufall, Geld, der Intelligenzquotient, eine liebevolle Familie oder
eine positive Einstellung die wahren Barometer sind, um den Erfolg im
Leben zu messen, scheint dies alles für ein gesundes und positives Selbstverständnis von zweitrangiger Bedeutung zu sein. Das Selbstverständnis
Ihrer Kinder beruht unmittelbar auf dem Zuspruch, den sie jeden Tag
von Ihnen erhalten. Wenn Sie wissen möchten, wie Ihre Kinder als
Erwachsene sein werden, sollten Sie sich fragen: »Was halten meine
Kinder von sich?« Denken Sie daran, nicht die Frage zu stellen, »Was
denke ich von meinen Kindern?« oder »Was denken ihre Freunde, Lehrer, Großeltern oder Nachbarn von Ihnen?« Haben Ihre Kinder genug
Selbstvertrauen, so daß sie das, was sie anfangen, auch erfolgreich zu
Ende bringen? Haben sie das Gefühl, intelligent zu sein? Sehen sie sich
als etwas Besonderes? Mit diesen Fragen sollten Sie sich auseinandersetzen, und wenn Sie meinen, Ihren Kindern fehlt ein richtiges Selbstwertgefühl, oder daß sie sich für dumm, häßlich oder unfähig halten oder mit
sich selbst unzufrieden sind, dann sollten Sie die folgenden Hinweise
beachten. Sie zeigen Ihnen, wie Sie das Selbstverständnis Ihrer Kinder
verändern können, so daß es sich positiv entfaltet.

Während Sie über die Selbstachtung Ihrer Kinder nachdenken, sollten Sie nicht vergessen, daß die Schranken, die wir unserer Weiterentwicklung und unserem Glück auferlegen, meist innere Schranken sind. Das Fehlen von Liebe im Leben eines Menschen beruht auf der Befürchtung, man habe keine Liebe verdient. Leistungsschwäche beruht in den meisten Fällen auf der Einstellung, man könne auf höherer Ebene sowieso nichts erreichen. Wenn man sich unglücklich fühlt, liegt dies oft daran, daß man sich im Innersten sagt: »Es ist einfach nicht mein Schicksal, glücklich zu sein.« Daher sollten Sie am Selbstverständnis Ihrer Kinder in allen Lebensbereichen arbeiten, wenn Sie Ihre Kinder zu größeren Ambitionen motivieren wollen. Wann immer Sie merken, daß Ihre Kinder negativ, pessimistisch oder gleichgültig gegenüber ihren Zukunftsplänen und Fähigkeiten eingestellt sind, ist es Ihre Aufgabe, das Selbstbewußtsein Ihrer Kinder zu stärken. Sobald Sie sehen, daß sich das Selbstvertrauen Ihres Kindes steigert, werden Sie eine bemerkenswerte Leistungssteigerung in allen Bereichen feststellen können, aber was noch wichtiger ist, Sie werden ein Kind vor sich haben, das allmählich lernt, das Leben zu genießen. Sie werden glücklichere Gesichter, größere Freude und höhere Erwartungen sehen. Das einzige Hindernis in der Entwicklung eines Kindes zu wahrhafter Größe ist die Angst vor der eigenen Größe. Diese Angst abzubauen, ist der richtige Weg, das Selbstverständnis Ihrer Kinder positiv zu beeinflussen.

Es ist deshalb kein Zufall, daß das Thema »Selbstverständnis« hier auf den ersten Seiten dieses Buches behandelt wird. Es spielt eine große Rolle, um ein Leben frei von inneren Zwängen führen zu können. Wenn ein Kind so aufwächst, daß es sich selbst liebt, Selbstvertrauen hat und eine hohe Selbstachtung besitzt, gibt es kein Hindernis zur Selbstverwirklichung. Sobald ein intaktes Selbstverständnis vorhanden ist, können die Meinungen anderer Ihr Kind nicht mehr lähmen. Ein Jugendlicher, der selbstbewußt an Aufgaben herangeht, wird an einer Niederlage nicht zugrunde gehen, sondern wird daraus etwas lernen. Das Kind, das sich selbst achtet, wird anderen Achtung entgegenbringen, denn man kann nur das geben, was man in sich hat – und umgekehrt, man kann nicht etwas geben, was man nicht hat. In ähnlicher Weise wird ein junger Mensch, der gelernt hat, sich selbst zu lieben, statt Haß viel Liebe geben können.

Selbstverständnis

Tatsächlich haben wir viele verschiedene Vorstellungen von uns. Im Grunde umfassen sie unser ganzes Denken und Leben. Wir haben unsere eigene Meinung über unsere musikalische Begabung, über unsere Sportlichkeit, Sexualität, Kochkünste und mathematischen Fähigkeiten, einfach über alles, was wir als Menschen tun. Kinder haben ebenfalls ein umfassendes Selbstbild, das ständig zwischen dem Positiven und dem Ängstlich-Negativen schwankt. Das Selbstbild ist kein steriler, meßbarer Aspekt unserer Persönlichkeit. An einem Tag halten wir uns vielleicht für einen fähigen Tennisspieler, am darauffolgenden Tag haben wir möglicherweise schon wieder das Gefühl, ein reiner Anfänger zu sein. Am Morgen fühlt sich ein Junge vielleicht den Mädchen in seiner Klasse überlegen, während er schon nach dem Mittagessen wieder einen roten Kopf bekommt, wenn ihn eine anspricht.

Während Sie sich auf den folgenden Seiten mit dem Selbstverständnis Ihrer Kinder auseinandersetzen, sollten Sie daran denken: Alle Menschen sind einzigartig. Man kann sie nicht in eine narrensichere Schablone pressen oder sie auf statistische Zahlen reduzieren. Bei Kindern kommt außer dieser Einzigartigkeit noch hinzu, daß sie sich ständig verändern. Wenn man meint, man habe die Persönlichkeit ergründet, wird einen das Kind des Besseren belehren und ganz anders sein, als man es sich vorgestellt hat. So muß es aber auch sein. Wir sprechen hier über Menschen und nicht über Software. Kinder sind dynamische, sich ständig verändernde und einzigartige Geschöpfe. Dies dürfen wir nie vergessen, wenn wir versuchen, ihnen zu helfen, eine positive Erwartungshaltung und ein intaktes Selbstverständnis zu entwickeln.

Das Selbstwertgefühl. Dies ist ein Begriff, der die allgemeine persönliche Einstellung Ihres Kindes zu sich als Mensch beschreibt. Es wurzelt darin, wie andere Menschen, die im Leben des Kindes eine wichtige Rolle spielen, es sehen. Wenn Sie Ihr Kind als einen wertvollen, wichtigen und attraktiven Menschen behandeln, wird Ihr Kind in der Regel das gleiche von sich denken. Dieses Selbstwertgefühl festigt sich, wenn das Kind sich und seine Fähigkeiten auf die Probe stellt. Im Laufe seiner Entwicklung fühlt es sich wertvoll oder wertlos, wobei es immer seine Bezugsperson im Auge behält.

Wer komplizierte psychologische Erklärungen gewohnt ist, dem muß diese Tatsache simpel vorkommen: *Man ist wertvoll, weil man sagt, daß es so ist.* Bringen Sie Ihren Kindern bei, ihre Persönlichkeit zu erkennen und ermutigen Sie sie dazu, sich wertvoll zu fühlen, auch wenn sie einmal scheitern. Wenn sie immer dazu ermutigt werden, sich so einzuschätzen, daß man einen Wert und eine Bedeutung hat und davon überzeugt ist, daß sie, unabhängig von ihren jeweiligen Leistungen, wertvoll und wichtig sind, werden sie ein Selbstwertgefühl entwickeln.

Das Wort *selbst* ist in dem Begriff Selbstwertgefühl von großer Bedeutung. Während die Entfaltung dieses Gefühls bei Säuglingen und Kleinkindern davon abhängt, wie sie von ihren Bezugspersonen behandelt werden, wird es überaus früh als eine Art gewohnheitsmäßige Selbsteinschätzung verinnerlicht. Das Kind lernt, sich so einzuschätzen, wie andere es wertschätzen, und im Laufe seiner Entwicklung nimmt es die Kontrolle seines Selbstwertgefühls in die eigenen Hände. Wir können unsere Kinder dabei unterstützen, eine positive Selbsteinschätzung zu entfalten und sich wertvoll zu fühlen. Es ist unsere Pflicht, alles zu tun, um zu verhindern, daß Kinder sich *jemals* für wertlos halten! Bei einem Kind, das sich für wertlos hält, werden sich diese negativen Erwartungen in allem, was es unternimmt, bewahrheiten.

Studien über Menschen, die ein kriminelles Leben geführt haben, über Menschen, die nie das erreicht haben, wozu sie eigentlich fähig gewesen wären, über Straftäter, Drogenabhängige oder einfach auch über milieugeschädigte Menschen haben alle, ohne Ausnahme, gezeigt, daß sie von sich glaubten: »Ich bin nichts wert, niemand hat mich je anders eingeschätzt und ich glaube einfach nicht, daß ich wichtig bin.« Wir alle wissen, wie wichtig ein Selbstwertgefühl ist und doch wirken wir als fürsorgliche und pflichtbewußte Eltern auf unsere Kinder so ein, daß wir ein Gefühl der Wertlosigkeit unterstützen. Im folgenden Teil werde ich auf viele elterliche Verhaltensweisen eingehen, die Kindern ein Gefühl der Wertlosigkeit vermitteln.

Selbstvertrauen. Während das Selbstwertgefühl, allgemein ausgedrückt, eine Entscheidung dafür oder dagegen ist, je nach der Selbsteinschätzung, für die sich ein Kind entscheidet, ist das Selbstvertrauen von komplexerer Natur. Man war gerade noch voller Selbstvertrauen, kurz darauf kann man völlig verunsichert sein. Ihr Kind kann zu Hause vor Selbstvertrauen strotzen, aber vor Nervosität zittern, wenn es in der Schule ein Referat halten soll. Ein Kind kann in Gegenwart seiner Mutter voller Selbstvertrauen sein, aber beim Anblick seines Vaters erzittern. Das Selbstvertrauen wird am Verhalten gemessen, während das Selbstwertgefühl eine Frage der Einstellung ist. Ihren Kindern neue Verhaltensweisen beizubringen, ist der Weg, den es einzuschlagen gilt, um das Selbstvertrauen aufzubauen und zu stärken.

Zum Selbstvertrauen gehören: Risikobereitschaft und die Fähigkeit, sich selbst herauszufordern, mutig zu sein und sich zu behaupten. Diese ganze Thematik kreist um ein Schlüsselwort: »Tatkraft«. Man entwickelt Selbstvertrauen, wenn man sich tatkräftig für etwas einsetzt, und nicht indem man sich Sorgen macht, darüber nachdenkt oder spricht, sondern indem man handelt, also Tatkraft zeigt. Sie müssen nicht nach einer komplizierten Formel Ausschau halten, um entscheiden zu können, ob es Ihren Kindern an Selbstvertrauen mangelt. Wenn Ihrem Kind ganz einfach die Motivation fehlt oder es auf irgendeine Weise unfähig ist, so zu handeln, wie es möchte, müssen Sie sein Selbstvertrauen stärken.

Der Begriff »Selbstvertrauen« beschreibt den Menschen nicht in seiner Ganzheit. Kein Kind ist entweder selbstbewußt oder nicht selbstbewußt. Jeder von uns tritt in einigen Lebensbereichen selbstbewußter auf als in anderen. Bei unseren Kindern ist das nicht anders. Wenn wir unseren Kindern helfen möchten, in allen Lebensbereichen an Selbstvertrauen zu gewinnen, dürfen wir nicht vergessen, wie wichtig es ist, daß sie ihre eigene Persönlichkeit entwickeln und bereit sind, sich selbst herauszufordern, risikobereit zu sein und vor Niederlagen keine lähmende Angst zu haben. Aufgrund unserer eigenen Angst vor Niederlagen oder unserem Widerwillen, ein Risiko einzugehen, verleiten wir unsere Kinder allzu häufig dazu, so zu sein, wie sie sind, statt dazu, wie sie sein könnten. Dies spielt bei der Stärkung des Selbstvertrauens eine wichtige Rolle. Wenn Sie Ihre Kinder so behandeln, wie sie sind, werden sie sich nicht weiterentwickeln, und das führt zu einem erschütterten Selbstvertrauen. Wenn Sie Ihre Kinder aber so behandeln, als wären sie bereits das, wozu sie fähig sind, werden Sie ihnen bei der Entfaltung eines ausgeprägten Selbstvertrauens einen großen Gefallen tun. Ich hörte einmal, wie eine Mutter im Freibad ihrem Kind sagte: »Geh' nicht so nah ans Wasser, solange Du nicht schwimmen kannst.« Immer wieder ermahnte sie ihr Kind, nicht zu nah ans Wasser zu gehen. »Du wirst ertrinken, wenn du nicht aufpaßt! Wie oft habe ich dir schon gesagt, daß du nicht schwimmen kannst!« Solche warnenden Aussagen fördern ein schlechtes Selbstvertrauen. Man kann sie aber leicht so umwandeln, daß sie etwas Positives vermitteln. Sie können Ihrem Kind sagen: »Du mußt ins Wasser gehen, wenn du schwimmen möchtest«, oder »Schwimmen macht wirklich viel Spaß. Natürlich kannst du schwimmen – versuch' es doch einmal. Steck deinen Kopf unter Wasser und sieh, was passiert – warum versuchst du es nicht einfach einmal«. Fürsorgliche Eltern möchten nicht, daß ihre Kinder Angst vor Niederlagen bekommen oder glauben, sie wären unfähig. Während man natürlich auf ein Kind aufpassen muß, wenn es sich in der Nähe eines Schwimmbeckens aufhält, werden Sie bemerken, daß ein Kind viel schneller schwimmen lernt, wenn es dazu ermutigt wird. Je mehr Erfahrungen Ihr Kind in so vielen Lebensbereichen wie möglich macht, um so mehr wird sich sein Selbstvertrauen festigen.

Ihr Kind so zu behandeln, als wäre es bereits das, wozu es fähig ist, ist die effektivste Bestärkung eines gesunden Selbstbewußtseins. Statt ein Kind daran zu erinnern, wie wenig es erreicht hat, sollten Sie mit Ihrem Kind so sprechen, als hätte es sehr viel erreicht. »Du spielst wirklich sehr gut Fußball«, statt »Du wirst nie ein Tor schießen, weil du nicht genügend trainierst«; »Du bist ein mathematisches Genie, das nur noch darauf wartet, sich voll zu entfalten«, statt »Du wirst niemals gut in Mathe sein – dein Vater war es ja auch nie«.

Das eigene Selbstwertgefühl muß eine Gabe sein, die man nicht ständig beweisen muß. Man ist wertvoll, weil man existiert; jedes Lebewesen ist ein wertvolles Geschöpf. Auf dieses Thema werde ich noch genauer eingehen und auch mit dem Selbstbewußtsein Ihrer Kinder wollen wir uns näher befassen, das sich auf Tatkraft stützen soll, und nicht auf Nörgelei. Tatkräftige Menschen gehen Risiken ein und wagen sich an neue Dinge heran, auch wenn sie dabei einmal eine Niederlage erleiden. Sie wissen, daß man das Fahrradfahren nicht dadurch lernt, indem man anderen dabei zuschaut, oder zur Primaballerina wird, weil man in viele Ballettvorstellungen geht. An Selbstvertrauen gewinnt man, wenn man sich tatkräftig für etwas einsetzt. Viele Vorschläge werde ich machen, wie Sie Ihrem Kind helfen können, ein selbstbewußter Mensch zu werden. Ihre Rolle als Eltern ist entscheidend.

Bevor wir als Eltern neue Wege in der Erziehung einschlagen können, damit unsere Kinder eine hohe Selbstachtung haben, müssen wir uns mit unseren eigenen Verhaltensweisen auseinandersetzen, die bei unseren Kindern eine positive Selbsteinschätzung verhindern. Wenn wir unbewußt dazu beitragen, daß unsere Kinder ein geringes Selbstwertgefühl haben und es ihnen an Selbstvertrauen mangelt, liegt unsere erste Aufgabe darin, diese negative Einflußnahme einzustellen. Wir wollen unsere Kinder zwar positiv beeinflussen, aber häufig sehen wir einfach nicht, daß wir sie negativ beeinflussen, weil uns diese Art der Einflußnahme fast zur Gewohnheit geworden ist.

Wie wir unbewußt das Selbstvertrauen und Selbstwertgefühl unserer Kinder erschüttern

Der folgende Teil geht auf einige der üblichen Verhaltensweisen ein, die das Selbstwertgefühl und das Selbstvertrauen erschüttern können.

Wir sagen unseren Kindern, sie seien schlecht. Kinder, die glauben, sie seien schlecht, nur weil sie sich schlecht benommen haben, fangen an, ihren Persönlichkeitswert nach solchen Beurteilungen auszurichten. Ein Kind, das ein Glas Milch verschüttet und dem gesagt wird »Du bist ein schlechtes Kind – das ist schon das vierte Mal in dieser Woche, daß du so ungeschickt bist«, wird bald davon überzeugt sein und sich sagen, »Wenn ich tolpatschig bin, dann bin ich ein schlechter Mensch«. Das Selbstwertgefühl des Kindes ist geschwächt, und wenn ihm wiederholt seine Schlechtheit als Mensch vorgehalten wird, wenn es einen Fehler macht oder sich nicht richtig benimmt, wird es sich bald für wertlos halten.

Wir sagen unseren Kindern, sie seien gute Jungen oder Mädchen. Auch hier wird nicht zwischen sich richtig oder gut *verhalten* und ein guter Mensch *sein* unterschieden. Es ist für das Selbstwertgefühl eines Kindes genauso schädlich zu glauben, es sei nur gut, weil es sich gut benimmt, wie zu meinen, es sei schlecht, weil es sich manchmal schlecht benimmt. Wenn man Kindern ständig sagt, »Du bist ein gutes Kind – Mami liebt dich, wenn du dein Zimmer aufräumst«, verinnerlicht das Kind bald das Gefühl »Ich bin nur ein guter Mensch, wenn ich Mami und Papi gefalle«. Ein Kind, das immer hört, es ist gut, wenn es sich richtig benimmt, wird jedesmal ein Gefühl der Wertlosigkeit haben, wenn es ihm mißlingt, sich so zu verhalten, wie es seine Eltern vorschreiben. Jedes Kind wird oft Dinge tun, mit denen seine Eltern nicht einverstanden sind.

Kinder dabei ertappen, wenn sie etwas falsch machen. Bei dieser Erziehungsmethode sagen sich Eltern: »Ich werde darauf achten, was meine Kinder falsch machen und werde sie immer auf diese Fehler aufmerksam machen.« Kinder, mit denen nur gesprochen wird oder die nur dann beachtet werden, wenn sie etwas falsch machen, geraten sehr bald in Selbstzweifel und glauben, sie werden nicht geliebt. In der Schule rufen Lehrer, die Kinder ständig kritisieren, wenn sie etwas falsch machen, eine Atmosphäre des Mißtrauens, eine Anti-Einstellung hervor. Kinder, die solche Lehrer haben, sehen bald in allen Lehrern und in der Schule einen Gegner.

Spitz- und Kosenamen lösen häufig selbstverachtende Gedanken aus. Ein Kind Dummerchen, Dickerchen, Ferkel, Tolpatsch oder anders zu rufen, fördert nicht gerade die positive Selbsteinschätzung und kann das Selbstwertgefühl erheblich erschüttern. Spitznamen erinnern ein Kind tagtäglich daran, wie tolpatschig, unfähig oder häßlich es ist, und während diese Ausdrücke für Sie bedeutungslose und verniedlichende Kosenamen sind, handelt es sich hierbei um wahrhafte Mahnmale für die offensichtlichen Schwächen eines Kindes. Ein negativer Beiklang im Spitznamen oder die Art, wie Sie Ihre Kinder ansprechen, prägen sich im Gedächtnis Ihrer Kinder ein. Wir können uns noch genau daran erinnern, wie sehr wir es als Kind gehaßt haben, an unsere Schwächen erinnert zu werden und wie diese Worte ständig in unserem Kopf kreisten, während wir uns ein Bild von unserer Persönlichkeit machten. Worte sind wie Würfel in einem Spiel. Sind sie einmal gefallen, kann man sie nicht mehr zurücknehmen.

Kinder als »Lehrlinge« zu sehen, die noch keine fertigen Menschen sind. Diese Einstellung wird dadurch charakterisiert, daß Kinder so behandelt werden, als würden sie sich auf das Leben *vorbereiten* – man sagt ihnen, sie würden eines Tages verstehen, warum jetzt von ihnen ein bestimmtes Verhalten erwartet wird. »Wenn du groß bist, wirst du verstehen, warum ich dich jetzt zurechtweise.« »Eines Tages wirst du es zu schätzen wissen, was ich alles für dich getan habe.« »Du bist jetzt noch zu klein, um zu verstehen, warum du dies alles tun sollst. Mach es, weil ich es dir sage.« Diese Art Aussagen vermitteln dem Kind, es sei nicht vollwertig, sondern unvollkommen.

Kinder als Teil eines ganzen Gefüges sehen, statt als ein eigenständiges Individuum. Ein Kind ständig mit seinen Geschwistern oder mit sich selbst, als man noch ein Kind war, zu vergleichen, ruft in Kindern das Gefühl hervor, sie seien nichts Besonderes und Einzigartiges. Wenn das Kind wie ein Puzzleteil statt wie ein vollwertiger, einzigartiger und besonderer Mensch behandelt wird, dann wird es sich bald genauso einschätzen. Eine geringe Selbstachtung beruht auf dem Glauben, man sei nichts Besonderes, nicht einzigartig. Eine solche Selbsteinschätzung beruht darauf, daß man Sätze wie die folgenden, immer wieder zu hören bekam: »Was glaubst du eigentlich, wer du bist, etwas Besonderes?« oder »Du bist nicht besser als all die anderen hier!« oder »Warum bist du nur nicht so wie deine Schwester?« oder »Als ich klein war, haben wir immer alles getan, was unsere Eltern uns gesagt haben.«

Kindern keine Verantwortung überlassen. Wenn man seinen Kindern das Handeln und Denken abnimmt, schädigt man ihr Selbstwertgefühl und ihr Selbstvertrauen. Man gibt seinen Kindern die Gelegenheit, Selbstzweifel zu entwickeln, wenn man ihnen ständig sagt, man sei der Meinung, sie könnten überhaupt nichts richtig machen, oder sie darauf hinweist, daß sie es erst gar nicht versuchen sollen, da es für sie zu schwierig sei. Ignorieren Sie nicht die Bitte eines kleinen Kindes, wenn es sagt: »Ich kann es selbst machen, Papi!« Wenn der Selbstzweifel zunimmt, beginnt das Kind sich bei wichtigen Aufgaben im Leben für wertlos zu halten und daher wird das Selbstvertrauen geschwächt. Je öfter Sie Ihr Kind daran hindern, etwas auszuprobieren, um so mehr beeinträchtigen Sie das Selbstverständnis Ihres Kindes, als wertvoller und vertrauensvoller Mensch zu gelten.

Kinder kritisieren, wenn sie einen Fehler begehen. Kritik führt zu einer negativen Selbsteinschätzung. Je mehr ein Kind kritisiert wird, um so mehr wird es Abstand nehmen von solchen Aufgaben, bei denen es sich eine Kritik einhandeln könnte. Solche Sätze wie »Du warst noch nie ein guter Sportler«, »Das ist schon das dritte Mal, daß du das Training hast ausfallen lassen – du wirst wohl nie pflichtbewußt werden«, »In diesem Kleid siehst du dick aus«, »Du mümmelst ständig«, können in Kindern eine negative Selbsteinschätzung hervorrufen. Es gibt viele Möglichkeiten, ein Kind zu motivieren, damit es sich besser benimmt, und Kritik ist dabei wohl die Methode, die am wenigsten geeignet ist, sondern am meisten schadet. Je stärker Sie sich von fremder Kritik abhängig machen, um so größer ist die Wahrscheinlichkeit, daß Ihr Kind die gleiche Einstellung übernimmt und so über kurz oder lang ein Selbstverständnis entwickelt, das darauf basiert, daß man sich selbst gegenüber überkritisch ist.

Für das Kind sprechen, statt ihm die Gelegenheit zu überlassen, seinem Alter entsprechend zu antworten. Wenn Sie für Ihre Kinder das Wort ergreifen, vermitteln Sie ihnen stillschweigend die Botschaft: »Wir können es besser und richtiger sagen als du. Du bist noch zu jung, um wirklich zu wissen, wie du dich ausdrücken sollst. Vertraue auf uns, deine »allwissenden« und »allmächtigen« Eltern.«

Kindern vor Augen führen, daß Sie sich nicht für wertvoll halten und kein Selbstvertrauen haben. Wenn Sie solch ein negatives Vorbild sind, helfen Sie Ihren Kindern kaum dabei, an Selbstachtung zu gewinnen. Je mehr Sie in Gegenwart Ihrer Kinder über Ihr Schicksal klagen, um so mehr leben Sie Ihren Kindern ein Leben ohne jegliche Selbstachtung vor. Ihre Kinder werden das Beispiel, das Sie geben, verinnerlichen. Wenn Sie sich ständig in Gegenwart kleiner Kinder beklagen, führen Sie ihnen Selbstmitleid vor. Wenn Sie Ihrer Tochter zeigen, daß Sie sich als Frau ausgenützt fühlen und sich nicht für wertvoll halten, dann bringen Sie ihr bei, das gleiche Gefühl zu haben und keinen eigenen Selbstwert zu besitzen. Als Vater bringen Sie Ihrem Sohn ein chauvinistisches und rücksichtsloses Verhalten gegenüber Frauen bei, wenn Sie sich zu Hause selbst so benehmen.

In Gegenwart Ihrer Kinder von ihnen sprechen, als wären sie gar nicht vorhanden. Dieses Verhalten lehrt die Kinder, sich als unwichtige Menschen zu sehen, oder noch schlimmer, sie sehen sich als einen Teil der Wohnungseinrichtung. »Ich weiß nicht, was wir mit Peter machen sollen, jeden Tag wird es schlimmer mit ihm.« – »Sabine paßt in der Schule einfach nicht mehr auf und zu Hause benimmt sie sich auch nicht viel besser.« Dadurch vermitteln die Eltern von Peter und Sabine ihren Kindern das Gefühl »Ach, sie reden von mir, als wäre ich gar nicht vorhanden, als würde ich überhaupt nicht zählen«. Je weniger Achtung Sie Ihren Kindern entgegenbringen und je weniger Sie sie als bedeutende und empfindsame Menschen behandeln, desto weniger Selbstachtung werden diese haben.

Abstand von seinen Kindern halten und sich weigern, sie zu berühren, küssen, umarmen, mit ihnen herumzutollen oder zu spielen. Kinder, die keinerlei Zärtlichkeit erfahren, kommen allmählich zu der Einstellung, sie seien es nicht wert, liebkost und geliebt zu werden. Ernsthafte Anzeichen eines Milieuschadens können daraus resultieren. Ähnlich verhält es sich, wenn Sie Ihrem Kind nie sagen, »Ich liebe dich«, denn diese wichtige Aussage wird in seinem Gedächtnis fehlen, um stets daran erinnert zu werden, daß es liebenswert ist.

Dies waren nur einige der Verhaltensweisen, mit denen Eltern unbeabsichtigt das Selbstbewußtsein ihrer Kinder schwächen. Bevor Sie sich einige Prinzipien und Vorgehensweisen ansehen, die Sie anwenden können, um die Selbstachtung und das Selbstvertrauen Ihrer Kinder zu stärken, sollten Sie verstehen, daß sich ein selbstbewußtseinserschütterndes Verhalten gegenüber Ihren Kindern nicht auszahlt.

Kinder mit geringem Selbstwertgefühl – ein Vorteil?

Alles was man tut, trägt Früchte! Alles! Diese Früchte werden nicht immer zu Ihrem Vorteil sein, sondern oft zu Neurosen führen, aber man bekommt für sein Verhalten immer einen Lohn. Wenn Sie als Eltern daran interessiert sind, Ihren Kindern dabei zu helfen, ihre Selbstachtung und ihr Selbstbewußtsein zu stärken, müssen Sie einmal in sich gehen und herausfinden, was Ihren Vorteil ausmacht, wenn Sie durch falsche Verhaltensweisen bei Ihren Kindern das Gegenteil Ihrer ursprünglichen Ziele erreichen und ihnen beispielsweise ein schlechtes Selbstwertgefühl vermitteln:

☐ Ein gehorsames, zurückhaltendes Kind läßt sich leichter handhaben.

☐ Wenn man in seiner Familie dominiert und für seine Kinder spricht und denkt, nimmt man eine überlegene Stellung ein. Man hat aufmerksame Zuhörer, die zuhören müssen. Diese Dominier-Rolle gesteht einem eine Machtposition zu, die man in anderen Lebensbereichen nicht hat.

☐ Eigentlich ist man für die Entwicklung seiner Kinder zu intakten Menschen nicht verantwortlich, wenn man für alle Fehlschläge »das schlechte Selbstbewußtsein und die Selbstverachtung seines Kindes« verantwortlich machen kann. Dies ist eine bequeme Weise, sich vor der elterlichen Verantwortung zu drücken und gleichzeitig dafür eine Entschuldigung zu haben.

☐ Wer sein Kind ständig kritisiert, ihm immer weiterhilft und es dadurch in eine Abhängigkeit bringt, kann mit dem Mittel der Einschüchterung regieren und sich selbst daran erinnern, wie »recht« man hat. Recht zu haben ist für Eltern sehr wichtig, und wer das Kind ständig daran hindert, selbstbewußt zu werden, hat es leicht, stets im Recht zu sein. Es ist der Fehler des Kindes, das *Kind* strengt sich aber auch nie an, *er* ist ein Angsthase, *sie* hat überhaupt kein Selbstvertrauen – alles bequeme Ausreden, als Eltern immer recht zu haben.

☐ Man kann die Risiken, die immer mit dem Aufbau einer liebevollen Beziehung einhergehen, vermeiden. Wenn die Berührung, die Umarmung, der Kuß oder eine andere Körperlichkeit aufgrund der eigenen Selbstzweifel schwierig sind, kann man sich immer damit entschuldigen, daß man sich sagt: »Ich bin nun einmal so. Daran kann ich nichts ändern.«

☐ Es ist viel einfacher, alle Familienmitglieder gleich zu behandeln. »Jeder wird gleich behandelt« bedeutet in Wahrheit »Ich muß mich nur mit einer Persönlichkeit auseinandersetzen, obwohl fünf Menschen in diesem Haus wohnen«.

Die neurotischen Früchte, die man erntet, wenn man seinen Kindern solche Einstellungen entgegenbringt, wachsen auf dem Boden der Vermeidung: das Vermeiden von Risiken, das Vermeiden von Verantwortung, das Vermeiden von jeglicher Veränderung. Wenn Sie diesen drei wichtigen Aufgaben der Erziehung nicht mehr aus dem Weg gehen, werden Sie merken, daß Sie gegenüber Ihren Kindern neue Verhaltensweisen entwickeln. Ein gesunder Mensch ist bereit, im Leben Risiken einzugehen, als Erwachsener wie als Kind. In ähnlicher Weise übernimmt ein Mensch, der frei von inneren Zwängen ist, Verantwortung, statt anderen die Schuld für alles zu geben. Schließlich weiß ein Mensch, der sich von keinerlei inneren Zwängen in seiner Lebensführung einschränken läßt, daß man im Umgang mit anderen Menschen nie den leichteren Weg einschlagen kann. Als Eltern müssen wir häufig den schwierigeren Weg nehmen, statt das für uns im Augenblick Bequemere zu tun. Auch Kinder müssen lernen, sich schwierigen Herausforderungen zu stellen, statt vor ihnen zu fliehen.

Wenn wir für unsere Kinder ein ausgeprägtes Selbstvertrauen anstreben, müssen wir uns dieser grundlegenden Ideen bewußt sein und uns jeden Tag danach richten und neue Methoden und Strategien einsetzen, die der kindlichen Selbstachtung förderlich sind.

Sieben Regeln zur Förderung der kindlichen Selbstachtung

Im folgenden werden Sie mit sieben grundsätzlichen Richtlinien bekannt gemacht, an die Sie sich bei der Förderung der kindlichen Selbstachtung halten können. Ihr ganzes Verhalten als fürsorgliche Eltern kann sich an diesen Richtlinien orientieren. Beispiele für die Anwendung dieser Richtlinien folgen an späterer Stelle.

1. Sie müssen zeigen, daß Sie sich als Mensch selbst Achtung entgegenbringen. Genau wie Sie zeigen müssen, daß Sie eine positive Selbsteinschätzung haben, müssen Sie dem Kind zeigen, daß Sie eine hohe Selbstachtung haben, und daher das Recht haben, respektvoll behandelt zu werden. Ein Kind muß tief in seinem Innersten glauben können, daß Sie sich wirklich für einen achtenswerten Menschen halten. Es bedeutet, daß Sie in Gegenwart Ihres Kindes keinerlei Respektlosigkeiten Ihnen gegenüber dulden, auch keine Respektlosigkeit Ihres Kindes.

Jeder Mensch ist einzigartig, ein wunderbares Geschöpf, das wertvoll und wichtig ist. Sie sind ein besonderer Mensch. Sie möchten, daß Ihr Kind genauso empfindet – nicht auf eine selbstgefällige Art, sondern in einer Weise, die zeigt, daß Respektlosigkeit einfach nicht akzeptiert wird. Folglich müssen Sie Ihren Kindern beibringen, daß es in Ihrem alltäglichen Umgang miteinander für Respektlosigkeit keinen Platz gibt. Wenn Sie möchten, daß Ihr Kind Selbstachtung hat, sollten Sie mit gutem Beispiel vorangehen und niemals von dieser Einstellung abweichen. Sie müssen an Ihr Kind nicht die Forderung stellen, daß es Sie respektiert. Vielmehr zeigen Sie ihm, daß Sie diese Selbsteinschätzung haben und Sie daher seiner Respektlosigkeit keine Aufmerksamkeit schenken werden. Sobald Sie Ihrem Kind zeigen, daß Sie voller Selbstachtung sind und ein gesundes Selbstvertrauen haben, werden Sie in der Selbsteinschätzung Ihres Kindes eine erstaunliche Veränderung feststellen können. Wenn Kinder ein Vorbild haben, ist es für sie einfacher, ein Verhalten an den Tag zu legen, das von einer positiven Selbsteinschätzung zeugt.

2. Sehen Sie in jedem Kind ein einzigartiges Individuum. Jedes Ihrer Kinder ist ein besonderer Mensch und daher anders als seine Geschwister oder als andere Personen, mit denen man sie vielleicht vergleichen könnte.

Die Individualität eines Kindes zu respektieren bedeutet mehr als keine Vergleiche anzustellen. Es bedeutet die ehrliche Anerkennung dieser Person als ein einzigartiges Geschöpf, das über ein unbegrenztes Potential verfügt, um seine Wünsche im Leben zu realisieren. Es bedeutet, diesen Menschen *jetzt* als vollkommen und eigenständig zu respektieren und sich seiner individuellen Eigenschaften immer bewußt zu sein. Einem Kind, dem es gestattet wird, anders zu sein und seinen eigenen Willen zu haben, ohne dafür kritisiert zu werden, oder einfach all das zu sein, was es sich vorstellt, ohne dabei mit dem Recht anderer auf Individualität in Konflikt zu geraten, wird ein starkes Selbstbewußtsein haben und voller Selbstachtung sein.

3. Ein Kind ist nicht so wie sein Verhalten. Es ist ein Mensch, der handelt. Um die Selbstachtung zu fördern, müssen Sie sich des Unterschieds zwischen diesen beiden kontroversen Dingen bewußt sein. Ein Kind, das scheitert, ist noch lange nicht als Mensch gescheitert, es hat nur so gehandelt, daß es die Gelegenheit bekam, an Reife zu gewinnen. Ein Kind, das in der Schule schlechte Leistungen erbringt, ist noch lange kein Dummkopf, es leistet nur zu einer bestimmten Zeit in seinem Leben nicht genügend. Sie können Ihrem Kind beibringen, aus Fehlern und Fehlschlägen zu lernen und nie vor Niederlagen Angst zu haben, solange es weiß, daß sein Selbstwert nicht von einer bestimmten Leistung an einem bestimmten Tag abhängt. Der Selbstwert kann nicht anhand von erbrachten Leistungen errechnet werden. Erinnern Sie Kinder immer daran, besonders wenn ihnen irgend etwas mißlungen ist, daß sie unabhängig von ihrer Leistung wertvoll sind.

4. Geben Sie Ihren Kindern die Gelegenheit, Verantwortung zu tragen und Entscheidungen zu fällen. Kindern, die selbstbewußt sind, wurde die Gelegenheit gegeben, von Anfang an in ihrem Leben Entscheidungen zu fällen. Kinder haben das Bedürfnis, selbst Verantwortung zu tragen, statt sie ihren Eltern überlassen zu wollen. Sie entwickeln Selbstvertrauen, wenn sie selbst handeln und nicht, wenn sie anderen dabei zuschauen. Sie müssen das Gefühl haben, wichtig zu sein, müssen Risiken eingehen, neue Abenteuer erleben und sie müssen wissen, daß man ihnen Vertrauen entgegenbringt, und zwar in einer Weise, daß man nicht glaubt, sie machen keine Fehler, sondern daß man ihnen etwas zutraut. Kinder, die frühzeitig lernen, Entscheidungen zu treffen – die eigenen Kleider auswählen, bestimmen, was man ißt, Spielkameraden selbst aussuchen, verantwortungsvoll zu sein, ohne sich selbst zu gefährden – lernen sehr schnell, sich selbst zu lieben und zufrieden mit sich zu sein. Sehr früh beginnen sie schon, sich alltägliche, dem Alter angemessene Aufgaben zuzutrauen, die sie mit Stolz und Würde erfüllen.

5. Bringen Sie Ihren Kindern bei, jeden Tag das Leben zu genießen. Kinder, die in einer harmonischen Umgebung leben, entwickeln eine positive Einstellung. Zur Stärkung des Selbstbewußtseins ist es wichtig, daß diese positive Einstellung in das Denken der Kinder eingeht. Machen Sie ihnen deshalb das Positive an ihrem Schicksal deutlich, wenn sie niedergeschlagen sind. Zeigen Sie ihnen, wie dankbar Sie für das Leben sind. In jeder Lebenslage kann man etwas Positives entdecken. Beim täglichen Geschirrspülen hat man Gelegenheit, dafür dankbar zu sein, daß man genug zu essen und Geschirr hat. Eine Reifenpanne bietet die Gelegenheit, dafür dankbar zu sein, daß man ein Auto hat, wenn man bedenkt, wie viele Menschen ohne ein Fahrzeug auskommen müssen. Noch wichtiger ist die Zufriedenheit, eine Aufgabe nach bestem Wissen und Gewissen ausführen zu können, gleichgültig wie leicht sie ist oder wie oft man sie schon gemacht hat. Eine Enttäuschung oder ein Rückschlag geben uns Kraft und helfen uns, neue Strategien zu erlernen, mit Problemen fertig zu werden. Eine solche Lebenseinstellung wird Kindern helfen, ähnlich zu denken.

6. Loben statt kritisieren. Kinder, die ständig zurechtgewiesen werden, lernen, sich selbst zu kritisieren und werden schließlich zu Menschen mit einer geringen Selbstachtung. Das Lob ist ein wundervolles Mittel in der Kindererziehung. Wie Sie selbst wissen, mag niemand, daß man ständig kritisiert wird, daß einem immer gesagt wird, was man tun soll. Fragen Sie sich einmal selbst: Lassen Sie sich gerne zurechtweisen? Gewinnen Sie an Reife, wenn Sie ständig kritisiert werden? In Wahrheit neigen wir doch dazu, so zu bleiben, wie wir sind, wenn wir kritisiert werden. Wir möchten unser Verhalten verteidigen und unser Eigensinn hindert uns daran, die erhaltene Kritik zu akzeptieren. Hinter jeder Kritik steckt eigentlich die Aussage »Wenn du mir nur etwas ähnlicher wärst und so leben würdest, wie ich es für richtig halte, ginge es dir wesentlich besser«. Aber niemand ist genauso wie Sie. Loben Sie Ihr Kind, wenn es sich an eine Aufgabe heranwagt, auch wenn es einmal dabei scheitert. Loben Sie es, weil es risikobereit ist. Schaffen Sie eine Atmosphäre, durch die Ihr Kind weiß, daß Sie es unterstützen und nicht nach Fehlern suchen, und Sie werden den ersten Schritt gemacht haben, ein positives Selbstverständnis zu fördern.

7. Wir werden so, wie wir es uns vorstellen: Unser Denken bestimmt unser Selbstverständnis und dieses wiederum beeinflußt unsere Gefühle und unser

Verhalten. Philosophen aus dem Altertum bis zum heutigen Tag haben uns immer wieder auf diese Wahrheit hingewiesen. Diese Wahrheit spielt auch eine sehr wichtige Rolle bei der Entfaltung des Selbstverständnisses eines Kindes. Mark Aurel, der römische Kaiser, drückte diese Wahrheit folgendermaßen aus: »Das Leben eines Menschen ist, was seine Gedanken daraus machen.« Ralph Waldo Emerson, ein amerikanischer Philosoph aus dem 19. Jahrhundert, sagte: »Ein Mensch ist so wie seine *Gedanken, die er den ganzen Tag über hat.*« Denken Sie daran, daß Ihre Kinder vom ersten Augenblick an von Ihrem Denken beeinflußt werden.

Die Denkweise Ihrer Kinder kann durch Sie positiv gesteuert werden, denn Sie sind die wichtigste Bezugsperson. Glauben Sie an sich? Begegnen Sie jeden Tag Menschen, die an sich glauben? Gehen Sie an eine Aufgabe mit der Überzeugung heran, sie bewältigen zu können, oder haben Sie das Gefühl, zum Scheitern verurteilt zu sein? Haben Ihre Kinder positive Ziele? Haben sie eine Vorstellung darüber, was sie im Leben alles erreichen können? Ihre Denkweise wird bestimmen, wie Ihre Kinder denken und handeln werden. Was immer Ihre Kinder von sich denken, es wird ein Hinweis darauf sein, welchen Erfolg sie in ihrem Leben haben werden. Von großer Wichtigkeit ist es also, nach Verhaltens- und Denkweisen Ausschau zu halten, die ihnen dabei helfen, sich selbst gegenüber eine positive und zufriedene Einstellung zu gewinnen und beizubehalten.

Strategien für eine positive Selbsteinschätzung

Im weiteren finden Sie einige Vorschläge, die auf Kinder jeden Alters angewandt werden können, um sie in ihrer Einstellung zum Leben positiv zu beeinflussen. Erforderlich dazu sind in erster Linie Ihr vorbildliches Verhalten und Denken.

Ermutigen Sie Ihre Kinder dazu, Risiken einzugehen, statt immer nur auf Sicherheit bedacht zu sein. Kinder, die Risiken aus dem Weg gehen, werden sich bald geringschätzen, denn sie werden nie das Gefühl haben, etwas erreicht zu haben. Während es vielleicht auf den ersten Blick so aussieht, als hätte Risikobereitschaft nichts mit Selbstachtung zu tun, sollten Sie nicht vergessen, daß Einstellungen wie »Mir mißlingt einfach alles«, oder »Ich kann das nicht wagen, ich würde mich einfach lächerlich machen, würde ich scheitern«, darauf beruhen, daß man Angst davor hat, Neues auszuprobieren und sich vor Niederlagen fürchtet. Lassen Sie Ihre Kinder den Erfolg üben, wenn Sie möchten, daß sie selbstbewußt sind. Ermutigen Sie sie dazu, Dinge zu tun, die sie zuvor nie gemacht haben. Erinnern Sie sie des öfteren daran, daß man sich einer Niederlage nicht zu schämen braucht, und daß ein Scheitern nicht bedeutet, man ist als Mensch gescheitert. Sagen Sie nicht »Paß auf, du schaffst es vielleicht nicht«, sondern »Komm, versuch's doch mal«. Denken Sie daran, daß das kindliche »Guck'-mal-Mami-und-Papi«-Verhalten und die daran geknüpfte Erwartung wie Lob, ihnen helfen werden, sich als einen mutigen und wertvollen Menschen einzuschätzen. Schließlich werden Ihre Kinder nicht mehr davon abhängig sein, daß andere ihnen das Gefühl geben, wertvoll zu sein. Diesen Zuspruch und diese Anerkennung müssen Sie Ihren Kindern geben, solange sie noch klein sind. Nur dann werden sie ein Selbstverständnis entwickeln können, das im Erwachsenenalter nicht mehr von der Anerkennung anderer abhängt. Ermuntern Sie Ihre Kinder dazu, in ihrer Entwicklung nicht stehen zu bleiben und sich an Neues heranzuwagen. Vergessen Sie nicht, sie dabei eine Zeitlang zu beobachten und ihnen zu sagen, sie seien großartig. Das tut dem Selbstbewußtsein Ihrer Kinder gut, darauf können Sie sich verlassen.

Sehen Sie zu, daß Ihre Kinder sich nicht selbst als schlecht und minderwertig hinstellen. Aussagen wie »Ich bin zu nichts zu gebrauchen«, »Ich bin schlecht in der Rechtschreibung, ich bin zu dumm dafür«, »Ich bin häßlich«, »Ich bin zu dünn«, »Ich kann nicht Fahrrad fahren« sind Anzeichen dafür, daß Sie unbedingt etwas zur Stärkung des Selbstbewußtseins Ihrer Kinder unternehmen müssen. Während es wenig sinnvoll ist, einen langen Vortrag zu halten, müssen Sie auf diese Selbstverachtung mit Zuspruch reagieren. »Du kannst alles machen, wenn du es dir zutraust«, »Du kannst diese Matheaufgabe bestimmt lösen, wenn du dich etwas anstrengst«, »Du wirst im Diktat bestimmt eine gute Note bekommen, wenn du bei der Rechtschreibung ein wenig Hilfe bekommst. Üben wir doch zusammen«, »Du bist kein Dummkopf – ich habe gesehen, daß du vieles kannst«. Verwenden Sie einfache, direkte, positive Aussagen, die einer Selbstverachtung entgegenwirken. Nachdem Kinder dies oft genug gehört haben, werden sie diese positiven Aussagen verinnerlichen. Wann immer ich jemanden in meiner Familie sagen höre »Ich kann nicht«, merke ich, wie ein anderes Familienmitglied darauf reagiert und einwendet: »Erfolgreich wird man nicht durch Untätigkeit, sondern durch das, was man tut.« Ein einfaches Motto, aber sehr wirkungsvoll, um ein Kind zum Handeln herauszufordern.

Versuchen Sie, Erfolg nicht nach äußeren Maßstäben zu messen. Die unbarmherzige Jagd nach Titeln, Auszeichnungen, Geld, Urkunden und materiellen Dingen, danach, die Nummer Eins zu sein, ist der sichere Weg, die Selbstachtung eines Kindes zu schwächen. Denken Sie daran, daß Selbstachtung aus einem selbst herauskommt und nicht auf der Anerkennung durch andere oder auf materiellen Dingen beruht, die man sich erwirbt. Ein Kind, das glaubt, es sei nur wertvoll, wenn es in der Schule gute Noten erzielt, wird sich minderwertig fühlen, wenn eine durchschnittlich gute Note auf seinem Zeugnis erscheint. Und jedes Kind wird in manchen Zeiten seines Lebens durchschnittliche oder unterdurchschnittliche Leistungen erbringen. Man kann nicht immer die Nummer Eins sein oder immer einen Wettbewerb gewinnen oder immer eine Auszeichnung erhalten, aber man kann sich immer für einen wichtigen und wertvollen Menschen halten. Die Selbstachtung eines Kindes muß auf seiner Selbsteinschätzung beruhen. Es muß sich für einen wichtigen Menschen halten, auch wenn seine Noten einmal schlechter als erwartet ausfallen oder wenn es in einem Wettkampf keine Urkunde erhält. Man kann die inneren Maßstäbe für Erfolg in Kindern ständig dadurch aufrechterhalten, indem man nicht so sehr ihre Leistungen und ihre Konkurrenzfähigkeit belohnt, sondern mehr ihre Persönlichkeit berücksichtigt. »Bist du mit dir selbst zufrieden?« ist motivierender als »Wie sieht dein Zeugnis aus?«. »Hast du das Gefühl, daß du dich im Diktat verbesserst?« ermutigt mehr als »Wirst du den Rechtschreibewettbewerb gewinnen?«. »Hat es dir Spaß gemacht, mitzumachen und dich zu verbessern?« hat Vorrang gegenüber »Hast du gewonnen?«.

Kinder, die verstehen, daß sie auch ohne äußerliche Belohnungen Selbstachtung besitzen können, sind auf dem besten Weg, eigene Maßstäbe für das Erfolgreichsein zu entwickeln. An einem Zehn-Kilometer-Rennen teilzunehmen und die Ziellinie zu erreichen, kann in jemandem, der seine eigenen Wertmaßstäbe hat, das Gefühl hervorrufen, er sei die Nummer Eins, während ein Mensch, der nach Äußerlichkeiten strebt, jedes Rennen gewinnen muß, um eine positive Selbsteinschätzung zu haben. In der Geschichte der Menschheit hat es aber noch nie jemanden gegeben, der alle Rennen gewonnen hat.

Sehen Sie zu, daß Kinder aufhören, nörgelig und wehleidig zu sein. Ein wehleidiges Kind sagt Ihnen in Wahrheit, »Ich mag mich und mein Leben zur Zeit nicht«. Eine positive Selbsteinschätzung gehört zur positiven Lebenseinstellung, auch wenn einmal nicht alles so gelingt, wie man es gerne hätte. Ein Mensch mit einer hohen Selbstachtung hält zu große

Stücke auf sich, als daß er sich über das Leben beklagen würde. Solche Menschen sind eher tatkräftig als wehleidig, und sie wissen, wie man Dinge im Leben akzeptiert, die nicht so laufen, wie man es gerne hätte. Üben Sie es, Klagen oder Wehleidigkeiten mit neuen Aussagen und Verhaltensweisen zu begegnen. Wenn Sie so typische Klagelieder hören wie »Ich hasse es, zu Omi zu fahren«, »Mami, Stephan hat mir schon wieder eine Grimasse geschnitten«, »Essen wir heute schon wieder Kartoffeln?«, oder »Ich hasse es, Geschirr zu spülen«, können Sie auf neue Taktiken zurückgreifen, die Ihren Kindern helfen werden, dem Leben und auch gegenüber sich selbst positiver eingestellt zu sein. »Wir werden bei Omi viel Spaß haben. Wir können doch bei ihr im Garten Verstecken spielen.« – »Es gibt keinen Grund, warum du dir Stephans Verhalten zu Herzen nehmen sollst.« – »Kartoffeln schmecken gut, und heute werden wir sie einmal auf schweizerische Art zubereiten.« – »Es ist deine Pflicht, das Geschirr zu spülen. Jeder von uns muß Dinge tun, die er nicht gerne macht, aber man kann trotzdem Spaß dabei haben.« Üben Sie es, über Wehleidigkeiten und Nörgeleien hinwegzusehen. Wenn sich Ihre Kinder ständig bei Ihnen beklagen, liegt das daran, daß sie in Ihnen Mitleid hervorrufen oder auf sich aufmerksam machen möchten.

Bringen Sie Ihren Kindern bei, daß Sie sie nicht für ihr nervenaufreibendes Verhalten mit Aufmerksamkeit belohnen werden. Vergessen Sie nicht, daß Sie möchten, daß Ihre Kinder eine hohe Selbstachtung haben. Ein wehleidiges Kind zeigt für sich und diese Welt nur Verachtung, da es an nichts Gefallen findet. Wenn man positiv eingestellt ist, ein wehleidiges Verhalten nicht unterstützt und immer wiederkehrende Klagen nicht beachtet, hilft man seinen Kindern, sich erfolgreich in dieser Welt zu behaupten. Ein Kind, das eine gefestigte positive Selbsteinschätzung hat, zeichnet sich aus durch die Fähigkeit, sich erfolgreich mit seiner Umwelt auseinanderzusetzen, statt nur Kritik daran zu üben.

Kritisieren Sie das Verhalten eines Kindes, aber nicht seinen menschlichen Wert.
Die einfache Aussage »Du bist ein schlechtes Kind« greift das Selbstwertgefühl eines Kindes an. »Du hast dich schlecht benommen« dagegen kritisiert ein Verhalten, das geändert werden kann. Versuchen Sie Ihre Mißbilligung über das Verhalten Ihrer Kinder zu zeigen, wenn sie sich so verhalten, daß eine Verhaltensänderung erforderlich ist. »Du bist dumm«, »Du bist faul«, »Du bist zu nichts zu gebrauchen«, sind Aussagen, die die Selbstachtung eines Kindes untergraben. Es ist durchaus möglich, diese Aussagen durch andere zu ersetzen, die sich auf das Verhalten beziehen. So könnte man sagen: »Du hast dich dumm verhal-

ten.« – »Heute faulenzt du aber. Dieses Verhalten kann ich nicht dulden.« – »Du hast in die Luft geschaut, deshalb bist du hingefallen.« Kinder dürfen nie glauben, daß sie von Grund auf schlecht sind.

Ermutigen Sie Ihre Kinder dazu, sich für das Leben zu begeistern und sich nicht zu langweilen. Kinder, die sich *wirklich* langweilen, haben kaum Achtung vor sich selbst. Ich hebe hier das Wort *wirklich* hervor, da die meisten Kinder möchten, daß man etwas mit ihnen unternimmt, wenn sie über Langeweile klagen. Wenn dieser Trick angewandt wird, hat ein Kind nicht gelernt, seine Zeit interessant zu gestalten. Die Verantwortung dafür schieben sie gerne den Eltern zu. Es liegt an Ihnen, diese Rolle anzunehmen oder nicht. Natürlich ist es kein Fehler, etwas zusammen zu unternehmen oder sich zusammen zu vergnügen. Ein wirklich gelangweiltes Kind empfindet jedoch für sich und seine Umwelt Verachtung. Erinnern Sie sich und Ihre Kinder immer wieder daran, daß Langeweile eine »Entscheidung« ist. Es gibt tausend Dinge, die man machen kann: lesen, laufen, entdecken, spielen, nachdenken, meditieren, fischen, wandern, eine Schneeballschlacht machen und vieles mehr.

Wann immer ein Kind Langeweile empfindet und dieses Gefühl dazu einsetzt, um bei anderen Schuldgefühle hervorzurufen, werden Sie seine Selbstachtung schwächen, wenn Sie darauf eingehen. Jetzt ist es an der Zeit, ihnen etwas beizubringen. Wann immer meine Tochter über Langeweile klagte, habe ich ihr gesagt, »Ich gebe dir eine Liste über zwanzig Dinge, die du machen kannst, statt dich für die Langeweile zu entscheiden. Ich weiß nicht, wie man sich langweilt. Ich muß noch so viel lernen und entdecken, daß ich das Gefühl der Langeweile nicht kenne.« Aussagen wie diese, die gutgelaunt hervorgebracht werden, verdeutlichen, daß man als Mensch selbst die Verantwortung dafür übernehmen muß, sich nicht zu langweilen. Ein Kind, das lernt, sich jederzeit etwas einfallen zu lassen, das ein Buch liest, einen Spaziergang macht oder einfach nur nachdenkt, das sich ein neues Kuchenrezept ausdenkt oder ein Radio reparieren kann, lernt, alleine sein zu können. Und täuschen Sie sich hier nicht: *Ein gelangweiltes Kind ist jemand, der es nicht genießt, alleine zu sein, und dies beruht darauf, daß es den Menschen, mit dem es alleine ist, nicht genießt.* Dies ist eine kurze, aber prägnante Aussage über die Selbstverachtung. Wenn man sich selbst liebt, ist es kein Problem, alleine zu sein. Fördern Sie in Ihren Kindern die Fähigkeit, Zeit für sich zu haben, damit sie kreativ sein können, statt daß Sie ihnen diese Eigenschaft nehmen, indem Sie sich Dinge für Ihre Kinder ausdenken oder indem Sie Ihren Fernseher zum Babysitter machen oder indem Sie Ihre ganze Energie aufbrauchen, um mit ihnen auf dem Spielplatz herumzutollen, weil Sie zu große Schuldgefühle haben, als daß Sie Ihren Kindern beibringen, sich nicht für die Langeweile zu entscheiden. Kinder mit einer ausgeprägten Selbstachtung können vieles unternehmen und sind nicht davon abhängig, daß andere für sie das Leben gestalten.

Ermutigen Sie Ihre Kinder zur Selbständigkeit statt zur Abhängigkeit. Ein unselbständiges Kind, das von seinen Eltern daran gehindert wird, den Schritt in die Selbständigkeit zu machen, wird Verhaltensweisen übernehmen, die auf Selbstverachtung hinweisen. Es sei nochmals gesagt, daß das Selbstwertgefühl eines Kindes von den Menschen abhängig ist, auf die es angewiesen ist. Daher ist es ihm nicht möglich, sich ohne den Einfluß dieser Bezugspersonen für kompetent und tüchtig zu halten. Während Säuglinge natürlich auf ihre Eltern angewiesen sind und jede nur erdenkliche Fürsorge benötigen, um ein Gefühl des Vertrauens zu entwickeln, müssen sie ermutigt werden, auf eigene Faust etwas zu machen, wenn sie die Welt entdecken: hin und wieder zu stolpern; nach etwas zu greifen, was außer ihrer Reichweite ist; zu spüren, wie aufregend es ist, eine Rassel zum ersten Mal selbst festzuhalten; die Freude, ohne Hilfe zu essen. Jedes Kind hat es schon einmal gesagt: »Ich mache es alleine.« Kinder wollen selbständig sein, damit sie eine hohe Selbstachtung haben können. Diesen Wunsch nach Selbständigkeit kann man fördern, indem man seine Besitzansprüche auf ein Kind herunterschraubt und es dazu ermutigt, selbständig zu denken. »Was denkst du?« – »Warum gehst du nicht mal in einen evangelischen Gottesdienst, auch wenn wir katholisch sind? Lerne diese Konfession selbst kennen.« – »Welche Partei würdest *du* wählen.« – »Du kannst doch einmal Spargel probieren, auch wenn deine Mutter ihn nie kocht.« – »Setz dich erst einmal alleine mit dem Problem auseinander, dann erst kann ich dir helfen.« Selbständigkeit erzeugt Selbstachtung, während Unselbständigkeit zur Selbstverachtung führt.

Bringen Sie Ihren Kindern bei, frei von Vorurteilen zu sein. Kinder, die es lernen zu hassen, müssen diesen Haß in sich speichern, um darauf zurückgreifen zu können, wenn jemand auftaucht, den sie zu hassen gelernt haben. Es ist offensichtlich, daß Kinder, die Haß in sich tragen, auch für sich selbst Haß empfinden müssen, da sie der Herd dieser Verachtung sind. Ein Mensch, der andere kritisiert, der Vorurteile hat und voller Haß ist, muß sich sehr unsicher fühlen, da er selbst auf solche Methoden zurückgreifen muß, um sich besser fühlen zu können. Verachtung und Vorurteile beruhen auf dem Bedürfnis, andere schlecht zu machen, um sich selbst gut zu fühlen. Es handelt sich hierbei um das Verhalten eines Menschen, der kaum Achtung für sich hat. Wenn man sich wirklich mag, fühlt man sich durch andere nicht bedroht, sondern erkennt die Andersartigkeit an.

Bringen Sie Ihren Kindern bei, gegenüber anderen Menschen und Ideen aufgeschlossen zu sein. Weisen Sie Ihre Kinder zurecht, wenn Sie einmal hören sollten, daß sie über alte Menschen schlecht reden. »Es erstaunt mich, daß du alte Menschen herunterputzen mußt, um dich selbst wichtig fühlen zu können. Sie haben ein Recht, so zu sein, wie sie sind, genau wie du das Recht hast, so zu sein, wie du bist.« Keine Moralpredigt, keinerlei Strafe, keine Kritik – nur eine einfache Aussage, die Kinder dazu auffordert, über ihre Vorurteile nachzudenken.

Wenn Sie bemerken, daß Ihre Kinder Meinungen über jeden und alles äußern, ohne sich dabei auf eigene Erfahrungen oder eigenes Wissen zu stützen, sollten Sie sie dazu auffordern, offener und wißbegieriger zu sein. Denken Sie daran, daß es wirklich sehr trivial ist, nur eine Meinung über so komplexe Themen wie Armut, Hunger, Atomkrieg, Prostitution, Glaubenskriege und vieles mehr zu haben. Ihren Kindern eine innere Verpflichtung verspüren zu lassen, daß jeder mithelfen kann, diesen Problemen ein Ende zu bereiten, wird Ihren Kindern bewußt machen, daß auch sie sich für etwas einsetzen müssen, statt nur eine Meinung zu haben. Weisen Sie darauf hin, daß Meinungen, die auf Vorurteilen und Gutgläubigkeit beruhen, hohl und austauschbar sind und deshalb nicht auf Anerkennung stoßen werden.

Ermuntern Sie Ihre Kinder dazu, gegenüber sich selbst ehrlich zu sein. Jedesmal wenn Kinder sich belügen, verlieren sie einen Teil ihrer Selbstachtung. Ein Kind, das sich selbst belügt, erfindet eine neue Welt, um andere zu täuschen. Daher sieht es in der Meinung der anderen die Ursache für seine erfundene Persönlichkeit. Ermutigen Sie zur Ehrlichkeit durch Aussagen wie »Mir macht es nichts aus, daß du das Fußballspiel nicht gewonnen hast, weil die andere Mannschaft heute besser war. Wir verlieren alle einmal. Auch wenn die Schiedsrichter heute nicht sehr fair waren, darfst du ihnen nicht die Schuld dafür geben, daß ihr verloren habt.« Oder: »Du hast im Diktat eine Fünf bekommen, weil du noch nicht gut genug bist und nicht, weil der Lehrer schlecht ist. Ich glaube, du solltest mehr Zeit damit verbringen, die Rechtschreibung zu üben, statt andere zu beschuldigen.« Oder: »Du bist in Ordnung, auch wenn du zum Unterricht zu spät gekommen bist, aber es ist nun mal deine Pflicht, dafür zu sorgen, daß du pünktlich bist. Gib also nicht dem Wecker die Schuld.«

Ein Kind, das lernt ehrlich mit sich zu sein, wird Achtung vor sich selbst haben. Ihr Kind wird dies lernen, wenn Sie das Kind immer für seine Ehrlichkeit belohnen. Sorgen Sie für eine so vertrauensvolle Beziehung zu Ihren Kindern, daß es immer richtig ist, die Wahrheit zu sagen. Ihr Kind muß wissen, daß es nicht dafür bestraft wird, weil es die Wahrheit sagt. Lügen sind Zeichen für Selbstverachtung. Es ist nicht möglich, eine ehrliche Atmosphäre zu schaffen, wenn man selber lügt. Je mehr Ihr Kind merkt, daß es seine Welt nicht verdrehen muß, um in Ihren Augen anerkannt zu werden, um so mehr helfen Sie ihm, sich in dieser Welt zurechtzufinden.

Seien Sie sich darüber bewußt, wie wichtig Ihr Aussehen für Ihre Kinder ist. Setzen Sie sich zusammen mit Ihren Kindern für eine Verbesserung des Wohlbefindens ein, so daß Sie Ihren Kindern helfen, so attraktiv und gesund wie möglich zu sein. Laufen Sie zu Anfang eines Trainingsprogramms zusammen mit Ihren Kindern jeden Tag einen Kilometer. Weigern Sie sich, nährstoffarme Kost und Süßigkeiten zu kaufen, wenn Ihre Kinder Gewichts- oder Hautprobleme haben. Zeigen Sie Ihren Kindern durch Ihr Vorbild und Ihr Verhalten, daß Sie möchten, daß sie sich attraktiv und gesund fühlen. Sobald ein Kind anfängt abzunehmen oder Sport zu treiben, wird sich dies in einer verbesserten Selbsteinschätzung niederschlagen. Etwas Konstruktives zu tun, gleichgültig wie belanglos es auch scheinen mag, ist eine zuverlässige Möglichkeit, seine Selbstachtung zu stärken. Ihre Teilnahme an einer solchen Aktivität wird dafür sorgen, daß die Kinder nicht aufgeben. Einfache, alltägliche Ziele zur eigenen Weiterentwicklung sind wirkungsvolle innere Stimmungsmacher; Selbstachtung ist schließlich nichts anderes als eine innere Stimmung.

»Ertappen« Sie Ihre Kinder dabei, wie sie etwas Gutes machen, und erinnern Sie sie jeden Tag daran, wie einzigartig sie sind. Stellen Sie Ihren Kindern keine Fallen, indem Sie ihnen Fragen stellen, die sie zum Lügen verleiten könnten. Eine Mutter in meinem Bekanntenkreis sah ungewollt, wie ihre Tochter morgens ein Taxi zur Schule nahm, obwohl sie es ihr ausdrücklich verboten hatte, ihr Geld auf diese Weise zu vergeuden. Den ganzen Vormittag plante sie, wie sie ihre Tochter »in eine Falle locken« könnte. Als die Sechzehnjährige nach Hause kam, fragte die Mutter: »Wie bist du heute zur Schule gekommen?«, befand sich die Tochter in einer Situation, in der sie entweder lügen oder sich einer Bestrafung aussetzen mußte. Die Mutter hätte besser gesagt: »Ich habe gesehen, wie du heute in ein Taxi gestiegen bist, obwohl wir uns doch darüber einig waren, daß

dies eine Geldverschwendung ist, die besonders jetzt, da wir alle knapp bei Kasse sind, unnötig ist.« Ein solches Gespräch ermöglicht Ehrlichkeit und gibt dem Kind die Gelegenheit sich zu rechtfertigen, ohne lügen oder sich schrecklich fühlen zu müssen. Wenn es zu einem solchen Gespräch gekommen ist, sollten Sie auf Gelegenheiten achten, in denen Ihre Tochter etwas richtig macht. »Maria, ich hab' mich sehr gefreut, daß du die Küche aufgeräumt hast. Vielen Dank für deine Hilfe.« Je mehr Energie Sie darauf verwenden, Ihre Kinder dabei zu ertappen, wenn sie etwas Gutes tun, um so mehr werden Sie solch ein gutes Verhalten zwischen Ihnen und Ihren Kindern fördern, um so besser wird das Selbstwertgefühl Ihrer Kinder sein. Helfen Sie Ihren Kindern, destruktive Verhaltensweisen abzulegen, indem Sie ehrlich zu ihnen sind und ihnen Gelegenheit geben, ehrlich sein zu können, und schenken Sie ihnen Aufmerksamkeit, wenn sie etwas richtig machen. Ihre Kinder werden dann bald das Gefühl haben »Ich bin in Ordnung« und diese Einstellung entspricht genau Ihrem Wunsch.

Behandeln Sie Ihre Kinder so, als seien sie von Geburt an vollkommene Menschen, statt ihnen das Gefühl zu vermitteln, sie seien erst auf dem Weg dorthin. Bei Gesprächen mit Ihren Kindern sollten Sie Aussagen vermeiden, die den Kindern das Gefühl geben, sie seien Ihnen unterlegen. Zweijährige sprechen die Sprache eines Zweijährigen und es sollte von ihnen nicht erwartet werden, daß sie die Sprache der Erwachsenen beherrschen. Genießen Sie es, daß Ihr Kind zwei Jahre alt ist. Wenn Kinder mit drei Jahren Bettnässer sind, deutet dies nicht auf ein ernsthaftes Problem hin, das sie im Alter von vierzehn immer noch haben werden. Es ist ein Verhalten, das ihrem Alter entspricht und sollte als solches eingestuft werden. Vierjährige sind gerne trotzig und albern. Achtjährige spielen gerne im Dreck oder fahren ihr »Schlummerle« spazieren. Elfjährige boxen und raufen gerne. Dies sind völlig normale Verhaltensweisen und sollten nicht als Hindernisse in der Entwicklung zu einem erwachsenen Menschen gesehen werden. Sie tun sich und Ihren Kindern einen Gefallen, wenn Sie sich an einigen ihrer altersgemäßen Verhaltensweisen erfreuen. Spielen Sie mit ihnen im Garten Ball, tollen Sie mit ihnen herum oder gehen Sie einmal mit ihnen ein Eis essen. Machen Sie sich keine Sorgen, daß Ihr Kind gewalttätig würde, wenn es gerne rauft oder sich herumtreibt. Genießen Sie lieber die Entwicklungsphase, die Ihr Kind gerade durchmacht. Behandeln Sie Kinder als vollkommene und vollwertige Menschen, von denen Sie genausoviel lernen können, wie sie von Ihnen. Je weniger sie dafür kritisiert werden, daß sie Kinder sind, um so leichter wird es ihnen fallen, sich selbst zu genießen und sich als wertvolle und wichtige Menschen zu sehen. Kinder, die sich so akzeptieren, wie sie gerade sind, und die Menschen um sich haben, die die gleiche Einstellung haben, und sich keine Sorgen darüber machen, was aus ihnen in der Zukunft werden soll, entwickeln ein intaktes Selbstverständnis.

Geben Sie Kindern die Gelegenheit, einzigartige und besondere Menschen zu sein. Wenn Ihr Kind statt Musik lieber Sport macht, und Sie gedacht hatten, Ihr Kind würde eines Tages ein Musiker werden, sollten Sie nicht auf Ihrer Vorstellung beharren. Lassen Sie Ihren Kindern ihre eigenen Interessen. Wenn Ihre Tochter unbedingt eine Schauspielerin werden möchte und Sie immer hofften, daß sie Jura studiert, sollten Sie sie gewähren lassen. Erlauben Sie es Ihren Kindern, die einzigartigen Menschen zu sein, die sie sind, statt von ihnen zu erwarten, daß sie Ihre Wünsche erfüllen, oder sie mit anderen Familienmitgliedern zu vergleichen. Kinder so zu akzeptieren, wie sie sind, spielt bei der Entfaltung eines intakten Selbstverständnisses eine wichtige Rolle. Eltern, die ihre Kinder so konditionieren, daß sie so denken und glauben, wie sie, und es ihren Kindern abnehmen, deren Ziele festzulegen, fördern in ihren Kindern ein Mißtrauen gegen eigene Entscheidungen und eigene Gefühle. Selbstzweifel führen zu einem geschwächten Selbstbewußtsein. Das Beste, was man für seine Kinder tun kann, ist, sie bei ihren eigenen Entscheidungen etwas anzuleiten und ihnen gleichzeitig zu zeigen, daß man sich über die Entscheidungen, die sie fällen, nicht ärgern wird.

Der amerikanische Psychoanalytiker Rollo May, ein Fachmann auf dem Gebiet des menschlichen Verhaltens, sagte einmal zur Fähigkeit, im Leben eigene Entscheidungen zu fällen: »In unserer Gesellschaft ist das Gegenteil von Mut nicht Feigheit, sondern Konformität.«

Sie möchten nicht, daß Ihre Kinder ein konformes Verhalten an den Tag legen, nur weil es Ihnen gefällt. Sie möchten, daß Ihre Kinder ihre eigene Meinung vertreten und Herausforderungen, die das Leben ihnen stellt, annehmen. Dies heißt zu vergessen, daß sie sich so entwickeln müssen, wie Sie es sich vorstellen. Gestehen Sie Ihren Kindern das Recht zu, sie selbst zu sein und sie werden voller Selbstvertrauen sein. Wenn Sie Ihren Kindern dieses Recht verwehren, werden sie voller Schuldgefühle und Selbstzweifel sein, weil sie Sie enttäuscht haben.

Wenn Sie möchten, daß sich ihre Kinder attraktiv, schön tüchtig und gesund finden, sollten Sie Vorbild sein. Kinder erfüllt es mit Stolz, attraktive Eltern zu haben. Reden Sie nicht nur davon, gesund zu leben. Gehen Sie mit gutem Beispiel voran und zeigen Sie Ihren Kindern einen Menschen, der gesund, heiter und sportlich ist und Normalgewicht hat, und es wird ihnen nur natürlich vorkommen, sich genauso zu fühlen. Wenn Sie Übergewicht haben, rauchen, Alkohol trinken und sich nicht pflegen, tragen Sie unbewußt dazu bei, daß Ihre Kinder nicht viel Achtung vor Ihnen haben werden. Ihre Kinder möchten sich und ihre Eltern als gesunde Menschen lieben können. Sie brauchen ein Vorbild, auf dem diese Liebe basieren kann. In diesem Fall sollten Sie an sich arbeiten, zu Ihrem eigenen Vorteil und dem Ihrer Kinder.

Hören Sie Ihren Kindern genau zu. Seien Sie Ihren Kindern gegenüber immer aufmerksam und ehrlich, denn Aufmerksamkeit und Ehrlichkeit sind die Eckpfeiler für ein ehrliches und respektvolles Verhalten. Zeigen Sie Ihren Kindern, daß Sie sich wirklich für sie interessieren, auch wenn Sie ihnen nur kurze Zeit am Tag Aufmerksamkeit schenken können. Lernen auch Sie aus dem Leben Ihrer Kinder. Stellen Sie jeden Tag Fragen über die Schule, über ihre Freunde und über das, was sie tagsüber gemacht haben. Bei kleinen Kindern sollten Sie genau zuhören, wenn sie im Spiel mit ihren Puppen oder anderem Spielzeug ihre Fantasievorstellungen enthüllen. Zeigen Sie Ihren Kindern, daß Ihnen etwas daran liegt, ihre Geschichten zu hören, und sie werden spüren, daß sie wichtige Menschen sind, weil Sie ihnen zuhören.

Nehmen Sie am Alltag Ihrer Kinder teil. Verbringen Sie etwas Zeit damit, Ball zu spielen, herumzutoben, das Alphabet gemeinsam zu lernen. Vermeiden Sie Mannschaftssportarten, bis Ihre Kinder reif genug dafür sind. Sehen Sie zu, daß andere ihnen nicht beibringen, daß der Sieg alles ist. Verbringen Sie etwas Zeit mit den Jugendlichen und zeigen Sie für ihr Leben Interesse. Dies ist die Basis, damit sie ein starkes Selbstvertrauen entwickeln können.

Fordern Sie Ihre Kinder dazu auf, ihre Freunde mit nach Hause zu bringen. Zeigen Sie ihnen, daß ihre Freunde bei Ihnen immer willkommen sind und daß Sie ihren Freunden Bedeutung beimessen. Kinder, die wissen, daß ihre Freunde in ihrem Elternhaus willkommen sind, wird von ihren Eltern die Botschaft vermittelt: »Ich weiß, daß du deine Freunde richtig auswählst. Wenn du sie gern hast, bin ich damit einverstanden. Ich vertraue dir und heiße deine Freunde willkommen.« Dies ist eine wirkungsvolle Geste, die Kinder wissen läßt, daß man an sie glaubt. Wenn Sie an Ihre Kinder glauben, werden auch sie selbst es tun.

Lesen Sie ihnen in jedem Alter etwas vor. Geben Sie Ihren Kindern das Wertvollste, daß Sie in Ihrem Leben haben: Ihre Zeit. Teilen Sie mit ihnen Ihre Lieblingsgeschichte, erzählen Sie von Ihrer Kindheit und wie wundervoll sie als kleine Babies waren. Diese Art der Aufmerksamkeit fördert das Selbstbewußtsein.

Unterstützen Sie ihr Streben nach Selbständigkeit, statt darin eine Bedrohung Ihrer Überlegenheit zu sehen. Ermutigen Sie Ihre Kinder dazu, sich nachmittags das Taschengeld aufzubessern, in einem Restaurant selbst zu bestellen, ihre Zimmer selbst einzurichten, oder all das zu tun, was ihnen ein Gefühl der Zugehörigkeit und der Selbständigkeit vermittelt. Je selbständiger sie sich in ihrer Kindheit fühlen, um so größer wird ihr Selbstvertrauen später sein. Ihre Kinder sollten nicht für jede Kleinigkeit um Erlaubnis bitten müssen oder herausfinden müssen, ob Sie einverstanden sind. Sie müssen lernen, mit Geld richtig umzugehen, gute Kleidung auszuwählen, zu kochen und zu putzen, die Zeit für Arbeit und Freizeit richtig einzuteilen, sich um ihre Sachen zu kümmern, anderen gegenüber höflich zu sein, sich ausgewogen zu ernähren und genügend zu schlafen.

Verhelfen Sie Ihren Kindern zu einem positiven Selbstverständnis. Positive Gedanken spielen bei der Entfaltung und der Festigung eines gesunden Selbstverständnisses eine wichtige Rolle. Kinder, die lernen, sich für erfolgreich zu halten und konstruktive Lösungsstrategien für ihre Probleme entwickeln, werden viel stärker an ihre Fähigkeiten glauben als andere, die nicht das Gefühl haben, erfolgreich zu sein. Wie sieht das Selbstverständnis Ihrer Kinder aus?

Kinder, die sich gewisse Dinge nicht vorstellen können, zum Beispiel, daß sie vor ihrer ganzen Klasse ein Referat halten, eine Klausur bestehen, eine komplette Mahlzeit zubereiten oder mit jemandem ausgehen, werden diese Ziele auch nicht erreichen können. Helfen Sie Ihren Kindern, eine positive Vorstellungskraft zu entwickeln und Sie werden ihnen nicht nur zum Erfolg verhelfen, sondern auch ihr Selbstbewußtsein stärken.

Wenn Kinder eine negative Einstellung haben und sich immer wieder sagen. »Ich kann nicht«, sollten Sie in ihnen diese positive Vorstellungskraft wecken und sie immer wieder trainieren. Nur wer sich etwas Positives vorstellen kann, ist in der Lage, diese Vorstellung in die Wirklichkeit umzusetzen. Wenn erst einmal die Vorstellung vorhanden ist, wird sie bleiben, als wäre sie Realität. Diese Vorstellungskraft motiviert, man hält an seinen Zielen fest und verwirklicht sie schließlich.

Bringen Sie Ihren Kindern bei, destruktive Selbstgespräche zu vermeiden. Wann immer Sie hören, daß Kinder sich durch Worte schlecht machen, sollten

Sie ihnen helfen, damit aufzuhören. Die Art, wie ein Kind über sich spricht, spiegelt sein Selbstverständnis wider. Kinder, die sich ständig beklagen, sich sagen, sie seien wertlos und könnten nichts zustandebringen, sagen sich ihr Scheitern vor und werden tatsächlich nichts zustandebringen können (»self-fulfilling prophecy«). Wenn Sie die Selbstgespräche Ihrer Kinder ins Positive kehren können, vermitteln Sie ihnen ein neues Selbstverständnis. Wenn sie sich ständig negativ äußern, zum Beispiel »Wir werden alle gar keinen Platz im Auto haben, wenn alle mit in die Stadt fahren«, sollten Sie freundlich darauf hinweisen, daß man zu mehreren viel Spaß haben kann. »Denk an die gute Seite, denk daran, wieviel Spaß wir haben werden und daß wir mit den Menschen zusammen sein können, die wir sehr gerne haben.« Keine Moralpredigt, nur ein bißchen Übung in positiver Vorstellungskraft. Ich erinnere meine Kinder ständig daran, daß sie nicht Dinge sagen sollen, was einer Sache einen negativen Ausgang vorwegnimmt, weil sie dadurch tatsächlich negativ ausgehen kann. Wie wir über uns sprechen ist reine Gewohnheit, und negative Selbstgespräche sind ebenfalls nur eine Gewohnheit, die man sich angewöhnt hat. Positive Selbstgespräche können mit Ihrer Hilfe für Ihre Kinder zur Selbstverständlichkeit werden, wenn Sie selbst eine positive Vorstellungskraft haben und Ihre Kinder daran erinnern, daß sie nicht denken sollen, was nicht wünschenswert ist. In einem positiven Selbstgespräch zeigt sich das Selbstverständnis eines Kindes. Der folgende Dialog zeigt, wie man negative Gedanken in positive umwandelt:

Mutter: »Wir fahren heute alle zusammen an den Strand zum Picknicken.«
Anna: »Das letzte Mal hat mir das Picknick überhaupt keinen Spaß gemacht. Überall war Sand in unseren Sachen und nirgends gab es etwas zu trinken.«
Mutter: »Mir hat es damals viel Spaß gemacht. Dieses Mal nehmen wir eben etwas zu trinken mit. Wir werden bestimmt viel Spaß haben.
Anna: »Ich weiß, daß ich wieder auf das Baby aufpassen muß. Ich werde keinen Spaß haben.«
Mutter: »Diesmal werden wir alle auf die Kleine aufpassen. Sie wird Spaß daran haben, im Sand zu spielen. Ich weiß, du wirst auch deinen Spaß haben, wenn du dir nur etwas Mühe gibst. Versuch' an das zu denken, was Spaß macht.«

Während Anna danach nicht unbedingt mit ihren Klagen aufhört, so wird sie doch bald verstehen, daß ihre Mutter von ihr erwartet, daß sie Spaß hat und sich auf das Picknick freut. Annas Denkweise war der Mutter in letzter Zeit sehr aufgefallen. Anna hatte durch ihre Nörgelei und ihre Wutausbrüche auf Kosten anderer die Aufmerksamkeit auf sich lenken wollen. Wenn Annas Mutter beharrlich bleibt, wird es Anna gelingen, sich eine positive Denkweise anzueignen.

Ein Kind unter achtzehn Monaten kann nicht genügend Aufmerksamkeit und Liebe erhalten. Sie können einem Säugling nie genug Zärtlichkeit geben. Je öfter Sie ihn auf den Arm nehmen, wenn er schreit, ihn in den Schlaf wiegen und all seinen Bedürfnissen gerecht werden, um so mehr sorgen Sie dafür, daß er von Anfang an ein Gefühl der Geborgenheit und Liebe bekommt. Befürchten Sie nicht, daß Sie den Säugling dadurch verwöhnen, daß Sie ihn oft in den Arm nehmen, wenn er weint. Er hat ein Bedürfnis nach Geborgenheit. Sie wird ihm später helfen, ein starkes Selbstwertgefühl zu haben. Nehmen Sie Säuglinge häufig in den Arm, geben Sie ihnen oft einen Kuß, halten Sie sie fest und sorgen Sie dafür, daß sie sich wohlfühlen, wechseln Sie ihnen oft die Windeln und tragen Sie dafür Sorge, daß sie als Babies zufrieden und glücklich sind. Eines Tages werden Sie für diese liebevolle Aufmerksamkeit belohnt werden. Die Eltern prägen durch ihre Liebe das Selbstverständnis ihrer Kinder. Außer daß Sie ihnen soviel Zärtlichkeit wie möglich geben – sie in den Arm nehmen, sie in den Schlaf wiegen und zärtlich mit ihnen sprechen – sollten Sie auch an folgende Punkte denken:

☐ Reagieren Sie sofort auf das Weinen eines Säuglings. Sie haben keine andere Möglichkeit zu sagen, daß ihnen etwas weh tut, und es gibt außer Ihnen niemanden, der sie trösten kann, wenn Sie sich weigern. Studien haben gezeigt, daß Säuglinge, die keine Angst haben, sich zu melden, wenn sie etwas quält, sich geborgener fühlen, wenn sie heranwachsen.

☐ Vergessen Sie nicht, daß Menschen wichtiger sind als Dinge. Räumen Sie Dinge beiseite, die zerstört werden könnten und machen Sie aus Ihrem Zuhause einen Ort, an dem sich ein Kind unbekümmert und ohne Gefahr bewegen kann.

☐ Kaufen Sie für Ihre Kinder Nachtlichter. Dies wird sie nicht ein Leben lang davon abhängig machen, sondern sie werden sich nur sicherer und geborgener fühlen, wenn sie mitten in der Nacht aufwachen und etwas Bekanntes sehen. Sie werden bald wissen, was Dunkelheit ist, sobald sie verstehen, was Tag und Nacht eigentlich bedeuten.

☐ Setzen Sie Ihr Kind im Auto immer in einen Kindersitz und bestehen Sie später unbedingt darauf, daß es sich anschnallt. Machen Sie keine Ausnahmen. Durch dieses Verhalten zeigen Sie Ihrem Kind, daß Ihnen etwas an ihm liegt und es wird lernen, auf sich selbst aufzupassen.

☐ Geben Sie Ihren Kindern keine nährstoffarme Kost, nicht zuviel Zucker und Salz. Zeigen Sie ihnen von Anfang an, daß Sie sie lieben und ihnen deshalb gesunde Eßgewohnheiten beibringen. Wenn Sie früh damit anfangen, werden sich Ihre Kinder ein Leben lang gesund ernähren. Zeigen Sie Ihren Kindern durch Ihre bewußte Lebensführung, daß Sie großen Wert auf die Gesundheit legen, wenn Sie darauf achten, werden auch Ihre Kinder zu einer bewußten Lebensführung finden.

Das Selbstverständnis eines Kindes ist sehr wichtig für sein persönliches Glücksempfinden und seine Zufriedenheit. Kinder, die glauben, daß diese Welt ein guter und wundervoller Ort ist, daß sie etwas Besonderes sind und geliebt werden, sind anderen Kindern, die zweifeln und eine negative Einstellung haben, weit voraus. Wenn Sie Ihren Kindern positive Signale setzen, beginnen sie, Glück und Erfolg zu erwarten, sie werden eifrig darauf bedacht sein, neue Menschen kennenzulernen; sie werden persönliche Herausforderungen willkommen heißen und sie werden gegenüber anderen liebevoll, offen und großzügig sein. Im Gegensatz dazu suchen Kinder, die sich selbst verachten, ständig nach Anerkennung, sind voller Selbstzweifel und fürchten sich vor anderen Menschen. Sie fühlen sich unsicher, weil sie überall Hinterlist vermuten. Sie sind häufig unselbständig, voller Vorurteile und unfähig, Liebe zu geben, da sie sich selbst nicht akzeptieren und deshalb nicht lieben können.

Das Selbstverständnis Ihres Kindes sollte für Sie ein wichtiges Anliegen sein. Ihr Einfluß spielt eine große Rolle. Die Japaner beispielsweise verwöhnen ihre Kinder, denn sie erwarten von ihnen, daß sie in der Schule und später im Arbeitsleben erfolgreich sind und ihre alternden Eltern unterstützen und verwöhnen. In dieser Hinsicht sind die Japaner sehr erfolgreich. Ihr Ziel ist, das Selbstverständnis ihrer Kinder so zu prägen, daß jedes Kind die Erwartung hat, erfolgreich und glücklich zu sein. Dies sollte uns als Eltern etwas zu denken geben. Ein Kind, das glaubt, erfolgreich, glücklich und attraktiv sein zu können, und das in dieser Einstellung während seiner Kindheit bestärkt wird, wird sich selbst nicht enttäuschen. Wir wissen, daß die Selbsteinschätzung der Schlüssel dazu ist, seine Möglichkeiten zu entdecken. Henry Ford, der amerikanische Autounternehmer, faßte diese Idee folgendermaßen zusammen: »Ob man nun denkt, man wird erfolgreich sein oder nicht, man wird recht haben.« Wichtig ist, *was* man über sich denkt, und dies müssen wir unseren Kindern beibringen.

Kapitel 3

Mein Wunsch: Risikobereite Kinder

> Wer frei ist von inneren Zwängen, erforscht das Unbekannte und liebt das Geheimnisvolle. Jede Veränderung ist ihm willkommen und er traut sich im Leben fast alles zu. Niederlagen und Mißerfolge betrachtet er als einen natürlichen Lernprozeß. Mit der Verwirklichung seiner Vorstellungen und Lebensziele kommt auch der persönliche Erfolg.
>
> *Nichts ist dauernd als der Wechsel.*
> *Börne, Rede auf Jean Paul*

Alles verändert sich. Auch wir Menschen unterliegen einem ständigen Wandel: Unser Körper verändert sich von Tag zu Tag, genauso ändert sich ständig unsere Einstellung. Dinge, von denen wir vor fünf Jahren noch überzeugt waren, erscheinen uns heute völlig unmöglich. Die Kleidung, die wir vor einigen Jahren noch getragen haben, gefällt uns heute nicht mehr, wenn wir uns auf alten Fotos sehen. Unsere Gebäude werden unmodern und durch neue ersetzt, die ebenfalls einmal abgerissen werden. Sogar was wir bisher für absolut und unveränderlich hielten, befindet sich im Wandel. Granitblöcke zerfallen im Laufe der Zeit zu Sand. Küstenstreifen werden mit der Zeit vom Wasser ausgespült. Wenn Sie ein Leben frei von inneren Zwängen führen wollen und Ihre Kinder in dieser Weise erziehen, müssen Sie zu dieser Einsicht kommen. Alles, was Sie fühlen, denken, sehen und berühren, ist einem steten Wandel unterworfen.

Die wichtigste Frage, die Sie sich stellen müssen, ist nicht, ob Sie Veränderungen mögen. Die Veränderung wird auch ohne Ihre Einwilligung stattfinden. Von Bedeutung ist, wie Sie Ihren Kindern beibringen, mit dem Phänomen der Veränderung fertig zu werden und wie Sie in Ihrem Alltag damit zurechtkommen. Ein Kind, das lernt, den Wandel als Teil seines Lebens und seiner Persönlichkeit zu sehen, ist auf dem besten Weg zu einem zufriedenen Leben.

Ein Kind, das die Veränderung dagegen fürchtet, neuen Erfahrungen aus dem Weg geht, Angst vor einer Niederlage hat und daher beim Gewohnten und »Sicheren« bleibt, geht einem unerfüllten Leben entgegen. Es scheint, daß jene Menschen unglücklich sind, die die Veränderung am meisten fürchten. Wenn Sie Ihre Kinder dazu erziehen, die

Veränderung zu fürchten oder gar zu vermeiden, erziehen Sie sie zu Neurotikern, die unfähig sind, mit der Welt umzugehen. Veränderungen positiv zu begegnen heißt, im alltäglichen Umgang mit ihnen flexibel zu sein, sich stets auf neue Bedingungen einzustellen, und es gilt, diese Fähigkeit an unsere Kinder weiterzugeben.

Aufgeschlossenheit gegenüber Unbekanntem

Als Kind sehen wir uns in unserer Fantasie oft als den berühmten Filmschauspieler oder den erfolgreichen Sportler und dennoch fühlen wir uns dem Alltag nicht gewachsen. Wir möchten erfolgreich sein und dennoch halten wir uns nur für mittelmäßig oder sogar für einen Versager. Damit diese Vorstellungen unserer Kinder mehr der Wirklichkeit nahekommen, müssen wir ihnen beibringen, von sich selbst und der Tatsache überzeugt zu sein, ihr Schicksal in *ihrer* Hand zu haben. Angst und Mutlosigkeit müssen von den Kindern als selbst auferlegte Einschränkungen erkannt werden, sonst werden sie in ihrer Umwelt die Schuld dafür suchen, daß sie ihren Traum von der eigenen Größe nicht verwirklichen können. Junge Menschen fürchten oft die eigene Größe, und während sie gerne Helden wären und sich in ihren Träumen sogar als solche sehen, hindern sie ihre eigenen inneren Zwänge daran, dies zu erreichen.

Eltern müssen ihren Kindern helfen, ihre Möglichkeiten realistisch einzuschätzen. Ein Kind kann sein Potential der eigenen Geistesgröße nicht voll ausschöpfen, wenn es sich vor dem Unbekannten fürchtet oder nicht den Mut hat, sich auf neue Ideen, Abenteuer, Erfahrungen oder Menschen einzulassen.

Eltern verbringen sehr viel Zeit damit, ihre Kinder vor dem Unbekannten zu warnen. Fragen von Kinderseite werden dabei meist mit allgemeinen Floskeln abgetan. Wir bringen unseren Kindern bei, gehorsam zu sein und Autoritätspersonen niemals in Frage zu stellen. Wir fordern sie dazu auf, die gleichen Speisen zu essen wie wir, die gleichen Filme zu sehen, den gleichen Gottesdienst zu besuchen, die gleiche politische Einstellung zu haben und unsere Vorurteile zu übernehmen – sei es nun gegenüber einer Minderheit, einer Religion oder irgendeiner Modeerscheinung. Jeder Widerwille, den Kinder, gleichgültig welchen Alters, gegen Neuerungen entwickeln, neue Menschen kennenzulernen, neue Ideen zu erforschen oder in unbekannten Landschaften umherzuwandern, ist ein ernsthaftes Hindernis, um zu einem Leben frei von inneren Zwängen und Neurosen finden zu können.

Melissa, eine Freundin von mir und Mutter einer siebenjährigen Tochter, machte sich darüber Sorgen, daß ihre Tochter sich unter anderen Kindern so ängstlich verhielt, und wollte ihr dabei helfen, extrovertierter und abenteuerlustiger zu werden. Nachdem ich mich mit Melissa eine Stunde lang unterhalten hatte, wurde mir klar, daß sie ihre Tochter genau zu dem erzogen hatte, was sie am meisten an sich selbst haßte. Melissa hatte in ihrer Kindheit gelernt, nie ihren Vater und Großvater zu kritisieren. Man hatte ihr gesagt, daß Sport nichts für kleine Mädchen sei und daß ein Mädchen lernen muß zu nähen, zu kochen und einen Haushalt zu führen. Ihr Lebensinhalt sollte sein, sich um ihren Ehemann zu kümmern. Als junges Mädchen hatte Melissa vor vielen Dingen Angst; sie fürchtete sich vor der Dunkelheit, vor den Jungen in ihrer Klasse, vor dem Schmutzigwerden, vor Krach und vielem mehr. Als Erwachsene war sie äußerst demütig und freundlich.

Ich wies Melissa darauf hin, daß sie bei ihrer Tochter die Fehler ihrer Erziehung wiederholen würde und bei ihr die gleichen Reaktionen hervorrufen würde, die sie an sich selbst gehaßt hatte. Wenn sie wolle, daß ihre Tochter lernt, sich positiv zu behaupten, müsse sie mit dem brechen, worunter sie und ihre Eltern und Großeltern vor ihr gelitten hatten. Ich ermutigte Melissa dazu, ihre Tochter Neues entdecken zu lassen. Ich schlug vor, daß sie zusammen mit ihr ein Baumhaus in der alten Eiche baue. Das Holz dafür sollten sie alleine zurechtsägen. Ich ermutigte sie auch dazu, ihre Tochter nicht daran zu hindern, ihre Fantasie auszuleben, wie einfach einmal ohne Wanderkarte loszumarschieren, alleine ins Kino zu gehen, mit ihrem Vater zu diskutieren, wenn er Dinge sagt, mit denen sie nicht einverstanden ist, also ein Mensch zu werden, der Herausforderungen annimmt, der beachtet wird und der neue, mutige Gedanken hat, statt ein kleines schüchternes Mädchen zu sein, das sich vor allem fürchtet, was es nicht kennt, und daher neue Aktivitäten meidet.

Nach nur wenigen Monaten konnte Melissa eine drastische Veränderung in der Lebenseinstellung ihrer Tochter bemerken. Sie beobachtete mit Staunen, wie sie ihrem autoritären Vater einmal die Stirn bot: »Ich habe keine Angst mehr, mich mit den Jungen meiner Schule zu messen, auch wenn du denkst, ich sollte mich davor fürchten.« Sie begann, Dinge auszuprobieren, an die sie zuvor nie gedacht hatte. Einmal kochte sie ihren Eltern ein perfektes Abendessen; ihre Eltern hätten ihr dies nie zugetraut.

Sie schloß mit zwei Mädchen in der Nachbarschaft Freundschaft, weil sie einfach auf sie zuging und sich ihnen vorstellte. Sie handelte also in einer Weise, vor der sie sich vor ein paar Monaten noch sehr gefürchtet hatte. Heute, sechs Jahre später, ist sie ein selbstbewußtes Mädchen, das keine Angst hat. Sie hat ihr Leben geändert, weil ihre Mutter sie dazu ermutigt hatte, das Unbekannte zu erforschen, statt Angst davor zu haben: Auf vernünftige Weise vorsichtig zu sein, aber nicht mit Scheuklappen durch das Leben zu gehen oder all den wundervollen Abenteuern aus dem Weg zu gehen, die auf den warten, der Unbekanntes willkommen heißt statt zu fürchten, ist Aufgabe einer positiv orientierten Erziehung.

Wenn Sie einen Moment innehalten und nachdenken, werden Sie erkennen, daß jeder Mensch, der das Unbekannte fürchtet, seinem Leben Schranken auferlegt. Wenn man nur das tut, womit man vertraut ist, wird man sich in seinem Leben kaum weiterentwickeln. Der Erfinder des Rades hat diese Erfindung gemacht, weil er an das Neue glaubte, statt sich mit Bekanntem zufrieden zu geben. Erfinder sind bereit, sich in das Gebiet des Unbekannten zu begeben. Ähnlich wird derjenige ein Mittel gegen Krebs finden, der bereit ist, das Unbekannte kennenzulernen, statt davor zu fliehen. Als Eltern sollten Sie zuerst Ihr eigenes Verhalten gegenüber Unbekanntem beobachten. Setzen Sie sich mit neuen Dingen auseinander oder klammern Sie sich lieber an das Altbekannte? Wenn Sie das Unbekannte meiden, ist es sehr wahrscheinlich, daß Sie Ihren Kindern das gleiche Verhalten im Leben vermitteln. Achten Sie darauf, daß Sie Ihre Kinder dazu ermutigen, mit Zuversicht auf das Unbekannte zuzugehen.

Während Sie in diesem Kapitel weiterlesen und einige Verhaltensweisen kennenlernen, wie Sie Ihren Kindern beibringen können, das Unbekannte und die Veränderung zu begrüßen, statt davor Angst zu haben, sollten Sie sich diese Frage stellen: »Wie weiß ich, daß etwas lebt, lebendig ist?« Die Antwort ist: »Wenn es wächst.« Eine vertrocknete Pflanze ist biologisch gesehen tot, weil sie nicht mehr wächst. Das Gleiche trifft auf die Menschen zu. Wenn sie innerlich nicht wachsen, vertrocknen sie körperlich, psychisch und auch geistig. Wenn Kinder das Unbekannte fürchten, wachsen sie nicht; man kann nicht wachsen und gleichzeitig so bleiben, wie man ist. Wachstum bedeutet Veränderung und Veränderung heißt, mit Begeisterung und nicht mit Angst neue Bereiche kennenzulernen. Es muß unser Ziel sein, unseren Kindern dabei zu helfen, keine Angst vor dem Unbekannten zu haben, sondern mit vernünftiger Vorsicht, aber ungetrübter Begeisterung all das willkommen zu heißen, was in ihnen ein Interesse weckt, ob es sich nun darum handelt, Sprachferien im Ausland zu machen, eine neue Geschmacksrichtung oder eine neue

Fußballmannschaft kennenzulernen, oder einen Kurs in Statistik oder Existentialismus zu belegen.

Die vernünftige Einstellung zu Niederlagen

Der amerikanische Schriftsteller William Saroyan äußerte sich wie folgt zum Thema Niederlagen: »Gute Menschen sind gut, weil sie durch Niederlagen weise werden.« Überrascht Sie dies? Wenn Sie sich einmal Gedanken darüber gemacht haben, wie wir lernen, sicherlich nicht. Wir lernen durch Erfolg sehr wenig. Erfolg macht uns eher bequem und selbstgefällig. Wenn uns etwas leichtfällt und wir erfolgreich auf diesem Gebiet sind, um so kleiner ist die Wahrscheinlichkeit, daß wir uns verändern und letztendlich wachsen. Man könnte sogar sagen, daß nichts eher zur Niederlage führt als der Erfolg.

In den sechziger und Anfang der siebziger Jahre zählte Gerd Müller zu den erfolgreichsten Sportlern der Bundesrepublik. Zusammen mit seiner Mannschaft schoß er sehr viele Tore, die oft zum entscheidenden Sieg verhalfen. Wenn Sie auch erfolgreich sein möchten, müssen Sie ebenfalls, bildlich gesprochen, Tore schießen, also nach vorne stürmen und etwas wagen.

Diese einfache Lektion kann man im Leben nicht umgehen. Wenn Sie möchten, daß Ihre Kinder dieses aufregende Gefühl des Erfolgs verspüren, müssen sie auch Niederlagen erleiden und bewältigen lernen.

Wichtig ist hier der Unterschied zwischen einer Niederlage, die man bei einer bestimmten Aufgabe erleidet und einem Versagen als Mensch. Niemand ist als Mensch ein Versager. Jeder Mensch hat einen ihm angeborenen Wert und eine besondere Würde. Niemandem wird garantiert, daß er nie eine Niederlage erleben wird, und je mehr Erfolgserlebnisse man im Leben haben möchte, um so mehr wird man sich der Gefahr einer Niederlage aussetzen. Niederlagen aber sind lehrreich, unsere Erfolgserlebnisse machen uns bequem. Deshalb müssen wir unseren Kindern verständlich machen, daß Niederlagen nicht willkommen, aber erforderlich sind. Thomas Edison, der die meiste Zeit seines Lebens mit der Erforschung neuer Gebiete verbrachte, sagte einmal: »Zeige mir einen völlig zufriedenen Mann und ich werde dir einen Versager zeigen.«

Nehmen Sie Ihren Kindern die Angst vor Niederlagen und helfen Sie ihnen, den Unterschied zwischen dem Versagen bei einer Aufgabe und dem Scheitern als Mensch zu verstehen. Wir sollten uns deshalb zunächst damit auseinandersetzen, warum wir so erfolgsbesessen sind. Ein vollkommen freier Mensch ist nicht jemand, der nie scheitert. Er klopft sich den Staub von den Schultern, wenn er einmal hingefallen ist, und lernt aus diesem Sturz. Wer Angst vor Niederlagen hat, wird auf der Straße liegenbleiben und jammern oder, noch schlimmer, sich erst gar nicht auf die Straße trauen, sondern sich mit einem völlig abgesicherten Leben zufriedengeben und auf diese Weise Niederlagen aus dem Weg gehen, aber auch seine Selbstverwirklichung verhindern.

Junge Menschen, die Angst vor Niederlagen haben, sind meist vom Erfolg besessen. Sie neigen dazu, ihren Wert als Mensch und ihren Erfolg nach äußeren Maßstäben zu beurteilen. Folglich glauben manche Kinder schon sehr früh, es sei wichtig, Goldmedaillen zu bekommen in allem, was man tut. Noten werden wichtiger als das Lernen. Viele Schüler wählen deshalb in der Oberstufe all jene Fächer ab, in denen sie bei der Abschlußprüfung keine Eins oder Zwei bekommen können. Sie entscheiden sich für die leichteren Fächer, schummeln in Prüfungen und versuchen anspruchsvollen Lehrern, soweit möglich, aus dem Weg zu gehen. All dies ist Kindern, die sehr oberflächlich sind, besonders wichtig. Andere arbeiten so hart, um bei einem perfektionistischen und anspruchsvollen Lehrer eine gute Note zu bekommen, daß sie sich dabei selbst an den Rand der völligen Erschöpfung bringen. Für sie ist es wichtiger den Wettkampf zu gewinnen, als eine gute Kondition zu haben. Die Trophäe ist das Wichtigste; daher tun sie alles, um in eine gute Mannschaft aufgenommen zu werden – sie foulen den Gegenspieler oder versuchen auf andere Weise, die Nummer Eins zu sein. Diese Kinder denken, man sei ein Nichts, wenn man nicht die Nummer Eins ist, und daher tun sie alles, um bei anderen Anerkennung zu finden. Innere Belohnungen werden als bedeutungslos abgetan. Statt dessen ist es das Geld, die Macht, die Urkunde, die Trophäe, das Diplom, was wirklich zählt.

Die Jagd nach äußerlichen Erfolgsmerkmalen ist der Grund, warum so viele junge Menschen mehr denn je auf Beruhigungsmittel zurückgreifen. Hier liegt auch die Erklärung für den drastischen Anstieg der Selbstmordrate. Junge Menschen, die gelernt haben, ihren Wert nach äußeren Maßstäben zu beurteilen und immer versucht haben, Niederlagen zu umgehen, sind später nicht fähig, mit den Problemen unserer Zeit fertig zu werden. Wenn Sie Ihren Kindern beibringen, daß der oberflächliche Erfolg das Wichtigste im Leben ist, bringen Sie ihnen bei, außerhalb der eigenen Person nach Erfolg Ausschau zu halten. Sie bringen ihnen bei, das Glück in materiellen Dingen zu suchen, statt das Glück in sich zu tragen und es in das eigene Leben einzubringen.

Das Kind, das keine inneren Zwänge kennt, wird Spaß daran haben, im Garten Unkraut zu jäten, ein Buch zu lesen oder Fußball zu spielen. Ein Kind, das lernt, nach äußerlichem Erfolg zu streben, entwickelt bald innere Zwänge. Sein Fußballtrainer wird das Kind vielleicht auf die Reservebank verbannen, bis das Spielergebnis entschieden ist. Dieser Trainer glaubt, es sei wichtiger, das Spiel zu gewinnen, statt Fußball spielen zu lernen und Freude daran zu haben. »Paß auf, daß du nicht verlierst«, warnen einige Trainer und Eltern ihre Kinder und vergessen dabei völlig, daß die Menschen gewinnen, die darum gekämpft haben, die oft gescheitert sind und die gelernt haben, aus ihren Niederlagen einen Nutzen zu ziehen. Sie haben gelernt, viel zu trainieren, auf ihrem Instrument zu üben, Tanzschritte einzustudieren und sich nie mit anderen zu vergleichen, sondern mit ihrem inneren Wert zufrieden zu sein.

Je mehr wir auf Kosten der inneren Zufriedenheit den Erfolg predigen, um so mehr erziehen wir unsere Kinder dazu, den einfachen Weg zu wählen und alles zu meiden, was die Gefahr einer Niederlage in sich birgt. Wenn wir aber jene Menschen betrachten, die es in ihrem Leben zu etwas gebracht haben, dann sehen wir, daß sie Niederlagen erlitten haben und immer wieder gescheitert sind und dadurch immer wieder dazugelernt haben. Als ein Journalist Thomas Edison fragte, wie man sich fühlt, wenn man 25 000 mal gescheitert ist, einen einfachen Akku herzustellen, sagte er nur: »Ich weiß nicht, warum Sie von einer Niederlage sprechen. Heute kenne ich 25 000 verschiedene Möglichkeiten, wie man einen Akku nicht herstellt. Was wissen Sie?«

Sie können wahrscheinlich von den unglücklichen Eltern etwas lernen, die gesehen haben, wie ihre Kinder in harten Wettkämpfen zusammengebrochen sind, wie sie Drogen genommen haben oder sogar versucht haben, sich das Leben zu nehmen, weil sie dem äußerlichen Maßstab für Erfolg nicht gerecht werden konnten. Es wird Sie interessieren zu hören, daß so viele Kinder sich als Verlierer bezeichnen, weil sie glauben, zu scheitern sei eine Art Krankheit, der sie, sobald sie einmal davon betroffen sind, erliegen. Wenn wir »schlecht« sind, weil wir verlieren, dann sind wir alle schlecht. Niemand kann immer gewinnen, nicht einmal wer das größte Talent hat oder wer am härtesten arbeitet.

Ich habe mit Eltern gesprochen, die an die Wichtigkeit des Siegens glaubten und daher ihre Kinder immer dazu gezwungen haben, die Nummer Eins zu sein. Ein Vater erzählte mir, daß seine Tochter, als sie erst in der zweiten Klasse war, einmal nach Hause kam und sagte, »Ich muß in allen Fächern Einsen haben, sonst kann ich nicht studieren«. In der zweiten Klasse!

Kinder im Alter von sieben Jahren müssen lachen, das Leben genießen, alles versuchen, was ihnen über den Weg läuft. Sie sollen glückliche junge Menschen sein und sich keine Sorgen darüber machen ob sie studieren können oder nicht. Der gleiche Vater, der voller Stolz damit prahlte, daß seine Kinder im Leben so erfolgreich sind, litt unter Bluthochdruck, trank zuviel Alkohol und sorgte sich ständig nur um sein Geld. Außerdem bestand bei ihm der Verdacht auf ein Magengeschwür. Dieser Mann erlebte selten eine Niederlage im traditionellen Sinn, aber er war ganz sicher kein Beispiel für einen Menschen, der eine innere Gemütsruhe besitzt. Er war ein körperliches und seelisches Wrack und war dabei, aus seinen Kindern das Gleiche zu machen. Während er unaufhörlich nach Erfolg strebte, vergaß er, was der richtige Maßstab für den wahren Erfolg ist. Christopher Morley meinte hierzu: »Es gibt nur einen Erfolg – die Fähigkeit, so zu leben, wie man möchte.« Zu lernen, eine Niederlage zu ertragen, sich an fast alles heranzuwagen, was man gerne machen möchte, bedeutet, risikobereit zu sein. Diese Risikobereitschaft ist der dritte Aspekt im Lernprozeß, um Veränderungen positiv entgegentreten zu können. Der erste Aspekt ist, das Unbekannte zu suchen, der zweite ist die Einsicht, daß Niederlagen ein notwendiges Übel im Leben sind.

Risikobereitschaft

Vielleicht befinden Sie sich in Ihrem augenblicklichen Leben in einer Sackgasse. Was Sie innerlich verzehren und aushöhlen wird, heißt Sicherheit. Allzu viele von uns verbrauchen ihre Energie, um nach dem zu streben, was uns für den Rest unseres Lebens ein Gefühl der Sicherheit geben kann. Doch eine Sicherheit, die auf materiellen Dingen beruht, gibt es nicht. Sie hat es nie gegeben und wird es in einer dynamischen Gesellschaft nie geben. Es gibt aber eine andere Sicherheit. Wenn Sie diese erreichen und sie Ihren Kindern weitergeben, wird sie jedes besessene Streben nach der illusorischen Sicherheit beenden. Die innere Sicherheit, die innere Überzeugung, daß man fähig ist, jede Situation zu bewältigen, die Bereitschaft, an sich selbst zu glauben, das Wissen, daß die einzig wahre Sicherheit in einem selbst ruht – dies alles wünschen wir unseren Kindern. Henry Ford, der es in seinem Leben zu großem Reichtum gebracht hatte, soll einmal gesagt haben: »Wenn Sie hoffen, durch Geld unabhängig zu werden, werden Sie es nie haben. Die einzig wahre Sicherheit, die man in dieser Welt erlangen kann, beruht auf dem eigenen Wissen, den eigenen Erfahrungen und Fähigkeiten.« Wenn Sie diese Lebensweisheit auf Ihr Leben anwenden und Ihren Kindern den Unterschied zwischen diesen beiden Auffassungen von Sicherheit zeigen, geben Sie ihnen den Mut, risikobereit zu sein.

Kinder, die an die innere Sicherheit glauben, werden in sich gehen, um die Antworten darauf zu erhalten, was sie im Leben alles erreichen sollen, statt diese Antworten in anderen Dingen zu suchen. Sie werden keine Angst haben, eine Sprachreise ins Ausland zu machen, da sie das Vertrauen in sich haben, fähig zu sein, eventuell auftauchende Probleme zu lösen. Sie werden wissen, daß sie Heimweh nicht dadurch bewältigen, daß sie ihre Eltern um Hilfe bitten. Sie werden wissen, daß sie es ertragen können, von zu Hause weg zu sein, da sie auf sich selbst vertrauen. Sie werden wissen, wie sie mit älteren Kursteilnehmern zurechtkommen. Sie werden versuchen, Probleme auf eigene Faust zu lösen, statt andere um Hilfe zu bitten. Für sie ist der bleibende Glauben an sich selbst die einzig wahre Sicherheit. Diese Selbstsicherheit spornt zur Risikobereitschaft an und ruft eine innere Geborgenheit hervor, die dem Kind sagt, »Wenn ich all das erreichen möchte, was ich mir wünsche, kann ich mich auf niemand anderen verlassen als auf mich. Ich muß davon überzeugt sein, daß ich es erreiche.«

Wenn wir unseren Kindern helfen, risikobereit zu sein, müssen wir sie auch zu einer vernünftigen Vorsicht erziehen. Risikobereitschaft sollte keine Entscheidung auf Leben oder Tod bedeuten. Es bedeutet, auf seine innere Stimme zu hören. Das Gegenteil von Mut ist nicht so sehr die Angst als vielmehr die Angepaßtheit. So zu sein wie all die anderen und vorwiegend das zu tun, was andere einem sagen, ist jene Feigheit, die ich meine. Ein Kind, das hauptsächlich versucht, sich anzupassen und das zu tun, was von ihm erwartet wird, wird nie den Mut zum Risiko haben, noch wird es sich für einen freien Menschen halten.

Am Ende dieses Kapitels werden Sie einige spezielle Übungen finden, um Ihre Kinder zu einer vernünftigen Risikobereitschaft zu erziehen. Ich habe meine älteste Tochter Tracy seit ihrer frühesten Kindheit immer dazu aufgefordert, selbst nach Lösungsmöglichkeiten zu suchen und keine Angst vor Risiken oder einer Veränderung zu haben. Einige Beispiele aus ihrer Kindheit verdeutlichen dies.

Tracy im Alter von zwei Jahren:

Tracy: Papi, Paul mag mich nicht – er hat mir gesagt, daß er mich haßt . . . (schluchzend)
Papi: Was spielt es für eine Rolle, was Paul denkt. Magst du dich?
Tracy: Natürlich mag ich mich. Warum sollte ich mich nicht mögen?
Papi: Ich kann mir auch keinen Grund vorstellen. Auch wenn Paul dich jetzt nicht mag, finde ich dich großartig, wenn du es selbst glaubst.

Ein kleines Mädchen kann sich schon bei den ersten Worten darüber bewußt sein, daß es sie nicht verletzen muß, wenn andere sie nicht mögen, wenn sie der Meinung anderer nicht zuviel Bedeutung beimißt. Es sollte in dieser Einstellung bestärkt werden. Gespräche mit meiner Tochter sind viel konstruktiver als zu sagen: »Ja, was hast du denn Paul getan? Laß uns mal sehen, ob wir ihn wieder mit dir versöhnen können.« Oder: »Paul ist ein schlechter Junge. *Ich* mag dich, und das ist ausschlaggebend.«

Tracy im Alter von acht Jahren:

Tracy: Ich habe Angst, in die neue Stadt zu ziehen. Alle meine Freunde sind hier. Was passiert, wenn ich mich dort nicht wohl fühle oder keine neuen Freundschaften schließe?

Papi: Ist es dir je schwergefallen, Freundschaften zu schließen?

Tracy: Nein, aber wir ziehen in eine Stadt, die mir ganz fremd ist.

Papi: Warum glaubst du, daß es dir so leichtfällt, Freundschaften zu schließen?

Tracy: Ich denke, weil es für mich nie ein Problem war.

Papi: Genau. Du findest Freundinnen und Freunde, weil du ein kleines Risiko eingehen mußt, um jemanden kennenzulernen, und dieses Risiko gehst du ein. Und wenn wir jetzt in die andere Stadt umziehen, wirst du wahrscheinlich wieder genauso handeln.

Obwohl dies nur kurze Gespräche sind, bestärken sie doch meine Tochter in ihrem Glauben, daß sie stark ist. Wenn sie über ihre eigenen Fähigkeiten und Eigenschaften nachdenkt und einige kleine Risiken eingeht, wird sie das erreichen, was sie möchte, und destruktive Gedankengänge vergessen.

Während Tracy aufwuchs, habe ich sie immer dazu angespornt, Risiken einzugehen. Als sie es in Erwägung zog, sich zur Schulsprecherin wählen zu lassen, schien sie dieser Gedanke nervös zu machen. Ich sprach mit ihr darüber, was für sie schlechtestenfalls dabei herauskommen könnte, wenn sie kandidieren und nicht gewählt würde. Während sie darüber nachdachte, sagte sie, »Ich denke, das Schlimmste, was mir passieren könnte, wäre, daß ich eben nicht gewählt werde. Da ich jetzt auch keine Schulsprecherin und trotzdem ganz in Ordnung bin, glaube ich, daß ich es einmal versuchen sollte.« Sie ließ sich zur Wahl aufstellen und verlor, aber als ich mit ihr darüber sprach, war sie guter Dinge. Ich erinnerte sie daran, daß an ihrer Schule mehrere hundert Schüler waren und daß sich nur ein halbes Dutzend dazu entschlossen hätte, zu kandidieren. Diese fünf oder sechs Schüler waren jene, die sich diese Aufgabe zutrauten und daher auch das Risiko eingingen, eine Niederlage zu erleiden. Ich erinnerte sie daran, daß letztendlich unsere Einstellung zu uns selbst dafür ausschlaggebend ist, ob wir im Leben zu den führenden Persönlichkeiten oder zu den Mitläufern gehören werden, und daß sie stolz darauf sein sollte, zu den ersteren zu gehören.

Risiken einzugehen, etwas zu versuchen und einer der wenigen zu sein, die sich dies zutrauen, sagt viel mehr über die Persönlichkeit aus als die Tatsache, ob man nun als Gewinner oder Verlierer hervorgeht. Während man sich vielleicht nicht an den Zweitplazierten einer Wahl erinnern kann, sind die letztendlich wirklichen Teilnehmer jenen überlegen, die von vornherein aufgeben und sich sagen »Ich gewinne sowieso nie, also werde ich nicht mehr teilnehmen«.

Die Veränderung zu begrüßen statt sie zu fürchten heißt, sich mit dem Unbekannten vertraut zu machen, Niederlagen als einen Teil des Lebens zu akzeptieren, jeden Tag Risiken einzugehen und schließlich ein Selbstverständnis zu entwickeln, das auf einer lebhaften, kreativen Vorstellungskraft beruht, die jungen Menschen ein Leben frei von inneren Zwängen ermöglicht. Um fähig zu sein, die Veränderung zu begrüßen, muß es Kindern gewährt sein, sich selbst als eine Größe zu sehen.

Ein kreatives Vorstellungsvermögen

Junge Menschen fürchten oft die Veränderung, weil man sie nicht dazu ermutigt hat, sich positive Vorstellungen davon zu machen, was eine Veränderung bewirken könnte. Wir müssen uns davor hüten, die kindliche Vorstellungskraft zu ersticken. Kleinen Kindern macht es Spaß, in selbst erdachten Geschichten die eigenen Vorstellungen zu verarbeiten. Ein Kind, das ermutigt wird, ein positives Vorstellungsvermögen zu haben, wird sich nicht so sehr vor einer Veränderung fürchten wie ein Kind, das in dieser Hinsicht gehemmt ist. Denken Sie daran, daß das kindliche Gedächtnis nicht zwischen Vorstellung und Realität unterscheidet. Nach einer Weile ist das Kind unfähig zu sagen, ob etwas Realität war oder ob es nur in seiner Vorstellung existierte. Folglich ist es wahrscheinlich, daß es Kindern leichter fällt, mit beinahe jeder Lebenssituation fertig zu werden, je positiver die Vorstellungen sind, die ein Kind sich macht.

Sie können Kindern helfen, besser mit der Furcht vor dem Unbekannten und der Angst vor Niederlagen und Risiken fertig zu werden, wenn Sie sie dazu anspornen, über *all* das zu sprechen, was eine Veränderung bewirken könnte. Sie werden feststellen, daß viele ihrer Ideen sehr positiv sind. Ihre Hauptaufgabe ist, diese Ideen zu fördern, um ihnen zu einem Leben frei von inneren Zwängen zu verhelfen.

Ein Kind, das von der Grundschule auf das Gymnasium wechselt, wird vielleicht zum ersten Mal mit einer fremden Umgebung konfrontiert. Wenn Sie dieses Kind dazu auffordern, sich vorzustellen, wie dieser Schulwechsel sein wird, werden Sie wahrscheinlich Positives und Negatives zu hören bekommen. Als Thomas, ein elfjähriger Junge aus der Nachbarschaft, der im Herbst auf das Gymnasium überwechseln sollte, dazu aufgefordert wurde, äußerte er sich zu seinem Schulwechsel so (Ich habe die positive Unterstützung der Eltern hinzugefügt.):

Thomas	Eltern
Ich könnte mich verlaufen, das neue Schulgebäude ist so riesig.	Stell dir doch vor, wie du dich zurechtfindest oder wie du die anderen Schüler nach dem Weg fragst, genau wie ich es immer tue, wenn ich mich verfahren habe und eine Straße nicht finden kann.
Ich habe vielleicht nicht genügend Zeit, um die Räume zu wechseln, wenn wir woanders Unterricht haben.	Wie wäre es, wenn du vor Unterrichtsbeginn den Weg abläufst. Und außerdem, was ist so schlimm daran, wenn du einmal zu spät kommst?
Ich kenne niemanden in der Schule.	Stell dir vor, daß du viele Freunde hast, vielleicht schließt du dann viele Freundschaften.
Ich werde nicht mehr wie ein kleines Kind behandelt werden.	Stell dir vor, daß du alleine deine Entscheidungen triffst, statt darauf zu warten, daß andere dir jeden Moment sagen, was du zu tun hast. Das muß doch ein beruhigendes Gefühl sein.
In der Oberstufe werde ich selbst entscheiden dürfen, welche Fächer ich belegen möchte.	Du wirst auf dem Gymnasium viele wichtige Entscheidungen treffen dürfen.
In ein paar Jahren werde ich vielleicht mit dem Auto zur Schule fahren können, wenn ich meinen Führerschein gemacht habe.	Stell dir vor, wenn du hinter dem Steuer eines Wagens sitzt. Bis dahin wirst du bereits vieles dazugelernt haben.

Ich denke, Sie haben mich verstanden. Wenn man Thomas die Gelegenheit gibt, mit seiner Vorstellungskraft positiv zu denken und ihn darin immer wieder bestärkt, wird er seine Einstellung ändern können. Solche Gespräche können sowohl mit einem Kleinkind stattfinden, das zum ersten Mal in den Kindergarten gehen soll, als auch mit einer Abiturientin, die ihr Studium in einer anderen Stadt aufnehmen soll. Wesentlich sind die kreative Vorstellungskraft und die positive Bestärkung darin.

Der amerikanische Schriftsteller William Blake äußerte sich zu diesem Thema mit nur wenigen, für mich aber äußerst wichtigen Worten. Sehen Sie seine Gedanken im Zusammenhang mit der Aufgabe, Kindern eher ein positives als ein negatives Vorstellungsvermögen zu vermitteln: »Die Wünsche des Menschen werden durch sein Vorstellungsvermögen begrenzt. Niemand kann sich etwas wünschen, was er sich nicht vorstellen kann.«

Wichtig ist, daß Sie Ihre Kinder ständig in ihren *positiven* Vorstellungen bestärken. Bald werden sie sich im Gedächtnis der Kinder einprägen und ihnen zur Gewohnheit werden.

Bevor wir uns einige Vorgehensweisen zur Förderung des positiven Denkens ansehen, sollten Sie sich einiger Dinge bewußt werden, mit denen viele Eltern in ihren Kindern Angst vor Veränderungen auslösen. Sehen Sie sich diese Liste an. Sie soll Ihnen nur eine Vorstellung davon geben, wie oft man bei seinen Kindern negative Gedanken unbewußt unterstützt, und sie könnte endlos fortgesetzt werden. Finden Sie heraus, ob einiges auch auf Sie zutrifft. Erkennen Sie, in welcher Weise Sie Ihre Kinder beeinflussen.

Möglichkeiten der negativen Einflußnahme

- ☐ *Übervorsichtig* sein und das Kind ständig an die Gefahren im Leben erinnern: »Geh nicht zu nah ans Wasser.« »Halt dich von *so* einem Kind bloß fern.« »Du bist noch nicht groß genug, um Fußball zu spielen oder auf einen Baum zu klettern.« »Du wirst dir noch weh tun, wenn du das versuchst.«
- ☐ Kinder davon abhalten, neue Geschmacksrichtungen kennenzulernen. »Du wirst das nicht mögen, ich weiß, du magst nichts mit Tomaten.« – »Du hast chinesisches Essen noch nie gemocht.« – »In dieser Familie wird kein Fleisch gegessen, das nicht durch ist.« – »Wir lieben Hausmannskost und daher reizt uns die Feinschmeckerküche überhaupt nicht.«
- ☐ Kinder davon abhalten, neue Glaubensideen oder Zeremonien kennenzulernen, die der Familie fremd sind.
- ☐ Kinder einseitig mit politischen Meinungen vertraut machen, zum Beispiel: »Wir sind alle liberal in dieser Familie, wir sind es immer gewesen und werden es auch immer sein.« – »Es gibt für uns nur eine Partei und das sind die Liberalen.«
- ☐ Kleinkindern das Gefühl geben, sie seien völlig hilflos, indem man ihnen nichts zutraut und sie immer frühzeitig »rettet«, wenn sie herumkrabbeln oder auf ein Hindernis zulaufen, statt abzuwarten, ob sie diesem Hindernis nicht selber ausweichen können, oder sie in den Arm nimmt, um sie zu »retten«, wenn sie eine kleine Enttäuschung erleben.
- ☐ Kindern kein Selbstständigkeitsgefühl geben: »Er kann sich nicht alleine helfen, er ist erst zwei und kann nicht alleine in seinen Stuhl hochklettern.« – »Mami wird es schon für dich machen.« – »Du bist noch zu klein, um alleine zu essen.« – »Du kannst dich noch nicht alleine anziehen, du mußt warten, bis du groß bist.«

- ☐ Kinder dazu anspornen, sich der jeweiligen Mode anzupassen, um nicht aus der Rolle zu fallen.
- ☐ Kinder grundsätzlich daran hindern, Ideen in Frage zu stellen und ihnen statt dessen zu sagen: »Der Lehrer hat immer recht.« – »Du sollst deinen Vater nicht kritisieren.« – »Gesetz ist Gesetz.« – »Mach es und stell keine Fragen.«
- ☐ Ängste provozieren. »Gleich kommt das Monster unter deinem Bett hervor, wenn du nicht *sofort* einschläfst!« – »Alle Fremden sind schlecht.« – »Vor dem brutalen Kerl mußt du dich in acht nehmen.« – »Der schwarze Mann kommt dich holen, wenn du nicht sofort tust, was ich dir sage!«
- ☐ Selbst ängstlich sein und Kindern dies offen zeigen.
- ☐ Sich über die Träume der Kinder lustig machen und sie auffordern, realistisch zu sein.
- ☐ Bei Streitigkeiten, die die Kinder haben, vermitteln.
- ☐ Sich im Leben immer für den leichteren Weg entscheiden und seine Kinder auf diese Weise dazu verleiten, genauso zu handeln.
- ☐ Vorurteile haben und diese unbedacht vor seinen Kindern äußern.
- ☐ Kinder zur Abhängigkeit von den Eltern erziehen, wenn sie zum Beispiel bei jeder Kleinigkeit um Erlaubnis fragen müssen und nie eigenständig handeln dürfen.
- ☐ Seinen Kindern die Planung des Tagesablaufs und anderer Dinge abnehmen; den Tagesablauf *ver*planen, so daß sie keine Zeit mehr haben für eigene Ideen und Unternehmungen.
- ☐ Unterschiedliche Meinungen nicht akzeptieren und daher seinen Kindern Intoleranz vorleben. Der Meinung sein, man sei gegenüber Jüngeren immer im Recht.
- ☐ Alle abenteuerlichen Unternehmungen, wie etwa zelten, allein einkaufen gehen, eine Bergwanderung machen oder ähnliche »Risiken« verbieten.
- ☐ Die Kinder ein für allemal abstempeln: »Du bist völlig unsportlich.« – »Du bist unmusikalisch.« – »Du hast einen schweren Knochenbau, dafür kannst du nichts.« – »Du bist das schwarze Schaf der Familie.« – »Nie kannst du ernst sein. Du bist und bleibst ein Kasper.«
- ☐ Unnachgiebig in allen Fächern auf guten Noten und auf Höchstleistungen bestehen und dadurch Zeugnisse und Siegerurkunden zu den wichtigsten Dingen im Leben machen.
- ☐ Die Bedeutung des Geldes überbewerten.
- ☐ Kinder beurteilen und ihnen zeigen, daß man sie nur liebt, wenn sie etwas geleistet haben.
- ☐ Alles, was man nicht kennt, als »verrückt« abtun und Kindern nicht die Gelegenheit geben, sogenannte verrückte Dinge kennenzulernen, wie Yoga, Meditation, die asiatische Eßkultur, Buddhismus, Break Dance usw.
- ☐ Mit Kindern nie über Sexualität sprechen; Sex als etwas Verbotenes brandmarken, bis sie »alt genug« oder verheiratet sind.
- ☐ Ein geschlechtsbezogenes Verhalten fördern. »Die Mädchen müssen warten, bis sie aufgefordert werden.« – »Jungen spielen mit Autos, Mädchen mit Puppen.«
- ☐ Niederlagen verurteilen und alles bestrafen, was ein erfolgloser Versuch blieb.
- ☐ Kinder an ihre Grenzen erinnern: »Du bist nur ein kleiner, unbedeutender Junge vom Lande. Vergiß das nicht!«
- ☐ Kinder ständig verbessern, wenn sie sprachliche Fehler machen, wenn sie in Gelddingen einmal auf die Nase fallen oder wenn sie etwas sagen, das sich nicht mit Ihrer Meinung vereinbaren läßt.

☐ Darauf achten, daß sie etwas falsch machen und sie dann auf ihre Fehler hinweisen. Destruktive Verhaltensweisen fördern, indem man sich weigert, Fehler aus der Vergangenheit – Ihre und die Ihrer Kinder – zu vergessen. Das Vorbild eines Menschen geben, der sich selbst für seine vergangenen Fehler verurteilt.

Diese Liste könnte unendlich fortgeführt werden. Wichtiger jedoch ist herauszufinden, was die Gründe für diese falschen Verhaltensweisen sind.

Warum Eltern die Risikofreude ihrer Kinder hemmen: psychologische Gründe

Verhaltensweisen, auf die Sie immer wieder zurückgreifen, sind psychologisch begründet. Die Verhaltensweisen, die in Kindern eine Scheu vor Unbekanntem und vor Veränderungen fördern, sind im wesentlichen destruktiv und neurotisch. Die Risikobereitschaft seiner Kinder auf diese Weise zu blockieren, ist nicht erstrebenswert. Die folgenden Punkte werden dies verdeutlichen. Achten Sie darauf, welche Aussagen auf Sie zutreffen.

Ihrer Auffassung nach ist das Leben voller Risiken und Gefahren. Wenn Sie nicht selbständig sind, werden Sie Ihre Kinder zu unselbständigen, scheuen und ewigen Nachzüglern erziehen, die immer auf Sie angewiesen sein werden. Wenn Sie als Erwachsener unselbständig sind, fördern Sie diese Eigenschaft auch in Ihren Kindern. Es ist für Sie einfacher, Ihren Kindern beizubringen, vor neuen Erfahrungen Angst zu haben, denn Sie bekommen das Gefühl, wichtig zu sein, wenn Ihre Kinder sich an Sie klammern, statt die Welt zu entdecken.

Sie möchten sich nicht mit einem Verhalten auseinandersetzen, das ganz anders ist als das Ihre. Für Sie spielt im Privatleben, in der Schule und im Berufsleben die Angepaßtheit die wichtigste Rolle. Daher ist Ihr Leben einfacher, wenn Ihr Kind lernt, mit allem konform zu gehen. Eine aufgezogene Puppe oder ein Roboter würde in Ihrem Heim die gleiche Aufgabe erfüllen können.

Sie ziehen Gewohnheiten vor, statt Ihr Denkvermögen einzusetzen. Kinder, die eine Veränderung scheuen, werden häufig dazu ermutigt, nur das zu tun, was man ihnen sagt, genau wie ihre Eltern es auch immer getan haben. Dies ist der unbeschwerlichste Weg, den man wählen kann. Es ist eine bequeme Art der Erziehung, denn sie unterdrückt die Kreativität.

Sie fühlen sich sicher, wenn Sie der Mehrheit angehören. Sie geben sich damit zufrieden, genauso wie alle anderen zu handeln, so zu denken wie die Masse und ein Teil der Allgemeinheit zu sein. Sie setzen sich keiner Kritik durch andere aus und führen ein gesichertes Leben. Sich der Mehrheit anzuschließen, die sich vor Veränderungen fürchtet, zahlt sich auf seine Weise aus, aber es ist sicher eine feige Lebensweise. Der 7. Präsident der Vereinigten Staaten, Andrew Jackson, sagte einmal: »Ein Mann mit Mut macht eine Mehrheit aus.« – So zu denken wie die Mehrheit der Menschen, ist wahrscheinlich die einfachste und mutloseste Lebensweise, zu der Sie Ihre Kinder erziehen können.

Für Sie ist es wichtiger, im Recht als glücklich zu sein. Wenn Sie Ihre Kinder dazu erziehen, sich an Vertrautes zu klammern und Veränderungen und Unbekanntes zu meiden, fühlen Sie sich wohl. Weil es schwierig ist, Lebensbereiche zu beurteilen, mit denen wir uns nie zuvor auseinandergesetzt haben, ist es uns lieber, wenn unsere Kinder bei dem bleiben, was wir kennen.

Man traut sich nicht, etwas zu verändern und vermeidet Risiken und Niederlagen. Wenn Sie glauben, daß es schlecht ist zu scheitern, dann möchten Sie allem aus dem Weg gehen, was die Gefahr einer Niederlage in sich birgt. Da der Mißerfolg in unserer Leistungsgesellschaft negativ behaftet ist, tun wir alles, um in unseren Augen zu den Gewinnern zu zählen. Dies führt oft dazu, daß wir alle Risiken um jeden Preis meiden und Kinder zur gleichen Lebensweise erziehen.

Wenn Sie die Vorstellungskraft Ihrer Kinder schwächen und ihre Träume zerstören, glauben Sie, sie vor Enttäuschungen zu schützen. Sie ermutigen sie dazu, nicht viel von sich zu halten, sich an Vertrautes zu klammern, Risiken und Enttäuschungen aus dem Weg zu gehen. Als Eltern fällt es uns schwer zu sehen, wie unsere Kinder Enttäuschungen erleben und daher möchten wir, daß sie ihre Erwartungen herunterschrauben. Wir fühlen uns wohler, wenn wir meinen, sie seien zufrieden. Zufrieden – vielleicht, aber nie glücklich! Der Preis scheint uns Eltern oft zu hoch und daher halten wir sie davon ab, von ihrer eigenen Größe zu träumen, um sie vor etwaigen Enttäuschungen zu schützen. (Natürlich fürchten wir vor allen Dingen unsere eigenen Enttäuschungen und nicht so sehr die unserer Kinder.)

»Wenn es für mich gut genug war, ist es auch für meine Kinder ausreichend.« –
Mit diesem Vorwand halten Sie Ihre Kinder davon ab, neue Lebensbereiche kennenzulernen. Eine bequeme Einstellung, denn sie nimmt es uns ab, neue Dinge ausprobieren zu müssen. Sie befreit uns auch von jeglicher Verantwortung, die man tragen müßte, wenn die Kinder sich »ganz anders« entwickeln.

Wenn Sie erkennen, wie destruktiv diese Denk- und Verhaltensweisen für Sie und Ihre Kinder sind, verstehen Sie auch, daß Ihre Kinder nicht fähig sein werden, sich richtig zu entfalten, wenn alles von Generation zu Generation unverändert weitergegeben wird. Denken Sie daran, daß ein Mensch, der frei von inneren Zwängen ist, das Neue sucht, das Geheimnisumwobene liebt und Veränderungen zum Besseren anstrebt.

Die Entdeckerfreude fördern

Erziehen Sie Ihre Kinder zu einem gesunden Maß an Vorsicht, zu einer Bereitschaft, Fragen zu stellen, neue Ideen und Bereiche kennenzulernen, und vermitteln Sie ihnen das Gefühl, daß das Leben ein Abenteuer und kein Weg in die Konformität ist. Wir leben in einer Zeit, in der es unbedingt notwendig ist, die Kinder vor den realen Gefahren zu warnen und ihnen beizubringen, in bestimmten Situationen vorsichtig zu sein. Zum Beispiel sollten sie nicht mit Fremden mitgehen, alleine schwimmen, in der Dunkelheit alleine unterwegs sein. Man muß sich jedoch davor hüten, übervorsichtig zu werden und die Welt als absolut düster und gefährlich hinzustellen.

Solange sich ein Kind vor dem Unbekannten fürchtet, wird es sich nie die Fähigkeiten aneignen, um mit gefährlichen Situationen fertig werden zu können, oder um die gefährlichen Situationen von den neuen und aufregenden Möglichkeiten zu unterscheiden. Nicht alle Fremden sind schlecht und würden wir nie mit Fremden reden, würden wir kaum noch jemanden kennenlernen.

Natürlich muß man auf ein Kleinkind *immer* aufpassen, aber während es heranwächst, muß es lernen, Gefahren selbst zu entdecken. Eine vernünftige Mischung aus Vorsicht und dem Mut, seinen eigenen Gefühlen zu vertrauen, und der Bereitschaft, neue Dinge zu erproben, wird Ihren Kindern helfen, ein Leben ohne innere Zwänge führen zu können. Wenn dies nicht gewährleistet ist, werden sie sich zu ängstlichen Kindern entwickeln, die nie selbst beurteilen können, ob eine reale Gefahr vorhanden ist oder nicht.

Ermutigen Sie Ihre Kinder dazu, neue Eßkulturen zu erschließen und neue Gerichte zuzubereiten. Warum sollen Ihre Kinder Blumenkohl nicht mögen, nur weil Sie dafür keine Vorliebe haben? Gehen Sie mit ihnen in Restaurants, die sich beispielsweise auf die italienische, indische, griechische, chinesische oder türkische Küche spezialisiert haben. Geben Sie ihnen die Gelegenheit, verschiedene Gerichte kennenzulernen und sie werden die Vielfalt des Lebens kennenlernen. Viele Menschen essen ihr Leben lang die gleichen Gerichte, weil sie in ihrer Kindheit gelernt haben, gegenüber fremden Eßkulturen mißtrauisch zu sein. Je mehr Geschmacksrichtungen ein Kind kennenlernt und je seltener es von Ihnen hören wird, »Ich hasse Möhren«, oder »Das indische Essen ist viel zu scharf«, um so mehr Möglichkeiten wird es haben, sich auf diesem Gebiet zu entfalten.

Wer innerlich vollkommen frei ist, dem steht die Welt offen. Viele reisen ins Ausland und wollen auch dort die ihnen vertrauten Speisen vorfinden. Viele Restaurants nützen diesen Wunsch, doch die fremde Kultur eines Landes wird jenen verschlossen bleiben.

Wecken Sie in Ihren Kindern das Interesse für andere Glaubensgemeinschaften. Machen Sie sie bereits früh mit dem Gedankengut anderer Religionen bekannt. Sich für die Lehren von Buddha, Konfuzius, Mohammed oder Moses zu interessieren, muß nicht zu einem Konflikt mit den Zehn Geboten aus dem Christentum führen. Junge Menschen sollten alle Glaubensideen kennenlernen und selbständig darüber urteilen können. Innerlich freie Menschen treffen ihre Entscheidungen selbst, statt sich vorbehaltlos den Familientraditionen anzuschließen. Wir möchten auch, daß unsere Kinder selbständig denken und ihr Verhalten gegenüber anderen auf gewisse ethische Prinzipien stützen, die sie in sich tragen. Denken Sie an die Mahnung aus der Bibel: »Denn sehet, das Reich Gottes ist inwendig in euch.« Ermutigen Sie Ihre Kinder dazu, selbst ihre ethische Einstellung festzulegen, statt aus ihnen Roboter zu machen, nur weil sie den Glauben haben müssen, dem Sie und Ihre Familie bereits seit Generationen angehören.

Vermeiden Sie jegliche politische Etikettierung. Geben Sie Ihren Kindern die Möglichkeit, alle politischen Strömungen kennenzulernen und sich eine eigene Meinung zu bilden, die sich auf diese Kenntnis der verschiedenen politischen Meinungen stützt. Erzählen Sie ihnen nicht, daß wir alle Sozialdemokraten, Christdemokraten, Liberale oder Grüne sind. Geben Sie ihnen die Gelegenheit, die Unterschiede kennenzulernen. Ermutigen Sie sie dazu, nicht eine Partei zu wählen, sondern einen Politiker, dessen politische Denkweise ihnen zuspricht. Die »Partei« ist nichts anderes als eine Gruppe von Individuen, die sich zusammengetan haben, um eine bestimmte politische Meinung durchzusetzen. Ein Wähler, der jedem seine Stimme gibt, den die Partei zur Wahl aufgestellt hat, hat keine eigene Meinung, sondern ist ein nichtdenkender Roboter, der zuläßt, daß andere für ihn am Wahltag entscheiden. Helfen Sie ihnen, Etikettierungen zu umgehen und ein Gefühl für ihre Entscheidungsfreiheit zu entwickeln. Hierzu sagte der dänische Theologe Sören Kierkegaard sehr treffend: »Wenn ihr mir einen Stempel aufdrückt, negiert ihr mich.«

Fördern Sie in Ihren Kindern die Entdeckerfreude. Ein Baby, dem bei der kleinsten Schwierigkeit geholfen wird, weiß bald: »Ein großer Mensch wird es gleich für mich tun, warum soll ich mich also anstrengen?« Wenn ein Baby versucht sich selbst zu füttern und dabei kleckert und sich sogar mit dem Löffel auf die Nase haut, sollten Sie einen Moment Geduld haben. Warten Sie, bis das Baby etwas richtig macht und loben Sie es, erkennen Sie seine Leistung an, wenn das Baby es schließlich schafft, den Löffel zu seinem Mund zu führen und beobachten Sie, wie es lächelt. Erlauben Sie es Kleinkindern, sich selbst anzuziehen, auch wenn dann alles verkehrt sitzt. Geben Sie Babies die Gelegenheit sich anzustrengen, wenn sie über ein Kissen auf dem Boden krabbeln oder versuchen, mit ihren kleinen Fingern ein neues Spielzeug festzuhalten. Erziehen Sie sie schon früh zur Ausdauer und belohnen Sie sie dafür. Kinder sagen fast jeden Tag »Ich kann es alleine«, bis sie so sehr von ihrer Umwelt beeinflußt sind, daß sie glauben, keinen eigenen Willen mehr zu haben und daß ihre Eltern für sie einspringen werden. Wie oft habe ich Eltern gehört, wie sie zu ihren Kindern absurde Dinge sagten wie: »Eß das jetzt! Glaubst du, ich weiß nicht, wann du Hunger hast?« oder »Zieh deine Jacke an, wenn du rausgehst. Ich weiß doch, wann es dir kalt ist.« Erziehen Sie sie von Anfang an dazu, ihren eigenen kleinen Lebensbereich zu erforschen, ohne dabei befürchten zu müssen, ständig von Erwachsenen gestört zu werden, die einen retten wollen und einem beibringen, alles von vornherein aufzugeben, bevor man überhaupt laufen kann.

Zeigen Sie Kindern durch Ihr Vorbild, daß sie sich nie einer aktuellen Modeerscheinung unterwerfen müssen. Natürlich kann man sie dazu ermutigen, sich an aktuellen Modeerscheinungen zu erfreuen, sie sollten aber auch wissen, daß sie sich nicht an diese gebunden fühlen müssen oder etwa glauben müßten, sie seien »out«, wenn sie sich nicht an die aktuellen Trends halten. Wenn Kinder *unbedingt* die topmodernen Jeans haben müssen, sollten Sie sie fragen, warum sie sie wirklich haben möchten:

weil sie ihnen stehen werden oder weil sie einfach »in« sein wollen? Sprechen Sie mit ihnen darüber, wie wichtig es ist, daß sie ihre Kleidung nach ihrem eigenen Geschmack auswählen, und daß sie sie nicht tragen sollen, um mit den anderen mithalten zu können. Zeigen Sie ihnen durch Ihr Vorbild, daß man sich nicht sklavisch an die sogenannte richtige Etikette, an hochaktuelle Designs, die uns die »Experten« vorzuschreiben versuchen, halten muß. Man hat das Bedürfnis nach Konformität, weil man es vorzieht, beim Vertrauten zu bleiben oder der Mehrheit anzugehören und daher denkt, handelt und kleidet man sich so wie die anderen. Wenn Ihre Kinder etwas haben möchten, was all die anderen tragen, sollten Sie sie direkt fragen: »Möchtest du dies, weil du so sein möchtest wie all die anderen oder findest du wirklich, daß es dir steht?« Wenn sie es dann wirklich haben möchten, sollten Sie Ihre Kinder in jedem Alter dazu auffordern, etwas zum Kaufpreis beizusteuern.

Wenn Kinder sich streiten, sollten Sie ihnen zeigen, daß Sie sich darüber bewußt sind, daß es immer zwei Seiten gibt. Spinoza sagte einmal: »Gleichgültig wie dünn man etwas schneidet, es wird immer zwei Seiten haben.« Denken Sie an diesen Ausspruch und hüten Sie sich davor, Kindern zu sagen, daß sie alle Vorschriften einhalten sollen, daß sie immer alles tun sollen, was man ihnen sagt, daß der Lehrer immer recht hat oder daß sie die ältere Generation immer respektieren sollen. Sie wollen doch keinen Menschen, der blind gehorcht, sondern innerlich frei ist. Solche Menschen sind oft nicht der gleichen Meinung wie Autoritätspersonen. Spornen Sie Ihre Kinder dazu an, »warum« zu fragen und schimpfen Sie nicht, wenn sie Gewohnheiten in Frage stellen.

Die Veränderungen, die zur Verbesserung unserer Lebensumstände geführt haben, verdanken wir nicht den Menschen, die sich dem Altbekannten unterworfen haben. In unserer Welt werden Dinge verändert, weil es Menschen gibt, die eingebürgerte Sitten und Gebräuche in Frage stellen, wenn sie keinen Sinn mehr abgeben. Ersticken Sie nicht diesen Funken in Ihrem Kind, es sei denn, Sie möchten ein unzufriedenes und angepaßtes Kind haben. Zeigen Sie Ihrem Kind, daß es keinen Unterschied macht, ob man sich anpaßt, um wie alle anderen zu sein, oder ob man ein Einzelgänger ist, nur weil man sich von der Masse abheben möchte. Der Einzelgänger, der nur anders als die anderen sein möchte, läßt sich immer noch von der Meinung und dem Verhalten der anderen beeinflussen. Diese Art der Anpassung ist genauso neurotisch wie die zuerst genannte. Erziehen Sie Ihre Kinder dazu, in sich zu gehen und sich für Verbesserungen einzusetzen, wenn sie auf Ungerechtigkeiten stoßen. Es gibt Zeiten, in denen es besser ist, sich anzupassen statt zu rebellieren. Ein Mensch, der keine inneren Zwänge kennt, ist nicht gegen das Kämpfen, aber er ist gegen das sinnlose Kämpfen.

Als Gitta, eine 15-jährige Schülerin, Schwierigkeiten mit ihrer Mathematiklehrerin hatte und ihre Versetzung gefährdet war, forderte ich sie dazu auf, die Sinnlosigkeit ihres Kampfes einzusehen. Ich wies sie darauf hin, daß sie sich nur selbst Schaden zufügen würde, wenn sie weiterhin versuchte würde, das Verhalten der Lehrerin zu ändern. Es sei für sie vorteilhafter, im stillen Kämmerlein ihre Mathematikkenntnisse zu verbessern und die Schwierigkeiten mit ihrer Lehrerin zu vergessen. Nachdem sie eine Weile versucht hatte, über den Haß gegen ihre Lehrerin hinwegzukommen, konnte sie sich ganz auf die Mathematik konzentrieren und ihre Note verbessern. Schließlich war es ihr Ziel gewesen, sich im Fach Mathematik zu verbessern, um ihre Versetzung nicht zu gefährden. Einige Monate später überraschte es Gitta, daß ich sie dazu ermutigte, zusammen mit anderen Klassenkameraden die Herausgabe einer Schülerzeitung durchzusetzen. Im ersten Fall hätte sie sich nur selbst geschadet, doch was die Schülerzeitung betrifft, so lag ein ungerechtes Verbot vor, gegen das es sich zu wehren lohnte. Zeigen Sie Ihren Kindern immer, daß es fantastisch ist, »warum?« zu fragen, daß der Kampf gegen die Ungerechtigkeit oder die Durchsetzung der eigenen Meinung wundervoll ist, aber daß ein sinnloses Sich-Auflehnen, bei dem man selbst zum Opfer wird, einfach Zeitverschwendung ist.

Erzählen Sie Ihren Kindern keine Geschichten von Monstern und Ungeheuern. Ängstliche Kinder bekommen vor unbekannten Dingen noch mehr Angst, wenn sie älter werden. Kinder, die sich vor der Dunkelheit fürchten, werden vielleicht ein Leben lang unter Ängsten zu leiden haben, wenn Sie aus der kindlichen Naivität einen Nutzen ziehen.

Häufig werden Kindern Ängste durch ältere Geschwister, durch Horrorfilme oder durch die Nachrichtensendungen vermittelt. Erziehen Sie Ihre Kinder deshalb schon früh zu Entdeckern und nicht zu Angsthasen und sie werden niemals unter irrationalen Ängsten zu leiden haben. Sie müssen ihnen zeigen, daß auch Sie kein ängstlicher Mensch sind. Zeigen Sie ihnen, wie Sie zu vernünftigen Vorsichtsmaßnahmen greifen, wenn dies erforderlich ist, aber sprechen Sie nicht vom »Schwarzen Mann« oder anderen furchterregenden Gestalten. Zeigen Sie Ihren Kindern eine mutige Person, die sich nicht scheut, sich für eigene Interessen einzusetzen, und Sie werden ihnen helfen, Angstgefühle, die sie vielleicht schon entwickelt haben, zu überwinden.

Unterstützen Sie die Träume und Ziele, die Ihre Kinder haben, auch wenn Sie sie für unrealistisch halten. Der Schüler, der gerne Arzt werden möchte, aber kein gutes Schulzeugnis hat, muß nicht darüber aufgeklärt werden, daß er seine Ziele nicht zu hoch stecken soll. Statt dessen sollte man ihn positiv beeinflussen. »Versuch es.« – »Warum nicht, es ist nie zu spät für etwas.« – »Ich bin sicher, daß du es schaffen kannst, wenn du es nur ernsthaft willst.« Auch wenn Sie sich ziemlich sicher sind, daß ein Kind sein Ziel, sagen wir einmal, Astronaut zu werden, nicht erreichen kann – weil er vielleicht zu klein ist oder keine naturwissenschaftliche Begabung hat – sollten Sie ihm *niemals* den Mut nehmen, ein hochgestecktes Ziel zu erreichen. Das Schlimmste, was passieren kann, ist, daß das Kind seine Zielsetzung neu überdenkt, wenn es sich mit Schwierigkeiten konfrontiert sieht. Vielleicht überrascht das Kind Sie aber auch eines Tages. Kinder müssen wissen, daß es in ihrem Leben keinen Platz für den Satz »Es ist unmöglich« gibt und daß Sie sie in ihren Träumen unterstützen, auch wenn diese unrealistisch sind. Stellen Sie sich vor, wie die Eltern der Gebrüder Wright sich gefühlt haben müssen, als ihnen ihre beiden Söhne Wilbur und Orville von ihrem Wunsch, fliegen zu können, erzählten. Oder die Eltern von Edison, als dieser von einer Beleuchtung ohne Feuer träumte. Wie steht es mit den Eltern von Henry Ford, der davon träumte, die Pferde durch Autos zu ersetzen? Glauben Sie wirklich, daß jemand ein Mittel gegen Krebs oder Multiple Sklerose finden wird, wenn allen, die von einer solchen Entdeckung träumen, gesagt wird: »Sei nicht albern. Diese Krankheiten hat es schon immer gegeben und du wirst an dieser Tatsache bestimmt nichts ändern können. Sei also realistisch und benimm dich wie all die anderen auch.« Lassen Sie Ihren Kindern ihre Träume, spornen Sie sie an, sich hohe Ziele zu setzen. Nehmen Sie ihnen nicht den Wind aus den Segeln. Fordern Sie sie dazu heraus, mehr über ihre Wünsche zu sprechen und sich zu überlegen, wie sie diese realisieren können.

Ermutigen Sie Kinder in jedem Alter dazu, den schwierigeren Weg zu wählen. Lassen Sie sie wissen, daß Sie nicht enttäuscht sein werden, wenn sie in der Schule schlecht abschneiden, weil sie sich in der Oberstufe für eine schwierige Fächerkombination entschieden haben oder anspruchsvollen Lehrern nicht aus dem Weg gegangen sind. Wenn sie vom Zehnmeterbrett springen wollen, sollten Sie sie nur bitten, vorsichtig zu sein. Loben Sie sie, wenn sie sich schwierige Dinge zutrauen, wie sich auseinanderzusetzen mit Geometrie, Philosophie, der Lösung eines schweren Puzzles, oder wenn sie auf einen hohen Baum klettern. Außerdem sollten Sie ihnen beweisen, daß auch Sie dazu bereit sind, Schwieriges zu wagen und sich nicht von einem schwierigen Abendkurs, einem unverschämten Nachbarn oder einem aufdringlichen Vertreter einschüchtern lassen. Je deutlicher Sie ihnen zeigen, daß auch Sie sich der Gefahr einer Niederlage aussetzen und daß Sie nicht immer auf bekannten Wegen wandern, um so mehr werden Sie Ihren Kindern den Mut geben, selbst unbekannte Lebensbereiche kennenzulernen.

Hüten Sie sich davor zu zeigen, daß Sie gegenüber anderen Menschen und anderen Dingen Vorurteile hegen. Vorurteile haben heißt ohne eigene Erfahrung etwas beurteilen. Ein solches Verhalten wird Kinder dazu ermutigen, sich von all dem fernzuhalten, was sie zu hassen gelernt haben und über kurz oder lang wird ihr Leben voller Einschränkungen sein. Menschen ohne innere Zwänge verurteilen niemanden. Sie sind gegenüber anderen, die anders sind, tolerant. Je mehr Sie in Ihren Kindern die Fähigkeit zur Toleranz, zur Entdeckerfreude und zur Bereitschaft fördern, mit anderen zusammenzukommen, die anders sind, um so mehr helfen Sie Ihren Kindern bei der Entfaltung ihrer Persönlichkeit. Um die Welt zu verändern, müssen Sie bei Ihren Kindern anfangen.

Denken Sie daran, daß das Ziel der Erziehung darin liegt, Kindern zur Selbständigkeit und einer unabhängigen Denkweise zu verhelfen. Bereits im frühen Alter sollten Kinder die Gelegenheit bekommen, innerhalb vernünftiger Grenzen eigenständig zu denken und zu handeln. Ein zweijähriges Kind sollte nicht immer um Erlaubnis fragen müssen, wenn es mit einem Spielzeug spielen will oder einen Zwieback essen möchte. Einem fünfjährigen Kind kann man sicherlich zutrauen, daß es weiß, wann es seinen Mittagsschlaf halten will, welche Freunde es haben möchte, welche Interessen es hat. Zehnjährige sind durchaus in der Lage, sich ihr Frühstück selbst zuzubereiten, ihre Kleider in der Waschmaschine zu waschen, ihr Zimmer aufzuräumen, ihre Freunde selbst auszusuchen oder auch andere Dinge zu entscheiden. Teenager sind fähig, ihr eigenes Leben zu führen, wenn sie die richtige Anleitung haben und wissen, daß ihnen dieses Privileg wieder genommen werden kann, sobald sie es mißbrauchen. In jeder Angelegenheit um Erlaubnis zu bitten, ist charakteristisch für ein kindliches Verhalten und während es manchmal natürlich notwendig ist, daß Kinder um Erlaubnis fragen, ist es sehr wichtig, Kinder nicht ständig durch Kontrollen einzuschränken. Wenn Sie nicht auf eine solche Kontrolle verzichten können, werden Ihre Kinder Ihnen die ständige Einmischung in ihr Leben übelnehmen oder sie werden zu nichtdenkenden Robotern, die Sie zu jeder Tages- und Nachtzeit um Rat fragen oder nichts tun, bevor man sie dazu nicht angewiesen hat.

Fördern Sie eine vernünftige Selbständigkeit und Sie werden bemerken, daß Ihre Kinder sich an Veränderungen und das Unbekannte gewöhnen, weil sie die Erlaubnis haben, selbst zu entscheiden. Planen Sie nicht den Tagesablauf für Ihre Kinder, wenn sie Sommerferien haben, sondern gehen Sie Ihren eigenen Interessen und Neigungen nach, statt Ihre Kinder zu Ihrem Lebensinhalt zu machen. Lassen Sie ihnen die Freude, selbst darüber zu entscheiden, was sie interessiert. Werden auch Sie einmal zum Lernenden, statt immer und ewig der Lehrer zu sein. Das Kind, dessen Tagesablauf bereits verplant ist, wird nicht lernen, sich effektiv mit dem Unbekannten und mit veränderten Situationen auseinanderzusetzen. Ich habe gehört, wie Eltern ihren Kindern sagten, »Um neun kannst du noch Fahrrad fahren, aber um halb elf mußt du zurück sein, weil wir Besuch bekommen. Um ein Uhr essen wir mit Tante Annette zu Mittag und um drei Uhr mußt du hier sein, weil wir dann einen Einkaufsbummel machen. Um halb fünf müssen wir wieder zurück sein, denn dann ruft dein Vater an und möchte dich sprechen. Um sechs Uhr werden wir schließlich zu Abend essen und danach kannst du noch etwas fernsehen, aber spätestens um neun mußt du im Bett sein, denn ich möchte, daß du morgen früh aufstehst, weil ich für dich einen wundervollen Tag geplant habe.« Diese Art der Verplanung zeigt dem Kind, daß es keinen eigenen Willen haben darf und es immer seine Eltern um Rat fragen muß, wenn es sich amüsieren möchte, da es selbst nicht darüber bestimmen darf. In meinen Augen soll eine vernünftige Erziehung sich aus der Förderung des eigenständigen Denkens, dem Interesse am Wohlbefinden der Kinder und der Fürsorge zusammensetzen, daß man wissen möchte, wo sie sind. Geben Sie Ihren Kindern zu verstehen, daß sie bereits teilweise für ihr Leben verantwortlich sind und daß Sie es akzeptieren, wenn sie einen Großteil ihres Lebens eigenständig planen.

Gehen Sie in Ihrem Leben Ihren eigenen Interessen nach und erfreuen Sie sich an den Interessen Ihrer Kinder. Es ist wundervoll, sich an den Leistungen seiner Kinder zu erfreuen, zu beobachten, wie sie ihre ersten Tanzschritte einstudieren oder anderen Hobbies nachgehen, aber es ist wichtig, daß die Kinder diese Dinge um ihrer selbst willen erleben. Seien Sie ein begeisterter Zuschauer, aber denken Sie daran, daß die Erfahrungen Ihrer Kinder ihnen gehören und Ihre Erfahrungen Ihnen. Wenn Ihre Kinder ein Theater veranstalten, wenn Sie ausgehen wollen, sollten Sie ihnen verständnisvoll aber bestimmt erklären, daß jeder gerne etwas Freizeit haben und Freunde treffen möchte. Danach sollten Sie wirklich gehen! Sie werden eine viel bessere Mutter sein, wenn Sie selbst zufrieden sind und eigene Ziele und Interessen haben, statt sich in der Hausarbeit gefangen zu fühlen und nur darauf zu warten, daß die Kinder nach Ihnen verlangen. Wenn Sie ein erfülltes Leben haben, sich wichtig und nützlich vorkommen und das Leben richtig genießen, sind Sie Ihren Kindern das beste Vorbild, das sie haben können. Sie leben ihnen dann ein Leben ohne innere Einschränkungen vor. Kinder müssen in ihren Eltern ein Vorbild haben, das sich selbst verwirklicht hat, glücklich ist und nicht zu den Menschen gehört, die darunter leiden, daß die Kinder einmal ausfliegen.

Ersetzen Sie »Tu dein Bestes« durch ein einfaches »Versuch's doch«. »Dein Bestes« ist eine Illusion, denn niemand weiß, was sein Bestes in einem bestimmten Augenblick in seinem Leben sein wird. Außerdem sollte man Kinder nicht dazu erziehen, immer nach persönlichen Bestleistungen zu streben. Im Leben ist es viel wichtiger, das Dasein zu genießen, statt immer nach seinen Leistungen beurteilt zu werden. Kinder sollten nicht in die Lage gebracht werden, daß ihr Wert von ihren Leistungen abhängt. Während es schön ist, sich für einige Dinge zu entscheiden, in denen man sehr gut sein kann, ist es weitaus vernünftiger und gesünder, sich an vielen verschiedenen Dingen zu versuchen und sie einfach zu tun, statt immer Bestleistungen erzielen zu müssen. Kinder, die wissen, daß sie *immer* Überragendes leisten müssen, werden sich an einiges nicht herantrauen, weil sie sich der Gefahr einer Niederlage nicht aussetzen möchten. Wenn man ständig nach diesen trügerischen Bestleistungen strebt, kann man auch sehr viele Enttäuschungen und Ängste erleben.

Leistung als Zeichen für den Erfolg eignet sich nicht zur Selbsteinschätzung. Äußerliche Erfolgsmerkmale durch Qualität und Selbstverwirklichung zu ersetzen, bereitet den Weg zu Höherem. Erfolg ist genau wie das Glück und die Liebe eine innere Eigenschaft und Fähigkeit des Menschen, die er in sein Leben einbringen muß, statt danach unaufhörlich zu streben. Geben Sie Ihren Kindern das Gefühl der Lebensfreude und der Selbstverwirklichung in allem, was sie tun, und ein Erfolg, wie ich ihn hier beschrieben habe, wird ihnen immer hinterherlaufen. Die Alternative ist, daß sie dem Erfolg immer hinterherjagen, also immer mehr leisten müssen. Folglich werden sie ständig unter der Krankheit leiden, die »Mehr« heißt, und der Erfolg wird ihnen verwehrt bleiben.

Bereiten Sie dem ganzen zwanghaften Streben nach Sieg ein Ende und lehren Sie Ihre Kinder statt dessen, alles zu tun und keine Angst vor dem Verlieren zu haben. Gute Noten sind sicherlich etwas Schönes, aber das Wissen ist weitaus wichtiger. Es macht Spaß, Trophäen zu sammeln, aber allein die Tatsache, daß man an einem aufregenden Wettkampf teilnimmt, ist ein großer persönlicher Gewinn. Mit sich selbst im reinen zu sein, im Leben einen Sinn zu sehen, lachen und sich am Leben erfreuen zu können – diese Fähigkeiten, die ich im Kapitel 1 erwähnt habe – sind die wesentliche Voraussetzung für ein Leben frei von inneren Zwängen und keine dieser Qualitäten beruht auf Äußerlichkeiten.

Räumen Sie dem Geld nicht zuviel Bedeutung ein. Junge Menschen, die lernen, das Geld zu idealisieren, werden nur nach Dingen streben, die mit Geld erstanden werden können, was eine starke Einengung im Leben ist. Bringen Sie ihnen bei, die inneren Werte zu sehen, die Begeisterung, die auf der Bewunderung eines Gegenstandes beruht, statt ständig nach dem Preis oder dem materiellen Wert zu fragen. Menschen, die dazu erzogen wurden, immer nur an das Geld zu denken und das Leben nur nach materiellen Gesichtspunkten bewerten, können kaum anders denken. Sicherlich kann es nicht schaden, wenn Kinder eine vernünftige Einstellung zum Geld bekommen, aber es ist für sie genauso wichtig zu wissen, daß Geld nicht alles im Leben ist.

Einigen Sie sich mit Ihren Kindern, daß Sie sie nicht in Anwesenheit anderer zurechtweisen werden und daß Sie von ihnen die gleiche Höflichkeit erwarten, die Sie Ihnen erweisen. Niemand wird gern in Anwesenheit anderer zurechtgewiesen. Kinder, die immer vor anderen kritisiert werden, bekommen bald Angst davor, sich vor anderen zu Wort zu melden oder sich lächerlich zu machen. Diese Angst zeigt sich immer dann, wenn Kinder sich weigern, neue Dinge auszuprobieren, sich für sich selbst einzusetzen und sich zu behaupten. Die Eltern, die die Sprachfertigkeit ihrer Kinder ständig kritisieren, sie immer an ihre Schwächen erinnern, ihnen vor anderen sagen, daß sie sich vertan haben, rufen in ihrem Verhältnis zu ihren Kindern eine angespannte, verbitterte und ärgerliche Stimmung hervor. Wenn Sie glauben, es sei zu seinem Besten, sollen Sie Ihr Kind verbessern, wenn Sie es nicht in Verlegenheit bringen. Ein Kind, das ständig kontrolliert wird und weiß, daß es bald gerügt wird, verliert bald den Respekt vor der Person, die es zurechtweist und entzieht sich allmählich jeder Kommunikation. *Niemand wird gern vor anderen verbessert!* Vergessen Sie das nie und üben Sie nie an Ihren Kindern Kritik, nur weil Sie glauben, es sei zu ihrem Besten. Statt dessen sollten Sie wie ein Freund zu ihnen sein. Wenn Sie ihnen durch Ihre Kritik helfen wollen, sollten Sie zumindest höflich sein und sie nur unter vier Augen ausdrücken. Die gleiche Höflichkeit müssen sie für sich in Anspruch nehmen.

Fördern Sie positives Verhalten. Ertappen Sie Ihre Kinder dabei, daß sie etwas gut machen. Loben Sie sie für gutes Benehmen und locken Sie sie nicht in eine Falle, wenn sie etwas gemacht haben, was in Ihren Augen ein Fehler war. Ein Zuspruch hilft Kindern, Veränderungen gegenüber aufgeschlossen zu sein. Eine negative Einflußnahme lehrt Kinder aber, Veränderungen zu fürchten. Mißtrauische und ängstliche Kinder, die wissen, man erwartet nicht viel von ihnen, werden schon bald diese negativen Erwartungen erfüllen. Sie werden das tun, was Ihre Aufmerksamkeit auf sie lenken kann. Überlegen Sie es sich gründlich, ob Sie zu den Erwachsenen gehören wollen, die nur auf die Fehler ihrer Kinder aus sind.

Erzählen Sie Ihren Kindern Geschichten. Erzählen Sie eine Geschichte bis zu dem Punkt, an dem der Held sich einer Gefahr gegenüber sieht. Lassen Sie dann Ihr Kind die Geschichte zu Ende erzählen und sprechen Sie mit ihm darüber, warum es sich für dieses Ende entschieden hat. Geben Sie Ihren Kindern in ihren selbsterfundenen Geschichten die Möglichkeit, selbst zum Abenteurer zu werden und neue aufregende Situationen zu begrüßen, statt sich für den sicheren Weg zu entscheiden. Dieses Geschichtenerzählen kann die Fantasie der Kinder anregen. Besonders kleinen Kindern macht es sehr viel Spaß, aktiv an solchen Geschichten teilzunehmen. Spielen Sie Spiele wie »Ich bin eine Freundin. Stell mir Fragen, um herauszufinden, wer ich bin und was ich gerne mache.«

Setzen Sie das in die Praxis um, was Sie für Ihre Kinder für richtig halten. Sie möchten, daß sie kreativ sind, neue Bereiche kennenlernen, die Welt erkunden und jeden Tag als ein neues Wunder würdigen. Sie möchten, daß Sie gegenüber Veränderungen und Risiken aufgeschlossen sind, statt ein langweiliges und uninteressantes Leben zu führen. Ich bin sicher, daß Sie meinen Vorschlägen aus diesem Kapitel noch eigene Erfahrungen hinzufügen können.

Kapitel 4

Mein Wunsch: Selbstbewußte Kinder

> Der innerlich freie Mensch lebt nach bestem Wissen und
> Gewissen. Er hat das Gefühl, daß jeder einzelne Moment
> seines Lebens seiner Entscheidung unterliegt. Er ver-
> schwendet seine Zeit niemals damit, andere für seine
> eigenen Fehler oder für das Leid in der Welt verantwortlich
> zu machen. Unabhängig von anderen kann er seine
> Persönlichkeit und sein Selbstwertgefühl entwickeln.
>
> *Für sein Tun und Lassen darf man keinen andern zum Muster
> nehmen.*
>
> *Schopenhauer, Aphorismen*

Unsere innere Welt unterscheidet sich sehr von der äußeren. Tief in uns,
wo wir alle mit uns selbst leben müssen, ist ein Universum voller lebens-
wichtiger Entscheidungen. Diese innere Welt, die sich aus unseren
Gefühlen zusammensetzt, sieht für jeden anders aus. In unserer inneren
Welt müssen wir völlig ehrlich zu uns selbst sein und dort verschwindet
Schmerz und Leid nicht einfach dadurch, daß etwas in der äußeren
Umgebung sich zu regeln scheint.

Um ein richtig entwickeltes Gefühl der inneren Ruhe haben zu können, muß der Mensch lernen, wie er Herr seiner Gedanken wird, wie er
auf seine Gefühle reagiert und schließlich wie er sich verhält. Unsere
Einzigartigkeit als Mensch ist der Kern dieser inneren Welt. Nietzsche
hat diese Idee sinngemäß wie folgt in Worte umgesetzt:

> Im Innersten weiß ein jeder Mensch sehr wohl, daß er ein
> einzigartiges Wesen ist, nur einmal auf dieser Erde vorhan-
> den; und kein noch so ungewöhnlicher Zufall könnte je
> ein solches pittoreskes Wesen, das so viele Verschiedenar-
> tigkeiten in sich vereint, ein zweites Mal schaffen.

Die Entwicklung unserer inneren Welt zu einem Menschen, der sich
selbst akzeptiert, bedeutet auch, daß man für die innere Welt die ganze
Verantwortung übernimmt und aufhört, anderen für unsere Lebensaufgaben die Schuld zu geben. Selbstbestimmte Menschen lernen, sich auf
ihre innere Stimme zu verlassen und widersetzen sich der Neigung,
äußerlich motiviert zu sein. Sie lernen es, von der Anerkennung anderer
unabhängig zu sein, und gehen für eine eigene Anerkennung in sich, die
auf einem Moralkodex und einer festen Entschlossenheit basiert, etwas

Besonderes zu sein. Diese Aspekte der inneren Entwicklung dürfen wir nicht vernachlässigen, wenn wir unsere Kinder zu einem Leben frei von inneren Zwängen erziehen möchten.

Für Kinder ist es sehr wichtig zu lernen, daß sie die Verantwortung für eine innere Entwicklung übernehmen müssen. Sie müssen schon früh lernen, daß niemand fähig ist zu kontrollieren, was in ihrem Innersten vorgeht. Die Welt schafft viele Situationen, über die wir nur wenig oder überhaupt keine Kontrolle haben. Jeder Mensch muß von Kindesbeinen an lernen, daß sein Innenleben nur ihm gehört und daß all seine Gedanken, seine Gefühle und all sein Tun der eigenen Kontrolle obliegt. Das ist die Grundfreiheit, die Sie Ihren Kindern vermitteln können. Das Wissen und der Glaube daran, daß sie ihr Innenleben kontrollieren können. Sobald Kinder diesen Glauben haben und beginnen, ihr Leben auf dieser Grundvoraussetzung aufzubauen, befinden sie sich auf dem Weg zu einem Leben frei von inneren Zwängen. Wenn sie nicht zu dieser wesentlichen Einsicht kommen, werden sie zu Anklägern, Nörglern, Jammerlappen und Menschen werden, die ständig nach Anerkennung heischen und nicht an ihre Fähigkeit glauben, eine Entscheidung treffen zu können. Sie werden immer unselbständig bleiben, statt den Schritt in die Unabhängigkeit zu machen, nicht nur als Kinder, sondern ihr ganzes Leben. Dies ist die wichtigste Lektion auf dem Weg in ein wirklich freies Leben ohne innere Zwänge.

Anderen für alles die Schuld zu geben, ist in unserer Kultur eine sehr weit verbreitete Eigenschaft, und tritt am häufigsten bei Kindern auf, deren Eltern typische Nörgler sind. Kinder lernen schnell, und Kritik zu üben, wird schnell zur Gewohnheit, wenn die Umwelt mitmacht. Sie können entweder die Eigenschaft, andere ständig zu kritisieren, verstärken oder aber Sie können ihren Kindern helfen, die Verantwortung für ihr Leben zu übernehmen. Sie sollen nicht das Gefühl haben, sie würden dafür verfolgt oder gar bestraft, wenn sie die ganze Verantwortung für die Entfaltung ihres Innenlebens übernehmen. Sie müssen Ihre Kinder nur darin bestärken, die Verantwortung zu übernehmen und Sie müssen sie davon abhalten, anderen für ihre Lebenssituation die Schuld zu geben. Um dieses Ziel zu erreichen, müssen Ihre Kinder verstehen, welche Vorteile es hat, wenn sie die Verantwortung für sich selbst übernehmen. Seien Sie gegenüber dem Innenleben Ihrer Kinder aufgeschlossen und denken Sie daran, wie es durch die kindliche Denkweise gesteuert wird!

Die Denkweise bestimmt den Gemütszustand

Kinder beginnen für die Entwicklung ihres Innenlebens die ganze Verantwortung zu übernehmen, wenn sie Sätze wie »Es ist nicht mein Fehler«, »Ich konnte nichts dafür«, aus ihrem Repertoire streichen. Jeder von uns hat ein sehr privates Innenleben. Wir leben mit dieser inneren Persönlichkeit ständig zusammen, und sie weiß immer, wann wir lügen oder übertreiben, wann wir andere zum Narren halten oder anderen für unser Verhalten die Schuld geben, und wann wir traurig oder glücklich sind. Das Innenleben ist der Schlüssel zu einem freien Leben ohne innere Zwänge. Wie dieses Innenleben aussieht, beruht größtenteils darauf, wie leicht es uns fällt, ehrlich zu uns selbst und anderen zu sein. Unser Innenleben enthält unsere ganzen Gefühle. Dort können wir Ruhe finden, wenn wir mit uns selbst im reinen sind. Dorthin können wir uns zurückziehen, wenn wir mit uns selbst zufrieden sind. Wir können uns gesund fühlen, wenn wir gegenüber uns selbst keine kranken Gedanken oder Gefühle haben. Es liegt allein an uns, dieses Innenleben zu entwickeln, aber es wird uns leichter fallen, wenn andere uns dabei helfen.

Ein Mensch mit einem ausgeprägten Innenleben, macht anderen grundsätzlich keine Vorwürfe. Wenn Kinder frei genug sind, die eigene Verantwortung für ihre Gefühle, Gedanken und Verhaltensweisen zu übernehmen, werden sie auch frei genug sein zu verstehen, daß sie nicht für das Innenleben eines anderen Menschen die Verantwortung übernehmen müssen. Obgleich sich ein junger Mensch anstrengen muß, um für seine Gedanken und Gefühle die Verantwortung zu übernehmen, spricht viel dafür, daß dies ein Mensch mit einem reichen Innenleben wird. Der große Vorteil liegt natürlich darin, daß er keine Schuld-, Wut- oder Angstgefühle bekommen muß, wenn andere sich weigern, für sich selbst die Verantwortung zu übernehmen.

Um ein reiches Innenleben zu entwickeln, ist es wichtig, daß man von Anfang an lernt, daß jeder Mensch die Fähigkeit hat, seinen Geist so zu gebrauchen, wie er will, unabhängig von den Ereignissen um ihn herum. Der Geist ist das innere Ich. Menschen und Ereignisse sind die Außenwelt. Wir kontrollieren unsere Gedanken, während die Welt einfach existent ist. Wir kontrollieren unsere Denkmechanismen. Andere Menschen werden unabhängig von unseren Gedanken handeln. Kinder müssen lernen, daß sie ihre Gedanken kontrollieren können und daher auch ihr Innenleben, unabhängig von den Geschehnissen um sie herum, und daß diese Gedanken ihre inneren Gefühle und Handlungsweisen bestimmen. Es ist unmöglich, sein Innenleben zu kontrollieren, wenn

Vorwürfe Teil des geistigen Prozesses sind. Anderen für seine Situation im Leben die Schuld geben, ist nichts anderes als die Suche nach einer Entschuldigung für eigenes Fehlverhalten. Was immer Sie fühlen – in jedem Moment Ihres Lebens – beruht darauf, wie Sie Ihre Welt und die Menschen und Ereignisse darin sehen. Wenn Sie deprimiert sind, sind Sie Ihren eigenen bedrückenden Gedanken zum Opfer gefallen. Wenn Sie enttäuscht sind, dann haben Sie sich für frustrierende Gedanken entschieden. Wenn Sie ein psychosomatisch verursachtes Magengeschwür bekommen, liegt dies daran, daß Ihr Geist sich dazu entschlossen hat, sich Sorgen zu machen, oder daß Sie sich dazu entschlossen haben, die Welt als einen beunruhigenden Ort zu sehen. Wenn Sie Glück und Zufriedenheit empfinden, liegt auch dies an Ihren Denkmechanismen.

Daher steht es jedem von uns frei, so zu denken, wie er will. Wir stoßen oft auf Menschen, die es einem erschweren, sich diese Denkweise zur Gewohnheit zu machen, besonders in unserer Kindheit. Sie müssen Ihre Kinder darauf hinweisen, daß sich ihre Realität nicht ändert, wenn sie anderen Vorwürfe machen. Sie sind immer noch selbst für ihr Innenleben verantwortlich. Nur weil sie einem anderen für ihre Gefühle die Schuld geben, wird sich nichts in ihrem Leben ändern. Wozu sie sich auch immer entscheiden werden – anderen Vorwürfe zu machen oder für sich selbst die Verantwortung zu übernehmen – die Wahrheit läßt sich nicht verdrängen. Nicht andere machen sie unglücklich, sondern wie sie über das, was andere tun, denken, bestimmt ihren Gemütszustand. Es ist wichtig, daß Kinder erkennen: *Die Denkweise bestimmt den Gemtszustand.* Der amerikanische Philosoph und Psychologe, William James, drückte das so aus:

> Die wichtigste Entdeckung meiner Generation ist, daß
> Menschen ihr Leben dadurch ändern können, daß sie ihre
> Denkweise ändern.

Kinder, die lernen, für sich verantwortlich zu sein, lernen ohne innere Zwänge zu leben. Kinder, die lernen, anderen für alles die Schuld zu geben, meiden die Verantwortung und versuchen die Realität zu umgehen, indem sie äußeren Umständen oder anderen Menschen die Schuld geben.

Tadel und Schuldzuweisung

Die meisten Kinder lieben es, anderen für ihre Probleme im Leben die Schuld zu geben, weil sie es gelernt haben, daß Eigenverantwortlichkeit sich negativ auf das Verhältnis zu den Eltern auswirkt. Wenn Sie bemerken, daß Kinder häufig die Schuld anderen geben – »Es ist nicht mein Fehler«, »Ich kann nichts dafür«, »Mein Lehrer hat mich durchfallen lassen« oder »Martin hat mich dazu gezwungen«, müssen Sie Ihr eigenes Verhalten untersuchen. Haben Sie Ihre Kinder in der Vergangenheit, wenn sie für ihr Verhalten einmal ihre Verantwortung zugegeben haben, dafür bestraft?

Wenn Erwachsene mit Wut und Frustration reagieren, wenn ein Kind im Alter von zwei Jahren die Milch verschüttet, glaubt das Kind, es sei eine Enttäuschung und legt die Wut und Frustration als Ablehnung seiner Person aus. Es wird nach allen möglichen Entschuldigungen suchen, um eine solche Reaktion seitens der Erwachsenen zu verhindern, denn Kinder möchten geliebt werden. Eine gesunde Reaktion auf ein Glas verschüttete Milch könnte sein: »Das ist schon in Ordnung – wir verschütten alle mal was. Ich weiß, du hast es nicht mit Absicht gemacht. Laß es uns aufwischen.« Dann sollte das Kind umarmt werden und einen Kuß bekommen, unabhängig davon, wie oft es in der letzten Woche die Milch verschüttet hat. Ein Kind, das vor anderen durch einen bösen Blick, eine Ohrfeige oder einen Tadel für seine Tolpatschigkeit gerügt wird, lernt, daß es für Fehlleistungen nicht die Verantwortung übernehmen darf. – »Dirk hat es getan, ich hab' hier nur gesessen.« – »Das Glas war rutschig, es war nicht mein Fehler.« – »Sabine hat mich gezwickt.« – Dies sind einige der erfundenen Entschuldigungen, die das Kind aus seinem sich schnell bildenden Repertoire an Beschuldigungen und Klagen holen wird. Tatsache ist, die Milch wurde verschüttet. Punkt. Kein Wutausbruch, keine Moralpredigt kann dies wieder ungeschehen machen. Noch wichtiger ist, daß das Kind dafür verantwortlich ist. Auch wenn es sich dieser Verantwortung entziehen möchte, so gibt es keinen Zweifel daran, daß es die Milch verschüttet hat. Sie möchten Ihrem Kind dabei helfen, sagen zu können: »Ja, ich habe sie verschüttet. Ich habe es aber nicht mit Absicht gemacht.« Wenn die Wahrheit gesagt wird und man dann wieder zum Alltag übergeht, sind Vorwürfe und Beschuldigungen nicht mehr nötig. Auch wenn die Milch mit Absicht verschüttet wurde, um die Aufmerksamkeit auf sich zu lenken, kann man dem Kind ein Tuch geben, damit es selbst die verschüttete Milch wieder aufwischen kann, für die es die Verantwortung trägt. Dieses Beispiel mag vielleicht nicht weltbewegend sein, aber wenn man einige hundert Male nicht so vernünftig reagiert, wird ein Kind, dessen Verhalten Wutausbrüche hervorruft, anderen die Schuld geben und sich zu einem Menschen entwickeln, der immer bei anderen die Erklärung dafür sucht, warum ihm etwas nicht gelingt. Das Kind wird zu einem Menschen, der immer wieder auf Entschuldigungen und Ausreden zurückgreift. Wenn es in der Schule schlecht ist: »Die Lehrerin ist ungerecht. Sie hat etwas geprüft, das wir gar nicht vorbereitet hatten. *Sie* hat mich durchfallen lassen.« In einem Tennisspiel: »Der Wind war schuld daran, außerdem hatte der Linienrichter etwas gegen mich.« Im Streit mit der Freundin: »Nie hört sie mir zu! Immer muß ich machen, was sie will.« Beim Verlust der Arbeitsstelle: »Niemand kann mit meinem Chef zurechtkommen. Immer hat er auf mir herumgehackt. Außerdem haßt er alle, die aus der Umgebung dieser Stadt kommen.«

Der Grund für Mißerfolge und Krisen wird immer anderen angerechnet und nicht sich selbst. Man könnte sich fragen: »Was mache ich nur falsch, daß ich jedes Tennisspiel verliere?« – »Warum konnte ich mit ihr nicht klarkommen? Ich muß meinen Jähzorn bändigen.« – »Ich verliere immer wieder meine Arbeit. Was kann ich tun, damit sich das ändert?« – Der Jugendliche, der lernt, für jede Kleinigkeit anderen die Schuld zu geben, ist immer auf der Suche nach jemandem, dem er einen Vorwurf machen kann, so daß ihn keinerlei Schuld trifft. Bringen Sie Ihren Kindern in jedem Alter bei, daß die meisten Dinge, die sich in ihrem Leben ereignen, in ihren Händen liegen und daß sie über *alle* ihre Gefühle die völlige Kontrolle haben. In den genannten Beispielen könnte der Junge, der immer anderen für seine Niederlagen die Schuld gibt, eine ganz andere Persönlichkeit haben. Man hätte ihm von Anfang an beibringen können, daß es nicht falsch ist zu sagen: »Ich habe es getan. Es war mein Fehler. Ich werde mich anstrengen, daß es nie wieder vorkommt.« Er hätte lernen können, daß Eigenverantwortlichkeit ein wichtiger Pluspunkt ist in einem Leben, das nicht von inneren Zwängen eingeengt wird, denn dadurch ist man letztendlich für sich selbst verantwortlich, statt anderen die Kontrolle über sein Leben zu überlassen.

Kinder, die ihren Lehrern die Schuld geben für die eigenen schulischen Mißerfolge, gestehen den Lehrern die Kontrolle über ihr Leben zu. Sie geben auch die Kontrolle über ihr eigenes Leben auf, wenn sie aufgrund von Liebeskummer sehr lange in Depressionen verfallen. Helfen Sie Kindern von frühester Kindheit an, die Verantwortung für sich selbst zu übernehmen. Sie tun ihnen einen Gefallen, wenn Sie sie dazu ermutigen, ihre Schwächen zuzugeben, Fehler einzugestehen und vor gegenteiligen Meinungen keine Angst zu haben. Helfen Sie ihnen, sich zu verantwortungsbewußten Menschen zu entwickeln, indem Sie sie um ihrer Fehler willen lieben, ihnen sagen, daß es in Ordnung ist, wenn sie einen Fehler machen. Lassen Sie sie wissen, daß Sie sie lieben, auch wenn sie einmal mit Marmelade auf die Tischdecke kleckern, eine Fünf in der Deutscharbeit schreiben, ins Bett nässen oder andere Dinge tun, die völlig menschlich sind. Sie zeigen den Kindern, wie sehr Sie sie lieben, wenn Sie mit ihnen darüber sprechen, daß sie ihren Geschwistern nicht die Schuld für ihr Verhalten geben sollen oder die Schuld von sich weisen sollen, wenn es ganz offensichtlich ist, daß sie die Vase zerbrochen haben. Die Menschen zerbrechen manchmal etwas. So etwas passiert nun einmal. Je mehr ein Kind lernt einzugestehen, »Ja, ich war unvorsichtig. Ich werde eine neue Vase kaufen, wenn ich ein bißchen Taschengeld gespart habe. Es tut mir leid«, um so stärker wird das Kind in seinem Inneren sein. Wenn Sie ihre Kinder verbal für ihre Ehrlichkeit belohnen und sagen, »Es ist kein Weltuntergang, daß du die Vase zerbrochen hast«, und sie nicht dafür bestrafen – dann spornen Sie sie zur Ehrlichkeit an und bestärken sie innerlich. Wer sein Leben lang die Verantwortung scheut, entwickelt sich zu einem Menschen, der stets den anderen für alles die Schuld zuweist. Schließlich werden aus diesen Kindern Erwachsene, die dem Aktienmarkt die Schuld für ihre finanzielle Misere geben, der Wirtschaft die Schuld für ihren beruflichen Stillstand, den Angstzuständen die Schuld für die eigene Unsicherheit, den Arbeitslosen die Schuld dafür, daß sie ihre Arbeit verloren haben, dem Pech die Schuld für die eigene Krankheit. Aus einer nie enden wollenden Reihe von Entschuldigungen schneidern sie sich eine selbstbetrügerische Lebensweise. Vermeiden Sie es, anderen Vorwürfe zu machen und seien Sie ein Mensch, der den Kindern beibringt, für die innere Entwicklung Verantwortung zu tragen und die Bedeutung des Begriffs *Entscheidung* zu verstehen. Verwenden Sie diesen Begriff und dessen Bedeutung regelmäßig bei der wundervollen Aufgabe, Kindern zu helfen, sich zu selbständigen Menschen zu entfalten.

Man trifft immer eine Entscheidung

Eigentlich unterliegt alles im Leben einer Entscheidung. Auch wenn Kinder gelernt haben, anderen die Schuld für ihre eigenen Probleme zu geben, treffen sie doch immer noch eine Entscheidung. Auch wenn sie es nicht zugeben wollen, ändert dies nichts an der Tatsache, daß sie sich dafür entschieden haben, genau dort in ihrem jungen Leben zu sein, wo sie jetzt sind. Eltern haben die wichtige Aufgabe, ihre Kinder über die Entscheidungsfreiheit aufzuklären: sie in ihrem Wissen zu bestärken, daß der freie Wille ihr Geburtsrecht ist, und sie daran zu erinnern, daß sie sich die Fähigkeit erhalten müssen, sich dafür zu entscheiden, was sie in ihrem Leben wollen.

Wie Ihre Gedanken so werden Ihre Gefühle und Ihr Verhalten sein, und das Wichtigste, was Sie in diesem Kapitel lernen können, ist, daß Sie die Fähigkeit haben zu bestimmen, was Sie denken möchten. Auch Sie müssen in sich den Menschen sehen, der Entscheidungen fällen kann und Sie müssen Ihren Kindern in dieser Hinsicht ein Vorbild sein. Sie müssen Ihren Kindern zeigen, daß Sie für Ihre Gefühle in Ihrem Leben die Verantwortung übernehmen. Wenn Sie merken, daß sie sich darüber aufregen, wie eine Verkäuferin Sie behandelt hat und Sie Ihre Wut darüber noch zu Hause auslassen, zeigen Sie, daß die Verkäuferin die Kontrolle über Ihre Gefühlswelt hat. Geben Sie sich und auch Ihren Kindern ein anderes Vorbild. Es steht Ihnen frei zu denken, was Sie wollen, wenn jemand zu Ihnen unverschämt ist. Lassen Sie nicht zu, daß das Verhalten der anderen Ihnen den Tag verdirbt. Lassen Sie Ihre Kinder Aussagen hören wie »Ich habe mich für eine gewisse Zeit über ihr unverschämtes Verhalten geärgert, aber ich weigere mich, mir meine Laune noch Stunden danach verderben zu lassen. Ich werde nicht mehr daran denken.« Dies zeigt, daß Sie sich für eine produktivere und zufriedenstellendere Denkweise entscheiden können. Arbeiten Sie daran, Ihren Kindern zu zeigen, daß Sie nicht zu denen gehören, die anderen die Schuld für eigene Fehler geben, und Sie werden ihnen die gleiche Denkweise vermitteln.

Das Talent, sich selbst als einen Menschen zu sehen, der den freien Willen hat, selbst zu entscheiden, was er denken möchte, wird unmittelbar auf Ihre Kinder abfärben und sie *entscheiden* sich für ihre Gedanken. Wenn Ihre Tochter Ihnen erzählt, daß eine Freundin sie innerlich verletzt hat, sollten Sie Anteil daran nehmen und ihr beibringen, ehrlich zu sich zu sein. »Du bist jetzt verletzt darüber, was Karin dir gesagt hat, aber glaubst du nicht, daß du ihrer Meinung über dich mehr Bedeutung beimißt als deiner eigenen?« Diese Art der Reaktion richtet die Problematik auf das Kind, das sich dazu entschließt, verletzt zu sein. Halten Sie keine Moralpredigt, aber mischen Sie sich aus der Perspektive eines Menschen ein, der weiß, daß niemand die Macht hat, einen anderen zu verletzen, und helfen Sie Ihrem Kind einzusehen, daß es sich selbst dazu entschlossen hat, so zu denken.

Während Sie damit fortfahren, Ihren Kindern zu zeigen, was Entscheidungsfreiheit ist, sollten Sie dies allmählich auf viele verschiedene Lebensbereiche ausweiten. Helfen Sie ihnen, die Verantwortung für ihre Krankheiten zu übernehmen, denn auch diese beruhen oft auf willkürlichen Entscheidungen (Siehe Kapitel 8, zur näheren Information über den Zusammenhang zwischen Denkweise und Gesundheit). Kinder entschließen sich leicht und jederzeit in ihrem Leben dazu, müde zu sein. Kranke Gedanken sind eine Entscheidung. Alle Depressionen, Angstgefühle, Beziehungsschwierigkeiten und jeglicher Streß fallen unter diese Entscheidungskategorie. Je mehr Sie sie dabei unterstützen, sich als entscheidungsfähige Individuen zu sehen, um so mehr werden Sie ihnen helfen, über ihr Innenleben die Kontrolle zu übernehmen. Die Fähigkeit sich zu sagen, »Ich habe mich dafür entschieden«, bedeutet die Freiheit zu haben, in Zukunft keine destruktiven Gedanken und Verhaltensweisen zu haben. Kinder können auf eine Weise heranwachsen, daß sie glauben, in sich ein Genie zu haben, daß sie eigentlich alles das denken können, was sie möchten. Kinder können so erzogen werden, daß sie erkennen, daß es diese wundervolle Fähigkeit ist, Entscheidungen zu treffen, die ihnen Freiheit gibt. Es ist Ihr Wunsch, daß Ihre Kinder ihr Innenleben selbst in die Hand nehmen. Wenn sie diese Aufgabe anderen überlassen, werden sie buchstäblich zu Sklaven, und es gibt keine glücklichen Sklaven.

Kinder werden es anfangs nicht mögen, daß ihre Entscheidungsfreiheit so betont wird, denn es nimmt ihnen die Möglichkeit, anderen die Schuld für ihre eigenen Probleme zu geben. Wenn ein Kind traurig ist, weil sein Vater ihm gemeine Dinge sagt und Sie Ihr Mitgefühl zeigen, indem Sie feststellen, daß der Vater gemein ist, weil er zuviel getrunken hat, nennen Sie als Quelle seiner Traurigkeit das Verhalten seines Vaters. Dies gibt dem Kind einen Grund, sich schlecht zu fühlen, und es verhindert eine Lösung für die seelischen Qualen des Kindes, denn es ist nicht sehr wahrscheinlich, daß der Vater das Trinken aufgibt oder damit aufhört, es auf eine gemeine Art zu kritisieren.

Zeigen Sie Ihren Kindern, daß sie in solchen Momenten eine Entscheidungsmöglichkeit haben. Es ist eine schwierige Entscheidung, aber Kinder müssen wissen, daß sie in solch schrecklichen Augenblicken an ihren Gedanken arbeiten können. Das Kind kann lernen, wie es auf den verbalen Angriff des Vaters anders als mit Verzweiflung reagiert. »Du kannst dir selbst andere Dinge sagen, wenn dein Vater dich anschreit. Es ist sein Problem, aber du sagst dir, er habe recht damit, daß du eine halbe Portion bist und daher mißt du seiner Meinung mehr Bedeutung bei, als deiner eigenen. Wie wäre es, sich andere Gedanken zu machen, wenn dein Vater dich anschreit? Vielleicht kannst du es innerlich irgendwie wegstecken, so daß er dich nicht allzu sehr verletzt?« Den Kindern zu einer solchen Einstellung zu verhelfen, ist ein wichtiger Teil der positiven

Kindererziehung. Kinder haben die Möglichkeit, sich zu entscheiden. Unabhängig davon wie schlecht jemand sie verbal behandelt, müssen sie wissen, daß eigentlich erst ihre eigenen Gedanken in der Situation sie verletzen, und nicht das eigentliche Ereignis. Bringen Sie ihnen bei, daß sie ihr Innenleben selbst kontrollieren, daß sie immer entscheiden können, was sie denken wollen, und Sie werden ihnen den Weg in ein Leben ohne innere Zwänge bereiten. Wenn nicht, werden Ihre Kinder ein Leben lang unter den Denkweisen, Gefühlen und Verhaltensweisen der anderen zu leiden haben. Wenn Sie ihnen zeigen, daß sie die Verantwortung für die Entwicklung ihres Innenlebens und ihres Gefühlslebens tragen, dann erziehen Sie sie zu selbstbestimmten Menschen. Das Thema der Selbstbestimmtheit ist die Kernfrage der Selbstverwirklichung.

Beachten Sie: Es versteht sich von selbst, daß Kinder, die körperlich oder sexuell mißhandelt werden, natürlich nicht darauf hingewiesen werden sollen, »anders zu denken«. Ihnen muß aus solchen Situationen *sofort* herausgeholfen werden und der Erwachsene, der das Kind mißbraucht hat, muß aufgrund dieser psychischen Störung sofort behandelt werden. Ehemaligen Opfern eines sexuellen Mißbrauchs kann später geholfen werden, nicht mehr so destruktiv zu denken, aber im ersten Augenblick ist das einzig Richtige, daß das Kind von diesem Erwachsenen ferngehalten wird und eine Therapie erhält.

Besser selbstbestimmt als fremdbestimmt

In allen Lebensbereichen unserer Gesellschaft ist der Druck sehr groß, sich zu einer fremdbestimmten Person zu entwickeln. Fremdbestimmt bedeutet, daß die Kontrolle Ihres Lebens außerhalb Ihrer eigenen Person liegt und daß Sie allmählich von äußeren Kräften und anderen Menschen abhängig werden, um wichtige Entscheidungen überhaupt treffen zu können. Es ist wichtig, daß Sie Ihren Kindern helfen, über sich selbst zu bestimmen und den Mut und die Ausdauer zu haben, sich einer äußeren Kontrolle ihres Lebens zu widersetzen.

Natürlich brauchen Säuglinge und Kleinkinder intensive Fürsorge und Aufsicht. Das heißt aber nicht, daß sie nicht schon früh lernen können, auf ihre innere Stimme zu hören, wenn sie in ihrem Leben Entscheidungen treffen müssen. Kleinkinder fällen jeden Tag einige Entscheidungen, wenn man es ihnen erlaubt. Sie entscheiden sich dafür, welches Spielzeug sie in der Hand halten möchten, zu wem sie krabbeln möchten, welches Essen sie mögen und wem sie ein Lächeln schenken möchten. Wenn Sie ihnen von Anfang an viel Entscheidungsfreiheit lassen, werden sie einen Sinn dafür entwickeln, sich selbst und ihr soziales Umfeld zu kontrollieren. Wenn Sie es nicht tun und es versäumen, die Entscheidungswilligkeit in ihrem Leben zu fördern, dann werden sie vielleicht diese eigene Kontrolle dadurch ersetzen, daß sie immer anderen die Schuld zuweisen und ständig klagen.

Während Kinder heranwachsen, werden sie in ihrer Entwicklung verschiedene Aufgaben zu bewältigen haben, die ihre generelle Richtung im Leben widerspiegeln und entweder auf eine innere oder eine äußere Kontrolle hinweisen. Kleinkindern kann man allmählich beibringen, die Kontrolle über sich inne zu haben, während sie körperlich allmählich unabhängig werden. Ein Zweijähriger, der entscheidet, welche Kleidung er anziehen möchte, lernt, daß selbstbestimmte Entscheidungen sinnvoll sind und verläßt sich beim Anziehen nicht ständig auf einen Erwachsenen. Im Alter von zwei Jahren weiß er bereits, mit wem er spielen möchte. Diese Entscheidung zu respektieren, ist ein hilfreicher Schritt zur Selbstbestimmung. Kinder können sich selbst füttern, sie merken, wann sie müde sind und wann sie mit anderen Kindern spielen möchten. Man braucht ihnen nicht zu sagen, sie seien für das eine oder andere noch zu klein. Sie können etwas ausprobieren, solange ein vernünftiges Maß an Vorsicht gewahrt bleibt.

Das heranwachsende Kleinkind hat jeden Tag viele Gelegenheiten, sich für etwas zu entscheiden. Wenn ihm diese Gelegenheit genommen wird und alles von Erwachsenen entschieden wird, dann wird die Selbstbestimmung unterdrückt. Dies hat nichts mit Disziplinlosigkeit zu tun. Eine vernünftige Disziplin verlangen heißt, Kinder ihrem Alter entsprechend in ihre Schranken zu verweisen, aber dies geschieht nur zur Sicherheit und zum Wohl der Kinder und nicht, um zu zeigen, wer das Sagen hat. Schließlich ist es Ihr Ziel, Ihre Kinder so zu erziehen, daß aus ihnen disziplinierte Menschen werden, die über sich selbst die Kontrolle haben. Sie möchten nicht, daß Ihre Kinder nur Disziplin üben, wenn Sie oder eine andere Autoritätsperson das von ihnen verlangt. Ihr Ziel ist es, sie so zu erziehen, daß sie Selbstdisziplin haben und darin nicht von anderen abhängig sind. Ich sitze im Moment hier an meiner Schreibmaschine und übe sehr viel Selbstdisziplin. Ich wäre sehr gerne draußen am Strand, würde gerne schwimmen, Tennis spielen, mit meinen Kindern lachen oder mit meiner Frau schlafen, aber ich sitze vor meiner Schreibmaschine. Stellen Sie sich vor, ich wäre auf einen andern Menschen angewiesen, der mir sagt: »Wayne, du mußt dich heute Nachmittag hinsetzen und schreiben. Ich werde dich nicht aus deinem Zimmer lassen bis du etwas gearbeitet hast.« Dies ist natürlich albern, aber es ist ein Beispiel für meine Ausführungen in diesem Kapitel über die innere Entfaltung und die Selbstbestimmung.

Wir müssen Selbstdisziplin haben, um Dinge zu tun, die einen Sinn in unser Leben bringen. Wir können und dürfen nicht erwarten, daß ein anderer diese Aufgabe für uns übernimmt. Dies ist unser Ziel, wenn wir unsere Kinder zur Disziplin erziehen. Helfen Sie ihnen, damit sie den Punkt erreichen, an dem sie ihre eigenen disziplinierten Entscheidungen treffen. Sie können dieses Ziel aber nur erreichen, wenn Sie ihnen in ihrer Kindheit sehr viel Freiraum lassen, selbst über sich zu bestimmen. Sie sollten nur eingreifen, wenn es absolut notwendig ist.

Sie haben Tausende von Gelegenheiten, Ihre Kinder mehr über sich selbst entscheiden zu lassen. Sie können damit anfangen, ihnen alltägliche Entscheidungen zu überlassen, etwa was sie essen möchten, wieviel sie schlafen, was sie anziehen und mit wem sie spielen möchten. Später entscheiden sie, welchen Hobbies sie nachgehen und mit wem sie befreundet sein wollen. Allmählich werden sie erwachsenere Entscheidungen treffen, zum Beispiel ob und wieviel Alkohol sie trinken möchten oder wie sie ihr Zimmer einrichten.

Fremdbestimmte Menschen neigen dazu, oberflächliche Gewohnheiten in ihrem Leben zu entwickeln. Kinder, die lernen, anderen für ihre emotionalen Tiefpunkte die Schuld zu geben, werden zur Linderung ihrer Probleme auf äußerliche Hilfen zurückgreifen, wie Alkohol und Drogen. Es ist klar, daß man zu solchen Hilfsmitteln greift, um wieder auf die Beine zu kommen, wenn man glaubt, daß äußere Umstände für das eigene seelische Tief verantwortlich sind. Selbstbestimmte Menschen wissen, daß sie selbst die Verantwortung tragen. Folglich werden selbstbestimmte Kinder in sich nach Möglichkeiten suchen, um sich wieder aufzurichten. Sie werden zugunsten eigener positiver Gedanken und Handlungsweisen auf Drogen verzichten. Sie wissen, daß sie in sich die Kraft tragen, sich wieder aufzurichten, und nicht von äußeren »Hilfen« abhängig sind. Zuversicht wird zur Gewohnheit und die eigene Einstellung zum Leben basiert auf dem Gefühl, sich selbst unter Kontrolle zu haben. Selbstbestimmte Menschen wissen, daß das Gefühl, im Leben glücklich und zufrieden zu sein, auf einer inneren und deshalb dauerhaften Überzeugung basiert.

Für den Fremdbestimmten liegt das Problem darin, daß die Meinung anderer eine völlig neue Dimension annimmt. Sie engt ihn in seinem Leben ein.

Der selbstbestimmte Jugendliche lernt schon früh, wie man mit dem Ungeheuer, das sich Anerkennungssucht nennt, fertig wird. Sie ist einer der größten Hemmschuhe bei der Entfaltung eines Menschen.

Das Streben nach Anerkennung

Kinder brauchen nicht die Anerkennung anderer, um zufrieden zu sein. Während es gewiß schöner ist, anerkannt zu sein als abgelehnt zu werden, und es nicht unbedingt schädlich ist, nach Anerkennung zu streben, ist es dennoch sehr ungesund, von dieser Anerkennung abhängig zu sein. Ein Mensch, der auf Anerkennung angewiesen ist, bricht emotional zusammen, wenn ihm diese verwehrt bleibt. Dieser Mensch ist völlig gelähmt, wenn seine Freunde anderer Meinung sind oder wenn jemand ihn ablehnt. Seien Sie sich darüber bewußt, daß es nicht nur wichtig ist, sich zu einem auf sich selbst vertrauenden, selbstbestimmten Menschen zu entwickeln, sondern man muß auch fähig sein, ohne jegliche Anzeichen einer inneren Verletztheit, Mißbilligung und Ablehnung zu ertragen.

Jeder Mensch wird in seinem Leben auf Mißbilligung und Ablehnung stoßen. Sogar die Menschen, die einen am meisten lieben, können täglich Mißbilligung zeigen. Man kann es eben nicht immer allen recht machen. Man kann auch nicht immer alles richtig machen. Jeder von uns muß jeden Tag Mißbilligung und sogar Ablehnung bewältigen. Man kann davor nicht fliehen. Trotzdem kann ich sagen, daß das Bedürfnis nach Anerkennung wahrscheinlich die erste Ursache für alles Leid und die vielen Krankheiten in unserer Gesellschaft ist. Irgendwie haben wir in unserer Kindheit gelernt, daß Mißbilligung und Ablehnung etwas Schlimmes sind. Psychologische Schriften haben uns seit Jahrzehnten gezeigt, daß junge Menschen die Anerkennung durch Gleichaltrige, *Peergroup-Anerkennung,* brauchen, um sich zu gesunden und produktiven Erwachsenen entwickeln zu können. Ich bin anderer Meinung. Junge Menschen müssen sehr früh lernen und jeden Tag erneut daran erinnert werden, daß diese Art der Anerkennung kommt und geht, je nachdem mit welchen Gleichaltrigen man umgeht, welcher Tag es ist, wie das Fußballspiel ausging, was man an hat oder welche Ansichten in anderen Teilen der Welt gerade gültig sind. Endlos kann die Liste der vergänglichen Faktoren weitergeführt werden. Während die Anerkennung durch Gleichaltrige zweifelsohne etwas Schönes ist, stellt sie keine Voraussetzung dar, um ein selbständiger und freier Mensch ohne innere Zwänge zu

sein. Um dies zu erreichen, muß man sich selbst anerkennen. Sich aufmerksam die Meinung anderer anzuhören, ist wichtig, aber man muß
verstehen, daß niemand auf die gleichzeitige Anerkennung aller anderen
stoßen wird. Man sollte also aufhören, sich darüber Gedanken zu machen und diese Anerkennung in sich selbst suchen. Je mehr man sich,
ohne selbstgefällig zu werden, anerkennt, um so größer ist die Chance
von anderen Gleichaltrigen anerkannt zu werden. Im allgemeinen fühlt
man sich eher von denjenigen angezogen, die ein starkes Selbstwertgefühl haben, als von denen, die sich vor lauter Streben nach Anerkennung
verzehren. Es ist paradox, daß gerade jene Menschen Anerkennung
finden, die am wenigsten danach streben, während sie jenen, die ständig
danach streben, verwehrt bleibt.

Von Kindesbeinen an muß man lernen, daß die Suche nach Anerkennung Zeitverschwendung ist, und daß sie nur zu Neurosen führt, wenn
die Anerkennung durch andere zum Bedürfnis wird. Kinder müssen
lernen, daß sie ihren Freunden die völlige Kontrolle über ihre Gefühlswelt überlassen, wenn sie deprimiert sind, weil die Freunde sie nicht
mehr mögen. Wenn Kinder sich verletzt fühlen, weil sie auf Mißbilligung stießen, können Sie ihnen zeigen, daß es durchaus normal ist, auf
Mißbilligung zu stoßen, daß sie in ihrem Leben häufiger diese Erfahrung
werden machen müssen und daß ihre Selbsteinschätzung wesentlich
wichtiger ist als die Beurteilung ihrer Person durch Dritte: Sie müssen
jeden Tag mit dieser Selbsteinschätzung leben, während die Beurteilung
der anderen sich jeden Tag ändern kann.

Stellen Sie sich vor, Sie wären der Meinung, daß es absolut erforderlich
ist, von Gleichaltrigen anerkannt zu werden, und daß Ihre 14-jährige
Tochter Sie um einen Rat bittet, wie sie sich beliebt machen kann. Ihre
Reaktion würde sein: »Mal sehen, wie ich ihr helfen kann, damit sie von
den anderen anerkannt wird, denn offensichtlich hat sie das Bedürfnis
bei den anderen beliebt zu sein.« Wenn Sie diese Einstellung haben,
werden Sie ihr helfen, eine Speichelleckerin zu werden. »Lisa, vielleicht
mögen deine Freunde dich lieber, wenn du dir eine andere Frisur machen
läßt oder dich anders kleidest. Oder vielleicht solltest du versuchen,
mehr so zu sein wie die anderen.« Es ist absurd, ein Kind im Glauben zu
lassen, es sei von der Anerkennung anderer abhängig. »Lisa, du wirst es
noch oft erleben müssen, daß andere dich ablehnen. Ich weiß, du bist
verletzt, aber glaubst du nicht, daß du so sein kannst wie du bist, statt den
anderen etwas vorspielen zu müssen, damit sie dich anerkennen? Bist du
mit dir zufrieden? – Du bist, wie du bist, was du in dir hast und du weißt,
das ist sehr viel. Ja, alles sogar!« Sie können Lisa auch vorschlagen, daß sie

die Bemerkungen ihrer gleichaltrigen Freunde auswertet und überlegt, ob darin vielleicht ein wertvoller Hinweis über ihr Verhalten, nicht über ihren menschlichen *Wert,* enthalten ist.

Sie können mit Ihren Kindern den Unterschied zwischen Anerkennung-brauchen und Anerkennung-wollen untersuchen. Helfen Sie ihnen, zu der Einsicht zu kommen, daß das Bedürfnis nach Anerkennung sie nur der Meinung der anderen unterwirft und daß sie sehr anerkannt werden, wenn sie auf sich selbst vertrauen und nicht mühselig darum ringen. Unterstützen Sie Ihre Kinder, ihr Selbstvertrauen zu stärken und messen Sie den Ansichten anderer nicht zuviel Bedeutung bei.

Wie sich dieses ständige Ringen um Anerkennung auswirkt, zeigt sich in der großen Zahl der Menschen, die in einer Therapie Hilfe suchen, die Beruhigungsmittel schlucken, die sich um jeden Preis anpassen und denen jegliches Maß an Stolz und Selbstvertrauen fehlt. Kinder können lernen, die Meinung der anderen zu respektieren und müssen deshalb dennoch nicht unter der Sucht nach Anerkennung leiden. Wir müssen unseren Kindern die Freiheit gewähren, sich zu eigenständigen und einzigartigen Menschen zu entwickeln. Der amerikanische Lyriker Robert Frost sagte einmal:

> Die besten Dinge und die besten Menschen sind so, weil sie einzigartig sind. Ich bin gegen eine homogenisierte Gesellschaft, denn ich möchte, daß das Beste zum Vorschein kommt.

Wenn alle gleich sind und ständig danach streben, so zu sein, wie all die anderen, und versuchen, bei allen beliebt zu sein, dann wird das Beste nicht zum Vorschein kommen. Unsere Gesellschaft würde ein Einheitsbrei sein.

Der kindliche Lernprozeß, daß sie nicht der Anerkennung der anderen bedürfen, kann schon früh einsetzen. Stellen Sie die Meinung anderer in Frage: »Auch wenn er denkt, du seist blöd, heißt das dann, daß du es wirklich bist?« Bringen Sie Ihren Kindern früh bei, daß die Meinung anderer unbedeutend ist, solange sie diese Meinung nicht verinnerlichen. Bringen Sie ihnen bei, diese Art der Schmähung zu ignorieren, und Sie werden ihnen nicht nur helfen, die neurotische Sucht nach Anerkennung abzulegen, sondern Sie werden ihnen auch helfen, später im Leben weniger Schmähungen ertragen zu müssen. »Meinungsmacher« zielen in der Regel darauf ab eine Reaktion zu provozieren. Ignoriert man dieses Verhalten, so wird es bald wieder eingestellt. Wer hat schon Lust über jemanden herzuziehen, der gar nicht darauf reagiert?

Im Ringen um Anerkennung steckt sehr viel Ironie: Je mehr man um Anerkennung ringt, um so unwahrscheinlicher ist es, daß man sie erhält, denn niemand verbringt gerne seine Zeit mit einem Menschen, der ständig nach Anerkennung heischt. Das Gleiche trifft auf die Liebe, den Erfolg und das Geld zu. Welchen Dingen man im Leben auch nachjagt, sie werden einem immer verwehrt sein, bis man sich für die eigene Lebensaufgabe einsetzt. Dann werden Liebe, Anerkennung, Geld und Erfolg einem in den Schoß fallen. Wenn Sie Anerkennung wollen, müssen Sie damit aufhören, danach zu streben, und ein Mensch werden, der sich zuerst einmal selbst anerkennt. Säuglinge, die sehr, sehr viel Anerkennung bekommen, die bedingungslos geliebt werden, die in den Arm genommen werden und immer zärtlich behandelt werden, haben die größten Chancen, später im Leben frei von dem Bedürfnis nach Anerkennung zu sein. Es ist beinahe so, als würden sie als Kleinkinder schon so viel Zuneigung und Anerkennung bekommen, daß sie sie später nicht mehr brauchen. Je mehr Anerkennung sie als Kinder bekommen, um so weniger werden sie als Erwachsene danach streben.

Während Ihre Kinder heranwachsen, werden sie auf Ablehnung und Mißbilligung stoßen. Es wird Zeiten geben, in denen es ausgesprochen schwierig sein wird, nicht nachzugeben und den Kindern zuzustimmen, daß die Menschen, die ihnen die Anerkennung verwehren, die wahre Ursache ihres zeitweiligen Unglücklichseins sind! Geben Sie nicht nach! Nehmen Sie an dem Anteil, was Ihr Kind in seinem Innersten erlebt, aber lassen Sie es niemals zu, daß Kinder glauben, der Grund für ihre innere Unruhe und ihre Sorgen, läge nicht bei ihnen selbst. Wenn Sie ihnen zeigen, daß Sie ihre Gefühle verstehen, geben Sie ihnen das Beispiel eines Menschen, der Anteil nimmt und fürsorglich ist, aber wenn Sie nachgeben und die Schuld Freunden, Lehrern, Vorgesetzten, Nachbarn, Partnern oder anderen zuweisen, erziehen Sie sie dazu, die eigene Kontrolle über ihr Innenleben aufzugeben.

Hier sind einige Beispiele, wie Sie sich mit Ihren Kindern auseinandersetzen können, wenn diese meinen, sie bräuchten für ihr Glück die Anerkennung der anderen. Setzen Sie sich mit einem gesunden Einfühlungsvermögen mit den Gefühlen der Kinder auseinander, aber betonen Sie immer, daß die Lösung der Probleme in ihnen selbst ruht, und daß sie die Anerkennung anderer nicht nötig haben.

Ich weiß, du bist jetzt verletzt, aber du mißt dem Verhalten deiner Lehrerin zuviel Bedeutung bei. Vielleicht können wir zusammen einen Weg finden, damit sie dich etwas besser versteht, aber wenn sie nicht einlenkt, möchtest du doch nicht, daß sie der Grund deiner inneren Unausgeglichenheit ist.

Es ist schwierig, Krach mit seiner Freundin zu haben, aber ich bin stolz auf dich, daß du zu deiner Meinung stehst und dich von ihr nicht manipulieren läßt. Du möchtest doch nicht, daß sie deine Gefühlswelt manipuliert.

Natürlich denkt Christoph von nebenan, du seist eine Heulsuse. Er denkt so über viele Kinder. Aber was hältst du von dir? Bist du eine Heulsuse, nur weil Christoph dich für eine hält?

Ich sehe, du nimmst dir einiges zu Herzen, was andere Kinder über dich sagen. Warum glaubst du, geben wir anderen Menschen so viel Macht über uns? Glaubst du, daß sie vielleicht diese Dinge gesagt haben, um dich zu provozieren?

Die geistige Entwicklung ist genauso wichtig wie die körperliche. Die größten Hindernisse bei der Entwicklung der seelischen Ausgeglichenheit sind die Neigung, immer anderen die Schuld für alles zu geben, die Weigerung, für das eigene Innenleben die Verantwortung zu übernehmen und schließlich die Sucht nach Anerkennung durch andere. Prüfen Sie, ob Sie Ihren Kindern die freie Entfaltung ihrer Persönlichkeit ermöglichen oder ob Sie Ihre Kinder dazu erziehen, sich anzupassen und über die Runden zu kommen.

Typisch elterliche Verhaltensweisen, die eine innere Entfaltung verhindern

Typische Beispiele für ein Eltern-Kind Verhalten, das die freie kindliche Entfaltung blockiert:

- ☐ Kindern Entschuldigungen geben, die sie mühelos in ihr Schuldzuweisungsrepertoire übernehmen können: »Du bist noch zu klein, um das zu verstehen.« – »Es war nicht dein Fehler – du bist nur mit den falschen Menschen zusammengekommen.« – »Dein Lehrer versteht einfach nicht, wie empfindlich du bist.«
- ☐ Den Schuldigen zu suchen, statt nach Lösungen: »Ich möchte nur wissen, wer diesen Teller zerbrochen hat?« – »Jemand hat auf der Tapete Fingerabdrücke hinterlassen; ich werde herausfinden, wer das war!«
- ☐ Kinder zum Petzen anspornen und ihr Wort als Grundlage einer Bestrafung nehmen.
- ☐ Kinder dafür bestrafen, daß sie die Wahrheit sagen, wodurch die Kinder es in Zukunft vorziehen zu lügen oder anderen die Schuld für eigene Fehler zu geben.

☐ Selbst nach Ausreden suchen und andere anklagen. »Ich habe es in meinem Leben nie zu etwas gebracht, wegen meiner Frau, meinen Eltern, der wirtschaftlichen Lage . . .« – »Ich konnte nichts dafür, daß ich so dick geworden bin. Meine Mutter hat uns immer einen so guten Nachtisch gemacht.«

☐ Regelmäßig sagen: »Es ist nicht mein Fehler.«

☐ Schmerzen oder Probleme stets mit Pillen und Medikamenten bekämpfen, so daß Kinder darin eine wirkliche Hilfe vermuten.

☐ Kinder dazu ermuntern, anderen für die eigenen Probleme, Schwierigkeiten und Konflikte die Schuld zu geben.

☐ Erbanlagen als Ausrede anführen: »Du bist genau wie dein Großvater.« – »Deine Mutter war auch nie gut im Diktat.«

☐ Kindern alle Steine aus dem Weg räumen.

☐ Die Hausaufgaben für sie machen, weil sie damit so große Schwierigkeiten haben.

☐ Wert darauf legen, anderen durch Kleidung, Besitz und Lebensstil zu imponieren.

☐ Angst davor haben, Disziplin zu fordern und den Kindern dadurch zeigen, daß Sie ihrer Anerkennung bedürfen.

☐ Kindern nicht erlauben, die eigene Meinung zu sagen oder zu dem zu stehen, was sie für richtig halten, indem Sie übertrieben autoritär und streng sind.

☐ Kinder so abstempeln, daß sie daraus immer eine Ausrede ableiten können. »Du bist nicht sportlich.« – »Du warst schon immer so schüchtern.« – »Deine mathematische Unfähigkeit hast du geerbt.« – »Du hast kein Talent zum Kochen.« – »Du hast noch nie ein Gehör für Musik gehabt.«

☐ Die Frage »warum« verbieten, indem man folgendes sagt: »Wir sind deine Eltern und daher mußt du uns gehorchen.«

☐ Verlangen, daß sie immer für alles, was sie denken, fühlen, tun und sagen um Erlaubnis fragen.

☐ Kinder zur Entschuldigung zwingen, obwohl sie es gar nicht ehrlich meinen.

☐ Noten für wichtiger halten als das eigentliche Wissen.

☐ Externe und nicht relevante Autoritätsinstanz heranziehen: »So sind nun mal die Vorschriften.« – »So steht das in der Bibel.« – »Dein Lehrer hat es gesagt.« – »Gesetz ist Gesetz, daran kannst auch du nichts ändern.«

☐ Über die Freundschaften seiner Kinder bestimmen.

☐ Seinen Kindern das Denken und Handeln abnehmen, auch wenn sie noch sehr klein sind und Sie davon ausgehen, daß sie noch keinen eigenen Willen haben.

☐ Sie als unfertige Menschen behandeln, die erst noch viel lernen müssen.

☐ Sich weigern, auf die Vorschläge Ihrer Kinder zu hören: Sie werden sich dann wiederum weigern, auf Ihre Vorschläge zu hören.

☐ Kinder nicht berücksichtigen, wenn es um Familienangelegenheiten geht, wie das Einrichten der Wohnung, den Urlaub, was man kocht und viele andere Alltagsentscheidungen.

☐ Kindern sagen: »Du bist doch nur ein Kind. Eines Tages wirst du eine eigene Familie haben, und dann kannst *du* alles entscheiden.«

☐ Den eigenen Status mit den Leistungen der Kinder gleichsetzen.

☐ Die Entfaltung des kindlichen Innenlebens ignorieren: Sich über Gefühle wie Angst, Schüchternheit oder über Versuche, ihre Individualität zum Ausdruck zu bringen, lustig machen.

Diese Liste könnte man unendlich fortführen. Ich glaube aber, Sie haben mich verstanden. Sie können viel dazu beitragen, daß Kinder für ihre eigene Entfaltung die Verantwortung übernehmen.

Die psychologische Erklärung, warum wir unsere Kinder nicht zur Selbstbestimmung erziehen

Man gibt anderen die Schuld, um nicht selbst die Verantwortung zu haben. Wie hat man gelernt, daß es eine Belastung ist, die Verantwortung zu tragen? Die Tatsache, daß sich nichts an der Realität ändert, wenn man anderen die Schuld gibt (Der Ketchupfleck ist immer noch auf der Tischdecke, das Konto immer noch überzogen, das neue Kleid immer noch zerrissen, der Benzintank immer noch leer.), hilft kaum, den neurotischen Schuldzuweiser davon abzuhalten, es wieder zu tun, denn er hat das tiefe Bedürfnis, sich immer der Verantwortung zu entziehen, wenn etwas falsch gelaufen ist. Es gibt eine Angst vor der Ablehnung, dem Liebesentzug oder dem Verlust der Fürsorge der Eltern oder des Erziehungsberechtigten. Dies zahlt sich für Sie als Eltern folgendermaßen aus, auch wenn es destruktiv ist:

Fremdbestimmte Kinder möchten, daß man über sie bestimmt und dies gibt Ihnen die Kontrolle über ihr Leben. Kinder zu kontrollieren kann für den einen Machtzuwachs bedeuten, der selbst keine Kontrolle über sein Leben hat. Wenn man seine Kinder zwingt, immer um Erlaubnis zu fragen und in Ihnen einen Vorgesetzten zu sehen, dann werden Sie zu einer Autoritätsperson, die Sie vielleicht in anderen Lebensbereichen gar nicht sind. Ein Mensch, der keine inneren Zwänge kennt, muß nicht auf andere Kontrolle ausüben, um sich selbst für wichtig zu halten.

Fremdbestimmte Kinder sind sehr aufmerksame Zuhörer. Kinder sind klein, Sie sind groß. Die Entscheidungen treffen Sie, die Kindern führen sie aus. Diese Routine verhindert in starkem Maße die Entwicklung der kindlichen Entscheidungsfähigkeit. Problematisch ist hierbei, daß dieses Verhalten bis ins Erwachsenenalter beibehalten wird. Ohne dies je gewollt zu haben, behalten Sie die Kontrolle über das Leben Ihrer Kinder.

Kinder, die dazu erzogen wurden, nach Anerkennung zu heischen, bleiben ein Leben lang auf der »sicheren Seite«. Das Kind, das anderen alles recht machen möchte, ist angepaßt. Dies macht Kinder zu gehorsamen Wesen, aber sie haben dadurch nicht die Chance, sich zu entfalten, einzigartig zu sein und einen wertvollen Beitrag in der Gesellschaft zu leisten.

Wenn man Kindern beibringt, anderen die Schuld zu geben, dann gibt man ihnen die Möglichkeit, jederzeit im Leben Ausreden vorzubringen. Dies ist die einfachste Art der Erziehung. Diese Erziehungsmethode birgt keine Risiken in sich und wird von den meisten anerkannt, die ebenfalls immer anderen die Schuld für alles geben. (Dies trifft auf die Mehrheit der Menschen zu.) Kinder werden sich vor der Verantwortung drücken und anderen die Schuld für ihre Schwächen geben, während Sie sich gelassen zurücklehnen und mit ihnen einer Meinung sind, daß die Welt heutzutage grausam und ungerecht ist. Während Sie sich nun zurücklehnen und den Zustand der Welt bedauern, und darüber jammern, wie schlecht alle Menschen sind, werden Sie nichts erreichen und das Leben wird an Ihnen und Ihren Kindern vorbeigehen.

Wenn Sie Ihre Kinder im Glauben erziehen, sie hätten nur eine einzige Wahl, erziehen Sie sie zu lebenslänglicher Unselbständigkeit. Je mehr Sie Ihre Kinder davon überzeugen, daß Sie für sie die Entscheidungen treffen, um so länger werden Sie es hinauszögern, daß sie den Schritt in die Selbständigkeit wagen. Sie bekommen dadurch zwar das Gefühl, wichtig zu sein, aber es hindert sowohl Sie als auch Ihre Kinder daran, ein Leben zu führen, das keine inneren Zwänge kennt.

Dies sind die wesentlichen psychologischen Gründe, warum aus Kindern häufig unselbständige Erwachsene werden, die jede Verantwortung von sich weisen. Wenn Sie Ihren Kindern helfen wollen, entscheidungsfreudig zu sein, sich selbst von dem Bedürfnis nach Anerkennung zu befreien und damit aufzuhören, nach Fehlern zu suchen und andere immer anzuklagen, dann sollten Sie einige der folgenden Handlungsstrategien auf Ihre Situation anwenden.

Handlungsstrategien zur Förderung der Selbstbestimmung

In Ihrem Umgang mit Kindern sollten Sie auf den Gebrauch von Entschuldigungen und Ausreden verzichten. Fangen Sie damit an, Aussagen zu machen wie »Du hast dich dafür entschieden« oder »Du hast es selbst verschuldet«. Was Sie nicht sagen sollen, ist »Du konntest wirklich nichts dafür. Du hast einfach Pech mit dem Lehrer gehabt«. Sagen Sie lieber: »Du wirst immer wieder Lehrer haben, mit denen du dich nicht gut verstehen wirst. Was kannst du ändern, damit dir die Schule leichter fällt?« Überlassen Sie es dem Kind, die Verantwortung für all das, was in seiner Welt vor sich geht, zu tragen. Bringen Sie sich selbst und Ihren Kindern bei, in ihrer

Welt die eigenen Entscheidungen zu treffen, und Sie werden sie dazu erziehen, die Verantwortung für ihr Innerstes zu übernehmen. Statt zu sagen, »Dein Lehrer verletzt dich«, sollten Sie sagen: »Du selbst läßt zu, daß du darüber verletzt bist, wie dein Lehrer dich behandelt.« Dies klingt vielleicht belanglos, aber wenn Sie sich anders verhalten und Ihren Kindern das Gefühl vermitteln, andere seien für ihre Gefühle verantwortlich, dann werden Sie sie letztendlich zu Menschen erziehen, die immer anderen für alles die Schuld geben. Sie sollten Ihren kleinen Kindern noch nicht einmal nur so im Spaß sagen: »Laß uns diesen bösen Stuhl dafür bestrafen, daß er dir weh getan hat!« Statt dessen sollten Sie dem Kind sagen, daß der Stuhl nur das getan hat, was zu erwarten war: »Er stand dort, wo man ihn hingestellt hatte. Du mußt eben besser aufpassen, damit du dich nicht gleich überall stößt.« Das ist eine Reaktion, die dem Sachverhalt gerecht wird und demjenigen die Verantwortung zuspricht, der sich am Stuhl gestoßen hat, nicht dem leblosen Gegenstand, der dem Kind nur im Wege stand.

Suchen Sie nicht nach Fehlern, sondern nach Lösungsmöglichkeiten. Herauszufinden, wem man die Schuld zu geben hat, ist ein sinnloses Verhalten, das Kindern nur beibringt, die Schuld immer von sich zu weisen. Als Anja sich bei ihrer Mutter darüber beklagte, daß einer ihrer Brüder immer ihr Zimmer in Unordnung bringe und ihre Puppen kaputt machen würde, versuchte die Mutter, die Schuldfrage außer acht zu lassen. Statt zu prüfen, wer das Zimmer in Unordnung bringt und dadurch einen Streit heraufzubeschwören, stellte sie Anja die Frage: »Wie können wir der ganzen Sache ein Ende bereiten?« Anja kam während des Abendessens auf die Problematik zu sprechen, wobei sie aber ebenfalls darauf verzichtete, jemandem die Schuld zu geben oder einem einen Vorwurf zu machen. Sie brachte nur eine Bitte vor: »Mir ist es egal, wer meine Puppen kaputt gemacht hat. Ich möchte nur, daß niemand mehr mein Zimmer betritt. Ich verspreche meinerseits, niemals ohne eure Erlaubnis eure Zimmer zu betreten und ich möchte, daß auch ihr mich immer um Erlaubnis bittet.« Dann bat sie alle darum, ihr dies zu versprechen, was diese dann auch taten. Ihre Mutter hatte ihr geholfen, eine Lösung zu finden, statt den Brüdern Vorwürfe zu machen, wodurch sich nichts am Verhalten der Brüder geändert hätte.

Vorwürfe ändern nichts, aber es lassen sich immer Lösungen finden, wenn man darauf verzichtet, unbedingt die Schuldfrage zu klären. Statt einen Familienkrach darüber zu haben, was die kleinen den großen Kindern antun und umgekehrt, sollten Sie Ihren Kindern beibringen, kreativer und lösungsorientierter zu denken; Sie werden ihnen etwas Wertvolles mit auf den Weg geben: Nicht mehr den Wunsch zu haben, andere zu beschuldigen, denn das führt zu nichts.

Verhindern Sie, daß Kinder petzen. Ein Kind, das ständig zu seinen Eltern läuft, um andere Kinder zu verpetzen, lernt, anderen für alles die Schuld zu geben und selbst keine Entscheidungen zu treffen. Wenn Sie sich dieses Petzen anhören, fördern Sie die Fremdbestimmtheit. Denn Sie sagen Ihren Kindern: »Mami wird schon alles für dich erledigen. Ich weiß, du kannst das nicht, also komm zu mir und verrate mir die Dinge, die ich unbedingt wissen muß.« Diese Haltung ermutigt Kinder dazu, sich zu kleinen Spionen zu entwickeln, die versuchen, sich bei anderen durch subversive Mittel beliebt zu machen. Niemand mag Verräter, und am wenigsten mag der Verräter sich selbst. Ein Kind muß lernen, seine eigenen Probleme selbst auszufechten und dies bedeutet, mit ein paar Schwierigkeiten fertig zu werden.

Am Swimmingpool habe ich immer wieder Eltern beobachten können, die zuließen, daß ihr Urlaub vom Geschrei der Kinder verdorben wurde. »Achim hat mich mit Wasser bespritzt, Mami!« – »Michael hat mich unter Wasser gehalten!« – »Bernd ist gerannt und du hast doch gesagt, wir dürfen nicht rennen.« – »Yvonne hat dem Bademeister die Zunge rausgestreckt.« – »Christiane hat Ingo die Badehose runtergezogen.« Wenn Kinder so petzen, lenken sie die Aufmerksamkeit auf sich, indem sie versuchen, ihrer Mutter den Aufenthalt am Swimmingpool zu verderben. Unbewußt teilen die Kinder ihrer Mutter mit, daß sie einfach nicht das Recht hat, sich zu entspannen und zu erholen. Diese Mutter hat ihren Kindern beigebracht, daß ihre eigene Zeit unwichtig ist und daß es ihre Lebensaufgabe ist, die alterstypischen Neckereien kleiner Kinder zu überwachen und sie dann vor sich selbst zu retten, indem sie in ihrem Streben, eine nervöse Mutter zu sein, ein paar kleine Spione in ihre Dienste genommen hat.

Die beste Reaktion auf das Petzen von Kindern ist, ihnen ehrlich zu sagen, was Sie vom Petzen halten: »Ich bin nicht daran interessiert, daß du andere verpetzt. Wenn du mit Wasser bespritzt wirst, kannst du dir selbst überlegen, wie du darauf reagieren kannst. Wenn Christiane Ingo die Badehose heruntergezogen hat, kannst du dich abwenden, wenn du Ingo nicht nackt sehen möchtest.« Nur ein paar Sätze, die den Kindern zeigen, daß sie lernen müssen, ohne die ständige Aufsicht durch die Erwachsenen miteinander zu spielen, und sie werden ermutigt, ihre eigene Welt zu meistern, statt zu Spionen und Informanten zu werden.

Natürlich muß ein vernünftiges Maß an Sicherheit garantiert bleiben. Wenn ein Kind tatsächlich einem Baby weh tut oder seine Schwester mit Steinen bewirft, dann muß dies den Erwachsenen, die in der Nähe sind, mitgeteilt werden, und wenn dieses äußerst aggressive und letztendlich gefährliche Verhalten zwischen Geschwistern üblich ist, muß man sorgfältig nach der Ursache eines solchen Verhaltens forschen. Kinder sollten keinen Zugang zu gefährlichen Gegenständen haben, und ein Kind, das mit Absicht anderen Kindern oder auch Tieren weh tut, leidet offensichtlich unter einem schwerwiegenden persönlichen Problem, das herausgefunden und sofort gelöst werden muß. Dies kommt aber äußerst selten vor. Meistens petzen Kinder, weil sie einfach die Aufmerksamkeit auf sich lenken wollen. Auf der Suche nach Anerkennung ist das eine Strategie, die dem petzenden Kind beibringt, sich an andere mit der Bitte zu wenden, ihm bei der Lösung kleinerer Probleme zu helfen, statt diese Aufgabe selbst zu übernehmen und eigene Schwierigkeiten allein zu bewältigen.

Bringen Sie Kindern bei, daß Sie die Wahrheit respektieren und daß sie nicht dafür belohnt werden, wenn sie lügen oder andere beschuldigen. Wenn ein Kind weiß, daß es dafür bestraft wird, die Wahrheit zu sagen, und auf eine Weise bestraft wird, daß es leiden muß, ist es sehr wahrscheinlich, daß es lügen· wird oder einem anderen die Schuld geben wird. Ein Kind lernt sehr schnell, ob es akzeptiert und geliebt wird, wenn es einen von ihm begangenen Fehler zugibt. Wenn Sie einem Dreijährigen eine Ohrfeige geben, wenn es sagt »Ja, ich habe das Baby gezwickt« und ihn dafür mit Liebesentzug bestrafen, wird es sich bald sagen: »Die Wahrheit zu sagen, bringt mich nur in Schwierigkeiten und Mami haßt mich, wenn ich etwas falsch mache.« Wenn das Baby das nächste Mal schreit und Sie den Dreijährigen fragen »Hast du das Baby gezwickt?«, wird er Ihnen wahrscheinlich die folgende Antwort geben: »Nein, der Teddybär war's« oder »Ich hab' nicht gesehen, was passiert ist.«

Man kann einem Kind schon mit Nachdruck klarmachen, daß es ein Baby nicht schlagen darf. Am wichtigsten ist aber dann, daß Sie Ihren Dreijährigen umarmen und ihm zeigen, daß Sie verstehen, daß er sich manchmal über das Baby ärgert, und daß Sie ihn sehr lieben, aber es nicht akzeptieren können, wenn er das Baby schlägt. Nach einer solchen Zurechtweisung ein Kind zu umarmen und zu küssen, kann merkwürdig erscheinen, aber es ist durchaus keine widersprüchliche Reaktion. Kinder müssen wissen, daß Sie sie auch lieben, wenn sie sich einmal schlecht benommen haben. Eine Umarmung, ein Kuß oder eine nachdrückliche

Zurechtweisung zeigen dem Kind, daß es nicht schlecht ist, die Wahrheit zu sagen. Sollte eine Bestrafung erforderlich sein, sollten Sie es mit Liebe tun, sie ist der wirkungsvollste Lehrmeister aller Zeiten. Seien Sie nicht verstimmt oder ärgerlich und rügen Sie das Kind nicht stillschweigend. Zeigen Sie Ihren Kindern einfach, daß es in Ordnung ist, die Wahrheit zu sagen, und geben Sie ihnen das Gefühl: »Ich liebe dich, auch wenn du Dinge tust, die ich nicht akzeptieren kann.« Dies gilt für Kinder in jedem Alter. Zeigen Sie ihnen, daß wir alle einmal Fehler machen, daß Sie nicht beleidigt oder überrascht sind aufgrund der Dinge, die sie tun, und daß Sie sie immer noch lieben, es ihnen aber nicht erlauben, anderen für eigene Fehler die Schuld zu geben.

Hören Sie selbst sofort damit auf, anderen für alles die Schuld zu geben. Akzeptieren Sie die Tatsache, daß Sie in Ihrem Leben genau das erreicht haben, wozu Sie sich entschieden haben. Hören Sie auf damit, Ihren Ehepartner für Ihr Unglücklichsein, Ihre Eltern für Ihren mangelnden Ehrgeiz, die Wirtschaft für Ihre finanzielle Lage, die Bäckerei für Ihr Übergewicht, Ihre Kindheit für Ihre Ängste und so weiter anzuklagen. Sie sind die Summe Ihrer Entscheidungen, die Sie in Ihrem Leben getroffen haben. Auch wenn Sie denken, daß Ihre Eltern in Ihrer Kindheit einige Fehler begangen haben, sollten Sie dennoch die Tatsache akzeptieren, daß auch sie nur Menschen sind, die Sie damals in ihrer individuellen Lebenssituation so erzogen haben, wie sie es damals für richtig hielten. Wie kann man von Menschen mehr verlangen? Vergeben Sie ihnen und vertragen Sie sich mit allen Menschen, die in Ihrer Vergangenheit eine wesentliche Rolle gespielt haben, und seien Sie Ihren Kindern ein Vorbild, das niemanden anklagt. Zeigen Sie Ihren Kindern, daß Sie Verantwortung tragen können, indem Sie ehrlich sind. »Ich habe das erreicht, wohin meine Entscheidungen mich gebracht haben.« Dies ist eine gute Reaktion auf die Frage Ihrer Kinder, wie Sie mit Ihrer Lebenssituation zufrieden sind. Und wenn Sie in Situationen geraten, die Sie dazu verleiten, anderen dafür die Schuld zu geben, sollten Sie versuchen, sich in ihrer Gegenwart zu ändern. Hören Sie damit auf, den Steuergesetzen die Schuld für Ihre finanzielle Situation zu geben. Sagen Sie Ihren Kindern: »Ich habe in finanzieller Sicht nicht immer die richtigen Entscheidungen getroffen, aber ich bemühe mich, daran etwas zu ändern.« Statt ihnen zu sagen, daß Sie als Kind nie die Gelegenheit hatten, eine gute Schulausbildung zu bekommen, sollten Sie ihnen erklären: »Ich habe mich in meiner Jugend für andere Dinge entschieden, aber jetzt habe ich mich dazu entschlossen, etwas gegen meine Bildungslücken zu tun, denn dafür ist es nie zu spät.« Aussagen wie diese zeigen Kindern einen vorbildlichen Menschen, der kein Ankläger ist, sondern ein Mensch, der Entscheidungen treffen kann, um vergangene Fehler zu beheben.

Ermutigen Sie Kinder dazu zu glauben, daß sie die Kontrolle über ihren Körper und besonders über ihre Krankheiten haben. Sie müssen sich entschließen, in welchem Maße Sie sich auf Ärzte, Medikamete und rezeptfreie Pillen und ähnliches verlassen möchten. Es ist wichtig, Kindern zu der Erkenntnis zu verhelfen, daß die Einstellung einen sehr großen Einfluß darauf hat, wie oft man in seinem Leben krank wird. Die jüngsten Forschungsergebnisse zeigen deutlich die Fähigkeit der Psyche zu heilen. Jedesmal wenn Sie Ihren Kindern sagen, sie sollen gegen Schmerzen und Krämpfe Tabletten einnehmen, geben Sie ihnen zu verstehen, daß sie nicht selbst die Kraft haben, diese Schmerzen und Krämpfe zu beseitigen.

Kopfschmerzen, Rückenschmerzen, Krämpfe, Kreislaufschwächen, Schmerzen jeder Art, Geschwüre, Ekzeme, Müdigkeit und viele andere Krankheitszustände werden durch die Psyche beeinflußt. Wenn man Kinder dazu erzieht, an ihre eigene Heilkraft zu glauben und auf Medikamente zu verzichten, solange dies nicht unbedingt erforderlich ist, lernen sie, keine Hypochonder zu sein, wie so viele andere Menschen, deren Leben von ihren inneren Zwängen sehr eingeengt wird. Geben Sie Ihren Kindern nicht sofort ein Medikament, wenn sie über alltägliche Schmerzen klagen. Statt dessen sollten Sie sie dabei unterstützen herauszufinden, inwiefern ihre Psyche zu den Schmerzen beiträgt. Sprechen Sie in diesem Zusammenhang über die Macht des Geistes und wie oft wir doch krank werden, wenn uns dies gelegen kommt. Spornen Sie sie dazu an, sich mit diesem Thema zu beschäftigen und ihren Körper und seine Reaktionen kennenzulernen. Vermeiden Sie es, mit Ihren kleinen Kindern immer wegen jeder Kleinigkeit zum Onkel Doktor zu rennen. Kinder, die dazu verleitet werden, sich immer an einen Arzt zu wenden, neigen dazu, dies ihr ganzes Leben zu tun. Sie erwarten, daß der Arzt und seine magische Medizin sie heilen, während es in der Realität so ist, daß bei vielen Krankheiten nicht der Arzt oder die Medizin der Grund der Heilung ist. *Im Körper selbst steckt die Heilkraft.* Sie können in Ihren Kindern die Einstellung fördern, daß sie sich für die Gesundheit entscheiden können, und sie so erziehen, daß sie an ihre eigene Heilkraft glauben und nur auf die Wunder der modernen Medizin und die vielen tüchtigen Ärzte unserer Zeit zurückgreifen, wenn dies unbedingt erforderlich ist (siehe auch Kapitel 8).

Hören Sie damit auf, als hätten Ihre Kinder Ihren Charakter, Ihre Begabung oder auch das Fehlen einer solchen geerbt. Wenn ein Kind die gleichen

destruktiven Verhaltensweisen wie der Vater oder die verstorbene Großmutter hat, sollten Sie es daran erinnern, welche Entscheidungen es in
seinem Verhalten trifft, statt ihm für sein Verhalten eine Ausrede zu
geben. »Du bist in Mathe so schlecht, weil du in diesem Bereich aufgege-
ben hast. Du hast dich nicht dazu entschlossen, Nachhilfeunterricht zu
nehmen. Du strengst dich auch nicht mehr an und du glaubst, mathematische Probleme nicht lösen zu können.« Sobald man glaubt, man sei
einer Sache nicht gewachsen, wird man alles tun, um zu beweisen, daß
man recht hat. Was glaubst du, können wir *jetzt* machen, damit du dich
in diesem Fach verbesserst?« Eine ererbte Charaktereigenschaft ist die
»beste« Ausrede der Welt, denn niemand kann seine Chromosomen
ändern. Vergessen Sie den Vater, der im Rechnen schlecht war, oder die
Großmutter, die in allem scheiterte, und helfen Sie dem Kind, all das zu
werden, was im Rahmen seiner Möglichkeiten realisierbar ist.

Helfen Sie Ihren Kindern, sich selbst helfen zu können. Denken Sie an diesen
Satz, wenn sie Sie um Hilfe bitten.

Wenn sie in der Schule nicht mitkommen, sollten Sie ihnen beibringen, die Konsequenzen zu tragen. Wenn sie sich wiederholt verspäten,
sollten Sie ihnen helfen, pünktlicher zu sein. Stellen Sie mit ihnen
zusammen ein Programm auf, um ihnen zu helfen, morgens aus dem Bett
zu kommen und sich rechtzeitig auf den Schulweg zu machen, aber wenn
sie sich nicht an die gemeinsame Regelung halten und sich weigern, sich
anzustrengen und pünktlich zu sein, sollten Sie sie die Konsequenzen für
ihr Verhalten tragen lassen. Wenn sie eine Klasse wiederholen müssen,
weil sie im letzten Schuljahr so faul waren oder immer wieder geschwänzt
haben, müssen sie eben eine Klasse wiederholen.

Während es Ihnen natürlich viel Kummer bereiten kann, wenn Sie mit
anschauen müssen, wie die Kinder sich nicht anstrengen, müssen Sie
daran denken, daß nur eigene Erfahrungen sie dazu bringen können, ihr
Verhalten positiv zu ändern. Wenn Sie sie immer vor ihren destruktiven
Verhaltensweisen bewahren und Sie sich dadurch für kurze Zeit etwas
besser fühlen können, werden Ihre Kinder letztendlich den Preis für Ihr
weiches Herz zahlen müssen. Ich kann mich daran erinnern, wie meine
Mutter mich zwang, als ich zehn Jahre alt war, in das Spielzeugwarenge-
schäft in der Nachbarschaft zurückzugehen und die Wasserpistole, die
ich dort gestohlen hatte, zurückzugeben. Ich hatte eine furchtbare Angst.
Ich flehte sie an, mich nur noch dieses eine Mal davonkommen zu
lassen, aber sie blieb eisern. »Stehlen darf man nicht«, sagte sie mir. »Du
wirst für das, was du getan hast, geradestehen müssen.« Ich ging also in

das Geschäft zurück, gab die Pistole zurück und mußte dann eine Woche in dem Geschäft aushelfen. Mir ist es nie mehr in den Sinn gekommen, etwas zu stehlen. Eine solche Reaktion der Eltern ist auch hilfreich, wenn es um Hausaufgaben, Auseinandersetzungen mit anderen Kindern, Hilfe bei der Hausarbeit und andere Dinge geht. Erziehen Sie Ihre Kinder zur Selbsthilfe. Seien Sie liebevoll und fürsorglich und bringen Sie ihnen bei, eigene Entscheidungen zu fällen, und daß es die Voraussetzung für ein freies Leben ohne innere Zwänge ist, daß man für die Entscheidungen, die man in seinem Leben trifft, auch die Verantwortung übernimmt.

Legen Sie nicht soviel Wert darauf, immer im Recht zu sein, sondern bemühen Sie sich darum, effizient zu sein. Seien Sie Ihren Kindern nicht das Vorbild eines Menschen, der immer im Recht sein will, der nie einen Fehler zugeben kann oder nie seine Meinung ändert, auch wenn er damit konfrontiert wird, wie absurd oder falsch sie ist. Immer Recht haben wollen heißt niemals zugeben, daß man etwas nicht weiß. Bringen Sie Ihren Kindern bei, einfach »Ich weiß nicht« oder »Ich muß mal nach- schauen« zu sagen. Ein Kind, das nicht zugeben kann, daß es etwas nicht weiß, geht dazu über, zu lügen, wenn es etwas gefragt wird. Ich habe viele Kinder kennengelernt, die es gelernt hatten, es sei besser, etwas zu erfin- den, statt zuzugeben, daß man die Antwort nicht weiß. Diese Kinder sind bei Erwachsenen aufgewachsen, die sich ebenfalls so verhalten haben. Ähnlich wird ein Kind, wenn es eine Frage beantwortet hat, unnachgie- big darauf bestehen, daß es im Recht ist, auch wenn für alle anderen ganz offensichtlich ist, daß es nicht weiß, wovon es spricht. Zeigen Sie Ihren Kindern durch Ihr Verhalten, daß es nicht das Wichtigste ist, im Recht zu sein. Zeigen Sie ihnen, daß auch Sie einen Fehler zugeben können und daß es für Sie entscheidender ist, sich darum zu kümmern, daß es nicht mehr vorkommt, als unbedingt im Recht sein zu wollen.

Wenn Sie vergessen haben, den Beitrag für eine Versicherung zu zahlen, sollten Sie nicht versuchen zu zeigen, daß es nicht Ihr Fehler war. Sorgen Sie lieber dafür, daß es nie mehr vorkommt. Vergessen Sie die Ausreden, die Sie sich und Ihren Kindern geben könnten: »Sie haben mich nicht rechtzeitig daran erinnert.« – »Sie hätten mir eine Mahnung schreiben sollen.« – »Der Zahlungsbescheid muß auf dem Postweg verloren gegangen sein.« – »Der Hund hat die Zahlungserinnerung aufgefressen.« Beheben Sie lieber den Fehler. Geben Sie zu, besonders gegenüber Ihren Kindern, daß Sie selbst dafür verantwortlich sind, daß die Versicherung rechtzeitig bezahlt wird, und daß alleine Sie die Konsequenzen eines Zahlungsversäumnisses tragen müssen. Diese Einstellung wird Kindern helfen, sich ebenfalls so zu verhalten. Sobald sie erkennen, daß Sie es nicht nötig haben, nach billigen Ausreden zu suchen und immer im Recht zu sein, werden Sie ein Vorbild sein, dem nachzueifern sich lohnt. Bald werden Sie feststellen können, daß die Kinder aufhören, nach Ausreden zu suchen und immer recht haben zu wollen. Lassen Sie sie immer wissen, daß es viel sinnvoller ist, sich zu irren und daraus etwas zu lernen, als so zu tun, als hätte man immer recht und dabei aber im Innersten weiß, daß man ein Heuchler ist.

Wenn Kinder sich verletzt und unbehaglich fühlen, weil andere dies oder jenes über sie denken, sollten Sie ihnen mit Hilfe der Logik zeigen, daß die Quelle ihres Unbehagens in ihnen ruht, weil sie sich dazu entschieden haben, sich verletzt und unbehaglich zu fühlen.

Mutter:	Du scheinst dich über etwas aufgeregt zu haben. Stimmt irgendetwas nicht?
David:	Kurt und Robert haben mich beleidigt.
Mutter:	Inwiefern?
David:	Sie haben mich ausgelacht, weil ich den Elfmeter verschossen habe.
Mutter:	Hast du dich darüber aufgeregt, daß du kein Tor geschossen hast oder weil die anderen über dich gelacht haben?
David:	Jeder andere hätte den Elfmeter verschossen. Ich bin beleidigt, weil sie sich über meine dünnen Beine lustig gemacht haben.
Mutter:	Stell dir vor, sie hätten über deine Beine gelacht, ohne daß du davon etwas gemerkt hättest. Wärst du dann immer noch beleidigt?
David:	Natürlich nicht. Wie kann mich etwas verletzen, was ich gar nicht weiß.
Mutter:	Natürlich ist das unmöglich. Ich glaube, es war nicht wirklich das Lachen der beiden, das dich so verletzt hat.
David:	Meinst du, ich sollte ihr dummes Lachen ignorieren?
Mutter:	Die Entscheidung liegt immer bei dir, David. Niemand kann dich verletzen oder dich beleidigen, es sei denn, du entscheidest dich dafür und in diesem Fall hattest du dich dazu entschieden, dich durch ihr Lachen verletzen zu lassen.

Diese Logik muß Kindern für alle Situationen beigebracht werden. Bringen Sie Ihren Kindern bei, wichtige Entscheidungen im Leben selbst zu fällen und selbst über ihre Reaktionen zu bestimmen, statt anderen die Macht über ihre Gefühlswelt zu geben.

Erziehen Sie Ihre Kinder dazu, sich selbst die Frage zu stellen, was ihnen im Leben Spaß macht, und zu vergessen, was andere tun oder denken. Beim Kleiderkauf sollten Sie die Kinder fragen, welche Kleidung sie bevorzugen, statt dem Diktat der Mode zu gehorchen. Je mehr die Kinder auf ihre innere Stimme hören, um sich zu entscheiden, was ihnen gefällt und was nicht, desto selbstbestimmter werden sie werden. Je mehr Übung sie haben, auf sich selbst zu hören, um so größer wird ihr Selbstvertrauen sein. Selbstvertrauen ist das Fundament, auf dem sich eine selbstbestimmte, entscheidungsfreudige Persönlichkeit entwickeln kann. Je mehr sie sich aber auf das Verhalten und die Meinung der anderen verlassen, um so weniger werden sie sich selbst Vertrauen entgegenbringen. Kinder sind äußerst empfänglich für diese oberflächliche, um Anerkennung ringende Einstellung. Sie beobachten die ganze Zeit die anderen und sind sich der Dinge, die diese machen, durchaus bewußt. Helfen Sie ihnen, ein kritischer Beobachter zu sein, und sich für das zu entscheiden, was sie schließlich für richtig und gut halten. Etwas zu kaufen, weil alle anderen diese Marke kaufen, zeigt, daß man anerkannt werden möchte. Ein solches Kaufverhalten bringt Kindern bei, sich in der Kleiderfrage nach dem Geschmack der anderen zu richten, statt sich zu überlegen, was man selbst eigentlich mag. Diese heimtückische Krankheit – die Sucht nach Anerkennung – kann den Menschen in vielen Lebensbereichen befallen. Wenn die Kinder fragen »Wie steht mir das?«, sollten Sie ihnen ehrlich Ihre Meinung sagen, aber dann immer die Frage stellen: »Findest du, daß es dir steht?« Üben Sie es, mit Ihren Kindern Entscheidungen zu treffen. Wenn sie noch sehr klein sind, sollten Sie sie für die getroffene Entscheidung loben. »Du siehst ganz lieb aus in dem Kleid und du hast dich ganz alleine entschieden, es zu tragen. Du bist wirklich toll.« Dies kann einer Zweijährigen gesagt werden, die für einen Kindergeburtstag selbst bestimmt hat, was sie anziehen möchte. Es ist sehr wichtig, das Kind in dieser frühen Phase seiner Entwicklung darin zu bestärken, einen eigenen Willen zu haben und sich nicht immer dem Willen der anderen zu beugen.

Zeigen Sie Kindern, daß ein integres Verhalten wertvoller ist, als sich für den leichteren Weg zu entscheiden und anderen immer zu gefallen. Ein Kind mit einem integren Verhalten, hat vor einem Kind, das zu den »Speichellekkern« gehört, einen sehr großen Vorsprung. Integrität ist eine Eigenschaft, für die man anerkannt wird. Immer anderen gefallen zu wollen bedeutet, daß man von außen bestätigt werden will, was zu einem neurotischen und unerfüllten Leben führt. Erziehen Sie Ihre Kinder dazu, für sich den richtigen Weg zu wählen. Wenn der Schuldirektor erwartet, daß sie sich an Vorschriften halten sollen, die sie nicht mehr für relevant halten, dann sollten Sie ihnen zeigen, daß es Mittel und Wege gibt, Vorschriften zu ändern und seien Sie darüber stolz, wenn sie etwas ändern wollen, was schon längst nicht mehr sinnvoll ist. Einem Kind zu sagen »Tu das, was dir gesagt wird, und hör auf, Vorschriften und Regeln in Frage zu stellen. Andere beklagen sich schließlich ja auch nicht«, spornt ein Kind in Wahrheit dazu an, seine Integrität zu ignorieren. Statt dessen ist eine Aussage wie die folgende wesentlich hilfreicher: »Ich weiß, du bist der Meinung, daß es unsinnig ist, wenn einem vorgeschrieben wird, was man in seinem Referat schreiben soll. Was meinst du, kannst du deinem Lehrer deine Meinung klarmachen?«

Seien Sie positiv gegenüber Kindern eingestellt, wenn sie eine überkommene Autorität und alberne Vorschriften in Frage stellen. Eine kleine Gedächtnishilfe: *Eine Entwicklung ist unmöglich, wenn man Dinge so macht, wie sie schon immer gemacht wurden.* Kinder empfinden genauso stark, wenn es sich um alberne Vorschriften handelt, und wenn Sie ihnen sagen, sie sollten ihre Meinung einfach vergessen und alles so hinnehmen, wie es ist, dann erziehen Sie sie zu Sklaven statt zu innerlich freien Menschen. Man muß schon Mut beweisen, um etwas in Frage zu stellen, das man für ungerecht hält gleichgültig, wie unwichtig dieses Unterfangen Ihnen auch erscheint. Helfen Sie Kindern, Wege und Mittel zu finden, Vorschriften und Ordnungen in Frage zu stellen, die im Widerspruch zu ihrer inneren Auffassung stehen. Sagen Sie ihnen: »Ich bin stolz darauf, daß du dich für deine Meinung einsetzt« statt »Hör auf und mach' so weiter wie alle anderen auch« oder »Vergiß es und mach', was ich dir sage«. Ihre Kinder müssen es lernen, nicht einfach alles hinzunehmen, was ihnen zugemutet wird. Sie müssen üben, sich selbst zu behaupten. Dies gilt zu Hause, wenn sie zum Beispiel schlafen sollen, nur damit sie Ihnen aus dem Weg sind; in der Kirche, wenn sie ohne weiteres das glauben sollen, was man ihnen aufzwingt; auf dem Spielplatz, wenn ein kleiner »Tyrann« ihnen seinen Willen aufzwingen will, oder in vielen anderen Lebensbereichen, in denen sie auf Vorschriften und Gesetze stoßen, die *sie* für ungerecht halten.

Untersuchen Sie Ihre Einstellung zur Disziplin und denken Sie dabei daran, daß es nicht immer möglich ist, alles so ablaufen zu lassen, daß alle damit zufrieden sind, besonders nicht die Kinder. Wenn Sie Ihren Kindern zu Füßen liegen, und sie sich Ihnen gegenüber respektlos verhalten, dann müssen Sie Ihr Verhalten ändern. Wenn Sie der Diener Ihrer Kinder sind und jede Respektlosigkeit hinnehmen, dann geben Sie ihnen stillschweigend zu verstehen: »Ich werde dich dafür belohnen, daß du mich so behandelst.« Sie müssen die Verantwortung dafür übernehmen, ihnen durch Ihr Verständnis von Disziplin zu helfen, verantwortungsbewußt zu sein. Kinder, die sich weigern, Ihrer Bitte nachzukommen, den Mülleimer zu leeren, werden sich weiterhin weigern, auf Sie zu hören, wenn Sie einfach über ihren Ungehorsam hinwegsehen. Eine Konfrontation ist unvermeidlich, doch sollte sie nicht in einen Krach ausarten. Wenn Sie einfach den Müll in das Zimmer des Kindes stellen oder sogar auf das Bett, nachdem Sie es mehrmals erfolglos versucht haben, das Kind an seine Pflichten zu erinnern, dann zeigen Sie ihm, daß Sie es wirklich ernst meinen. Oder wenn Sie Ihren Kindern jeden Tag ihre Schulbrote machen und sie den eigenen Verpflichtungen nicht nachkommen oder sich Ihnen gegenüber trotzig verhalten, dann stellen Sie doch einfach den Service, den Sie Ihren Kindern bieten, ein und sagen ihnen, daß sie sich in Zukunft ihre Brote selber schmieren sollen. Ich kann mich daran erinnern, daß mir meine Tochter immer wieder sagte: »Ich hab's vergessen.« Als ich dann eines Tages vergaß, sie vom Bahnhof abzuholen und sie mit ihrer schweren Tasche den ganzen Weg nach Hause zu Fuß laufen mußte, hatte sie mich verstanden.

Nochmals möchte ich betonen: Sie müssen das vorleben, was Sie Ihren Kindern beibringen möchten. Sie können Ihren Kindern durch Ihr Verhalten zeigen, daß Sie nicht gewillt sind, Respektlosigkeiten zu dulden, aber Sie brauchen dadurch keinen Streit heraufzubeschwören. Seien Sie liebevoll, aber geben Sie nicht nach. Dadurch zeigen Sie Ihren Kindern, daß Sie es wirklich ernst meinen und daß Sie sich nicht auf einen sinnlosen Krach einlassen. Wenn Sie das destruktive Verhalten eines Kindes ignorieren, weil Sie Angst vor seiner Reaktion haben oder einfach unangenehmen Auseinandersetzungen aus dem Weg gehen möchten, dann tun Sie Ihren Kindern wirklich keinen Gefallen. Kinder müssen lernen, verantwortungsbewußte Menschen zu sein, und wenn Sie ihr verantwortungsloses Verhalten einfach übersehen, dann bestärken Sie sie nur in den Dingen, die Sie doch eigentlich gar nicht möchten. Vergessen Sie endlose Gespräche und konzentrieren Sie sich darauf, durch neue und wirkungsvolle Verhaltensweisen zu zeigen, was Sie wollen.

Ein Wort zu den Kraftausdrücken, der Vulgärsprache und dem derben Verhalten, das Teenager oft ihren Eltern entgegenbringen, ist hier am Platz. Seien Sie nicht darüber schockiert, wenn ein Teenager Sie in einer Weise behandelt, die Sie für respektlos halten. Fast alle Heranwachsenden erleben eine Zeit, die oft zwei oder drei Jahre dauert, in der sie mit ihren Eltern in einer garstigen Art sprechen (besonders mit der Mutter) und sich sehr respektlos verhalten. Ich verteidige ein solches Verhalten nicht und ich glaube nicht, daß Sie es einfach hinnehmen müssen, nur weil die Kinder eine solche Phase durchmachen, aber ich glaube, daß es sehr wichtig ist, daß Sie die Hintergründe eines solchen Verhaltens kennen. Ein Teenager verhält sich meist gegenüber den Menschen respektlos, die er kennt und denen er vertrauen kann. Dies mag einerseits widersprüchlich klingen, ist aber wahr. Ein Heranwachsender weiß, daß seine Mutter ihn lieben wird, gleichgültig wie er sich verhält. Er ist sich der Liebe seiner Mutter sicher, auch wenn er sie verletzt hat. Seiner Mutter kann er sich sicher sein, an ihr kann er einige seiner Selbstzweifel und einige Gefühle der Wut ausprobieren. Sein Risiko ist minimal. Wenn er sich an seinen Lehrern, Freunden, Nachbarn oder Fremden versuchen würde, dann würde er in große Schwierigkeiten geraten. Er hätte unter den Folgen seines Verhaltens zu leiden. Aber Mami liebt nun mal ihre Kinder, auch wenn sie sehr garstig und unverschämt sind. Man kann dieses Verhalten beinahe als ein Zeichen der Liebe sehen, auch wenn es falsche Ausmaße annimmt, und es wird bestimmt wieder vorübergehen. Kurz: Ein Heranwachsender wird ein solches Verhalten an den Menschen testen, bei denen er sich sicher sein kann, daß er ihre Liebe und Zuneigung nicht verliert. Die Mutter ist die leichteste Zielscheibe, und sie sollte wissen, daß es in Wahrheit ein verstecktes Kompliment ist. Ihre Kinder im Teenageralter vertrauen ihr genügend, um ihr ihre schlimmste Seite zu zeigen. Es ist ein Zeichen ihrer Liebe und dennoch schmerzlich. Aber auch als Mutter können Sie sich entscheiden, und Sie müssen ein solches Verhalten nicht über sich ergehen lassen. Doch Sie müssen sich darüber im klaren sein, daß sich der Heranwachsende normal verhält, denn er hat das Gefühl, ein Erwachsener zu sein, der im Körper eines Kindes gefangen ist. Was immer Sie tun, glauben Sie nicht, daß es ein Zeichen dafür ist, daß Sie als Eltern gescheitert sind. In Wahrheit trifft genau das Gegenteil zu. Sie haben Ihren Kindern das Gefühl gegeben, daß sie Ihnen vertrauen können, daß sie Ihnen ihre schrecklichste Seite zeigen können, ohne Angst vor einer eventuellen Ablehnung oder einem Liebesentzug haben zu müssen. Sobald Sie zu dieser Einsicht gekommen sind, können Sie einiges tun, von den Gefühlsausbrüchen Ihrer Kinder nicht mehr unmittelbar betroffen zu sein. Ziehen Sie sich als Zielscheibe zurück, weigern Sie sich, in einen Krach hineingezogen zu werden und lassen Sie dem Kind etwas mehr Freiraum. Verbale Angriffe Ihres Kindes werden folgen; lassen Sie sich nicht verunsichern und glauben Sie nicht, daß Sie als Eltern gescheitert sind. Das wäre eine falsche Annahme, die nur noch mehr Leid hervorrufen würde, als Sie schon durch das Verhalten Ihrer Kinder ertragen müssen.

Dies sind also einige Vorschläge, die Sie sofort anwenden können, um Ihren Kindern zu Selbstbestimmtheit und Selbständigkeit zu verhelfen. In jeder Phase ihrer Entwicklung müssen Kinder lernen, daß sie alleine die Verantwortung dafür tragen, was in ihnen vor sich geht. Ein Kind erlebt allein seine Gefühlswelt und muß in seiner Entwicklung sehr viele

Entscheidungen treffen. Zeigen Sie Kindern, daß sie sich entscheiden müssen, daß ihr Denken und Handeln die Zukunft, ihr eigenes Leben beeinflussen und daß sie für sich selbst entscheiden müssen, wie alle anderen auch, wenn es darum geht, sich anzupassen oder sich zu selbständigen und glücklichen Menschen zu entfalten. Ihre Kinder müssen tief in ihrem Innersten wissen, daß es Zeitverschwendung ist, anderen die Schuld zu geben, daß sich die Realität nicht ändert, wenn die Schuldfrage geklärt ist. Bringen Sie ihnen bei, auf ihre innere Stimme zu hören, statt anderen gefallen zu wollen, immer um Anerkennung zu ringen und anzuklagen, wenn sie selbst für etwas verantwortlich sind. Im 19. Jahrhundert schrieb der amerikanische Schriftsteller Nathaniel Hawthorne:

> Jedes Individuum muß in dieser Welt seinen Platz einnehmen und es ist in gewisser Hinsicht wichtig, ob es sich dazu entschließt oder nicht.

Sie sind dafür verantwortlich, daß Ihre Kinder sich keine inneren Zwänge auferlegen und sich dafür entscheiden, wichtig zu *sein*. Sie können einen wichtigen Einfluß darauf ausüben, zweifeln Sie nie daran! Wie auch immer, die Entscheidung liegt bei Ihnen.

Kapitel 5

Mein Wunsch:
Meine Kinder sollen frei von Streß und Angst sein!

Der Mensch, der keine inneren Zwänge kennt, weiß, daß nur die Leistung darunter leidet, wenn er sich ärgert. Es gibt im Leben nichts, worüber er sich beklagen möchte. Er manipuliert andere nie durch Schuldgefühle und läßt auch sich nicht manipulieren. Er hat gelernt, ängstliche Gedanken zu meiden. Er ist alleine genauso glücklich wie zusammen mit anderen Menschen. Er führt ein Privatleben, kultiviert die Kunst der Entspannung und der Erholung. Er ist ein Meister darin, sich mit seinem Willen zu entspannen.

Die Welt ist perfekt. Es gibt in ihr keine Ängstlichkeit . . . nirgends. Es gibt nur Menschen, die eine ängstliche Einstellung haben.

Eykis

Jeden Tag hört man von Menschen, die unter Angstzuständen leiden. Sie kennen bestimmt die Statistiken über die enorme Zunahme des Gebrauchs von Beruhigungstabletten, Aufputschmitteln, Schlafmitteln, Mitteln gegen Streß, Antidepressiva und vieler anderer Drogen, die wir gegen Ängste schlucken. Wir verlassen uns immer mehr auf künstliche Elixire, um uns von etwas zu befreien, was es gar nicht gibt.

Angstgefühle greifen uns nicht an! Menschen entscheiden sich dafür, gegenüber ihrer Welt eine ängstliche Einstellung zu haben, und greifen dann zu einer Pille, um dieser mystischen Sache, die sich Angst nennt, zu entfliehen. Unsere Kinder werden in einer Atmosphäre erzogen, die voller ängstlicher Gedanken ist und auf eine dramatische Weise ihre Opfer fordert. Die Selbstmordrate bei Kleinkindern nimmt erschreckend zu. Eine ständig wachsende Zahl Kinder verlangt nach psychiatrischer Hilfe, um besser mit »den Schwierigkeiten, die darauf beruhen, daß man in einer modernen Welt aufwächst«, fertig werden zu können. Kinder entwickeln sich zu Erwachsenen, die einen immer höheren Blutdruck haben, die häufiger an Geschwüren und Herzkrankheiten sowie Migräne erkranken. Sie nehmen an einer völlig neuen Industrie teil, die sich das »Streß Management« nennt, und viele der Streßexperten klagen eher den Streß an als die stressigen Denkweisen.

Sie können Ihre Kinder so erziehen, daß sie völlig frei sind von den verheerenden Wirkungen eines ängstlichen Lebens. Ihre Kinder müssen nicht Teil der obengenannten Statistiken sein. Frei von inneren Zwängen sein, heißt für *alle Zeiten* frei sein von Angstgefühlen. Kinder in diesem Sinne zu erziehen, bedeutet, ihnen beizubringen, daß sie die Kontrolle über ihre Angstgefühle haben. Es bedeutet, ihnen beizubringen, die Verantwortung dafür zu übernehmen, wie sie ihren Geist gebrauchen. Es bedeutet, ihnen Denkweisen beizubringen, so daß sie ihr Innenleben nicht durch Angstgefühle oder Streß vergiften. Achten Sie bei der Kindererziehung sorgfältig darauf, daß Sie nie die unzutreffenden Worte benutzen, »Ich leide unter Angstgefühlen«, oder nur glauben, daß so etwas möglich ist.

Kindern kann ein Leben ohne Angst garantiert werden, vorausgesetzt Sie sind bereit, sie zu ermutigen, daran zu glauben, daß sie über ihr Innenleben sehr viel Macht haben. Mit positiven Gedanken, einer Mischung aus gesundem Menschenverstand und Zuspruch, wird ihr Kind nicht das Schicksal haben, Valium schlucken zu müssen, um mit den Problemen des Lebens fertig werden zu können, oder sich einer Therapie unterziehen zu müssen, in der endlos über seine Kindheit und ihre Bewältigung gesprochen wird. Ihre Kinder werden nicht zu Neurotikern aufwachsen, die beim ersten Anzeichen eines Problems nach Antidepressiva oder Beruhigungstabletten greifen. Um ganz sicher sein zu können, daß Sie Ihre Kinder so erziehen, daß sie keine Angstneurose haben, müssen Sie sich zuerst überlegen, was es heißt, frei von diesen inneren Qualen zu sein, die wir Angst nennen.

Frei von Angst – Was ist das?

Angst zu haben ist eine Denkweise! Das Ergebnis solcher Ängste fühlen wir in unserem Innenleben. Um dort frei von Angst sein zu können, müssen wir Gedanken haben, die frei von Angst sind. Das höchste Ziel, das wir als Menschen erreichen können, ist wohl das, was ich als mühelose Perfektion oder innere Gemütsruhe bezeichne. Die japanische Kultur nennt diese Erfahrung der inneren Ruhe *Shibumi*. Es ist schwer, über diesen Zustand der Gemütsruhe zu schreiben, denn er ist für jeden einzelnen eine einzigartige Erfahrung. Um diese Art innere Perfektion zu erlangen, muß man die Welt als einen perfekten Ort sehen. Das bedeutet, in Begriffen wie Harmonie, Frieden, Liebe und Perfektion zu denken, statt die Welt für feindlich, häßlich und hassenswert zu halten. Die innere Perfektion beinhaltet, daß man mit sich Frieden schließt und gelobt, das Leben nicht zu bekämpfen und statt dessen eins zu werden mit den natürlichen Kräften unseres Universums und jeden Moment als ein Wunder zu würdigen. Es bedeutet, sich von alten Vorstellungen loszusagen, die uns innerlich oder unsere Welt verwüstet haben. Es bedeutet eine Bejahung unserer Welt, Liebe für uns als Menschen, Respekt vor allem, was lebt oder je gelebt hat, die Weigerung, feindselig zu sein, und eine tägliche Verpflichtung, unsere Welt zu verbessern. Tatsächlich glaube ich fest daran, daß diese innere Perfektion da ist und darauf wartet, von uns wiedererlangt zu werden. Ja, ich habe *wiedererlangt* gesagt!

Als kleine, unverdorbene Babies kommen wir in diese Welt mit einer inneren Perfektion. In den ersten Lebensmonaten urteilen wir nicht. Wir leben einfach, und unsere Grundbedürfnisse zum Überleben werden gedeckt – oder es gelingt uns nicht zu überleben. Kleine, unverdorbene Kinder repräsentieren das, was einer inneren Perfektion am nächsten ist. Beobachten Sie einmal einen Spielplatz voller kleiner Kinder, wie sie überall herumlaufen, über alles lachen und alles zu schätzen wissen, was für sie da ist. Denken wir einmal an unsere eigene Kindheit und erinnern wir uns daran, wie fasziniert wir vom Maikäfer waren, wie wir ganz aufgingen im Spiel, Stunden damit verbringen konnten, am See zu spielen oder den Fröschen zuzusehen. Im Grunde bewies alles, was Sie als Kind taten, daß Sie das Leben als ein Wunder sahen und daß Ihnen alles auf dieser Welt Freude bereitete. Sie haben nichts analysiert, sich keine Sorgen gemacht oder versucht, alles zu kategorisieren. Sie haben es einfach ausgelebt, frei von Angst und frei von Zukunftssorgen. Sie hatten diese Gemütsruhe bereits eine Zeitlang in Ihrem Leben und Sie können sie wiedererlangen – wenn es Ihr Wunsch ist. Sie können auch dafür sorgen, daß Ihre Kinder nicht nur diese innere Ruhe wiedererlangen, sondern sie ein Leben lang bewahren, statt unter neurotischen Angstgefühlen zu leiden.

Wenn ich darüber schreibe, wie man Kindern beibringen kann, sich ihre natürliche innere Ruhe zu bewahren und auf ihren eigenen Wegen harmonisch zu leben, kann ich nur an das Wort *Liebe* denken.

Es gibt aber auch die Liebe, die Sie Ihren Kindern schenken können und die Liebe, die Sie ihnen beibringen können, um sie an all die weiterzugeben, die sie hier in dieser Welt treffen. Diese Liebe manifestiert sich nicht unbedingt in Umarmungen und Küssen (obwohl sie sehr gut sind), sondern in einer Haltung, die Sie gegenüber Ihren Kindern entwickeln, und diese Liebe kann jeden Tag in dem Maße verstärkt werden, wie Sie

Kindern helfen, sich in dieser Welt zurechtzufinden und sich mit den Menschen zu verstehen.

Frei von Angst zu sein ist also eine Haltung oder eine Lebensweise, die zeigt, daß Sie und Ihre Kinder dem Leben Liebe entgegenbringen. Es ist eine völlige Bejahung der Welt und eine vorurteilsfreie Einstellung zum Leben. Es ist die Verpflichtung, ein erfülltes Leben zu führen, statt über das Leben zu klagen. Es ist die Geschichte vom Glück, das Aristoteles folgendermaßen definierte: »Glück ist der Sinn und Zweck des Lebens, das eigentliche Ziel der menschlichen Existenz.« Um diese Art Glück zu verstehen, müssen Sie sich zuerst einmal daran erinnern, daß Glück eine innere Erfahrung ist, die Sie in das Leben einbringen und die nicht aus Menschen und Ereignissen gewonnen werden kann. Zum anderen ist dieses überaus wichtige Glücksempfinden oder diese innere Zufriedenheit bereits in allen von uns vorhanden und braucht nur ohne Angst kultiviert zu werden, damit es ein Leben lang andauert. Ich spreche hier von der *Gewohnheit,* Glück zu empfinden, im Gegensatz zu der *Gewohnheit,* unter Angstgefühlen zu leiden. Wie Sie Ihre Kinder erziehen, spielt bei der Entstehung dieser Gewohnheit eine wichtige Rolle. Unängstliche Kinder werden zu unängstlichen Erwachsenen und behalten diese Gewohnheit bei, wenn sie von Anfang an wissen, wie man ohne Angst lebt. Sie können ihnen den Weg weisen. Zuerst müssen die drei Angstgefühle vernichtet werden: Schuldgefühle, innere Unruhe und lähmender Streß. Dies sind die drei Bösewichte, die Menschen ängstlich machen. Sie müssen sie kennen und sich dafür einsetzen, daß sie aus Ihrem Leben und dem Ihrer Kinder verschwinden.

Frei sein von Schuldgefühlen

Schuldgefühle zu haben, bedeutet, sich aufgrund von Dingen, die in der Vergangenheit gesagt oder getan wurden, unwohl zu fühlen. Wenn sie dazu dienen würden, das Verhalten zu ändern und *aus der Vergangenheit zu lernen,* dann würden sie einen guten Zweck erfüllen. Aber Schuldgefühle zu haben, heißt nicht, von der Vergangenheit zu lernen. Schuldgefühle zu haben bedeutet, aufgrund von Vergangenem im Augenblick paralysiert zu sein. Sie sind ein Mittel, mit dem Erwachsene Kindern ein Gefühl des Unbehagens vermitteln, so daß sie das Verhalten der Kinder kontrollieren können. Welche Absichten ein Erwachsener auch verfolgen mag, wenn er in Kindern Schuldgefühle hervorruft, sie lösen allzu häufig bei den Kindern negative Reaktionen aus: eine paralysierende Panik,

Schlaflosigkeit, Angst, Introvertiertheit, Schamgefühle, Verlust der Selbstachtung und eine mangelnde Initiative.

Wenn Sie in Ihren Kindern – gleichgültig welchen Alters – Schuldgefühle erwecken, damit sie sich so verhalten, wie Sie es möchten, oder damit sie sich aufgrund eines Ereignisses, das schon längst zurückliegt, schuldig fühlen, dann machen Sie aus ihnen ganz sicher Menschen, die sowohl psychisch als auch körperlich unter Schuldgefühlen zu leiden haben. Schuldgefühle zu haben, ist ein *inneres* Erlebnis. Sie helfen Ihnen vielleicht, zeitweilig Ihr Ziel zu erreichen, aber sie rufen im Kind schwerwiegende Angstgefühle hervor. Wenn Sie so tun, als würden Sie weinen, um Ihre dreijährige Tochter dazu zu zwingen, Ihnen einen Kuß zu geben, weil sie es nicht ertragen kann, Sie leiden zu sehen, dann haben Sie ihr, aufgrund eines in Ihren Augen harmlosen Spiels, Angstgefühle vermittelt. Sie hat früh gelernt, daß sie keine Wahl hat, wenn sie einen Kuß gibt, und daß sie ihren Unwillen, Ihnen einen Kuß zu geben oder Sie zu umarmen, unterdrücken muß, um Ihnen zu gefallen. Sie lernt, daß sie ihre eigenen Gefühle vernachlässigen muß und daß Ihre verletzten Gefühle besänftigt werden müssen, auch wenn sie im Moment gegen ihren eigenen Willen handeln muß. Möchten Sie es als Erwachsener, wenn man Sie zwingen würde, jemandem einen Kuß zu geben, nur weil dieser sich sonst verletzt fühlen würde? Würden Sie es mögen, der Meinung anderer mehr Bedeutung beizumessen als der eigenen, wenn es in Ihrem Leben darum geht, Zuneigung zu zeigen? Natürlich nicht. Stellen Sie sich vor, welche Angstgefühle Sie haben würden, wenn sie feststellen, daß Sie nicht entscheiden können, wen Sie küssen möchten, wenn diese Entscheidung anderen überlassen wäre und daß diese nur mit dem Finger schnippen müßten, damit Sie automatisch den Menschen küssen und umarmen, den sie für Sie ausgesucht haben. Dies ist der Ängste provozierende Effekt, der bei einem Kind durch eine geringfügige Schulderfahrung hervorgerufen wird, und davor muß man sich während der ganzen Entwicklung der Kinder hüten.

Der 14jährige Junge, der, wenn er normale Entscheidungen auf dem Weg zur Selbständigkeit trifft, die Warnung bekommt, »Eines Tages wirst du dafür bezahlen müssen, daß du mich jetzt so behandelst«, lernt, seinen eigenen Entscheidungen mit Zweifeln und Ängsten gegenüberzustehen, und glaubt bald, daß es viel wichtiger ist, Ihr Opfer zu sein, als ein Leben frei von inneren Zwängen anzustreben.

Schuldgefühle manifestieren sich auf verschiedene Weise. Eltern können mit ihnen ihre Kinder manipulieren, und Kinder werden ebenfalls zu wahren Meistern auf diesem Gebiet und manipulieren dann wiederum ihre Eltern. Das Spiel fängt mit kleinen Einsätzen an, wenn kleine Kinder so manipuliert werden, daß sie die Wünsche ihrer Eltern erfüllen, und allmählich wird es zu einer durchgängigen Kommunikationsart. Jedes Familienmitglied kann Schuldgefühle entwickeln, wenn dies zu einem normalen Mittel der Kommunikation wird. Kinder lernen bald, ihren eigenen Gedanken zu mißtrauen und sich so zu verhalten, daß ihre Eltern ihnen keine Schuldgefühle vermitteln. Sie entscheiden sich für das Studium, das andere für sie ausgewählt haben, statt auf ihre eigenen Wünsche zu hören. Sie gehen mit in den Gottesdienst, zu dem die Eltern sie zwingen, nur weil sie ihren Eltern nicht weh tun möchten. Sie wählen die Freunde nach dem Geschmack der Eltern aus, weil sie Angst davor haben, ihre Gefühle sonst zu verletzen. Kurzum: Sie werden wie die Eltern, nur sind sie eben kleiner. Die Angst vor der Bestrafung verschlingt sie in Form von Schuldgefühlen. Bald kennen sie all die Dinge, die Sie mißbilligen, und beginnen, ihr Leben nicht wie frei denkende Individuen zu leben, sondern wie vorprogrammierte Roboter. So leben sie auch noch lange, nachdem sie ihr Elternhaus verlassen und die Eltern die Kontrolle über ihr Leben abgegeben haben, und manchmal sogar noch, nachdem ihre Eltern nicht mehr auf dieser Welt sind.

Schuldgefühle sind die Waffe der Schwachen. Sie werden ausschließlich zur Manipulation verwendet. Ihr Zweck ist es, andere dazu zu bringen, so zu leben, wie wir es für richtig halten, oder anderen ein Gefühl des Unbehagens zu vermitteln, weil sie sich in der Vergangenheit auf eine bestimmte Weise verhalten haben, damit wir jetzt und in Zukunft die Macht über sie haben. Verzichten Sie auf Erziehungsmethoden, die hauptsächlich darauf abzielen, Kindern Seelenqualen zu verursachen. Ein Kind mit einem Schuldkomplex ist ein manipuliertes Kind, das bald lernt, keinen eigenen Willen mehr zu haben, und das alles macht, was von ihm erwartet wird, damit es nicht Ihre Gefühle verletzt. Ein Kind, das voller Schuldgefühle ist, lernt auch, verantwortungslos zu sein. Denken Sie einen Moment über dieses Thema Schuldgefühle nach. Stellen Sie sich vor, das Verhalten Ihres Kindes würde von den Schuldgefühlen kontrolliert werden, die es aufgrund Ihres Umgangs mit ihnen entwickelt. Hier sind die emotionalen Ergebnisse einer solchen Erziehung:

Erstens verspürt das Kind in seinem Inneren ein Unbehagen und entwickelt aufgrund seines Verhaltens zu Ihnen Angstgefühle. Zweitens vergeudet es den gegenwärtigen Augenblick damit, sich wegen seines Verhaltens oder weil es Sie enttäuscht hat, schlecht zu fühlen. Weil dem Kind nun so unbehaglich zumute ist, ist es drittens nicht fähig, die Gegenwart positiv zu nutzen (das Kind ist paralysiert), um sein Verhalten zu korrigieren oder um aus seinen Fehlern zu lernen. Denn wie Sie wissen, ist das Lernen aus der Vergangenheit eine Sache, aber wenn Sie sich aufgrund dessen, was Sie einmal gemacht haben, schlecht fühlen, dann entwickeln Sie das, was man Schuldgefühle nennt. Bringen Sie dies nicht durcheinander, denn es sind zwei völlig unterschiedliche Reaktionen. Aus Fehlern der Vergangenheit zu lernen, ist eine äußerst positive und effiziente, innerlich freie Art zu lernen. Wenn man einen Schuldkomplex hat und von seinen Schuldgefühlen manipuliert wird, ist man in den Momenten, in denen man etwas gegen sein falsches Verhalten tun könnte, völlig paralysiert. Daher haben Schuldgefühle in der Kindererziehung nichts zu suchen, denn das wäre eine verantwortungslose Entscheidung der Eltern. Denn wenn Kinder unter Schuldgefühlen leiden, werden sie einfach nur herumsitzen und sich elend fühlen, wann immer sie Dinge tun, die Sie nicht mögen. Es bedeutet, daß sie zu Opfern werden, statt zu entscheidungsfreien Individuen, und daß sie aufgrund ihrer emotionalen Reaktionen auf das Verhalten der anderen immer herumgestoßen werden. Am schlimmsten ist aber, daß sie sich nicht entfalten und an Reife gewinnen können, sondern selbst zu Menschen werden, die versuchen, andere dadurch zu manipulieren, daß sie in ihnen Schuldgefühle hervorrufen.

Wenn Sie versuchen, Ihre Kinder jeden Tag mit Schuldgefühlen zu manipulieren, dann dauert es nicht lange, bis sie diese Waffe auch gegen Sie einsetzen. »Vielen Dank Mami, daß du vergessen hast, mir etwas Fleisch für das Mittagessen zu kaufen. Ich bin dir wohl so ziemlich egal.« »Ich darf überhaupt nichts machen, aber Martin darf immer alles. Ich glaube, ihr habt ihn immer viel lieber gehabt als mich.« »Ich habe nur sieben Weihnachtsgeschenke bekommen. Alle anderen haben acht bekommen. Ich weiß, du magst die anderen viel lieber.« »Ich bin bestimmt ein Adoptivkind – meine richtigen Eltern würden mich so niemals behandeln.« Diese Art von Gefühlen, die bei anderen Schuldgefühle hervorrufen, sind typisch für Kinder, die mit einem Schuldkomplex aufgewachsen sind. Ein Kind, das auf diese Taktiken zurückgreift, lernt, andere zu manipulieren, ausgesprochen verantwortungslos zu sein, und es wird außerdem in seinem Leben unter starken Angstgefühlen zu leiden haben. Ein solches Kind wird zum Manipulierer werden, weil es lernt, mit den Empfindungen der anderen so umzugehen, daß diese Menschen all das tun, was es will. Es wird verantwortungslos sein, weil dieses Kind es vorzieht, Schuldgefühle zu haben, statt konstruktiv zu versuchen, seine Situation zu ändern. Dieses Kind wird unter Schuldgefühlen leiden, weil es die Meinung der anderen verinnerlicht und sie zu der Quelle seines eigenen Verhaltens macht, oder es wird andere dazu bringen, sich elend zu fühlen, beides lieblose Handlungsweisen.

Die Alternativen zu Schuldgefühlen sind bemerkenswert einfach und können ohne größere Schwierigkeiten angewandt werden. Hier ist es von Bedeutung, daß man vor seinen Kindern so viel Respekt hat, daß man ihnen niemals die Erfahrung emotionaler Qualen, die mit Schuldgefühlen einhergehen, wünscht. Um in der Erziehung keine Schuldgefühle hervorzurufen, muß Ihr Umgang mit Ihren Kindern konstruktiv sein, so daß Sie ihnen helfen, aus ihren Fehlern zu lernen. Wenn sie einen Fehler machen, müssen Sie ihnen Liebe geben, statt ihnen das Gefühl zu vermitteln, sie seien dumm, tolpatschig oder ganz einfach schrecklich. Sie dürfen sie nicht an ihre Fehler erinnern, sobald sie eine neue Richtung eingeschlagen haben. Am Ende dieses Kapitels finden Sie eine Vielzahl spezifischer Beispiele und Strategien, die Ihnen helfen können, im Umgang mit anderen darauf zu verzichten, Schuldgefühle hervorzurufen.

Die wichtigste Veränderung muß aus Ihnen heraus kommen. Sie müssen erkennen, welche Gefahren lauern, wenn man Kinder mit Schuldgefühlen manipuliert. Sie können versuchen, Ihre eigenen Schuldgefühle abzubauen und sich gegen Menschen zu wehren, die Sie sonst mit ihren Wünschen manipulieren würden. Sie können Ihren Kindern ein Vorbild sein, das sich nicht nur weigert, in seinen Kindern Schuldgefühle hervorzurufen, sondern auch in seinem eigenen Leben den Schuldkomplex abgebaut hat. Wie mit allem anderen müssen Sie, wenn Sie Ihre Kinder zu einem innerlich freien Leben erziehen wollen, vorbildlich sein und ihnen ernsthaft zeigen, daß Sie selbst daran arbeiten, ein Leben frei von inneren Zwängen zu führen.

Sorgen ade

Der zweite Faktor im Gefühlsrepertoire eines ängstlichen Menschen ist, daß er sich ständig Sorgen macht. Genau wie man sich auch nur in der Gegenwart schuldig fühlen kann, so kann man nur jetzt, in diesem Moment, besorgt sein. Besorgt sein heißt, sich jetzt und heute um etwas zu sorgen, das in der Zukunft liegt und worüber man keine Kontrolle hat. Sich Sorgen zu machen heißt, Angstgefühle erwecken. Etwas anderes ist es, sich über die Zukunft Gedanken zu machen oder sich bewußt vor einem Trauma zu schützen. Besorgt zu sein, heißt, weder Pläne zu schmieden noch sich für die Zukunft Ziele zu setzen. Wenn man sich sorgt, reagiert der Körper auf die gleiche Weise wie bei Schuldgefühlen – Bluthochdruck, Stottern, Angstgefühle, Verlust des Selbstbewußtseins und Trägheit. Kinder, die in ihrer Kindheit lernen, besorgt zu sein, sind zu einem Leben voller Ängste verdammt.

Sie können viel tun, damit Ihre Kinder nicht zu den Menschen gehören, die sich ständig Sorgen machen. Ein besorgtes Kind ist sich seiner Fähigkeiten und Leistungen im Leben nicht sicher. Kinder, die sich immer Sorgen machen, sind Kinder, denen man sagt, sie müssen perfekt sein, ihren Eltern gefallen und in allem, was sie tun, gewinnen. Ihnen wird gesagt, daß nicht ihr Charakter zählt, sondern ihr Ruf. Kinder, die sich Sorgen machen, werden oft gezwungen, Perfektionisten zu sein, Angst vor Niederlagen zu haben und zu glauben, das Leben sei nicht zum Vergnügen da, sondern um analysiert, studiert und kategorisiert zu werden.

Wie jedes neurotische Verhalten ist auch diese Besorgtheit eine *Gewohnheit*. Es ist eine erlernte Reaktion, die von Menschen abgeschaut wird, die sich selbst immer Sorgen machen. Die Gewohnheit, sich Sorgen zu machen (es ist eigentlich die Gewohnheit, ängstlich in die Zukunft zu blicken), kann abgelegt werden, wenn man Kindern beibringt, gesünder, produktiver und innerlich frei zu denken.

Wenn Kinder dazu erzogen werden, an ihr Leben oberflächliche Maßstäbe anzulegen, oder um jeden Preis etwas zu leisten, dann werden sie dazu angespornt, sich Sorgen zu machen. Man gibt seinen Kindern ein schlechtes Beispiel, wenn man in ihrer Gegenwart immer besorgt ist. Ein unaufhörliches, sorgenvolles Gerede über Rechnungen, Kriegsgefahr, das Altern, Arbeitslosigkeit, das Wetter, die gesellschaftliche Stellung, die Wahlen, die Sauberkeit im Haus, das eigene Aussehen macht aus Ihren Kindern sorgenvolle Menschen.

Besorgnis nimmt auch oft die Form von Klagen an. Viele Kinder haben gelernt, über das Leben zu klagen, statt etwas Kreatives zu tun, um ihren Schwierigkeiten ein Ende zu bereiten. »Ich möchte diesen Ausflug nicht machen.« »Ich hasse es, auf Kindergeburtstage zu gehen.« »Ich möchte keinen Babysitter.« »Ich hasse es, zur Oma zu fahren und alle meine Kusinen zu treffen.« Diese »Ich hasse die Welt«-Gefühle sind häufig der Deckmantel für die Tatsache, daß die Kinder sich Sorgen darüber machen, was geschehen wird oder wie andere sie einschätzen werden. Ein jammerndes Kind, das in der Welt nur Fehler sieht, statt das Leben mit allem, was es zu bieten hat, zu genießen, hat meistens gelernt, Besorgnis durch Klagen zu ersetzen. Dieses Verhalten wird bis ins Erwachsenenalter beibehalten, wenn nichts dagegen unternommen wird oder wenn es sogar von den Erwachsenen in seiner *Nähe, die eine ähnliche Einstellung zum Leben haben, gefördert wird.*

Wenn man diese Eigenschaft, sich ständig Sorgen zu machen, ausmerzen möchte, muß man zum Leben eine zufriedenere und gelassenere Einstellung bekommen. In den USA gibt es eine alte Weisheit, auf die ich immer wieder zurückgegriffen habe, wenn ich Menschen behandelt habe, die darunter litten, daß sie so voller Sorgen waren: »Ich bin ein alter Mann und ich habe viele Sorgen gehabt, von denen die meisten nicht zur Realität wurden.« Tatsächlich erweist es sich oft im nachhinein, daß viele Sorgen völlig unbegründet waren. Wenn Sie sich über Ihren Arbeitsplatz Sorgen machen, dann werden Sie ihn tatsächlich verlieren. Was ist dann? In den meisten Fällen findet man einen neuen, der einem unter Umständen sogar besser gefällt und besser bezahlt wird. Und all die Sorgen? Reine Energieverschwendung! Wenn Sie Ihre Kinder dazu erziehen können, die Zeit, die sie normalerweise damit vertun würden, sich Sorgen zu machen, dazu zu verwenden, konstruktiv an dem zu arbeiten, worüber sie sich sorgen, dann helfen Sie ihnen, im Leben angstfreier zu sein.

Ihre Kinder haben das Recht, diese wertvolle Lektion über Sorgen zu lernen. Sie müssen darin unterstützt werden, Strategien zu entwickeln, die sie zu tatkräftigen – nicht sorgenvollen – Menschen machen. Ihre Kinder flehen Sie an, ihnen beizubringen, wie man diese niederschmetternden Gefühle vermeidet, die man bekommt, wenn man besorgt ist. Es muß ihnen der Druck von der Seele genommen werden, daß sie immer etwas leisten müssen, immer der Sieger, immer perfekt und zukunftsorientiert sein sollen. *Die Gegenwart ist alles, was wir haben.* Ein Augenblick in der Gegenwart, der dazu verwendet wird, sich unnötige Sorgen zu machen, ist im Hinblick auf das Glücksempfinden und die Selbstverwirklichung ein verlorener Augenblick. Jeder Augenblick, den man damit verschwendet hat, sich Sorgen zu machen, gipfelt bald in Angstzuständen, von denen man ein ganzes Leben lang immer wieder befallen wird und die schließlich den sorgenvollen Menschen psychisch kaputt machen. Sowohl Schuldgefühle als auch die Eigenschaft, immer besorgt zu sein, rufen in Kindern ungeheure Angstgefühle hervor, und zusammen mit dem Streß und der Anspannung, der Kinder heutzutage ausgesetzt sind, werden aus diesen Kindern Menschen, die ängstlich sind, die Beruhigungstabletten schlucken und das Leben nicht genießen können. Ein Blick auf das Thema Streß ist angebracht, bevor wir uns einige spezifische Möglichkeiten ansehen, um uns und unsere Kinder von dieser sinnlosen Angst ein für allemal zu befreien.

Keine Kleinkinder des Typs A mehr

Ein wichtiger Grund für Angstgefühle (ängstliche Denkweisen) ist die Neigung, sich in Gedanken unter Streß zu setzen. Sie haben vielleicht einiges über Studien gelesen, in denen festgestellt wurde, daß verschiedene Entscheidungen im Leben zu Streß führen. Diese Studien ordnen gewissen Ereignissen, wie z. B. einem Umzug, einer Scheidung oder dem Ende einer Beziehung, einer Steuererhöhung, einer Schwangerschaft, einem Regierungswechsel usw., bestimmte Streßpunkte zu. Diese ganzen Ereignisse führen theoretisch zu einem erhöhten Streß. Tatsache ist aber, daß die Menschen, die in ihrem Leben unter Streß leiden, diejenigen sind, die gelernt haben, sich in Gedanken unter Streß zu setzen. Es gibt in dieser Welt keinen Streß. Erst wir bringen den Streß in die Welt!

Die Menschen sehen die Welt mit ihren eigenen Augen und dann lernen sie, sich in Gedanken unter Druck zu setzen, wodurch ihre innere Unruhe nur um ein Vielfaches erhöht wird. Ereignisse sind nicht der Grund für Streß, sondern die Gedanken. Mein alter Freund Earl Nightingale sagte mir einmal: »Jeder von uns muß in der Zukunft von der Ernte seiner Gedanken leben, denn was du heute und morgen, nächsten Monat und nächstes Jahr denkst, wird dein Leben gestalten und deine Zukunft bestimmen. Deine Gedanken lenken dich, Kinder sind da keine Ausnahme. Auch sie müssen in ihrer Kindheit zu der Einsicht kommen, daß sie das Ergebnis ihrer Gedanken sind. Sie können keinen äußeren Umständen die Schuld für den Streß geben, den sie empfinden, denn er wird durch ihre Einstellung zum Leben hervorgerufen.«

1974 veröffentlichten Meyer Friedman und Ray Rosenman ein Buch mit dem Titel »Typ A Verhalten und Ihr Herz« (Type A Behavior and Your Heart).

Sie gaben uns für ein altes Problem einen neuen Namen. Eine Person des Typs A wird dadurch charakterisiert, daß sie in ihrem Leben immer unter einem zwanghaften Zeitdruck steht und unter der »Beeil-dich« Krankheit, dem Konkurrenzdenken und der Aggressivität zusammen mit einem schwankenden Grad an Feindseligkeit leidet. Diese Menschen sind aber nicht in der Minderheit. So gehören z. B. in den USA ca. 50 Prozent der Männer dazu, und die Zahl der Frauen weist eine steigende Tendenz auf. Die erstaunliche Statistik, die Friedman und Rosenman in ihrem Buch anführen und die mein Leben verändert hat, besagt: »Jeder fünfte Amerikaner stirbt an einem Herzanfall, bevor er das Alter von sechzig Jahren erreicht hat. Mehr als 90 Prozent dieser Männer gehören zum Typ A.« Wenn dies auf unsere Bevölkerung zutrifft, dann bereiten wir die Menschen in ihrer Kindheit auf ein Typ-A-Verhalten vor. Unsere Streß erzeugende Umwelt muß durch eine weniger ängstliche Einstellung zum Leben abgelöst werden. Untersuchen Sie einmal sorgfältig, wie Sie mit Kindern umgehen, damit Sie verhindern, daß sie sich zu Menschen des Typs A entwickeln, und helfen Sie ihnen gleichzeitig dabei, sich in dieser Welt auf eine positive und innerlich unbefangene Art einen Platz zu suchen. In ihrem Buch schreiben Friedman und Rosenman: »Eigentlich führt eine ständige Hektik später ganz sicher in allen Lebensbereichen des Menschen zu Unheil.« Dies sollte schon Warnung genug sein, ausgesprochen von zwei hervorragenden Ärzten, die dieses Phänomen eingehend untersucht haben. Ihre Kinder sind in Gefahr, wenn sie mit dieser Angst fördernden Denkweise erzogen werden, die ich in diesem Kapitel beschreibe.

Kinder können sich schon sehr früh zu Menschen des Typs A entwickeln, und es ist an uns als fürsorgliche Eltern, sie in ihrem jungen Leben vor hochgradig stressigen Gedanken zu schützen. Die folgenden fünf Eigenschaften beschreiben den Menschen vom Typ A. Sie werden mit dem Ziel erwähnt, daß Sie damit anfangen, Ihre Kinder – gleichgültig wie alt sie sind – mit streßfreien Denkweisen bekannt zu machen.

1. Hartnäckiges Streben. Dieses Verhalten haben sich Kinder angeeignet, die ständig versuchen, überragend zu sein, und nie das Jetzt genießen können. Diese Kinder müssen in der Schule immer Einsen schreiben und sind in ihrem jungen Leben schon pingelig genau. Sie können sich nicht entspannen, ohne sich dabei schuldig zu fühlen oder können sich sogar überhaupt nicht entspannen oder erfreuen. Achten Sie sorgfältig darauf, daß Ihre Kinder ein ausgewogenes Maß an Entspannung, Spiel und Arbeit bekommen. Legen Sie keinen so übermäßigen Wert auf die Hausaufgaben, Leistungen, Auszeichnungen, Siege und das Geldverdienen. Drängen Sie Ihr Kind nicht in ein Verhalten des Typs A. Welche Auswirkung es haben kann, wenn Kinder auf Kosten der Lebensfreude erzogen werden, danach zu streben, überragend zu sein, zeigt sich darin, daß viele dieser Kinder stammeln und stottern, sich in ihre eigene Welt zurückziehen und unfähig sind, aus sich herauszugehen und sich so wie andere Kinder zu verhalten. Sehr kleine Kinder, von denen mehr gefordert wird als sie können, hören auf zu lachen, jammern ständig und haben Schwierigkeiten, heiter zu sein. Sie kränkeln häufig und leiden oft unter Asthma, Allergien, Bauchschmerzen, Weinkrämpfen, Alpträumen, Depressionen, Akne und Hautausschlägen, chronischem Schnupfen, Übelkeit und einer geringen Vitalität, sind Bettnässer oder sind verschlossen.

In jedem Alter müssen Kinder lachen, spielen, Spaß haben können und nicht unaufhörlich nach etwas streben müssen. Sie haben das Bedürfnis, sich zu entspannen, albern zu sein, zu necken, ein bißchen verrückt zu sein und ganz allgemein im Leben nicht immer ernst sein zu müssen. Kinder, die lachen und albern sein können, entwickeln eine gesunde Widerstandskraft gegen die schweren Belastungen, die auf sie zukommen. Je größer der Druck ist, etwas Überragendes zu leisten, immer nach Höherem zu streben, um so deutlichere Anzeichen von Angst werden sie feststellen können, wenn es einem Kind nicht erlaubt wird, so alt zu sein wie es ist. Lernen Sie von Ihren Kindern. Beobachten Sie ihre natürliche Begabung, das Leben zu genießen und fangen Sie damit an, einige ihrer Ansätze zu einem Leben ohne innere Zwänge auszubauen, statt sie dazu aufzufordern, am Konkurrenzdenken der heutigen Gesellschaft teilzunehmen und diesen Wunsch mit dem Satz zu rechtfertigen: »Ich möchte, daß sie mehr haben.« Manchmal ist mehr einfach weniger, besonders wenn es zu einem ängstlichen Leben und einer physiologischen Verschlechterung führt.

2. Konkurrenzkampf. Ein Mensch des Typs A ist außergewöhnlich konkurrenzorientiert, schaut immer über die Schulter und vergleicht seine Leistungen immer mit denen anderer. Dies legt die Kontrolle seines Lebens in die Hände von anderen, statt sie in sich zu tragen, wohin sie gehört. Es ist schön, konkurrenzfähig zu sein, und an einem gesunden Konkurrenzkampf und an gesunder Konkurrenz teilzunehmen, aber es ist armselig, danach seinen Lebensweg zu bestimmen. Übermäßig konkurrenzorientierte Menschen schauen immer auf die Leistungen anderer, um ihren eigenen Wert zu bestimmen.

Wenn Sie immer an einem Konkurrenzkampf teilnehmen müssen, um sich glücklich und wertvoll zu fühlen, dann sind Sie zu einem unerfüllten Leben verurteilt. Dies ist bei Kindern auch nicht anders. Sie müssen lernen, Spaß am Konkurrenzkampf zu haben, ohne dabei Neurosen zu entwickeln. Um dies zu erreichen, müssen sie mit sich selbst alleine sein können und nicht das Bedürfnis haben, sich an den Leistungen anderer zu messen. Sie müssen lernen, ihren Wert und ihr Verhalten anhand von Richtlinien zu beurteilen, die unabhängig von dem sind, was andere tun.

3. Ständiger Zeitdruck. Kinder können schon früh Neurosen entwickeln, wenn Sie in einer übertriebenen Weise darauf bestehen, daß sie sich an den Terminkalender, an Stichtage oder an einen anderen, von außen auferlegten Maßstab halten. Kinder, die immer zu einer bestimmten Zeit essen müssen, die zu einer festgelegten Zeit im Bett liegen müssen, die immer stillschweigend daran erinnert werden, daß sie kontrolliert werden und daß ihr Leben von anderen verplant wird, entwickeln sich zu ängstlichen Typ A-Menschen.

Je mehr Zeitdruck auf Kinder ausgeübt wird, um so größer ist die Wahrscheinlichkeit, daß sie Angstgefühle entwickeln. Dieser Zeitdruck nimmt ihnen die Gelegenheit, spontan zu sein, Unbekanntes zu erforschen und sich frei zu fühlen, denn sie werden durch Vorschriften und Termine eingeengt. Kinder müssen ihre eigenen Entscheidungen treffen, wenn sie innerlich frei sein sollen. Akzeptieren Sie es, daß Kinder sich ihren eigenen Zeitplan festlegen, und geben Sie ihnen die Möglichkeit, selbst ein Gefühl dafür zu entwickeln, welche Termine wichtig und welche unwichtig sind. Zwanghafte Kinder, die Dinge immer auf eine bestimmte Weise tun müssen, gehören nicht zu den Erfindern und Erneuerern. Besessene Kinder möchten wissen, wieviele Stunden sie geschlafen haben, um zu wissen, wie müde sie am nächsten Tag sind. Sie lernen, ihr Leben an äußeren Gegebenheiten zu orientieren, statt eine eigene innere Kontrollinstanz zu entwickeln. Je stärker die Orientierung an Äußerlichkeiten, um so stärker sind die Angstgefühle. Wenn man ein Leben lang verhindern möchte, daß Kinder sich zum Typ A entwickeln, muß man ihnen beibringen, sich genau anzusehen, wofür sie sich engagieren, und sie dazu erziehen, eine eigene Zeiteinteilung zu entwickeln.

4. *Ungeduld.* Der Typ A ist immer in Eile. Er kann nicht stehen bleiben und den Sonnenuntergang bewundern, weil er zu sehr damit beschäftigt ist, vorherzusagen, wann die Sonne am Morgen wieder aufgeht. Das Gefühl, immer in Eile zu sein, ist in allen Menschen des Typs A vorhanden, und es bleibt auch *Kindern nicht* erspart, besonders nicht, wenn die Erwachsenen in ihrer näheren Umgebung selbst immer glauben, sich ständig beeilen zu müssen. Beispiele für ein solches Verhalten sind z. B. der Drang, ein Auto unbedingt zu überholen, Mahlzeiten zu verschlingen und irritiert zu reagieren, wenn man sich in einer langen Schlange anstellen muß, sowie mit all den Menschen ungeduldig zu sein (z. B. ältere Menschen und Kleinkinder), andere zu unterbrechen, um selbst das Wort zu ergreifen, und schließlich die Unfähigkeit, anderen zuzuhören.

Diese Ungeduld kann von Ihnen als Erwachsener ein sehr großes Opfer verlangen, und wenn sie sich auf Kinder überträgt, dann werden sie sich genauso verhalten. Sie werden mit ihren Freunden ungeduldig sein, ständig andere unterbrechen und von jüngeren Kindern mehr fordern als sie aufgrund ihres Alters zu leisten fähig sind, und sie werden sie deshalb schlagen und anschreien.

Ergreifen Sie korregierende Maßnahmen, um zu gewährleisten, daß die Kinder in Ihrem Leben nicht unter Angstzuständen zu leiden haben, nur weil Sie keine Geduld haben. Zeigen Sie ihnen, welche wertvolle Eigenschaft es ist, geduldig zu sein – sowohl mit sich selbst als auch mit der Umwelt. Helfen Sie ihnen, sich zu entspannen, einfach die Schönheit dieser Welt wahrzunehmen, anderen zu helfen, statt an ihnen herumzunörgeln, weil sie zu langsam sind, und die kurze Zeit ihres Lebens zu genießen. Eine Ungeduld, wie sie hier beschrieben wird, trägt sehr dazu bei, daß Kinder unter Angstgefühlen leiden. Die Tatsache, daß in der Schule immer im Mittelpunkt steht, etwas schnell zu erledigen und anderen überlegen zu sein, ist auch ein wichtiger Faktor in der Erziehung von Kindern zu Menschen des Typs A.

Helfen Sie Kindern, die Fähigkeit zu erwerben, sich innerlich entspannen zu können, sich etwas Zeit zu lassen und an allem, was sie gerade machen, Freude zu haben, statt sich selbst und andere zu bekämpfen und zu den Typ A-Verlierern zu werden.

5. *Übertriebener Ordnungssinn.* Die Menschen des Typs A leiden häufig unter dem Bedürfnis, das Leben zu organisieren und zu systematisieren. Sie haben das Gefühl, daß es ihre persönliche Aufgabe ist, etwas, das nicht in Ordnung ist, wieder in Ordnung zu bringen. Ihre Wohnungen sind makellos sauber, in ihren Schubladen herrscht eine einwandfreie Ordnung, ihr ganzes Leben ist das Beispiel für eine perfekte Ordnung. Dennoch leiden sie aufgrund dieser Ordnungsneurose unter gewaltigen Ängsten. Sie halten sich pingelig genau an Vorschriften und sind daher sehr erschreckt, wenn andere dies nicht tun. Ihre Gedanken weilen fast immer bei den Dingen, die noch erledigt werden müssen, und sie überlegen ständig, wie sie etwas am besten machen. Sie halten sich strikt an Vorschriften und Richtlinien. Diese Fixierung und dieser Ordnungssinn rufen Ängste hervor, denn die Welt ist nicht ordentlich und läßt sich auch nicht vorhersagen. Aber trotz dieses spontanen Charakters unserer Welt, in der nicht alles seinen logischen Platz hat, versuchen diese Typ A-Menschen, immer alles in Ordnung zu bringen. Sie möchten die Vogelwelt kategorisieren, statt sich an dem Gesang und dem farbenfrohen Federkleid der Vögel zu erfreuen. Sie möchten die Sterne zählen und ihnen Namen geben, statt ehrfürchtig ihre majestätische Perfektion zu genießen. Sie möchten lieber das Haus in Ordnung halten, als darin richtig zu leben. Ein Aschenbecher am falschen Ort kann einen Fami-

lienkrach heraufbeschwören. Ein Glas verschütterter Orangensaft ist die reinste Katastrophe und kein Alltagsgeschehen. Wenn diese Art der Ordnungsneurose sich auf Kinder überträgt, fangen sie an, bei allem, was sie machen, ängstlich zu sein. Sie werden zu Gewalt greifen, um die Ordnung zu erhalten. Sie werden ihre Zeugnisse verstecken und lügen, statt einer Auseinandersetzung über die Noten ins Auge zu sehen. Allein die Vorstellung, man könnte etwas falsch machen, ist für sie schrecklich. Das sind Angstgefühle, und Menschen des Typs A schaffen eine Umgebung, in der Ängste wachsen und gedeihen können.

Innerlich freie Menschen haben ein Zuhause, in dem gelebt wird. Innerlich freie Menschen wissen, daß der Sinn und Zweck im Leben darin liegt, es zu genießen, und nicht darin, es einzuordnen und zu benennen. Helfen Sie Ihren Kindern, soviel Ordnung walten zu lassen, daß dies ihnen und ihren Bedürfnissen gerecht wird, statt sich einer solchen Lebensweise zu unterwerfen. Aber achten Sie darauf, mit ihnen so umzugehen, daß Menschlichkeit und ihr Glück eine Rolle spielen, und erziehen Sie sie nicht zu besessenen, zwanghaften Ordnungsmenschen. Ich hörte einmal, wie jemand sagte: »Das Leben ist das, was geschieht, während du Pläne schmiedest.« Lassen Sie es in Ihrem Einflußbereich nicht zu, daß das Leben an Ihren Kindern vorbeigeht und lassen Sie es vor allem nicht zu, daß das Leben sie unterdrückt, weil Sie ihnen beibringen, die Sterne zu zählen, statt das Universum zu beobachten und zu bewundern.

Junge Menschen lernen, mit Ängsten und einer fehlenden Gemütsruhe aufzuwachsen, wenn ihr Leben angefüllt ist mit Schuldgefühlen, sorgenvollen Gedanken und einem Typ-A-Verhalten, das das Streben nach materiellen Dingen für wichtiger hält als die innere Vervollkommnung. Bevor wir uns einige spezifische Strategien anschauen, mit denen man Kinder zu angstfreien Menschen erziehen kann, möchte ich einen Blick auf spezifische Verhaltensweisen werfen, die in der Tat nur unnötige Ängste hervorrufen.

Einige typische angstfördernde Verhaltensweisen

Wenn Kinder mit Ängsten aufwachsen und sich zu ängstlichen Menschen entwickeln, dann liegt dies an den Entscheidungen, die sie im Laufe ihres Lebens treffen. Ihre Entscheidungen werden sehr von Ihnen und dem, was Sie tun, beeinflußt. Die Art Ihres Umgangs mit ihnen, die Beispiele, die Sie ihnen geben und die alltäglichen Interaktionen beeinflussen die Entscheidungen Ihrer Kinder. Angst haben oder keine Angst haben? Das ist die Frage, die Sie ihnen in einer positiven Weise zu beantworten helfen können.

Hier sind *einige* der gängigsten Verhaltensweisen zwischen Eltern und Kindern, die Kinder dazu ermuntern, Angstgefühle als eine Art Lebensstil zu wählen. Untersuchen Sie sie sorgfältig. Wenn Sie gesehen haben, in welcher Weise sich ein solches Verhalten auszahlt, wird es Ihnen leichter fallen, einem solchen Verhalten ein Ende zu bereiten. Einige besondere Strategien werden am Ende dieses Kapitels angeführt, um Ihnen zu helfen, Kinder zu angstfreien Menschen zu erziehen, gleichgültig wie alt sie heute sind. Zuerst sollten Sie sich jedoch mit den folgenden Verhaltensweisen auseinandersetzen:

- ☐ Sich weigern, den Vorzug eines angstfreien Lebens anzuerkennen. Sich über Dinge wie Meditation, Entspannungsübungen, Yoga, Kontrolle des Geistes, Selbsthypnose und über Literatur zur inneren Ruhe usw. lustig machen.
- ☐ Ein Leben führen, das voller Belastungen und Anspannungen ist. Immer in Eile sein und von seinen Kindern Überragendes und Spitzenleistungen in allen Bereichen fordern. Von Anfang an unrealistische Anforderungen an sie stellen und sie dazu drängen, früh zu laufen, früh rechnen zu können und ganz allgemein fordern, daß sie sich schneller als andere Kinder entwickeln.
- ☐ Kindern keine Privatsphäre einräumen. Ständig sich in ihr Leben einmischen und alles, was sie tun, beaufsichtigen.
- ☐ Gewicht darauf legen, größer, schneller, stärker und geschickter als andere zu sein. Die innere Reife und Entfaltung zugunsten der Dinge vernachlässigen, die meßbar sind.
- ☐ Wert auf die Schulzeugnisse der Kinder legen, statt zu sehen, was sie dazugelernt haben und ob sie selbst mit ihren schulischen Leistungen zufrieden sind. Oder auch fordern, daß sie auf die Jagd nach Trophäen, Auszeichnungen und anderen Äußerlichkeiten gehen, statt daß sie lernen, den symbolischen Wert dieser Dinge zu erkennen.
- ☐ Kinder mit anderen – besonders mit ihren Geschwistern – vergleichen.
- ☐ Sich auf ihre Fehler, die sie einmal gemacht haben, beziehen. – Sie daran erinnern, daß man ihnen wegen der Dinge, die weit zurückliegen, nicht mehr trauen kann. Sie an ihre Fehler und Schwächen erinnern, statt darauf zu achten, was sie geleistet haben, und an ihre Fähigkeit, aus Fehlern lernen zu können, zu glauben.
- ☐ Schuldgefühle hervorrufen oder ihnen drohen. »Du solltest dich schämen!« »Warte nur bis dein Vater das erfährt.« »Gott wird dich für das, was du mir gesagt hast, strafen.« »Du verletzt schon wieder die Gefühle deiner Mutter.« »Wie konntest du nur, nach all dem, was ich für dich getan habe?« »Eines Tages wirst du dafür bezahlen müssen.«
- ☐ Sich auf die Selbstverachtung der Kinder stützen und sie regelmäßig entmutigen, indem man ihnen Dinge sagt, so daß sie sich nicht mehr mögen. »Du machst immer so dumme Dinge.« »Du bist so dick, du siehst in den Sachen einfach unmöglich aus.« »Du könntest nie etwas machen, das mit Musik zu tun hat.«
- ☐ Ein Mensch sein, der sich schuldig fühlt, und die Kinder daran erinnern, daß sie genau wie Sie schuldbeladen sind. »Ich fühle mich schrecklich – ich hab' vergessen die Tür für die, die nach mir kamen, aufzuhalten.« »Ich weiß, daß mir zur Zeit nichts gelingen wird.« »Ich hätte der Frau über die Straße helfen sollen.«

☐ Kindern nicht die Möglichkeit geben, selbständig zu werden. Ihnen sagen, wieviel sie Ihnen zu verdanken haben und wie elend ihnen zumute sein muß, weil sie das Nest verlassen. Deprimiert und mürrisch sein, wenn sie lieber ihre Zeit mit ihren Freunden verbringen als mit Ihnen. Die Abhängigkeit statt die Selbständigkeit fördern.

☐ Sich immer Sorgen machen. Bei dem kleinsten Wehwehchen und jeder seelischen Anspannung auf Pillen zurückgreifen. Kränkelnde Eltern sein, die ständig zum Arzt rennen. Die Kinder wegen jeder Kleinigkeit zum Arzt bringen. Ihnen beibringen, stolz auf ihre Narben zu sein und sie übermäßig bemitleiden, wenn sie sich einmal das Knie aufschlagen, sich irgendwie stoßen oder andere Dinge erleben, die tagtäglich im Leben eines Kindes geschehen.

☐ Ihnen beibringen, besorgt zu sein. »Du solltest dir jetzt lieber ein paar Sorgen um deine Prüfung machen.« »Du hast allen Grund, besorgt zu sein, so wie du dich in letzter Zeit verhalten hast.«

☐ Übertrieben besorgt sein über alles, was Ihr Baby macht. Von zu vielen Dingen behaupten, sie seien zu heiß, zu scharf, oder könnten einen krank machen. In Gegenwart der Kinder ein Nervenbündel sein und ihnen beibringen, daß die Welt feindselig und gefährlich ist.

☐ Sätze gebrauchen, die den Ängsten, Schuldgefühlen und der Meinung anderer sehr viel Raum lassen. »Rede niemals mit einem Fremden.« »Geh nicht ins Wasser, bevor du noch nicht schwimmen kannst.« »Du hättest um drei Uhr zu Hause sein sollen.« »Der Hund gehört dir und du hast zugelassen, daß er einfach wegläuft.« »Was würde nur Großmutter sagen, wenn sie dich jetzt sehen würde!« »Was werden bloß die Leute sagen.«

☐ Unrealistische Maßstäbe und Ziele für die Kinder haben.
Sich weigern, das altersgemäße Verhalten von Kindern zu akzeptieren. Immer darauf bestehen, daß sie sich so verhalten, als wären sie bereits älter, und sie dafür bestrafen, wenn sie Ihren Anforderungen nicht gerecht werden.

☐ Kinder bestrafen, ohne zu sagen warum.
In Gegenwart der Kinder über das Leben klagen. Sie zum Klagen und Jammern ermuntern, statt etwas Konstruktives zu tun, um zur Lösung der Probleme beizutragen.

☐ »Ja« sagen, wenn man in Wahrheit »Nein« meint. Ihnen beibringen, ihre wahren Gefühle zu verstecken und zu heucheln, insbesondere wenn sie mit Autoritätspersonen Meinungsverschiedenheiten haben, einschließlich mit Ihnen, ihren Eltern.

☐ Von Kindern Entschuldigungen annehmen, obwohl Sie genau wissen, daß sie sich nur ihrer Verantwortung entziehen möchten, und sie daher wider besseren Wissens zu Lügnern und zu Menschen erziehen, die immer die Wahrheit verdrehen.

☐ Kinder ständig vor anderen zurechtweisen und es als Ihre Pflicht ansehen, sie immer zu kritisieren, wenn sie etwas nicht richtig machen. Auf die Kinder immer einen negativen – keinen positiven – Einfluß ausüben.

☐ Materiellen Dingen, Reichtümern und dem Geld die größte Bedeutung beimessen.

☐ Immer zukunftsorientiert sein und darüber sprechen, wo die Kinder eines Tages sein werden.

☐ Die Kinder dazu erziehen, mit anderen immer im Wettstreit zu stehen und einer Zusammenarbeit nicht offen gesinnt zu sein. Ihnen zeigen, daß es nicht klug ist, mit anderen zu teilen.

☐ Zu viel Wert auf Pünktlichkeit legen. Der Uhr und dem Terminkalender die Macht über das Leben Ihrer Kinder geben.

☐ Von der Ordnungsliebe besessen sein. Dafür sorgen, daß sie immer sauber, adrett und ordentlich sind. Sie so erziehen, daß sie sich vor Dreck, Ungeziefer, Tieren, Bazillen usw. fürchten.

☐ Immer ungeduldig mit ihnen sein. Immer erwarten, daß sie sich beeilen, und Druck auf sie ausüben, damit sie sich beeilen.

☐ Niemals mit ihnen über ihr Leben, ihre Interessen, Ängste und persönliche Dinge sprechen. Ihr Richter, Kritiker, Wächter und Beurteiler sein statt ihr Vertrauter, Freund und Ratgeber.

Dies sind einige der weitestverbreiteten Verhaltensweisen, die die Ängste in Ihren Kindern nur schüren. Kinder, die ängstliche Gedanken haben, werden bald davon überwältigt werden und sich ängstlich verhalten. Sie fürchten sich oft davor, spontan zu sein, und es fällt ihnen schwer, liebevoll zu sein, denn sie haben das Gefühl, wertlos zu sein, obwohl sie in den meisten Fällen sehr pflichtbewußt sind. Sie fangen an, sich negativ zu verhalten, bekommen Depressionen und fühlen sich nicht sehr gesund. Sie können sehr anhänglich sein und laufend einer Bestätigung bedürfen. Oft versuchen sie auch, ständig etwas wiedergutzumachen. Sie werden sowohl psychische als auch körperliche Anzeichen der Verschlossenheit und einer schlechten Konzentrationsfähigkeit feststellen können. Das Kind wird den Kontakt zu anderen Menschen meiden, die das Kind provozieren oder es an seine Schwächen erinnern. Ängstliche Kinder können Kopfschmerzen, Schweißausbrüche bekommen und sind sehr anfällig für Allergien, Erkältungen, Schnupfen und Asthmaanfälle. Häufig haben sie Alpträume oder leiden unter Schlaflosigkeit und Appetitlosigkeit, die natürlich zu einer geschwächten Abwehrkraft und somit zu Krankheiten führen.

Kleinkindern des Typs A oder Kinder, die einem großen Druck ausgesetzt sind, bekommen schon sehr früh Eigenheiten, die sie dann ein Leben lang beibehalten. Anfangs haben sie für Essen, Kleidung und Spielzeug nur ein beschränktes Interesse. Sie sind gegenüber Freunden intolerant und vermeiden die Kontaktaufnahme – es sei denn es handelt sich um autoritäre Vorbilder. Sie können übertriebene Ansprüche stellen, regen sich schnell über eine Veränderung in ihrer Umgebung auf, zeigen kaum Spontaneität und sind oft ernst, reserviert und *ungeduldig mit anderen.* Sie neigen zu Wutausbrüchen, werden von anderen als hypernervös beschrieben, es fehlt ihnen der Sinn für Humor und eine Bereitschaft, das Leben zu erkunden. Sie empfinden die Natur oft als abstoßend, fürchten sich vor Spinnen, Käfern oder anderen Dingen, an denen sie sich schmutzig machen könnten. Sie jammern häufig, es sei zu heiß, zu kalt, zu windig oder zu irgend etwas und können nicht zufrieden sein. Sie entwickeln Vorurteile, werden gefühllos und empfinden es alsein Ding der Unmöglichkeit, mit »den Schuhen eines anderen herumzulaufen«. Sie wachsen heran, um Autoritätspersonen und andere Symbole der Macht, einschließlich Uniformen, Arztkittel, Aktenkoffer oder irgendeinen Menschen, der eine Waffe trägt, zu respektieren. Sie können zu Heldenanbetern werden und lernen ihre Spielzeuge der Gewalt und Zerstörung lieben.

Diese allgemeinen Eigenheiten können nicht immer vollständig bei allen Kindern festgestellt werden, die mit einer Typ A-Mentalität aufgewachsen sind, aber sie sind doch stark genug, um uns zu warnen. Sie können Ihren Kindern auf eine sehr konstruktive Weise helfen, sich zu innerlich freien Menschen zu entwickeln, aber Sie müssen sich zuerst darüber im klaren sein, inwiefern es sich für Sie auszahlt, in Ihren Kindern Ängste hervorzurufen. Dann müssen Sie spezifische konstruktive Maßnahmen ergreifen, um sicherzustellen, daß sie die Gelegenheit haben, voller Enthusiasmus durch das Leben zu gehen und es zu genießen, statt immer das Gefühl haben zu müssen, daß sie an einem Rennen ohne Ziellinie teilnehmen.

Warum wird auf Kinder Druck ausgeübt?

Niemand würde bereitwillig zugeben, daß er oder sie Freude dabei empfindet, wenn sie in Kindern Ängste hervorrufen. Nichtsdestotrotz zahlt sich diese Art der Erziehung (so destruktiv sie auch ist) auf irgendeine Art doch aus. Sobald Sie dies verstanden haben, kann sich die Kommunikation zwischen Eltern und Kind ändern. Im folgenden wird angeführt, auf welche Weise sich ein solches Angst förderndes Verhalten auszahlt.

Vielleicht haben Sie das Gefühl, daß es sich lohnt, den Preis für die Ängste Ihrer Kinder zu zahlen, wenn sie dafür immer einige Ziele vor Augen haben. Sie haben vielleicht gelernt, daß Sie nichts wert sind, wenn Sie nicht ständig – aber wirklich ständig – beschäftigt sind. Ein ängstliches Kind ist in der Tat immer beschäftigt, sei es auch nur, daß es damit beschäftigt ist, sich Sorgen zu machen, sich schuldig zu fühlen oder sich neurotisch zu verhalten. Sie haben vielleicht das Gefühl, daß sie sich gut verhalten, denn beschäftigte, ängstliche, furchtsame und besorgte Kinder tun das, was Sie für richtig halten. Je produktiver sie sind, um so besser ist in Ihren Augen Ihre Erziehungsmethode, auch wenn der Preis, den die Kinder dafür zahlen, sehr hoch ist.

Sie können sich entschieden überlegen fühlen, wenn die Kinder sich vor Ihnen fürchten. In Ihren Händen liegt die Macht, an den Hebeln zu ziehen, so daß Ihre Kinder einen Schuldkomplex entwickeln. In Ihrer Macht liegt es auch, sich selbst vor Peinlichkeiten zu schützen. Denn wenn Sie dafür sorgen, daß Ihre Kinder alles tun, um Sie nicht zu enttäuschen, werden sie sich schon aufgrund dieser Angst anpassen. Die Kinder werden Ihre aufmerksamsten Zuhörer. Sie sind dann in einer Machtposition, die Ihnen vielleicht in anderen Lebensbereichen nicht zukommt, und ängstliche Kinder werden Ihnen das Gefühl geben, daß Sie in Ihrem kleinen Reich machtvoll sind.

Sie sind vielleicht in dem Glauben aufgewachsen, daß allein die Ärzte wissen, was für Sie am besten ist, und daß man die Medizin, die einem verschrieben wird, einnehmen muß. Da jedes Jahr immer wieder Millionen Rezepte über Beruhigungsmittel verschrieben werden, muß etwas daran sein: Durch Pillen fühlen Sie sich wieder wohler. Sie fühlen sich besser, wenn Sie wissen, daß Sie eine Medizin einnehmen, denn Sie haben das Gefühl, sich nicht selbst heilen zu können. Daher geben Sie diese Einstellung an Ihre Kinder weiter und haben das Gefühl, das Richtige zu tun. Auch wenn sie in gewissem Maße von äußerlichen Allheilmitteln abhängig werden, dann können Sie sich zumindest damit beruhigen, daß alle anderen auch auf solche Mittel zurückgreifen – warum sollten Ihre Kinder da anders sein.

Ein Kind, das lernt, sich einfach schuldig zu fühlen und sehr besorgt zu sein, ist ein Kind, das lernt, nicht für Veränderungen verantwortlich zu sein, sondern sich nur schlecht zu fühlen und anderen zu helfen, sich genauso zu fühlen. Ein solches Kind ist viel leichter zu handhaben als ein Kind, das kreativ ist und auf seine innere Stimme hört. Ein leicht zu handhabendes Kind ist vielleicht sogar Ihr Ziel. Um Kinder im Zaume zu halten, ist es den Eltern sogar Wert, daß sie vor lauter Schuldgefühlen, Sorgen, Belastungen und Streß ängstlich sind, wenn sie als Eltern dafür sicher sein können, daß sie das tun, was man ihnen sagt und keine Schwierigkeiten bereiten. (Außer den vielen Tausenden von Opfern, die einen Selbstmord in Erwägung ziehen oder ihn sogar versuchen, die von ihren Tabletten abhängig werden oder Depressionen oder Schuldgefühle entwickeln, weil sie so überaus ängstlich sind.)

Angstgefühle sind eine Vermeidungstechnik. Man kann nur im Hier und Jetzt Ängste haben – Schuldgefühle, Sorgen, Streß oder andere belastende Gefühle. Daher ist es offensichtlich nicht möglich, produktiv zu sein. Je mehr Sie Ihre Kinder zu diesem »Vermeidungsverhalten« erziehen, um so unwahrscheinlicher ist es, daß sie sich zu tatkräftigen Menschen, zu

Erneuerern und zu kreativen Mitgestaltern am Leben entwickeln. Wenn Sie Ihre Kinder auf diese Weise erziehen, verringert sich Ihr Risiko, sich einer Kritik seitens der anderen Familienmitglieder und Ihrer Freunde auszusetzen, denn Sie lassen Ihren Kindern ihre Ängste. Kleine Kinder, die nicht beachtet werden, die nicht wie vollwertige Menschen behandelt werden, die ihren Platz im Leben behaupten, bringen Ihnen nur die Bewunderung anderer Eltern ein.

Sie können beruhigt sein, wenn Sie wissen, daß Ihr Kind lernt, immer auf der sicheren Seite zu bleiben. Mein Kind ist ängstlich – aber das zahlt sich aus, denn so kann ich mich sicher fühlen. Kinder werden in unerwartete Fallen geraten, wenn sie sich durch alles hindurchquälen. Sie werden nie Enttäuschungen erfahren, wenn in ihrem Leben alles sorgfältig geregelt ist und sie von einer solchen Absicherung besessen sind.

Ihre Kinder können so aufwachsen, daß sie sich nicht von den anderen unterscheiden, und dies ist ein Vorteil für Sie. Ihre Kinder werden sich anpassen. Sie werden sich gut machen, wenn sie sich genau wie die anderen Kinder in ihrem Alter verhalten. Sie werden nicht auffallen oder Aufsehen erregen. Da die meisten Menschen in der heutigen Gesellschaft ziemlich verängstigt und sehr gestreßt sind, können sich die Kinder zumindest zur Mehrheit zählen. (Und die meisten Menschen sind so, weil ihre Eltern diese Auffassung hatten. Vielleicht möchten Sie dies bedenken, wenn Sie sich die Strategien auf den folgenden Seiten ansehen.)

Selbstmitleid ist eine großartige Belohnung, die Menschen erhalten, wenn sie ängstlich sind. Wenn Kinder Selbstmitleid haben, wenn sie beim Spielen Angst haben, ist das eine Strategie, mit der es sich vermeiden läßt, etwas Konstruktives zu tun, so daß sich etwas ändert. Kinder können diese Strategie schon sehr früh lernen. Für Sie zahlt sich das insofern aus, als daß Sie sich nicht mitanschauen müssen, wie sie ein Risiko eingehen, um ihre Ängste zu überwinden.

Sie glauben vielleicht, daß ein gewisses Maß an Ängstlichkeit nicht schaden kann – daß all dieser Unsinn über den Seelenfrieden nur eine Illusion ist und daß niemand in der heutigen modernen Gesellschaft frei von Angst und Streß sein kann. Daher erziehen Sie Ihre Kinder zu schuldbeladenen, besorgten und verängstigten Menschen, weil Sie in dem guten Glauben handeln, Sie würden es ja nur gut meinen und sie so darauf vorbereiten, mit der modernen Welt fertig zu werden, die keineswegs frei von Ängsten ist. Natürlich zeigt es sich bei näherem Hinsehen, daß die Welt ein perfekter, erfreulicher und wundervoller Ort zum Leben ist.

Einige Strategien für eine angstfreie Erziehung

Es folgen einige Vorschläge für den Umgang mit verängstigten Kindern. Ich habe diese Strategien in dem tiefen Glauben entwickelt, daß jeder dazu berechtigt ist, einen Seelenfrieden zu haben, und daß Glück und Selbstverwirklichung das Geburtsrecht eines jeden Menschen sind. Wenden Sie doch diese Strategien einmal zur Probe an. Prüfen Sie, ob Sie in der Erziehung Ihrer Kinder und auch bei Ihnen von Nutzen sind, denn auch in Ihnen steckt noch ein Kind, das herauskommen möchte, um das Leben zu genießen.

Geben Sie Ihren Kindern die Gelegenheit, in ihrem Leben die Gemütsruhe und den Seelenfrieden kennenzulernen. Lassen Sie Ihre Kinder alles das lesen, was die großen Denker über die innere Ruhe gesagt haben. Sprechen Sie mit ihnen darüber, was in ihnen vor sich geht. Unternehmen Sie zusammen etwas, das den Kindern helfen wird, hin und wieder in sich zu gehen. Schreiben Sie sich in einen Yogakurs in der Nachbarschaft ein und laden Sie dazu ein Kind ein, an dem Ihnen etwas liegt. Meditieren Sie zusammen mit Hilfe von Kassetten und Anleitungsmaterialien, die im Buchhandel erhältlich sind. Machen Sie zu Hause zusammen mit den Kindern Yogaübungen und testen Sie, ob Sie sich nicht schon nach ein paar Sitzungen entspannter und gesünder fühlen. Mit anderen Worten: Hüten Sie sich davor, Kindern den Mut zu nehmen, etwas zu machen, womit sie noch nicht vertraut sind.

Lernen Sie die Selbsthypnose kennen und entdecken Sie, daß es eine natürliche und effektive Methode ist, Streß abzubauen. Prüfen Sie, ob Sie Vorurteile gegen irgend etwas hegen, das Ihnen und Ihren Kindern helfen könnte, eine weniger ängstliche Einstellung zum Leben zu haben. Sobald Sie einige der Entspannungsmethoden angewandt haben, werden Sie vielleicht feststellen können, daß sie hilfreicher als vermutet sind. Aktivitäten wie Yoga, Meditation, Musikhören, Zen und das Lesen von Büchern, die das Bewußtsein zum Thema haben, helfen Ihnen, die innere Ruhe zu finden. Ein Geist, der sich zu entspannen weiß und nicht immer damit beschäftigt ist, die Zeit zu vertreiben, kennt weit weniger

Ängste und ist viel besser in der Lage, mit den Anspannungen des Lebens fertig zu werden.

Streben Sie nicht unbedingt danach, daß die Kinder immer die Nummer Eins sein müssen. Es ist nicht notwendig, endlose Stunden damit zu verbringen, Kindern das Lesen, Rechnen oder andere Sprachen beizubringen, bevor sie eingeschult werden. Es ist selbstverständlich wundervoll und für ihre Entfaltung sehr hilfreich, wenn sie im Krabbelalter alles erforschen dürfen, aber wenn sie unter Druck gesetzt werden, daß sie Überragendes leisten, andere Kinder übertreffen, unverständliche Zeichen auswendig lernen müssen, nur damit sie die Schnellsten oder die Besten sind, dann ruft man in ihnen bereits schon Ängste hervor, während sie noch in den Windeln liegen. Kinder haben in ihrer Entwicklung ihr eigenes Tempo. Sie möchten dann laufen, wenn sie dazu bereit sind. Sie brauchen von Ihnen keinen Druck. Sie werden sich schon nicht in der Schule lächerlich machen und in die Hose machen, nur weil sie nicht früher als andere trocken sind. Es wird kommen. Entspannen Sie sich. Zwingen Sie sie nicht zu etwas. Ihre Kinder sollen doch ihre Kindheit genießen können. Verbringen Sie einfach etwas Zeit mit ihnen und stellen Sie nicht immer solche Ansprüche an sie. Lernen Sie von ihnen, statt immer zu fordern, daß sie von Ihnen lernen. Kinder lieben es, Dinge zu erforschen, auf sie zu zeigen, zu lachen, albern zu sein, sich Bücher anzusehen, zu spielen oder einfach nur in ihrer neuen Welt zu sein. Wenn Sie damit anfangen, sie mit dem Typ A-Verhalten zu infiltrieren, dann werden sie für den Rest ihres Lebens den Druck verspüren, immer überragend sein zu müssen und alle anderen zu übertreffen. Natürlich ist es schön, sehr motiviert zu sein, aber es ist genauso schön, ausgeglichen zu sein. Fähig sein, sich zu entspannen und das Leben zu genießen, ist mindestens genausoviel wert, wenn nicht noch mehr, als der oder die Klassenbeste oder nervös zu sein, weil man an sich den Anspruch stellt, immer besser als all die anderen zu sein.

Bringen Sie Ihren Kindern bei, daß Streß auf der inneren Einstellung beruht und nicht durch andere Menschen oder Ereignisse verursacht wird. Liefern Sie Ihren Kindern keine Ausreden dafür, daß sie sich gestreßt fühlen. »Der Lehrer übt einen zu großen Druck auf dich aus.« »Wir haben zur Zeit sehr wenig Geld, das muß dich sehr stressen.« Dies sind alles Ausflüchte, durch die die Kinder die Gelegenheit bekommen, sich in Angstzuständen zu üben, wann immer eine neue Lebenssituation auftaucht. Bringen Sie ihnen bei, den Geist zu kontrollieren. Wenn Sie merken, daß ein Kind sich in Gedanken unter Streß setzt, dann sollten Sie das Kind zuerst einmal dazu auffordern, diese Gedanken für 60 Sekunden zu vergessen. Jedesmal wenn sich der Gedanke wieder in sein Bewußtsein drängt, sollten Sie das Kind anspornen, diesen Gedanken jetzt nicht zu denken. Dies mag stark vereinfacht klingen, aber es ist die Basis, um destruktive Gedanken zu verdrängen: von Moment zu Moment, mit viel Übung. Der Streß, unter dem Kinder leiden, wird bald verschwinden, wenn sie sich weigern, sich in Gedanken unter Streß zu setzen, aber sie müssen allmählich damit beginnen und sich langsam darin üben, diese Zeitspanne zu verlängern.

Untersuchen Sie Ihr eigenes Leben nach Streß und stellen Sie fest, welches Vorbild Sie Ihren Kindern in dieser Hinsicht sind. Hören Sie damit auf, die perfekte Mutter, Ehefrau, Hausfrau, Partnerin zu sein. Versuchen Sie, nicht immer der perfekte Vater, Lehrer, Therapeut oder was auch immer zu sein. Niemand ist fehlerfrei, warum geben Sie also nicht diese Illusion auf, so daß Sie ein streßfreies und glückliches Leben führen können? Sie werden niemals von allen zu jeder Zeit für alles, was Sie tun, Anerkennung finden, und jedesmal wenn Sie sich darüber aufregen, daß andere Sie nicht anerkennen, vergeuden Sie ganz einfach Ihre Zeit.

Tun Sie die Dinge, weil Sie sich dafür entschieden haben und nicht, weil Sie perfekt sein wollen. Nehmen Sie Ihren Kindern den Druck, immer perfekt sein zu müssen. Erziehen Sie Kinder so, daß sie sich von Anfang an um sich selbst kümmern können, und Sie werden beiden Seiten einen Gefallen tun. Sie sind das beste Vorbild, wenn Sie selbst glücklich, frei von Streß sind und sich wohl fühlen. Wenn Sie Kindern einen anderen Eindruck von sich vermitteln, also angespannt und unglücklich sind, weil Sie nicht perfekt sind, dann ist die Ironie der Dinge die, daß Sie wirklich weniger perfekt sind. Sie sind ganz einfach in allem perfekter, wenn Sie gut zu sich selbst sind. Erinnern Sie sich immer wieder daran, daß Ihre Familie keinen Sklaven verdient hat und das Beste, was Sie einem anderen Menschen angedeihen lassen können, ist, ihm zu helfen, sich selbst zu helfen. Ihre Kinder werden genau wie Sie davon profitieren, wenn Sie sich keinem Streß aussetzen. Wenn Sie es schon nicht um Ihrer selbst willen machen können, weil Sie dann das Gefühl hätten, selbstsüchtig zu sein, dann sollten Sie es zumindest für Ihre Kinder tun. Für wen Sie es auch immer tun, arbeiten Sie jeden Tag daran.

Versuchen Sie jeden Tag, eine friedliche Atmosphäre zu schaffen. Alles, was in Ihrem Leben zu Ärger und Streit führt, – entweder bei Ihren Kindern oder bei Ihnen selbst – muß untersucht und vernichtet werden. Wenn Sie mäkelig, mürrisch, bestimmend, arrogant, aufbrausend sind oder einen anderen Charakterzug haben, der für andere unangenehm ist, dann sollten Sie versuchen, daran etwas zu ändern. Üben Sie es, die Zähne zusammenzubeißen und den Gefühlsausbruch für kurze Zeit aufzuschieben. Wenn Sie nur eine schreckliche Szene durch diese Taktik verhindern, haben Sie auch verhindert, daß Streß entsteht. Tun Sie alles, was in Ihrer Macht steht, um in Ihrer Umgebung eine heitere, angenehme und friedliche Atmosphäre zu schaffen.

Genau wie Medikamente nicht die Probleme Ihrer Kinder lösen werden, werden sie auch nicht die Ihren beseitigen. Es ist Ihre Pflicht, zu einem Arzt zu gehen, der daran interessiert ist, Ihnen zu helfen, Ihre Abhängigkeit von Medikamenten abzubauen. Sie sollten keinen Arzt aufsuchen, der Ihnen Antidepressiva und Beruhigungsmittel gegen Streß verschreibt. Wenn Ihr Arzt Sie in Ihrem Streben, die Abhängigkeit von Medikamenten zu verringern, nicht unterstützt, dann sollten Sie sich einen anderen nehmen, der Sie in dieser Hinsicht bestärkt. Auf jeden Fall sollten Sie daran denken, daß Sie von diesen »Angstpillen« loskommen und der eigene Herr Ihres Lebens sein wollen. Sie müssen Ihren Kindern durch Ihr Vorbild zeigen, daß Sie nicht ängstlich sind. Geben Sie ihnen nicht das Gefühl, daß Sie zu den Menschen gehören, die sofort ein Mittelchen schlucken, wenn ein Problem auftaucht. Wenn Sie damit nicht alleine fertig werden können, sollten Sie andere um Hilfe bitten. Jeder wird daraus einen Nutzen ziehen können.

Lassen Sie Ihren Kindern ihre Privatsphäre und sorgen Sie dafür, daß sie nicht befürchten müssen, dauernd von anderen gestört zu werden. Kinder müssen lernen, alleine sein zu können. Vermitteln Sie Kindern schon früh die Freude an Büchern. Ein Kind, das lernt, Bücher zu lieben, wird nie das Gefühl haben, nichts zu tun zu haben. Die Menschen, die sich in ihre Privatsphäre zurückziehen können und lesen (und niemand wird je in die Lage kommen, daß es zum Lesen keine Bücher mehr gibt), haben vor anderen einen großen Vorsprung.

Viele Kinder klagen ständig darüber, daß sie sich langweilen, daß sie nichts zu tun haben, daß sie ihre Freizeit hassen. So fühlen Kinder, die in ihrem Leben schon gelernt haben, daß andere die Pflicht haben, sie zu unterhalten. Sie haben immer etwas zu tun gehabt, und wenn sie die Langeweile überkam, war immer jemand da, um sie zum Zirkus mitzunehmen, oder um ihnen ein neues Spielzeug zu kaufen, oder es wurde ganz einfach der Fernseher angemacht. Diese Kinder erwarten, daß ständig etwas passiert. Dies heißt, daß man Angst davor hat, alleine zu sein. Lassen Sie sie alleine spielen, ja spornen Sie sie von Anfang an dazu an. Geben Sie ihnen Bücher, Zeitungen und Zeitschriften. Gestehen Sie ihnen einen Bereich zu, in dem sie alleine sein können, ohne das Gefühl haben zu müssen, etwas falsch zu machen. Eine Privatsphäre zu haben, ist ausgesprochen wichtig, damit man keine Ängste bekommt, und das Kind, das schon früh diese Privatsphäre kennenlernt und lernt, sich nicht vor dem Alleinsein zu fürchten, wird vor anderen im Leben einen großen Vorsprung haben, wenn es darum geht, angstfrei zu sein, wenn es manchmal »nichts zu tun« gibt. Dies gilt für die Meditation, für das Gespräch mit dem Spielzeug oder für das Ausdenken von Geschichten, wenn man alleine ist. Dies sind gesunde Spiele, denen innerlich gefestigte Kinder sich widmen, wenn sie alleine sind. Kinder profitieren von einem ruhigen Privatleben. Wenn sie ungestört spielen, ein Buch lesen oder sich mit ihrem Spielzeug eigene Spiele einfallen lassen, dann verbrauchen sie Energien, die sie sonst dazu verwendet hätten zu jammern, mürrisch oder anmaßend zu sein. Später im Leben werden sie nicht das Bedürfnis haben, sich bei einem Therapeuten auszusprechen oder Beruhigungsmittel zu schlucken. Sie werden durch ihre eigene Gemütsruhe zur Ruhe bereit sein, statt nach künstlichen Beruhigungsmitteln zu greifen.

Sehen Sie Ihr Kind als ein einzigartiges, vollwertiges und individuelles Geschöpf an, das niemals mit anderen verglichen werden sollte – besonders nicht mit seinen Geschwistern. Sie wissen, wie Sie es gehaßt haben, mit Ihren Geschwistern verglichen zu werden. Sie wissen, wie sehr Sie es anderen übelnehmen, die sagen: »Du siehst wirklich nicht so gut aus wie Jutta.« oder »Du bist nicht so schnell wie Hans-Jörg.« usw. Sie sind so wie Sie sind – Schluß aus! Das gleiche trifft auf Kinder zu. Die Versuchung, Kinder mit anderen zu vergleichen, ist überwältigend groß. Sie haben gesehen, wann die Erstgeborene zum erstenmal lief, wann sie die ersten Worte sagte und sich das erste Mal mit dem Finger ins Auge stach. Natürlich sehen Sie das gleiche Verhalten in Ihren jüngeren Kindern, und Ihre erste Reaktion ist es, einen Vergleich anzustellen. Hören Sie damit auf! Unterdrücken Sie Ihre spontane Reaktion und sehen Sie in Ihren Kindern die einzigartigen Menschen, die sie sind. Das Kind, das immer mit den anderen verglichen wurde, fühlt sich einem starken Druck ausgesetzt, um den an es gestellten Erwartungen gerecht zu werden. Das sind einfach unnötige Ängste. Wenn ein Kind nicht redet, bevor es drei Jahre alt ist, und sein älterer Bruder bereits mit einem Jahr die ersten Worte von sich gab, dann kann man nur sagen, daß sie nicht im gleichen Alter angefangen haben zu sprechen.

Ein Kind hört, wie Sie es mit seinen Geschwistern vergleichen und bekommt sofort das Gefühl, daß es das gleiche leisten muß wie die anderen vor ihm. Alle Kinder tun etwas, wenn sie innerlich dazu bereit sind. Einige lieben Schmetterlinge, andere lieben die Spielzeugeisenbahn. Einige sind ordentlich, andere schlampig. Einige machen sehr gerne ihre Hausaufgaben, andere verabscheuen sie. Der Punkt ist, daß Sie ganz einfach lernen müssen, keine Vergleiche anzustellen – besonders da diese Vergleiche immer eine Beurteilung beinhalten. Ein sauberes Kind ist besser. Ein fleißiges Kind ist anderen überlegen. Früh laufen zu lernen ist besser als spät. Wenn auch in diesen vielen Beurteilungen, die Sie machen, wirklich kein Funken Wahrheit enthalten ist, so werden sie doch für die Kinder zur Realität, und dies ist der Anfang eines Angst fördernden Drucks, den sie auf sich selbst ausüben werden. Lieben Sie Ihre Kinder um ihrer selbst willen! Behandeln Sie jedes als etwas Besonderes. Geben Sie ihnen viel Liebe.

Versuchen Sie, Ihren Kindern den Druck zu nehmen, materielle Belohnungen anzustreben. Helfen Sie ihnen, einfach am Fußballspielen Spaß zu haben, statt unbedingt darauf fixiert zu sein, den Pokal zu gewinnen. Bringen Sie Ihren Kindern bei, ihr ganzes Leben Spaß am Fußball zu haben, statt diesem Spiel aus dem Weg zu gehen, weil sie sich nicht für sonderlich begabt halten. Vermeiden Sie es, ihnen schon in jungen Jahren beizubringen, gewissen Dingen im Leben aus dem Weg zu gehen, denn dies würden Sie tun, wenn Sie materiellen Belohnungen und Auszeichnungen eine zu große Bedeutung beimessen würden und dabei die Selbstverwirklichung vernachlässigten. Messen Sie den Schulzeugnissen nicht eine so große Bedeutung bei, daß sie Kindern zu einer Belastung werden. Sprechen Sie mit ihnen über das, was sie lernen, wie sie es später im Leben gebrauchen können. Fragen Sie, ob sie in der Schule glücklich sind, ob sie Spaß an den Unterrichtsfächern haben und sprechen Sie mit ihnen auch darüber, welchen Sinn sie darin für sich heute und morgen sehen. Wenn Sie diesen ganzen Druck auf Ihre Kinder ausüben und verlangen, daß sie Auszeichnungen, gute Noten und Trophäen bekommen, dann ist dies die neurotischste und bei weitem Angst fördendste Erziehung, die Sie ihnen überhaupt angedeihen lassen können.

Noten, Urkunden, Trophäen und all die anderen Auszeichnungen, die wir vergeben, senken in Wahrheit die Motivation des Kindes. Wenn Kinder nur nach Auszeichnungen streben, werden sie, sobald sie sie bekommen haben, nicht länger daran interessiert sein, sich dafür zu engagieren. Ich glaube, auch Sie haben den Wunsch, daß Ihre Kinder den Sport, die Literatur, die Poesie, die Musik und alles, was ein Leben so bereichern kann, ihr Leben lang interessant finden. Nicht eine Eins in Deutsch bekommen, und dann nie wieder ein Buch in die Hand nehmen. Nicht einen Pokal auf den Kaminsims stellen und dann später im Leben aufgrund von mangelnder Bewegung dick werden. Nicht Klavierstunden nehmen, um danach jegliches Interesse für Musik zu verlieren. Erziehen Sie sie zur ehrlichen Freude am Lernen und dazu, daß sie das Gelernte in ihrem Leben umsetzen können. Helfen Sie ihnen, diszipliniert an Aufgaben heranzugehen, aber nicht aus dem Grund, daß man den Finger heben kann, um zu zeigen, man ist die Nummer Eins. Sie können Kindern wesentlich mehr beibringen, wenn sie keinen Druck verspüren, materiellen Symbolen hinterherjagen zu müssen, sondern mit Freude das wundervolle Gefühl der Gemütsruhe erfahren können, das man durch die Teilnahme am Leben bekommt. *Je mehr Dinge Kinder tun können, um so größer sind ihre Chancen, in ihrem Leben persönliches Glück zu erfahren.* Auszeichnungen und Noten nachzujagen, schränkt ihren Erlebnishorizont ein und lehrt sie, nur an den Dingen im Leben teilzunehmen, in denen sie sehr gut sind und alles andere zu meiden – nicht nur heute sondern auch morgen.

Sobald ein Kind an seine Fehler erinnert wird und dafür bestraft wurde – oder wie auch immer die Folgen des Vorfalls waren – sollten Sie das Ganze wieder vergessen. Erinnern Sie Kinder nicht immer wieder daran, was sie getan haben und wie sehr Sie noch darunter leiden, daß sie das getan haben. Die Kinder können die Zeit nicht zurückdrehen und es nochmal neu machen. Sie können nicht Ihretwegen das Geschehene rückgängig machen. Sie können *aber* die Konsequenzen eines Fehlers akzeptieren und dann zum Alltag übergehen. Es ist Ihre Aufgabe als innerlich freier Erwachsener, Kinder vor Schuldkomplexen zu schützen, die Sie in Ihren Kindern hervorrufen können, noch lange nachdem das Ereignis vorbei ist.

Albert, ein 16jähriger Junge, erzählte mir, er hätte einmal einen Fehler gemacht, als seine Eltern über das Wochenende verreist waren. Er lud nämlich einige Freunde ohne die Erlaubnis seiner Eltern ein und veranstaltete mit ihnen ein kleines Fest, auf dem auch Bier getrunken wurde. Als seine Eltern zurückkamen, bemerkten sie, was los gewesen war, und Albert bekam für drei Wochen Hausarrest. Er schwor sich, so etwas nie wieder ohne die Erlaubnis seiner Eltern zu machen. Ihm wurde ein langer Vortrag über Verantwortung gehalten und er gab bereitwillig zu, einen Fehler begangen zu haben und nahm die Konsequenzen seines verantwortungslosen Verhaltens hin. Zwei Jahre danach, wenn Albert irgendwohin gehen wollte oder etwas ohne seine Eltern machen wollte, erinnerten sie ihn immer an seinen damaligen Fehler. Sein Vater hielt ihm fast schon besessen vor, wieviel Ärger er ihnen damals bereitet hatte und wie enttäuscht er und seine Frau über Albert gewesen seien. Sie wollten einfach nicht vergeben und vergessen. Sie wollten, daß Albert noch weiterhin für sein Verhalten büßt. Das Ergebnis: Albert zog sich einfach von seinen Eltern, besonders von seinem Vater, zurück. Er verlor vor ihnen den Respekt, weil er es nicht ertragen konnte, ständig daran erinnert zu werden, wieviel Kummer er ihnen damals bereitet hatte. Je mehr sie ihn an sein Verhalten von damals erinnerten und wie sehr er sie enttäuscht hatte, um so mehr sehnte er sich danach, von seinen Eltern wegzugehen. Niemand möchte gerne mit Menschen zusammen sein, die es sich zum Ziel gesetzt haben, anderen aufgrund ihrer Schwächen das Gefühl zu geben, sie seien schlecht und minderwertig.

Was vorbei ist, ist vorbei, und denken Sie daran, daß Liebe sowohl Vergebung als auch Geben ist. Erinnern Sie nicht an vergangene Fehler, damit Kinder sich schuldig fühlen. Je mehr Schuldgefühle sie entwickeln, um so mehr Ressentiments werden aufgebaut. Außerdem werden Sie ihnen das gleiche Verhalten beibringen. Sie werden sogar selbst mit einem solchen Verhalten konfrontiert werden. Albert erkannte bald, daß sein Vater in ihm einen Schuldkomplex hervorrufen wollte, und begann bald, das gleiche bei seinem Vater zu machen. Er fing an, seinen Vater an eine Affaire zu erinnern, die er sechs Jahre zuvor mit einer anderen Frau gehabt hatte und die fast zu einer Scheidung geführt hätte. Aus Rache hielt er seinem Vater immer wieder vor: »Wie kannst du erwarten, daß ich perfekt bin, wenn du Mami betrogen hast?« Die Erzeugung von Schuldgefühlen verursacht noch mehr dergleichen. Die einzige Möglichkeit, dies zu verhindern, besteht darin, selbst auf diese Anklagetaktik zu verzichten.

Sagen Sie nichts, was zu einem Schuldkomplex führen könnte. Nachstehend finden Sie fünf Beispiele. Auf der linken Seite werden Aussagen angeführt, die zu Schuldgefühlen führen, auf der rechten Seite stehen vernünftige Aussagen, die Kindern helfen werden, die Verantwortung für ihr Verhalten zu übernehmen, statt einfach nur in Schuldgefühlen aufzugehen.

Schuldgefühle	Eigenverantwortlichkeit
Du solltest dich schämen.	Du hast dich dumm benommen und wirst zu den Folgen deines Verhaltens stehen müssen.
Du verletzt die Gefühle deiner Mutter.	Ich mag dieses Verhalten nicht. Wenn du frech bist, bist du eine richtige Nervensäge. Und niemand verbringt gerne seine Zeit mit einer Nervensäge, noch nicht einmal du selbst.
Gott wird dich dafür bestrafen.	Du solltest in dich gehen und überlegen, ob du das wirklich an dir magst.
Wie konntest du das nur tun? Nach allem, was ich für dich getan habe!	Wie fühlst du dich, wenn du die Menschen, die dich lieben, so behandelst?
Eines Tages wirst du dafür büßen müssen!	Du mußt wirklich sehr wütend sein, wenn du so etwas sagst. Warum beruhigst du dich nicht erst und dann können wir später noch darüber reden, wenn du wieder gefaßt bist.

Denken Sie daran, daß niemand gern beleidigt wird, gleichgültig, wie alt man auch ist. Sie mögen es ja auch nicht, wenn jemand auf Ihre Schwächen hinweist oder Ihnen sagt, wie unattraktiv Sie aussehen. Derartige Beleidigungen haben den Zweck, über andere die Kontrolle bzw. die Macht zu erlangen. Man erreicht dies, wenn man andere dazu bringt, sich elend zu fühlen. Dies ist nicht nur ein rücksichtsloses Verhalten, sondern ist für Kinder sogar sehr schädlich. Allzu oft vergessen Erwachsene, wie empfindlich Kinder auf Kritik reagieren. Im Alltag vergißt man schnell, daß sie eine Beleidigung von Ihnen – auch wenn Sie es gar nicht so gemeint haben – ein Leben lang nicht mehr vergessen können. Ihre Liebe für sie ist ein riesiger Schutzschild, daß sie vor den verheerenden Auswirkungen der Angstgefühle schützt. Hüten Sie sich also davor, Dinge zu sagen, die dem Schutzschild seine Wirkung nehmen.

Lösen Sie sich von Ihren Schuldgefühlen und bemühen Sie sich darum, Verantwortung zu tragen, statt sich einfach nur schuldig zu fühlen. Lassen Sie sich nicht in Ihrem Leben dadurch schikanieren, daß andere immer in Ihnen Schuldgefühle auslösen können. Wenn Sie immer noch von Ihren Eltern manipuliert werden, sollten Sie ihnen zeigen, daß Sie kein Interesse daran haben, an Fehler aus der Vergangenheit erinnert zu werden. Reagieren Sie entschieden, aber liebevoll auf die Bemühungen Ihrer Eltern, Sie dazu zu bringen, schlecht von sich zu denken. Versuchen Sie zu verhindern, daß Sie schon einmal gemachte Fehler wiederholen, statt in

Gegenwart Ihrer Kinder einfach nur zu sagen, wie elend Sie sich wieder fühlen. Seien Sie ihnen ein gutes Vorbild. Zeigen Sie ihnen, daß Sie sich nicht von den Bemühungen der anderen – gleichgültig, um wen es sich handelt – beeinflussen lassen, die in Ihnen Schuldgefühle wecken möchten. Wenn Sie alleinstehend sind, sollten Sie mit der Erziehung der Kinder wie bisher fortfahren, ohne sich darüber zu beklagen, welches Schicksal Sie in Ihrem Leben haben. Weigern Sie sich, über Ihren früheren Partner herzuziehen – gleichgültig wie groß die Versuchung auch ist oder wie sehr Sie auch glauben, im Recht zu sein. Kinder haben eine Mutter und einen Vater, und es liegt nicht in Ihrem Interesse, daß sie einen davon hassen. Ihre Kinder haben sich nicht von einem von Ihnen scheiden lassen. Ihre Kinder bedürfen all der Liebe, die sie bekommen können, besonders aber der Liebe ihrer Eltern. Ziehen Sie nicht die Kinder in Auseinandersetzungen herein, es sei denn Sie möchten, daß sie sich jetzt und auch in Zukunft ängstlich, schuldig, besorgt und allgemein gestreßt fühlen. Unterdrücken Sie jede Versuchung, in ihrer Gegenwart schlecht von anderen Menschen zu sprechen. Sie brauchen als Vorbilder Erwachsene, die liebevolle Menschen sind, die sich am Leben freuen und die sich nicht als Opfer eigener Entscheidungen sehen. Sie müssen Menschen um sich haben, die effizient und glücklich sind. Sie brauchen keine Menschen, die verbittert, wütend und feindselig sind, und die ihnen zeigen, wie verdorben die Welt und die heutige Menschheit ist. Positive Einstellungen sind ein Schutz vor Ängsten, während eine negative Einstellung diese nur verstärken. Seien Sie positiv und hüten Sie sich davor, ihre Ängste zu verstärken. Eine Trennung ist natürlich ein Problem, aber es ist ein Problem, das man zu bewältigen lernen kann. Aber Eltern, die verbittert sind und diese Verbitterung an ihren Kindern auslassen, treffen die äußerst verantwortungslose Entscheidung, ihren Kindern mehr Angstgefühle zu vermitteln, als sie eigentlich haben sollten. Wie Mahatma Gandhi sagte: »Hasse die Sünde und liebe den Sünder.«

Unterstützen Sie Ihre Kinder in ihrem Streben nach Selbständigkeit. Die Rolle der Erwachsenen in der Kindererziehung ist nicht, dafür zu sorgen, daß Kinder sich an einen klammern, sondern Eltern sollen ihre Kinder so erziehen, daß sie es in ihrem Leben nicht nötig haben, sich an jemanden zu klammern. Jeder Schritt, den sie in Richtung Selbständigkeit machen, ist ein Schritt in Richtung auf ein Leben, das frei von inneren Zwängen ist. Applaudieren Sie laut, wenn sie als kleine Babies die ersten Gehversuche machen. Zeigen Sie ihnen, wie stolz Sie sind, wenn sie zum erstenmal Fahrrad fahren können. Die Kinder haben das Gefühl, etwas Wundervolles erreicht zu haben. Denken Sie doch einmal an Ihre eigene Kindheit zurück, als Sie die ersten Schwimmzüge machen konnten, ohne sich am Rand des Schwimmbeckens festhalten zu müssen, oder als Sie zum ersten Mal alleine zur Schule gingen. Dies sind riesige Schritte in Richtung Selbständigkeit. Und wenn sie sogar noch größere Schritte von Ihnen weg machen – das Nest schließlich völlig verlassen – müssen Sie genauso laut applaudieren und sich darüber freuen, daß sie von nun an ein eigenes Leben führen werden. Dies ist eigentlich das Ziel der Erziehung. Unterstützen Sie sie in ihrem Streben nach Selbständigkeit, zeigen Sie ihnen, daß Sie keine Angst davor haben, daß sie sich von Ihnen lösen, und sie werden immer bei Ihnen sein wollen. Zeigen Sie ihnen aber das Gegenteil – daß sie sich schuldig fühlen sollen, weil sie Sie verlassen, nach allem, was Sie für sie getan haben, und daß Sie ohne sie alleine und leer sein werden – und ich garantiere Ihnen, Ihr einziger Lohn wird sein, daß sie Sie immer weniger sehen möchten, nachdem sie ausgeflogen sind. Niemand möchte unter Ängsten zu leiden haben, und wenn sie wissen, Sie möchten, daß sie sich schuldig fühlen, weil sie den natürlichen Entschluß gefaßt haben, sich weiterzuentwickeln und ihr Elternhaus zu verlassen, dann werden sie alles tun, um zu vermeiden, daß sie deshalb Angstgefühle bekommen.

Sehen Sie unabhängig von den Kindern einen Sinn in Ihrem Leben. Engagieren Sie sich für die Dinge, für die Sie sich interessieren. Schreiben Sie sich für verschiedene Kurse ein, nehmen Sie neue Herausforderungen an, versuchen Sie, beruflich weiterzukommen, fangen Sie an, Geschichten zu schreiben oder gehen Sie einem anderen Hobby nach. Seien Sie also eine tatkräftige Person, die nicht durch ihre Kinder lebt, sondern die ihr eigenes Leben führt, unabhängig von den Kindern, genau wie die Kinder es auch tun. Je mehr Sie sich für einen erfüllten und wichtigen Menschen halten, um so weniger wahrscheinlich ist es, daß Sie unter dem Leeren-Nest-Syndrom leiden werden, das der Grund für so viele Schuldgefühle ist, von denen ich hier spreche. Sie werden entweder mit Ihren Kindern eine immerwährende Freundschaft schließen, wenn beide ihre eigenen Interessen haben, oder aber Sie werden mit Ihren Kindern darüber im Clinch liegen, wer wem mehr schuldet, wenn Sie Ihre Erziehung auf Schuldgefühlen aufbauen.

Erziehen Sie Ihre Kinder durch Ihr Vorbild und mit Ihrer Unterstützung zu selbstbewußten, sorglosen Menschen. Wenn ein Kind etwas Schmerz verspürt, sollten Sie es erst einmal fragen, ob es nicht glaubt, es könne dafür sorgen, daß der Schmerz wieder verschwindet, auch wenn man nicht auf ein Medikament oder die Hilfe eines Arztes zurückgreift. Erinnern Sie Kinder immer an ihre eigene Heilkraft, d. h. an die heilende Kraft des Geistes. Sprechen Sie mit ihnen darüber, sich nicht ständig kranke Gedanken zu machen. Hören Sie damit auf, ihre Neigung, krank zu sein, zu unterstützen, und überhäufen Sie sie nicht länger mit Mitleid, wenn sie sich weh getan haben. Wenn Sie ihnen immer Ihre ganze Aufmerksamkeit schenken und sie für ihr Kranksein belohnen, dann könnten Sie sie eventuell dazu verleiten, kranker zu sein als sie es je sein würden, wenn Sie dies nicht tun würden. Sagen Sie ihnen mit Überzeugung: »Versuch nicht an deine Erkältung zu denken. Achte einmal darauf, ob du es vermeiden kannst, anderen davon zu erzählen. Vielleicht wirst du sie ja sogar los, wenn du nicht darüber sprichst, wie schlecht du dich fühlst.« Kinder haben einen gewissen Einfluß auf ihre Gesundheit. Sie müssen ihnen nur zeigen, wie sie diesen Einfluß geltend machen können. Hören Sie damit auf, sich in Gegenwart der Kinder darüber zu beklagen, daß Sie sich schlecht fühlen. Setzen Sie sich konstruktiv für Ihre Gesundheit ein, ändern Sie Ihre Eßgewohnheiten, treiben Sie regelmäßig Sport und Sie werden sich wohler fühlen. Dann sollten Sie es sich geloben, sich niemals laut vor anderen zu beklagen. Erkennen Sie Ihre eigene Heilkraft, und Ihre Kinder werden es Ihnen gleichtun. Wenn Sie ständig über Krankheiten reden und den Kindern beibringen, daß nur eine Pille oder ein Arzt helfen können, dann erziehen Sie sie zu besorgten Menschen.

Das Kind, das nicht krank denkt und fest daran glaubt, daß es nicht krank sein muß, wenn es an sich selbst arbeitet und aufhört, um Mitleid zu flehen, wird nicht mehr das Bedürfnis haben, besorgt zu sein. Dieses Kind wird zu sehr damit beschäftigt sein, etwas für seine Gesundheit zu tun, als daß es die Gegenwart damit verschwendet, sich über seine Gesundheit Sorgen zu machen. Seien Sie Ihren Kindern ein gutes Vorbild und zeigen Sie ihnen, daß Sie an Ihre Fähigkeit glauben, gesund sein zu können, daß Sie Medikamente als einen letzten Ausweg sehen und nicht wegen jedem Wehwehchen zum Arzt rennen, und Sie werden sehen, wie diese Einstellung auf Ihre Kinder abfärbt. Sie werden nicht nur weniger besorgt sein, sie werden auch gesünder sein. Ich kann die Richtigkeit dieser Einstellung an meiner eigenen Person beweisen. Seitdem ich angefangen habe, regelmäßig Sport zu treiben und aufgehört habe, mir kranke Gedanken zu machen, habe ich seit fast 10 Jahren keine Grippe, keine Erkältung, keine Allergien oder andere Krankheiten gehabt, die es verdient hätten, erwähnt zu werden. Ich glaube einfach, daß ich die Fähigkeit, gesund zu sein, in mir habe, und mit meinen Kindern spreche ich in der gleichen Weise. Wenn ich heute einen kleinen Schmerz verspüre oder bemerke, daß sich ein kleiner Schnupfen ansagt, dann behandele ich es als einen Irrtum und spreche nicht darüber. Ich sehe es aber als ein Zeichen dafür, daß ich mehr Ruhe oder mehr Vitamine brauche, und bevor ich es merke, ist der kleine Infekt wieder verschwunden. Gesund zu denken und Ihren Kindern das gleiche beizubringen, ist die wichtigste Abhilfe gegen Ängste, wenn Sie ihnen auch beibringen, auf das, was in ihrem Körper geschieht, mehr Einfluß zu nehmen.

Wann immer Sie sehen, daß Kinder es sich zur Gewohnheit machen, besorgt zu sein, sollten Sie sie mit dem folgenden Satz davon abhalten: »Ich möchte, daß du dich jetzt einfach neben mich setzt und zusammen mit mir die nächsten 10 Minuten damit verbringst, besorgt zu sein.« Die Absurdität wird bald Früchte tragen. Sie können sich noch soviele Sorgen machen, es wird ihnen nicht helfen, die Klassenarbeiten in der Schule zu bewältigen oder einen Streit zu schlichten oder in den Schulchor aufgenommen zu werden. Nach diesen 10 Minuten sollten Sie sie fragen, ob es nicht produktiver wäre, für die Schule zu lernen, Pläne zu schmieden oder singen zu üben, und die Botschaft wird eine einschlagende Wirkung haben. Sich Sorgen zu machen ist die reinste Zeitverschwendung, und alles, was Sie machen, um Kindern dies verständlich zu machen, wird von Nutzen sein.

Im Umgang mit Säuglingen sollten Sie eher vernünftig als besorgt sein, und es wird Ihnen und dem Säugling helfen, weniger besorgt zu sein. Um tragische Unfälle zu vermeiden und auch um zu verhindern, daß Sie als »besorgter« Erwachsener das Kind konstant ermahnen müssen, ist es sehr sinnvoll, auf die Warnung zu hören, alles zu verschließen und außer Reichweite zu bringen, was für Kleinkinder gefährlich werden könnte. Es ist besser vorzubeugen, als sich Sorgen zu machen. Sie können Vorsichtsmaßnahmen ergreifen und dadurch die geistige und auch die körperliche Belastung für Eltern und Kind verringern. Wenn Sie eher dazu neigen, nervös zu sein, statt selbstbewußt, wird sich dies im Verhalten des Säuglings widerspiegeln. Sie können nicht optimal effizient sein, wenn Sie sich Sorgen machen. Wenn Sie besorgt sind, machen Sie mehr Fehler. Sie überwachen jede Bewegung des Kindes und ängstigen sich schon fast auf eine paranoide Weise um die Sicherheit des Kindes, über seine Sauberkeit, seine emotionale Stabilität und vieles mehr. Wenn Sie aber entspannt sind und darauf vertrauen , daß Sie Ihren Menschenverstand gebrauchen können und auch die notwendigen Vorsichtsmaßnahmen treffen, um für das Kind eine sichere Umgebung zu schaffen, dann werden Sie im Umgang mit Ihren Kindern kein Nervenbündel sein.

Sie werden fähig sein, sich daran zu erfreuen, was die Kinder tun, statt sich immer Sorgen zu machen. Denn keine Besorgnis dieser Welt wird verhindern können, daß etwas Tragisches passiert. Tatsächlich wird ein besorgtes Verhalten sogar einen Unfall noch viel wahrscheinlicher machen. Vorsicht: Ja; Besorgnis: Nein! Vernünftig bedacht sein, aber keine unnötige Besorgnis. Durch ein ängstliches Verhalten werden Sie Ihre Kinder nur noch ängstlicher und furchtsamer machen.

Helfen Sie Kindern und Kleinkindern, indem Sie sie zu einer vernünftigen Vorsicht erziehen und ihnen keine irrationale Angst einjagen. Ein verängstigter Mensch wird eher schikaniert als ein selbstsicherer. Bei näherer Betrachtung ist die Vorschrift, »Sprich nicht mit Fremden« eine ziemlich lächerliche Vorschrift. Denn jeder ist fremd, bis man ihn oder sie kennenlernt. Wenn nie jemand mit einem Fremden sprechen würde, dann würde man niemals jemanden außer der eigenen Familie kennenlernen. Es ist in diesem Zusammenhang wichtig, nochmals darauf hinzuweisen, daß Sie Ihren gesunden Menschenverstand einsetzen müssen und mit Ihren Kindern über die Gefahr einer Entführung sprechen, wenn sie fähig sind, dies zu verstehen. Aber ein Kind, das immer Angst vor Fremden hat, lernt etwas Schreckliches. Die Welt ist böse und häßlich und will Kindern nur weh tun. Dies ist aber nicht der Fall. Die Welt ist voller Menschen, von denen die meisten liebenswürdige Personen sind, die Kindern kein Leid zufügen möchten. Die natürlichen extrovertierten Eigenschaften von Kindern sollten nicht dadurch erstickt werden, daß man ihnen beibringt, sich vor jedem, den sie treffen, zu fürchten. Sie müssen eine ausgewogene Mischung aus gesundem Menschenverstand und vernünftigen Vorsichtsmaßnahmen finden. Ein sehr, sehr kleines Kind muß man ständig im Auge behalten. Schluß, aus! Sie können sie nicht aus Ihren Augen verlieren, wenn die Gefahr besteht, daß sie auf die Straße oder in ein Auto laufen. Aber Sie müssen Kinder nicht anschreien, wenn Sie sie vor diesen Gefahren warnen möchten.

Wenn Ihre Kinder älter werden und es buchstäblich unmöglich wird, sie ständig zu beaufsichtigen, können Sie sie davor warnen, mit Fremden mitzugehen und alleine herumzulaufen. Sie können auch mit ihnen über vernünftige Vorsichtsmaßnahmen sprechen, ohne sie dabei aber unnötig aufzuschrecken und aus ihnen jähzornige kleine Neurotiker zu machen, die vor allen Menschen Angst haben, denen sie begegnen, und die anfangen, in allen Fremden potentielle Triebtäter zu sehen. Sie müssen lernen, sich selbst zu schützen, und lernen, wie sie darauf vertrauen können, daß sie fähig sind, ernsthaften Gefahren aus dem Weg zu gehen, aber sie dürfen nicht in dem Maße verängstigt werden, daß sie ihre großartige Lebensfreude und ihre Ehrfurcht vor dem Leben verlieren. Sagen Sie ihnen genau, wovor sie sich schützen müssen und bestehen Sie darauf, daß Sie Ihnen immer sagen, wo sie sind. Sprechen Sie mit ihnen über die potentiellen Gefahren, aber jagen Sie ihnen nicht einen solchen Schrekken ein, daß sie Angst vor dem Leben bekommen. Wenn man lernt, selbstsicher zu sein, selbstbewußt aufzutreten und vernünftige Vorsicht walten läßt, wird dies viel eher verhindern, daß man mißhandelt oder auf andere Weise geschädigt wird, statt einfach nur schreckhaft, angsterfüllt und besorgt zu sein.

Lassen Sie Ihre Kinder ihre eigenen Ziele feststecken und mischen Sie sich nicht in ihre grandiosen Pläne ein – es sei denn, Sie ermutigen sie. Die meisten Kinder haben Angst vor ihrer eigenen Größe und trauen sich nicht sehr viel zu oder sind das Produkt einer Erziehung, bei der die Eltern – wenn auch gutgemeint – ihren Kindern sagen, welche Ziele sie in ihrem Leben verfolgen sollen. Wenn ein elfjähriges Mädchen gerne Ärztin werden möchte, sollten Sie sie in ihrem Wunschtraum bestärken, auch wenn Sie der Meinung sind, daß sie nicht die Fähigkeiten und die Neigung dafür hat. Wenn sie keine Ärztin wird, wird sie sich mit der Zeit daran gewöhnen, daß ihr Traum nicht Realität wurde, und es schadet nicht, seine Pläne manchmal ändern zu müssen. Als ich einmal mit einem jungen Mädchen sprach, die gerne Pilotin werden wollte, deren Augenlicht jedoch sehr schlecht war, kann ich mich daran erinnern, daß ich ihr trotz allem dazu riet, dieses Berufsziel weiterhin zu verfolgen. »Bis du soweit bist, daß du deine Prüfung als Pilotin ablegen kannst, hat sich bestimmt einiges geändert und Piloten werden Kontaktlinsen tragen dürfen«, versicherte ich ihr. Das Leuchten in ihren Augen war es wirklich wert. Sie erzählte mir, daß ihr Vater ihr dazu geraten hatte, einen anderen Beruf zu wählen, weil ihre Augen schlecht waren. Und tatsächlich, heute ist sie in den USA Flugzeugführerin. Sie trägt ihre Brille und genießt selbstsicher ihren Beruf. Und wenn sich die Anforderungen nicht geändert hätten, dann hätte ich sie dazu ermutigt, gegen diese Vorschrift vor Gericht anzugehen, statt einfach vor Selbstmitleid zu vergehen.

Denken Sie an das Alter der Kinder, wenn Sie auf sie reagieren. Wenn Sie ein vierjähriges Kind mit in ein Restaurant nehmen, müssen Sie sich bereits vorher darüber im klaren sein, daß es nicht in der Lage ist, sich wie ein Zwölfjähriger zu verhalten. Bedenken Sie das Alter Ihres Kindes und verängstigen Sie es nicht, indem Sie von ihm etwas erwarten, wozu es noch nicht fähig ist. Zweijährige verhalten sich wie Zweijährige. Das trifft auf jedes Alter zu. Bestehen Sie nicht länger darauf, daß Kinder älter oder reifer sein sollen als sie in Wahrheit sind. Wenn Sie nicht möchten, daß die Kleinen in schicken Restaurants herumlaufen, sollten Sie mit ihnen zu Hause bleiben, die Kinder bei einem Babysitter lassen oder in ein anderes Restaurant gehen, das sich auf Familien mit Kindern eingestellt hat. Wenn Sie in ein vornehmes Restaurant gehen und sich den ganzen Abend ärgern, weil das Kind weint und die anderen Gäste stört, oder Ihr Vierjähriger beim Essen ständig Grimassen zieht, dann brauchen Sie – nicht das Kind – eine Kopfwäsche. Von Kindern erwarten, daß sie sich älter verhalten als sie sind, heißt, sie zu verängstigen, heißt unrealistische Ängste in ihnen wecken. Das heißt nicht, daß schlechtes Benehmen entschuldigt wird, es soll Sie nur daran erinnern, daß alle Kinder sich ihrem Alter entsprechend verhalten. Daran können Sie auch nichts ändern, wenn Sie ihr ständiger Aufseher sind. Zweijährige machen hin und wieder noch in die Hose. Dreijährige sagen »bahbah«. Neunjährige jammern und sind mürrisch und bekommen manchmal einen Wutausbruch. Zwölfjährige werden Sie und andere manchmal boxen. Teenager sind launisch und finden Sie manchmal unmöglich. Das ist nun einmal so. Sie waren in Ihrer Kindheit auch so. Vergessen Sie also Ihr Kurzzeitgedächtnis und lernen Sie mit ihnen zu lachen und auch mal mit ihnen herumzutollen. Raufen Sie sich mit ihnen einmal so zum Spaß, spielen Sie ausgelassen mit ihnen im Garten, ignorieren Sie ihre Launen, vergessen Sie ihre Wutausbrüche und lassen Sie ihnen ihr ihrem Alter entsprechendes Verhalten. Es wird nicht ewig anhalten.

Wenn Sie ein Kind bestrafen, muß es wissen warum. Kinder werden schreckhaft, wenn sie nicht wissen, warum Sie sich aufregen. Es reicht nicht aus, daß *Sie* wissen, warum Sie ihnen eine Strafe zumessen. *Die Kinder* sind es, die bestraft werden, und auch wenn sie mit dieser Strafe nicht einverstanden sind, müssen Sie dafür sorgen, daß sie den Grund der Bestrafung kennen. Wenn möglich, sollten Sie sie bitten, den Grund nochmal zu wiederholen, damit keine Mißverständnisse entstehen. »Du kannst nicht einfach einen Wutanfall bekommen, wenn du gereizt bist und dadurch allen anderen den Tag verderben. Du wirst jetzt in deinem Zimmer bleiben, bis du dich wieder beruhigt hast und damit aufhörst, den anderen das Recht auf ein friedliches Zuhause zu nehmen.« Das reicht. Auch wenn das Kind weiterhin schreit, hat es zumindest gehört, warum es auf sein Zimmer gehen sollte. »Du bist zu einer späteren Stunde nach Hause gekommen, als zu der, auf die wir uns geeinigt hatten. Ich verbiete dir jetzt in den nächsten zehn Tagen, abends noch wegzugehen, weil du dich nicht an unsere Abmachung gehalten hast. Wenn es wieder geschieht und du später als vereinbart nach Hause kommst, dann bekommst du für einen ganzen Monat Hausarrest von mir. Ich möchte, daß du dich verantwortlich zeigst und dich an deine Abmachungen hältst.« So wird der Grund der Strafe klar und Sie müssen sie nicht immer wieder an ihre Fehler erinnern. Aber Kinder müssen in jedem Alter den Grund ihrer Bestrafung kennen. Wenn Sie ihnen einfach etwas verbieten oder direkt nach Fehlern Ausschau halten, damit Sie sich als Eltern in der machtvolleren Position wähnen können, dann steigern Sie ihre Angst davor, mit Ihnen zu leben, wecken in ihnen ein Mißtrauen gegen Sie und treiben zwischen sich und Ihre Kinder einen Keil.

Die Bestrafung ist Teil der Eltern-Kind-Beziehung. Aber sie sollte nur sparsam verwendet werden, und wenn sie Früchte tragen soll, muß sie von beiden Seiten verstanden werden. Ich schlage mit Nachdruck vor, daß Sie – unabhängig von Ihrer persönlichen Meinung über das Bestrafen – Kinder in allen Altersgruppen nur dann bestrafen, wenn sie dadurch etwas lernen können. Sie sollten nie ein Kind bestrafen, um ihm Leid zuzufügen, und die Strafe sollte immer verhältnismäßig sein. Wenn Sie Ihrem Kind aufgrund eines geringfügigen Verstoßes ein Jahr lang Hausarrest geben, macht das aus Ihnen in den Augen Ihrer Kinder ein Ungeheuer. Beharren Sie auf dem, worauf Sie sich geeinigt haben, aber machen Sie keine unausführbaren Versprechen. Wenn Sie Ihren Kindern mit einer Strafe drohen, die unrealistisch ist, sollten Sie sie zurücknehmen, wenn Sie sich wieder etwas beruhigt haben. »Ich werde dir nicht wirklich für den Rest des Lebens Hausarrest geben, weil du in der Zehnten Mathe nicht bestanden hast, aber du wirst jeden Tag zu Hause bleiben müssen und lernen, damit du dich in Mathe verbesserst, bis wir beide davon überzeugt sind, daß du dich wirklich in der Schule anstrengst. Einverstanden?« Es ist viel vernünftiger zuzugeben, daß man übertrieben reagiert hat, statt auf einer Bestrafung zu beharren, die offensichtlich nicht ernst gemeint war.

Lassen Sie die Kinder zu Wort kommen, auch wenn sie manchmal etwas sagen, womit Sie nicht einverstanden sind. Kinder, die Angst haben, ihre Meinung zu sagen, verinnerlichen ihre Gefühle und entfernen sich immer stärker von Ihnen. Sie werden alles vor Ihnen verheimlichen, wenn sie wissen, daß Sie ihre Ideen nicht tolerieren. Interessieren Sie sich für ihr Leben und weigern Sie sich nicht, daran teilzunehmen. Sprechen Sie mit ihnen über ihre Musik, statt sie zu kritisieren. Fragen Sie sie nach ihrer Meinung bei den wichtigen Themen dieser Welt, statt sie wie Menschen zu behandeln, deren Meinung nicht zählt. Sie sollten ihr Recht auf eine eigene Meinung respektieren, dann nehmen Sie ihnen ihre Angst und gestehen ihnen die Freiheit zu, offen über das zu sprechen, was sie glauben.

Als schwangere Teenager zu mir in die Beratung kamen und ich ihnen vorschlug, daß sie ihren Eltern davon erzählen, sagten sie fast immer: »Sie müssen verrückt sein, die würden mich umbringen. Ich könnte ihnen niemals davon erzählen.« Wenn Ihre Kinder sich nicht an Sie wenden möchten, wenn sie einmal in große Schwierigkeiten geraten sind, dann muß das daran liegen, daß sie Angst vor einer Verurteilung oder einer Ablehnung haben. Aber an wen sollten sich Kinder, die Schwierigkeiten haben, wenden, wenn nicht an ihre Eltern oder Erziehungsberechtigten? Warum sollten Kinder sich nur an ihre Eltern wenden, wenn alles in Ordnung ist. Welche Art der einseitigen Beziehung hat sich entwikkelt, wenn Eltern nur gute Nachrichten vertragen können? Ihre Kinder brauchen Sie nie so sehr wie in schwierigen Zeiten. Sie brauchen Sie am meisten, wenn sie Fehler machen, in Schwierigkeiten geraten oder straucheln. Sie müssen zu Ihren Kindern ein solches Verhältnis aufbauen, daß sie mit allem – ob gut oder schlecht – zu Ihnen kommen, und sie müssen wissen, daß Sie sie trösten und ihnen helfen werden, wenn sie einmal einen Fehler gemacht haben.

Es ist einfach, die Menschen zu lieben, wenn sie gut riechen, aber manchmal rutschen sie im Mist des Lebens aus und stinken ganz einfach. Sie müssen Ihre Kinder genauso sehr lieben, wenn sie stinken. Dies ist nur in einer offenen und ehrlichen Beziehung möglich, in der sie wissen, daß sie ihre Meinung sagen können und daß sie respektiert werden, wie auch immer ihre Meinung sein wird. Ich möchte, daß meine Kinder fühlen, daß sie immer zu mir kommen können, gleichgültig wie schmutzig sie sich gemacht haben, statt sich an jemand anderen zu wenden, weil ich sie dazu erzogen habe, meine Kritik zu fürchten oder weil ich ihnen nie ihre eigene Meinung ließ. Im Umgang mit Kindern sollten Sie diesen Sachverhalt im Kopf behalten, und die Kinder werden wissen, sie können sich darauf verlassen, daß Sie ihnen in schlechten wie auch in guten Zeiten mit Rat und Tat zur Seite stehen.

Hüten Sie sich davor, Kinder vor anderen zu kritisieren und bitten Sie Ihre Kinder, sich ebenfalls so zu verhalten. Nehmen Sie sie beiseite, wenn es etwas gibt, was unbedingt gesagt werden muß, statt sie vor anderen in Verlegenheit zu bringen. Verringern Sie ihre Ängste so weit wie möglich, indem Sie ihr Recht respektieren, nicht vor anderen zurechtgewiesen werden zu müssen.

Seien Sie jetzt mit Ihren Kindern zusammen. Kinder sehen nicht wie Sie in die Zukunft. Es wird auch für Sie besser sein, in diesem Augenblick mit ihnen zusammen zu sein, statt sie daran zu erinnern, wie es eines Tages sein wird. Seien Sie *jetzt* mit ihnen zusammen. Spielen Sie mit ihnen Ball. Gehen Sie heute mit ihnen ins Schwimmbad. Nehmen Sie sie auf Ihren Schoß, jetzt in diesem Moment. Dies sind die Dinge, an die sich Kinder später erinnern werden, Dinge, die ihnen das Gefühl der Geborgenheit geben, statt ihnen vor der Zukunft Angst einzujagen. Sie möchten, daß Sie jetzt bei ihnen sind, statt ihnen Vorträge über die Zukunft zu halten, und das ist eine wundervolle Strategie, um ihnen die Ängste zu nehmen. In meinen Augen ist dieses Thema so wichtig, daß ich ihm das ganze Kapitel 7 gewidmet habe.

Versuchen Sie, die Spontaneität Ihrer Kinder zu fördern, und zwingen Sie sich nicht, sich an einen Plan zu halten. Natürlich können Sie nicht zu jeder Tages- und Nachtzeit Mahlzeiten bereit halten, aber manchmal ist es wichtig, daß sie auch mal essen dürfen, wenn sie hungrig sind, besonders wenn sie alt genug sind, um sich selbst etwas zu essen zu machen. Die Einstellung, alle müßten zur gleichen Zeit hungrig sein, ist absurd, aber Sie müssen hier nicht das Opfer sein. Die Zeit des gemeinsamen Essens wird zu Hause oft zu einer Zeit der großen Angst. Kinder streiten sich mit den Erwachsenen darüber, was sie essen müssen, tauschen eine Mohrrübe gegen eine Kugel Eis usw. Bereiten Sie diesem Unsinn sofort ein Ende! Ihr Körper wird ihnen schon sagen, was sie brauchen. Wenn Sie Mittags keine Würstchen und Pommes Frites auf den Tisch stellen, bieten Sie ihnen nicht die Möglichkeit, es zu essen. Wenn Sie immer nährstoffreich kochen und ihre Kinder eines Mittags dieses Essen nicht mehr essen wollen, sollten Sie diese Weigerung zuerst einmal ignorieren. Entziehen Sie ihnen einfach die Verhandlungsmöglichkeit, indem Sie dem Essen keine sehr große Bedeutung beimessen. Wenn Sie wegen jedes Bissens ein Theater machen, dann werden Sie sie dadurch zu schlechten Essern machen. Sich darüber Sorgen zu machen, wird ihr Eßverhalten nicht ändern, aber ein gesunder Menschenverstand kann dies erreichen. Versuchen Sie, die Dinge zu ignorieren, die sie nicht essen – sagen Sie einfach nichts dazu – beharren Sie aber darauf, daß sie hinterher nicht naschen oder leere Kalorien zu sich nehmen. Sorgen Sie dafür, daß das untere Fach im Kühlschrank immer voll ist mit Obst, Milchprodukten und frischem Gemüse.

Die gleiche vernünftige Einstellung sollte im Hinblick auf die Schlafenszeit zum Tragen kommen. Entlasten Sie sich und auch die Kinder.

Sagen Sie ihnen, daß sie zu einer bestimmten Zeit, auf die Sie sich vorher geeinigt haben, auf ihren Zimmern sein sollen und sprechen Sie dann nicht mehr darüber. Kontrollieren Sie sie nicht. Akzeptieren Sie es, wenn sie noch etwas lesen, spielen oder einfach nur nachdenken, und wenn sie am nächsten Tag müde zu sein scheinen, einigen Sie sich einfach auf einen früheren Zeitpunkt. Sie können Ihren Kindern vor diesen ganzen Routinen die Angst nehmen, wenn Sie daraus etwas Belangloses machen und ihren Kindern zeigen, daß Sie sich nicht länger auf ihre Angst fördernden Streitigkeiten einlassen werden.

Wenn Sie sich selbst von einigen veralteten Vorschriften und strikten Einstellungen zu dem, was Kinder brauchen, lösen und ihre Bedürfnisse statt dessen dadurch kennenlernen, daß Sie ihr Verhalten beobachten, dann werden Sie zur Essens- und Schlafenszeit eine viel angenehmere Zeit haben. Alle Kinder müssen nicht jeden Tag einen Liter Milch trinken. Jedes Kind ist einzigartig. Aber ganz sicher ist, daß niemand nörgelige Kommentare und übertriebene Besorgtheit in solchen Dingen mag. Lassen Sie ihnen mehr Freiraum, ihre Bedürfnisse selbst zu regeln, indem Sie sich an Ihren gesunden Menschenverstand halten. Die Belohnung wird sein, daß die Kinder weniger Ängste haben.

Sehen Sie zu, daß Ihre Kinder viel Zeit an der frischen Luft verbringen. Durch den Aufenthalt im Freien kann sowohl Ihre Angst als auch die der Kinder gelindert werden. Sich in der Natur aufzuhalten, ist eine wundervolle Art, Kinder zu einem angstfreien Leben zu erziehen. Einmal zelten, einen Waldlehrpfad entlanglaufen, ohne irgendwelche Pflanzen zu bestimmen und zu kategorisieren. Versuchen Sie so oft wie möglich, sich im Freien aufzuhalten. Ein Spaziergang durch den Stadtpark oder durch die umliegende Nachbarschaft ist eine großartige Entspannungsmethode. Im Umgang mit meinen eigenen Kindern habe ich gemerkt, daß sie weniger weinen, wenn ich mit ihnen viel an der frischen Luft bin. Sie lachen viel mehr, wenn sie draußen auf dem Rasen liegen als drinnen auf dem Teppich. Junge Menschen brauchen die Natur, und Sie können Ihre Kinder dazu erziehen, die Natur zu achten, wenn Sie sich in jeder Hinsicht darum bemühen, in ihnen eine Liebe und eine gesunde Achtung zu wecken für das großartige Wunder, das in allem steckt, was natürlich ist.

Kinder, die frei von inneren Zwängen sind, haben gelernt, anders auf die gleichen Anregungen zu reagieren, weil sie wissen, daß die Welt ihnen freundlich gesinnt ist. Ihr Verhalten beruht auf »bestem Wissen und Gewissen« oder ihre Fehler sind zumindest »ehrlich«. Daher entstehen keine Schuldgefühle, wenn einmal etwas schiefgeht. Mögliche

Reaktionen sind: Reue, etwas daraus zu lernen, es nochmals zu versuchen und sich zu verbessern. Statt sich Sorgen zu machen, sieht ein innerlich freies Kind in zukünftigen Ereignissen aufregende Abenteuer auf sich zukommen, die Möglichkeit, sich richtig zu entfalten, Chancen zu interessanten Herausforderungen und neuen Erfahrungen. Da das Selbstwertgefühl nicht an eine Leistung gebunden ist, ist die Sorge »gut zu sein« nicht mehr vorhanden. Sorgen darüber, daß das Flugzeug abstürzen könnte, daß der Großvater rechtzeitig am Flughafen ist, kennt ein innerlich freies Kind nicht, denn es weiß, daß man sich auf den Piloten verlassen kann und daß es eine aufregende Sache ist, das Cockpit zu besichtigen. Wenn der Großvater sich verspätet hat, bleibt es bei der Stewardeß und stellt ihr Millionen Fragen. Kinder, die keine inneren Zwänge kennen sind tatkräftig, denn Schuldgefühle und Sorgen führen zu nichts. Daher ist es sehr unwahrscheinlich, daß sie sich selbst mit negativen Gedanken oder destruktiven Verhaltensweisen belästigen.

Das innerlich freie Kind lernt im Leben zu stehen, statt es zu kategorisieren. Es ist auf den nächsten Augenblick gespannt und freut sich auf jeden Tag, statt in allem nach Fehlern zu suchen und sich über jede Kleinigkeit im Leben zu beschweren. Das Leben macht Spaß, es muß genossen und mit anderen geteilt werden. Es darf für niemanden eine Last sein. Das Fehlen von Angst kennzeichnet den Menschen, der frei von inneren Zwängen ist. Dies bedeutet, das Gewicht auf die Gemütsruhe zu legen, niederschmetternde Schuldgefühle zu vergessen, die Gewohnheit aufzugeben, sich über alles zu beschweren, und zu lernen, sich mehr Zeit zu lassen und das Leben zu genießen. Das Leben ist kein Wettlauf. Es ist eine Reise, etwas, das jeden Tag erneut genossen werden muß. Sie können sehr viel tun, damit Kinder diese wichtige Wahrheit erkennen, und Sie werden noch zusätzlich davon profitieren können, denn auch Sie werden weniger Ängste haben.

Kapitel 6

Mein Wunsch: Ein friedliches Leben für meine Kinder

> Wer keine inneren Zwänge kennt, bewahrt seine Ruhe und setzt sich für kreative und konstruktive Lösungen ein. Es macht Spaß, mit diesem Menschen zu arbeiten und mit ihm die Freizeit zu genießen. Er bekämpft nicht das Leben und wenn er dennoch in Wut geraten sollte, dann kann er sie als Quelle neuer Energie nutzen, während sie bei anderen jegliche Tatkraft blockiert.
>
> *Wer niemals außer sich geriet, wird niemals in sich gehen.*
> *Heyse, Spruchbüchlein*

Sie wünschen sich Frieden in Ihrem Leben!

Dies ist eine Aussage, die ich mit fast absoluter Sicherheit machen kann. Jeder wünscht sich ein friedliches Leben. Das gleiche trifft auf Kinder zu. Jedes Kind möchte ein friedliches Leben, eine friedliche Umwelt und auch ein friedliches Innenleben. Im vorausgegangenen Kapitel habe ich Ihnen einige Vorschläge gemacht, wie Sie Ihren Kindern helfen können, mit einem Seelenfrieden heranzuwachsen.

Das Freisein von ängstlichen Gedanken wird Kindern unermeßlich helfen, ein Leben ohne innere Zwänge zu führen. Ich habe bereits im Kapitel 5 darauf hingewiesen, daß Sie Ihren Kindern helfen können, sich zu Menschen zu entfalten, die sich weigern, sich ängstliche Gedanken zu machen.

Auf die gleiche Weise können Sie ihnen helfen, friedliche, heitere und optimale Lebensbedingungen zu haben. Sie können sehr viel dazu beitragen, daß sie nicht ständig in gewaltsame Familienkonflikte verwickelt werden oder Zeuge von solchen werden. Sie können ihnen helfen, in einer positiven Umgebung zu leben, die frei ist von paralysierender Wut und Feindseligkeit und die ihnen gleichzeitig die Gelegenheit gibt, Selbstdisziplin in einer Weise zu üben, daß sie ihren eigenen Lebensbereich zivilisiert und nicht turbulent gestalten und ihre Mitmenschen berücksichtigen.

Eine positive Umwelt ist sehr wichtig, wenn Sie sich dazu entschlossen haben, Ihre Kinder zu einem Leben frei von inneren Zwängen zu erziehen. Sie können sie nicht die ganze Zeit den Launen der Wut und Feindseligkeit überlassen und dann erwarten, daß sie Gemütsruhe entwickeln. Sie können sie nicht die ganze Zeit anbrüllen und anschreien und

dann erwarten, daß sie nicht auch dieses ungestüme Verhalten übernehmen.

Sie können sie nicht in einem Durcheinander erziehen und dann
erwarten, daß sie friedlich sind.

Die Entscheidung, in welcher Umgebung Ihre Kinder aufwachsen
sollen, liegt bei Ihnen. Unabhängig davon, zu welcher Einstellung Sie im
Laufe der Zeit gekommen sind oder wie schwierig Ihr Leben auch sein
mag, Sie können immer noch entscheiden, wie die emotionale Umgebung aussehen soll.

Wenn Wut ein wichtiger Teil ist, werden Sie wütende Kinder haben.
Wenn Streitereien ständig auf der Tagesordnung stehen, dann werden Sie
bemerken, daß Ihre Kinder sich zu Streithähnen entwickeln. Wenn Sie
nicht bei Ihren eigenen emotionalen Reaktionen etwas Selbstdisziplin
üben, werden Sie sehen, wie Ihre Kinder sich zu disziplinlosen Menschen
entwickeln.

Menschen, die sich innerlich keine Schranken setzen, möchten die
Gewalt aus ihrem Leben und aus dieser Welt verbannen. Sie erkennen,
daß es in dieser Welt zuviel Wut und Feindseligkeit gibt. Sie sehen, worin
der Haß, der ständige Kampf untereinander und worin eine Welt gipfelt,
die langsam aufgrund der Rüstungsspirale durchdreht, die unser Leben
bedroht.

Die innerlich freien Menschen werden es sein, die etwas unternehmen,
um diese furchtbare Feuerbrunst der Gewalt von unserem Planeten zu
verbannen. Wir sehnen uns nicht nur nach Frieden, wir müssen ihn
unbedingt gewährleisten, wenn wir möchten, daß dieser Planet für die
kommenden Generationen bewohnbar bleibt. Die Weltfamilie erfordert
Frieden. Unsere nationale Familie verlangt nach Frieden und erschaudert
bei dem Anblick der maßlosen Gewalt und der ganzen Feindseligkeit in
unserem Land. Man muß in der eigenen Familie den Anfang machen.
Ihre Familie, wer auch dazu gehören mag und wie auch die Bedingungen
sein mögen, muß die Initiative ergreifen, um eine friedliche Umwelt zu
schaffen. Wenn die Kinder in Ihrer Familie (und in Millionen anderen)
auf dem Grundsatz des Friedens und der inneren Ruhe erzogen werden,
dann werden sie frei von inneren Zwängen sein und in Frieden leben und
andere in gleicher Hinsicht unterstützen.

Schließlich werden sie sich der Aufgabe annehmen, endgültigen
Frieden in diese Welt zu bringen. Wenn sie ohne eine paralysierende
Wut erzogen werden und frei sind von Streß und ständigen Familienkonflikten, werden sie nicht wissen, was es heißt, kriegerisch zu sein. Sie
werden nicht aus Wut um sich schlagen, wenn sie nicht mit Wut erzogen

werden. Sie werden in der Lage sein, sich kreativ mit den Problemen unserer Zeit auseinanderzusetzen, statt mit den Nachbarn und ihren Kindern ständig in einem schier endlosen Kampf von Verbitterung und Feindseligkeiten untereinander zu liegen.

Es liegt in Ihrer Hand, wozu Sie Ihr Kind erziehen. Es spielt keine Rolle, ob Sie alleinstehend sind oder einen Partner haben. Sie sind derjenige, der entscheidet. Es spielt keine Rolle, welcher Nationalität Sie angehören oder was Ihre Eltern Ihnen in Ihrer Kindheit eingeflößt haben. Wenn Sie in Ihrem Innersten, im ehrlichsten Teil Ihres Daseins, glauben, daß Wut, Kampflust, Streitsucht und Kriege falsch sind, dann können Sie in dieser Hinsicht Einfluß auf Ihre Kinder üben. Halten Sie für einen Moment inne und schlüpfen Sie für einen Augenblick in die Haut der Menschen, die die Opfer der Gewalt in dieser Welt sind. Dann sollten Sie erkennen, daß sowohl die Täter als auch viele der Opfer individuelle Menschen sind, die aus dem einen oder anderen Grund sich dazu entschlossen haben, Gewalt als Ausdruck ihrer Wünsche anzuwenden. Diejenigen, die sich dazu entschlossen haben, einen anderen Menschen zu töten oder ihn zusammenzuschlagen, wurden in einer gewalttätigen Gesellschaft erzogen, sei es in ihren Familien, ihren Städten, ihren Staaten.

Irgendwo muß es seinen Anfang nehmen, daß Menschen lernen, gewalttätig und feindselig zu sein. Ihre Kinder müssen nicht so sein. Sie müssen in ihrer Kindheit nicht lernen, Wut als einen natürlichen Ausdruck ihrer eigenen Person zu sehen. Sie müssen nicht auf Gewalt zurückgreifen, um sich durchzusetzen. Es gibt andere Methoden, die weitaus effektiver sind, um Schwierigkeiten zu bewältigen, und die Wahrheit ist, daß Sie den Anfang machen müssen innerhalb Ihrer Familie. Keine Ausreden. Wenn Sie möchten, daß die Welt sich ändert, dann müssen Sie zuerst bei sich anfangen, und das ist auch die einzige Möglichkeit, wo man anfangen kann: Es sich zu einer Pflicht machen, die Kinder in einer Umgebung aufwachsen zu lassen, die Gewalt verurteilt und ein zivilisiertes Verhalten befürwortet. Dies wird Ihre Kinder vor einem niederschmetternden, unglücklichen Leben bewahren. Es kann die Welt vor einem frühzeitigen Untergang bewahren. Sie müssen nur den Anfang machen.

Der Mensch, der so aufwächst, daß er sich durch keine inneren Zwänge an seiner Entfaltung hindern läßt, legt sehr viel Wert darauf, ein Problem zu lösen und nicht Teil eines Problems zu sein. Ein solcher Mensch hat die völlige Kontrolle über sein Innenleben.

Wenn Sie auf jemanden Druck ausüben und dieser Mensch dann wütend reagiert, dann war die Wut in dem Menschen verwurzelt, der sie herausließ. Niemand kann Sie wütend machen. Kein Ereignis kann in Ihnen eine Feindseligkeit heraufbeschwören. Wenn diese Gefühle in Ihnen und in Ihren Kindern hochkommen, dann liegt das vor allem daran, daß Sie diese Gefühle in sich tragen. Wenn Sie keine wütenden Gefühle in sich gespeichert haben, können sie auch nicht herausgelassen werden. Denken Sie an den Vergleich mit der Apfelsine: Wenn Sie eine Apfelsine auspressen und Apfelsinensaft herauskommt, dann ist das so, weil in einer Apfelsine Apfelsinensaft vorhanden ist. Einfach, aber wahr. Wenn man einen Menschen »auspreßt«, dann kommt das heraus, was in ihm ist, völlig unabhängig von dem, der »auspreßt«.

Menschen, die Probleme lösen, sind Menschen, die in sich keinen Ärger anstauen.

Statt dessen wissen sie, wie sie ihre Gedanken so umsetzen, daß sie ein Problem lösen können. Sie können Ihren Kindern helfen, ein Stadium zu erreichen, in dem sie ihre Gedanken konstruktiv umsetzen können, statt mit Wut und Haß zu reagieren.

Sie müssen als erstes damit beginnen, Ihre Verhaltensweisen genau unter die Lupe zu nehmen.

Familienstreit ade

Sie haben es immer und immer wieder zu hören bekommen: »Sich streiten ist durchaus normal.« »Es tut gut, sich manchmal so richtig zu streiten, das hält einen in Schwung.« »In Familien wird eben gestritten – das reinigt die Luft.« Aber Sie wissen, daß es nicht schön ist, sich zu streiten, und jedesmal, wenn es zu einem Streit kommt, fühlen Sie sich vielleicht schlecht und ausgelaugt. Sie wissen, daß die Kinder die größten Leidtragenden sind, wenn Sie explosive Auseinandersetzungen in der Familie haben, und daß viel Gehässigkeit und Niedertracht ans Tageslicht kommt, Dinge, die Sie Ihren Kindern lieber im Alltag ersparen würden.

Es ist an der Zeit, die Vorstellung in Frage zu stellen, daß Streit ein in der menschlichen Natur verwurzelter Bestandteil menschlicher Beziehungen ist. Tatsächlich führt ein Streit meist zu einem Abbruch der Verständigung, zu einer Distanz zwischen den Streitenden und zu verstärkten Körperreaktionen, wie z. B. einer Erhöhung des Blutdrucks, Kopfschmerzen, Schlaflosigkeit und sogar zu Geschwüren, die auf einer spannungsgeladenen Atmosphäre beruhen. Schauen Sie sich erst einmal die Faktoren an, bevor Sie die alte Streitszene rechtfertigen.

Ein Konflikt, der die Ausmaße eines hitzigen Streites, eines Krachs und besonders eines Wutanfalls annimmt, ist für alle Beteiligten äußerst destruktiv und ist der quälendste Teil des Familienlebens.

Wenn Sie die Konfliktsituation in Ihrer Familie nicht mögen und Sie sich irgendwie durch die ständige Wiederholung der »gleichen alten Konflikte« paralysiert sehen, dann sollten Sie auf Ihre Urteilskraft vertrauen, daß diese Konflikte keinen Spaß machen oder in keiner Weise für Ihre Kinder gut sind.

Es ist der reinste Unsinn, Streit und Zank als ein natürliches Phänomen zu rechtfertigen.

Es versteht sich von selbst, daß Menschen, die zusammen leben, viele Meinungsverschiedenheiten haben werden, und jeder hat das Recht, sich in seinen persönlichen Menschenrechten zu behaupten, aber der Zank und der Streit, den sie durchmachen, ist nicht nur lästig, sondern einfach destruktiv. Niemand mag sich ständig streiten. Niemand möchte gerne ständig angeschrien werden oder noch schlimmer, verbal oder körperlich angegriffen werden. Ein Familienkrach ist etwas, was Sie aus Ihrem Leben zu verbannen versuchen sollten, statt es als einen natürlichen Bestandteil eines gemeinsamen Lebens zu rechtfertigen. Meinungsverschiedenheiten ja, ein Krach nein.

Wenn ich den Begriff *Familienkrach* gebrauche, möchte ich sicher gehen, daß Sie wissen, was ich meine. Ein Krach kann viele verschiedene Formen annehmen. Es bedeutet, an einem verbalen Austausch teilzunehmen, der Wut, Zorn und manchmal einen tätlichen Angriff beinhaltet. Es heißt auch, sich verbal so anzugreifen, daß alte Dinge wieder aufgewärmt werden, bis er oder sie so frustriert ist, daß er oder sie emotional paralysiert ist.

Der Begriff des Krachs, wie ich ihn hier gebrauche, bezieht sich auf jeden Austausch zwischen Menschen, die in einer engen Beziehung zueinander stehen, der unproduktiv ist und auf irgendeine Weise einen der Teilnehmer schädigt, besonders wenn Kinder daran beteiligt sind, entweder als Teilnehmer oder als außenstehende Beobachter.

Wenn die Auseinandersetzung damit verbunden ist, andere anzuschreien und einzuschüchtern, dann nehmen Sie an einem Familienkrach teil, ob Sie es nun mögen oder nicht.

Und unterstreichen Sie dies in Ihrem Gedächtnis, wenn Sie darüber nachdenken, wie Sie den Auseinandersetzungen in der Familie ein Ende bereiten: *Wenn man sich streitet, fühlt man sich unwohl. Streit ruft viel unnötiges Leid hervor, ist irritierend, hinterläßt tiefe Spuren in den Kindern, bringt ihnen bei, die gleichen Taktiken anzuwenden, wenn sie in eine schwierige Situa-*

tion geraten, und er ist nie gerechtfertigt, wenn Sie Ihren Kindern ein Leben frei von inneren Zwängen wünschen oder wenn Sie zumindest ein bißchen an einem Leben, das keine inneren Einschränkungen kennt, interessiert sind.

Typische Familienkonflikte

Konflikte finden in vielen Familien statt, obwohl alle diese spannungsgeladene Atmosphäre ablehnen. Jedes Familienmitglied hat sein eigenes Inventar an »typischen Familienkonflikten«. Wenn man sie aus objektiver Sicht betrachtet, stellt man fest, daß sie keinem anderen funktionalen Zweck dienen als andere zu ärgern. Immer wieder die gleichen, alten, aufreibenden Auseinandersetzungen, die verletzten Gefühle, die zugeknallten Türen, das aufgebrachte Verlassen der Wohnung, die verbalen Angriffe und die unüberlegten Gemeinheiten – dies alles gehört zu einem Familienkrach. Und wenn der Sturm sich wieder gelegt hat, dann ist dort die Vorahnung, daß es immer wieder zum Krach kommen wird, denn ein Streit verstärkt nur die Feindseligkeit. Er löst nichts. Hier ist eine Liste, die zeigt, aus welchen Gründen die »typischen alten Konflikte« entstehen.

das Bankkonto	dein Zimmer ist nicht aufgeräumt
das Heraustragen des Mülls	Geschirrspülen
das liebe Geld	wo verbringen wir unseren Urlaub
nie sprichst du mit mir	du hast dich schon wieder verspätet
dein Verhalten von gestern	Charakterzüge (faul, ängstlich)
ich will mehr Freiheit	du bist nicht mehr so wie früher
du nimmst keine Rücksicht auf mich	persönliche Gewohnheiten (Essen, Rauchen, Trinken)
niemand weiß mich wirklich zu schätzen	du bringst mich vor anderen in Verlegenheit
ich möchte auch mal alleine sein	du trinkst zu viel
warum antwortest du mir nicht	ich mag deine Freunde nicht
die Zeit, zu der man abends zu Hause sein soll	ich hasse es, wenn man mir sagt, was ich zu tun habe
du verstehst mich nicht	hör auf, mich ständig zu kontrollieren

Diese Liste könnte endlos so weitergeführt werden, aber sie soll nur dazu dienen, die üblichsten Gründe für einen Familienkrach anzudeuten. Wenn Sie es ehrlich meinen und die Konfliktsituationen in Ihrem Zuhause abbauen möchten, dann müssen Sie sich selbst dazu entschließen. Ja, Sie selbst! Sie können nicht darauf warten, daß die Kinder sich ändern. Das heißt, Sie sollen nicht warten, bis Ihr Partner sich von Ihrer Meinung überzeugen läßt. Es heißt, die Entscheidung zu treffen, daß Konflikte von nun an der Vergangenheit angehören. Es heißt, einen Schwur zu leisten, daß Ihre Kinder nicht in einer aggressiven Atmosphäre erzogen werden. Es heißt, es sich zur Pflicht zu machen, den Kindern die Gelegenheit zu geben, frei von Wut und Zorn zu sein, frei von den Wunden, die sie unweigerlich bekommen würden, wenn sie Aggressionen und Gewalt ausgesetzt werden würden. Nachstehend finden Sie sieben grundlegende Richtlinien, an die Sie sich halten können, um Familienzwiste zu vermeiden. Am Ende des Kapitels folgen einige spezifische Methoden, die Sie anwenden können, um allen ein friedliches und harmonisches Leben zu gewährleisten, aber sehen Sie sich zuerst diese Richtlinien an, die zur Grundlage eines Familienfriedensabkommens werden könnten.

Grundsätzliches zur Verhinderung typischer Familienkonflikte

1. Fast alle Konflikte drehen sich um den absurden Gedanken, »Wenn du mir nur etwas ähnlicher wärst, dann müßte ich mich nicht so ärgern«. Dies ist eine falsche Einstellung zu den Menschen in Ihrem sozialen Umfeld. Menschen – einschließlich Ihr Partner, Ihre Kinder, Ihre Eltern oder andere – werden nie so sein wie Sie dies gerne hätten. Wenn Sie sich über andere Menschen aufregen, dann sagen Sie sich eigentlich: »Wenn du nur so sein könntest wie ich, dann müßte ich mich nicht so ärgern.« oder »Warum kannst du es nicht so machen, wie ich es gerne hätte?« Sobald Sie davon abgehen, daß andere so sein müssen, wie Sie es gerne möchten und sie so akzeptieren wie sie sind (nicht anerkennen, nur akzeptieren), dann lassen Sie sich nicht in einen Krach hineinziehen. Warum sollten Sie jemals mit einem anderen Menschen einen Streit anfangen, wenn er so ist wie Sie es erwarten? Die Menschen werden nicht einfach anders sein, nur weil Sie dies gerne hätten. Wenn Sie Ihre Erwartungen an andere herunterschrauben und damit aufhören, Ihr eigenes Glück auf der Basis zu beurteilen, was andere machen, denken, sagen oder fühlen, dann wird es Ihnen unmöglich sein, mit anderen in Streit zu geraten. Während Sie verhindern möchten, daß andere auf Ihnen herumreiten und Ihren Kindern das gleiche beibringen möchten, werden Sie feststellen, daß es unnötig ist, sich darüber aufzuregen, daß Menschen sich dafür entscheiden, so zu sein, wie sie sind.

2. Sie werden im Leben so behandelt, wie Sie es den anderen beibringen, Sie zu behandeln. Diese grundsätzliche Lektion müssen Sie Ihren Kindern beibringen, und auch Sie müssen sich daran halten. Ihre Bereitschaft, an familiären Streitigkeiten teilzunehmen, kommt aus Ihnen heraus. Sie haben aber die Möglichkeit, sich anders zu entscheiden, und Sie müssen damit aufhören, anderen die Schuld dafür zu geben, wie man Sie behandelt und statt dessen in sich gehen. Ihre Kinder müssen auch lernen, daß die Art, wie sie von anderen behandelt werden, ein Ergebnis dessen ist, was sie zu tolerieren bereit sind. Wenn Sie das Gefühl haben, daß andere auf Ihnen herumreiten und keine Rücksichten auf Sie nehmen, sollten Sie sich, statt ihnen die Schuld zu geben, die Frage stellen: »Wie habe ich ihnen beigebracht, mich so zu behandeln?« Wenn Sie nicht bereit sind, sich von anderen schikanieren zu lassen, sollten Sie daran denken, daß Sie damit aufhören müssen, das Opfer zu spielen, statt sich darüber aufzuregen, wie andere Sie behandeln. Fassen Sie den Entschluß, keine Signale mehr zu senden, die anderen beibringen könnten, Sie so zu behandeln, daß Sie sich zu einem Krach provozieren lassen.

3. Das Verhalten – nicht Worte – ist der wichtigste Lehrmeister. Sie können reden, bis Sie schwarz werden, und Sie werden in der Regel nichts erreichen, außer daß Sie sich ärgern und noch frustrierter sind. Wenn Sie jemandem in Ihrer Familie beibringen wollen, seine Kleider in den Wäschekorb zu legen, sollten Sie verhaltensmäßige – keine verbalen – Signale senden. Sobald Sie dieses Thema einmal diskutiert haben und festgestellt haben, daß Ihre Worte wirkungslos waren, sollten Sie zu einer neuen Strategie greifen. Werfen Sie die Kleider einfach neben die Waschmaschine, lassen Sie sie dort liegen, wo sie hingeworfen wurden, oder hören Sie einfach damit auf, Kleider zu waschen, die nicht vorher in den Wäschekorb gelegt wurden. Tun Sie irgend etwas, nur verzichten Sie auf ein langes Gespräch über Verantwortungsbewußtsein, das entweder sofort ignoriert wird oder nur zu einem neuen Familienkrach führt. Verhalten ja! Worte nein! Sie können die Diskussion einstellen, wenn es klar ist, daß das Kind nicht zuhört und damit anfangen, ihm durch Ihr Verhalten etwas beizubringen. Sobald Sie einem anderen durch Ihr Verhalten zeigen, daß Sie es sich nicht gefallen lassen, daß man Sie schikaniert, werden Sie merken, daß dieser damit aufhören wird, sich Ihnen gegenüber rücksichtslos zu verhalten. Aber wenn Sie bis in alle Ewigkeit damit fortfahren, darüber zu reden, werden Sie nicht nur alte Familienzwiste heraufbeschwören, sondern Sie werden Ihren Kindern auch beibringen, daß sie sich aus ihrer Verantwortung herausreden und »herausstreiten« können. Sie möchten, daß Ihre Kinder ein Verhalten annehmen, das ihnen hilft, ohne innere Zwänge zu leben. Sie möchten sicherlich nicht, daß sie lernen, wie man es vermeidet, Verantwortung zu tragen. Ihr Verhalten ist der wichtigste Lehrmeister.

4. Menschen sind wichtiger als Dinge. Wenn Sie diesen Grundsatz im Gedächtnis behalten, dann werden Sie vielen typischen Konflikten in der Familie ein Ende bereiten, da sich so viele um Gegenstände und Geld drehen. Kein *Gegenstand* dieser Welt ist wichtiger als ein Mensch. Wenn Sie sich über Möbel, Gardinen, Geld, Kleidung, Porzellan, Müll usw. streiten, räumen Sie diesen Dingen gegenüber Menschen eine Vorrangstellung ein. Kein »Gegenstand« ist einen Streit wert. Was im Leben zählt, ist das Glück der Menschen. Wenn Sie bemerken, daß die Betonung auf Dinge gelegt wird, und dies dazu führt, daß Menschen unglücklich werden, können Sie den Entschluß fassen, dies nicht geschehen zu lassen. Stoppen Sie sich, wenn diese Ding-über-Mensch Mentalität zum Vorschein kommt. Wenn andere es tun möchten, gut – Sie werden sie nicht daran hindern können, indem Sie mit ihnen in Streit geraten. Aber Sie können sich weigern, irgendeinen *Gegenstand* in dieser Welt zur Quelle Ihres Unglücklichseins zu machen, und wenn Sie mit diesem Verhalten den anderen Familienmitgliedern ein Vorbild sind, dann werden auch sie langsam diese Botschaft verstehen. Stellen Sie sich vor, daß Sie ein kleines Kind anbrüllen, weil es einen Gegenstand zerbrochen hat. Stellen Sie sich die Torheit vor, in Wut zu geraten, weil ein Spielzeug verloren gegangen ist. Denken Sie an die Absurdität, Ihr Kind zu schlagen, weil es seine Hose kaputt gemacht hat. Das sind alles doch nur Gegenstände, die ersetzt werden können! Aber die inneren Qualen eines Kindes, seine Erkenntnis, daß seine Gefühle weniger wert sind als sein Spielzeug, die Tatsache, daß es schlechter behandelt wird als Gegenstände – all das kann nicht so leicht wiedergutgemacht werden wie ein Spielzeug ersetzt werden kann. Menschen zählen, nicht Dinge!

Seien Sie nicht überrascht, wenn Ihre Kleinen damit anfangen, sich zu schlagen, wenn sie selbst der Empfänger eines solchen Verhaltens sind. Wie ich bereits an früherer Stelle gesagt habe, behandeln Erwachsene, die in ihrer Kindheit mißhandelt wurden, ihre Kinder auf die gleiche Weise. Dies ist besonders dann der Fall, wenn sie geschlagen wurden, weil ein Gegenstand wichtiger war als sie. Natürlich müssen Sie ein destruktives Verhalten nicht unterstützen, aber Sie müssen sich auch nicht dadurch paralysieren lassen, daß andere manchmal mit Gegenständen in einer solchen Weise umgehen, die Sie nicht mögen. Denken Sie daran, daß im Leben nur das Leben etwas zählt. Sie können von einem Gegenstand keine Liebe bekommen. Sie können einen Gegenstand nicht streicheln und dafür eine Gegenleistung erwarten. Und während Sie sich an Gegenständen erfreuen möchten und Ihren Kindern beibringen wollen, schöne Dinge zu respektieren, sollten Sie daran denken, daß Dinge wertlos sind, wenn es keine Menschen gibt, durch die diese Gegenstände an Bedeutung gewinnen.

5. Der bei weitem neurotischste Wunsch ist vielleicht, daß man von allen, die einen lieben, verstanden werden möchte. Nochmal: Sie sind auf der ganzen Welt einzigartig. Das bedeutet, daß es unmöglich ist, daß es jemanden gibt, der Sie immer versteht, denn dann müßte der andere Mensch sich in Sie verwandeln.

Wenn Sie sich manchmal nicht verstanden fühlen, dann ist es für Sie besser, wenn Sie sich sagen: »Die verstehen mich nicht und werden es wahrscheinlich auch nie tun, aber das ist in Ordnung, denn das sagt wirklich nichts über mich aus.« Denn es ist sinnlos, danach zu streben, »verstanden zu werden«. Sobald Sie damit aufhören zu erwarten, daß andere Sie immer verstehen müssen, bekommen Sie dadurch die Möglichkeit, sich zurückzuziehen, wenn alte Streitigkeiten wieder an die Oberfläche kommen. Die wichtigste Einsicht, zu der Sie kommen können, ist, daß man sich nicht versteht und daß das in Ordnung ist. Kinder leben in ihrer eigenen kleinen Welt. Sie haben alle ihren eigenen einzigartigen Körper. Sie haben einen ganz anderen Lebensraum als sie. Sie können nicht verstehen, warum sie die verrückten Dinge tun, die sie tun – und ob Sie es glauben wollen oder nicht, sie halten Sie für »verrückter« als Sie sie. Die Tatsache zu akzeptieren, daß Sie sich nicht verstehen, ist ein guter Anfang, um eine konfliktfreie Atmosphäre zu schaffen. Lassen Sie sie einzigartig sein, statt zu verlangen, daß sie so sind wie Sie. Lassen Sie sie »verrückt« sein, statt jeden Tag darum zu kämpfen zu verstehen und verstanden zu werden. Warum sollte jemand, der einzigartig ist in dieser Welt, erwarten, daß jemand, der genauso einzigartig ist, ihn immer versteht? Und warum sollten Sie Ihre Individualität aufgeben, indem Sie verlangen, verstanden zu werden, nur weil Sie Mutter oder Vater oder auch der Ehepartner sind? Sobald Sie die Tatsache akzeptieren, daß Sie nie immer auf Verständnis stoßen werden, werden Sie auch dem ganzen Leid, das einhergeht mit der wahnsinnigen Forderung nach gegenseitigem Verständnis, ein Ende bereiten. Mehr als die Hälfte aller Konflikte, die sich um das Problem »Du verstehst mich nicht« drehen, werden verschwinden. Sie werden Kindern beibringen, damit aufzuhören, immer verstanden werden zu wollen, sondern sich darum zu bemühen, sich selbst zu verstehen, was schon als Lebensaufgabe ausreicht.

6. Selbstbewußte Menschen nehmen an den typischen Konflikten selten teil.
Wenn Sie mit sich selbst in Frieden leben und sich selbst lieben, können
Sie nichts machen, was für Sie destruktiv wäre. Sie möchten die Menschen, die Sie lieben, nicht haßerfüllt behandeln, und Sie müssen selbst
einer der Menschen sein, den Sie lieben, und das gilt in zweifacher
Hinsicht für Ihre Kinder. Ich habe das ganze Kapitel 2 dem Thema
gewidmet, wie wichtig es ist, einem Kind beizubringen, daß es sich selbst
liebt. Sich streiten zerstört völlig diese Eigenliebe. Warum sollte jemand,
der sich selbst liebt, etwas tun, was das Ich, das er liebt, verletzen könnte?
Sich streiten ist destruktiv und verletzend. Wenn Sie sich für eine wichtige Person halten, dann werden Sie es sich nicht erlauben, übergewichtig
zu werden, sich von fremden Substanzen abhängig zu machen, sich
selbst mit Schuldgefühlen und Sorgen zu quälen oder sich durch regelmäßige Auseinandersetzungen kaputt zu machen.

Eigenliebe heißt, sich selbst liebevoll zu behandeln. Wenn Sie anderen
zeigen, daß Sie sich selbst lieben und daß Sie sich deshalb respektvoll
behandeln, werden Sie bemerken, daß es die anderen nicht überraschen
wird, wenn Sie sich einfach weigern würden, sich in Auseinandersetzungen hineinziehen zu lassen. Sie werden bald verstehen, daß Sie zuviel
von sich halten, als daß Sie sich Ihre wertvollen Stunden des Lebens
dadurch verderben, daß Sie sich streiten, wenn es einfach eine Zeitverschwendung ist und man nur dadurch leidet. Zeigen Sie Ihren Kindern,
daß Sie sich zu sehr lieben als daß Sie sich auf Schreien, Streiten oder
Explodieren reduzieren lassen. Sie werden ihnen eine wertvolle Botschaft
übermitteln und ihnen ein Beispiel geben, nach dem sie leben können:
Das Beispiel eines friedlichen Menschen, der sich nicht emotional
kaufen oder verkaufen läßt durch die Launen und Rücksichtslosigkeiten
der anderen.

7. Jede Teilnahme an Familienkonflikten ist eine Entscheidung. Niemand kann
Sie zum Scheitern bringen, wenn Sie sich weigern. Wenn Sie in den
immer wieder aufkommenden Streit verwickelt sind, dann müssen Sie
sich daran erinnern, daß Sie sich selbst haben hineinziehen lassen und
daß Sie die Fähigkeit haben, dieser Belastung aus dem Weg zu gehen. Es
ist sehr, sehr schwierig sich mit einem vernünftigen Menschen zu streiten. Wenn man vernünftig bleibt, dann ist die Wahrscheinlichkeit, sich
zu streiten und folglich sich auch aufzuregen, sehr gering. Wenn Sie
selbst in einen Streit geraten sind und Ihnen das nicht gefällt, sollten Sie
an die Botschaft denken, die Sie Ihren Kindern dadurch übermitteln:
»Ihr habt keine Kontrolle über euch selbst.« Sie werden diese neurotische

Botschaft verinnerlichen. Sie werden einfach einem anderen die Schuld geben, daß der Streit ausgebrochen ist, da sie Eltern haben, die den gleichen Unsinn glauben. Wenn Sie sich darin üben, die Haltung zu bewahren, und daran denken, daß das Verhalten eines anderen zu der anderen Person gehört und daß Sie sich nicht aufregen können, wenn Sie sich nicht dazu entscheiden, dann werden Sie zu keiner unfreiwilligen Zielscheibe werden. Wenn Ihre »Gegner« sehen, daß Sie einfach kein Interesse daran haben, sich Ihnen in ihrem neurotischen Drang, sich zu streiten, anzuschließen, und daß Sie sich weigern, sich einer verletzenden Erfahrung auszusetzen, dann werden Sie der Streitszene mit all diesen Kampfhähnen in Ihrem Leben den Rücken kehren. Alles ist eine Entscheidung, und sinnlose Konflikte zu vermeiden ist eine hervorragende Übung, wenn Sie sich mehr Gemütsruhe wünschen.

Ein Großteil der familiären Konfliktsituationen ist reine Gewohnheit und kann abgebaut werden, wenn man dazu bereit ist. Bevor wir einen Blick darauf werfen, inwiefern es sich lohnt, sich zu streiten und auf welche Strategien man zurückgreifen kann, um Konflikte aus Ihrem Leben und dem Ihrer Kinder zu verbannen, müssen Sie sich sorgfältig mit dem Gefühl auseinandersetzen, das sich Wut nennt.

Es ist bereits viel zum Thema Wut geschrieben worden. Einige behaupten, sie sei etwas Normales, andere meinen, sie sei immer destruktiv. Wir wissen, daß wütende Menschen nicht so effizient sind wie gelassene Menschen. Wir wissen, daß Wut die Menschen dazu verleitet, sich destruktiv zu verhalten und daß wir nicht mehr sehr viel von dieser Aggressivität in unserer Gesellschaft dulden können, denn sonst wird es keine Menschen mehr geben, um die man sich kümmern kann. Um diese Familienkonflikte zu verringern, müssen Sie sich mit dem auseinandersetzen, was Wut genannt wird und Ihnen und Ihren Kindern helfen, ihr Denken völlig zu ändern, das vor allem diese überhandnehmende Wut erzeugt. Sie können helfen, diese Energie der Wut in etwas anderes umzusetzen. Sie können Ihren Kindern beibringen, daß Sie nicht das Opfer ihrer Wut sein werden, und Sie können sich auch selbst beibringen, diese Reaktion zu verhindern. Niemand ist gerne mit einer unmöglichen Person zusammen, die voller explosiver Wut ist. Wut ist nicht natürlich. Versuchen wir, sie durch Ruhe und Lebensbejahung zu ersetzen.

Was ist eigentlich Wut?

Sie möchten nicht, daß Ihre Kinder mit Wut und Haß in ihrem Herzen aufwachsen. Sie wissen, wie schrecklich es ist, einen Menschen um sich zu haben, der Wutanfälle bekommt. Sie wissen, wie schrecklich Sie sich fühlen, wenn Sie sehen, wie Ihre Kinder vor Wut außer sich geraten. Noch schlimmer ist, daß Sie wissen, wie schlecht sie sich fühlen. Sie sehen die Wut in ihren Augen und ihre ganzen Seelenqualen, wenn sie vor Wut förmlich überschäumen. Sie wissen, daß es nicht gut für sie ist, diese Ausbrüche oder »Einbrüche« zu haben, und wenn sie bis ins Erwachsenenalter so reagieren, dann werden auch sie, genau wie die, die unter ihrer Wut zu leiden haben, ein Opfer sein.

Wenn Sie Kinder dabei unterstützen, innerlich frei zu sein, möchten Sie bestimmt alles tun, um sicherzustellen, daß sie nicht die Sklaven ihrer eigenen Wut werden. Sie werden viel produktiver und glücklicher sein und das Leben viel mehr zu schätzen wissen, wenn sie diese Wut aus ihrem Leben verbannen, aber zuerst müssen Sie wissen, was Wut eigentlich ist und dann müssen Sie sich sehr darum bemühen, ihnen beizubringen, daß Sie es nicht tolerieren werden, wenn sie ihrer Wut freien Lauf lassen.

Wut ist das Ergebnis einer bestimmten Denkweise. Der typische Familienkrach hat seinen Ursprung in einer bestimmten Denkweise. Kinder reagieren fast immer mit Wutausbrüchen, weil sie wissen, daß sie damit etwas erreichen können. In den seltensten Fällen beruhen sie auf einer tiefsitzenden pathologischen Störung. Ein Wutanfall hat das Ziel, auf negative Art die Aufmerksamkeit auf sich zu lenken, wodurch Sie sich schließlich veranlaßt sehen, lieber nachzugeben als die Zielscheibe dieser Wut zu sein. Kinder lernen sehr schnell, daß sie sehr viel erreichen können, wenn sie mit Wutausbrüchen reagieren. Vom wutentbrannten Schreien im Säuglingsalter, wenn das Kind nicht sofort auf den Arm genommen wird, bis zum Wutausbruch im Supermarkt, wenn es keinen Lutscher bekommt. Kinder verhalten sich solange so, wie sie dadurch das erreichen können, was sie sich in ihren Kopf gesetzt haben. Das heißt, bis sie ihren Lutscher bekommen haben. Wenn Sie jedesmal nachgeben, wenn ihr Kind mit einem Wutausbruch seinen Willen durchsetzen will, sagen Sie Ihrem Kind eigentlich: »Alles, was du tun mußt, damit du deinen Willen bekommst, ist, hemmungslos deine Wut herauszulassen, und dann bekommst du schon das, was du dir gewünscht hast.« Gleichgültig wie Sie es nennen, es ist eine Manipulation des Verhaltens. Bloß, es ist Ihr Verhalten, das durch den negativen Einfluß der Wut auf Sie manipuliert wird. Kinder lernen sehr schnell, dieses Mittel zu gebrauchen, und es liegt an Ihnen, dafür zu sorgen, daß dieses Verhalten nicht noch gefördert wird, wenn sie noch klein sind. Sonst wachsen sie vielleicht in dem Glauben auf, daß sie alle Menschen in ihrer Umgebung mit der folgenden Ausrede manipulieren können: »Ich bin ein Mensch mit einem hitzigen Temperament. Ich kann wirklich nichts dafür – ich hab's geerbt.«

Sie müssen Ihre Kinder so erziehen, daß sie nicht zu Ausflüchten greifen, und Sie müssen ihnen zeigen, daß es in der Beziehung zu Ihnen und anderen keinen Platz gibt für Wutausbrüche. Sie dürfen keine Angst haben, sich dieser Wut zu stellen. Sorgen Sie dafür, daß Sie nicht unbeabsichtigt das fördern, was Sie aus Ihrem Leben verbannen möchten. Wenn Sie Anfällen der Wut oder des Zorns oder auch irrationalen Streitereien nachgeben, erziehen Sie Ihre Kinder dazu, diese Strategie immer wieder anzuwenden. Wenn ich davon spreche, Kinder nicht dazu zu erziehen, für alles eine Ausrede zu haben, spreche ich davon, nicht einfach ihr freches Verhalten herunterschlucken. Sie würden das tun, wenn sie ihr Verhalten dadurch rechtfertigen, daß Sie sagen: »Er kann wirklich nichts dafür – er ist da genau wie sein Vater.« »Er war schon immer sehr aufbrausend.« »Im Grunde genommen ist sie ein liebes Kind. Es ist nur so, daß ab und zu dieser böse Dämon in ihr hochkommt.« »Alle Kinder haben Wutanfälle – das ist nur menschlich.« Diese ganzen Ausreden müssen verschwinden, wenn Sie Ihrem Kind helfen möchten, in seinem Leben vernünftig – nicht unvernünftig – zu sein.

Wenn Ihre Kinder sich zu innerlich freien Menschen entwickeln sollen, müssen sie schon früh lernen, daß sie dazu ihren Kopf gebrauchen müssen. Sie müssen lernen, ihren Geist zu kontrollieren und für ihr emotionales Verhalten die Verantwortung zu übernehmen. Kinder, die nach dem Prinzip der Wut erzogen werden, lernen genau das Gegenteil. Sie sind bald der Meinung, daß es eigentlich nicht ihr Fehler ist, daß sie ihre Wut nicht kontrollieren können und daß Mami und Papi sowieso darüber hinwegsehen werden. Sie haben viele Möglichkeiten, Ihren Kindern zu helfen, ihre Gedanken besser zu kontrollieren.

Wut hat nicht seine Ursache in anderen Menschen oder Dingen, sie beruht auf der Art, wie die Menschen sich entschlossen haben, die Welt zu sehen. Dies ist ein wichtiger Unterschied, der Kindern bewußt sein sollte. Zuerst haben sie wütende Gedanken und dann fühlen sie, wie ihr Körper auf diese Gedanken reagiert. Wenn ein Kind wütend ist, weil ein anderes Kind mit seinem Spielzeug gespielt hat, war es nicht das Spielzeug und auch nicht derjenige, der damit gespielt hat, der die Wut des

Kindes verursacht hat. All dies hätte auch geschehen können, ohne daß das Kind überhaupt etwas davon gemerkt hätte. Aber als der kleine Junge erkannte, daß sein Lieblingsspielzeug verschwunden war, begann er damit, Gedanken nachzuhängen, die ihn wütend machten. »Wie kann ein anderer es nur wagen, mit meinem Spielzeug zu spielen! Ich werde ihn verprügeln oder richtig laut nach Mami rufen.« Die wütenden Gedanken rufen wütende Reaktionen hervor. Die wütenden Gedanken sind der Grund für das wütende Gesicht, den erhöhten Blutdruck, die zusammengekniffenen Lippen, die geballte Faust. Und es sind genau diese wütenden Gedanken, mit denen Sie sich auseinandersetzen müssen, um Kindern zu helfen, nicht mehr wütend zu sein.

Ich habe keine Schwierigkeiten mit einer Wut, die Menschen zur Tatkraft motiviert. Kinder sollen ruhig wütend werden über schlechte Noten, wenn sie das dazu bewegt, sich zu verbessern. Sie sollen sich ruhig darüber aufregen, daß auf dieser Welt Menschen hungern und sogar verhungern müssen, wenn Sie sich dann dafür engagieren, daß sich daran etwas ändert. Sie sollen ruhig Wut darüber verspüren, daß die Welt voller Ungerechtigkeiten ist, wenn Sie sich dann dazu aufraffen können, daran etwas zu ändern. Sie sollen sich ruhig über Ihre eigene Dummheit ärgern, daß sie ihr Spielzeug überall liegen lassen, so daß andere es zerstören können, wenn sie dadurch lernen, es immer wegzuräumen. Dies ist die konstruktive Seite der Wut, und wenn wütende Gedanken Kinder dazu mobilisieren können, etwas zu verbessern, dann begrüße ich diese Wut.

Jedoch funktioniert Wut häufig nicht auf diese Weise. Meistens hat die Wut eine lähmende Wirkung auf die Person, die sich ärgert, und sie schikaniert diejenigen, die dem Ergebnis dieser wütenden Gedanken ausgesetzt sind. Diese lähmende Wut ist schädlich und gefährlich und stellt ein schwerwiegendes Hindernis in der Entwicklung zu einem innerlich freien Menschen dar. Sie entsteht aufgrund der mangelnden inneren Überzeugung, daß andere das Recht haben, sich nicht von den anderen tyrannisieren zu lassen. Sie kommt von einer Person, die grundsätzlich unzufrieden ist mit sich selbst oder die möchte, daß die Welt anders ist.

Der aufbrausende Mensch (Kind oder Erwachsener) verläßt sich sehr auf die Angst der anderen, um sie so zu manipulieren, daß sie so werden wie er es sich wünscht. Diese Menschen wissen sehr wohl, daß ihr unangenehmes Verhalten anderen sehr mißfällt. In Wahrheit verlassen sie sich auf die typischen Reaktionen der anderen, um ihre Strategien wirkungsvoll einsetzen zu können. Sie wissen, daß es jedem unangenehm ist, mit Menschen zusammen zu sein, die bei jeder Kleinigkeit in die Luft gehen, und daher setzen sie ihr feindseliges Verhalten dazu ein, auf Kosten des

Seelenfriedens der anderen ihr Bedürfnis nach Macht und Anerkennung zu stillen. Teenager, die wissen, daß sie nur einen Streit darüber auslösen müssen, welche Fernsehsendung gesehen werden soll, um alle Familienmitglieder in einen Krach zu verwickeln, setzen sich meist mit ihren Wünschen durch, da alle den Frieden nicht zerstören möchten. Häufig schreit oder schmollt der aufbrausende Jugendliche oder schmeißt mit Gegenständen um sich, und alle geben einfach um des lieben Friedens willen nach, statt sich mit diesen Gefühlsausbrüchen auseinanderzusetzen.

Ein solches Verhalten ruft allerdings nur das Gegenteil hervor. Kinder, die Sie dazu provozieren können, wütend zu werden, haben viel zu gewinnen. Obwohl sie vielleicht eine gewisse Zeit auf ihrem Zimmer verbringen müssen, zahlt sich ihr Verhalten doch für sie aus. »Super! Diesmal habe ich Mami wirklich geschafft. Sie war völlig außer sich vor Wut. Ich hab sie jetzt völlig unter meiner Kontrolle und das einzige, was ich dafür machen muß, ist, ein paar Minuten auf mein Zimmer zu gehen.« Wenn Sie auf Ihre Kinder mit einer unkontrollierten Wut reagieren, überlassen Sie ihnen einfach nur die Kontrolle über Ihr Verhalten. Sie werden Sie durch Ihre eigene Wut manipulieren und müssen dafür nur mit einigen disziplinarischen Maßnahmen von Ihnen rechnen. Der langfristige Nutzen, den sie daraus ziehen, überwiegt bei weitem die geringfügigen Unannehmlichkeiten, die sie dafür über sich ergehen lassen müssen. Wenn sie Sie mit Ihrer oder mit ihrer eigenen Wut kontrollieren, werden sie es immer tun. Wut ist ein zweischneidiges neurotisches Schwert. Wenn Sie es anderen erlauben, es gegen Sie zu gebrauchen, werden Sie dadurch manipuliert, weil Sie versuchen, diese schrecklichen Gefühlsausbrüche zu verhindern. Wenn Sie es sich selbst erlauben, sich aufgrund des Verhaltens der anderen wütende Gedanken zu machen, werden Sie unter dem Trauma dieser Wut zu leiden haben. Es gibt nur einen Ausweg! Sie müssen Kindern beibringen, daß Sie nicht wütend reagieren werden, gleichgültig welche Forderungen die Kinder an Sie stellen. Und Sie müssen ihnen helfen, jeden Tag ihres Lebens emotional reifer auf ihre eigenen Frustrationen zu reagieren.

Obwohl viele der wütenden Reaktionen, die für das Familienleben typisch sind, nur kleine Ärgernisse zu sein scheinen, ist dies nicht der Fall. Wenn Wut unkontrolliert ausbricht und zum Drahtzieher in der Familie wird, lernen Kinder einige sehr grundsätzliche Strategien, um sich im Leben durchzuboxen und der Veranwortung aus dem Weg gehen, vernünftige, gesetzestreue und verantwortungsbewußte Bürger zu sein. Bei vielen abscheulichen Greueltaten ist die Wut der entscheidende

Auslöser, und nach einem solchen Wutausbruch bleibt lange ein Gefühl des Unbehagens. Für viele Verbrechen, die aus der Wut heraus begangen werden, wird nach einer Ausrede gesucht. »Im Grunde ist er gar nicht so. Er ist nur für einen Moment ausgerastet. Ich bin sicher, er wird es nie wieder tun.« Diese Art der Ausrede garantiert, daß die realen Tragödien, die durch unkontrollierte Wut verursacht wurden, sich weiterhin immer wieder ereignen werden. Helfen Sie Kindern einzusehen, wie unsinnig es ist, Wut als ein Mittel einzusetzen, um sich selbst auszudrücken und seinen Willen durchzusetzen. Sie müssen lernen, die Kraft des Geistes und nicht die des Körpers zu gebrauchen, um das zu erreichen, was sie gerne möchten, denn letztendlich wird jeder in unserer Gesellschaft darunter leiden, daß es einige gibt, die ihrer Wut freien Lauf lassen können, da sie nicht von Anfang an gelernt haben, sie zu kontrollieren.

Fähig zu sein, seine Wut zu äußern, ist viel besser als sie immer herunterzuschlucken, bis sie eines Tages aus einem herausbricht. Sicherlich muß man es den Kindern zugestehen, wütende Gedanken zu haben und ihren Gefühlen Ausdruck zu verleihen. *Aber niemals auf Kosten eines anderen!* Dies ist in unserer Gesellschaft der wichtigste Grundsatz. Nichts was wir tun sollte mit dem Recht eines anderen Menschen auf Selbstverwirklichung kollidieren. Das Recht Ihres Kindes, seine Fäuste zu schwingen, wird durch mein Recht eingeschränkt, selbst bestimmen zu dürfen, welche Form meine Nase haben soll. Basta! Keine Ausreden. Drücken Sie Ihre Wut aus, statt sie zu unterdrücken. Erlauben Sie Ihren Kindern, ihre wütenden Frustrationen dann aus sich herauszulassen, wenn sie es möchten, aber niemals zu Lasten eines anderen. Für eine Stunde schmollen, mit den Fäusten ein Kissen bearbeiten oder einen Fußball kicken – Ja! Aber schreien, brüllen, schlagen, manipulieren, tyrannisieren, fluchen oder sich irgendwie unfair zu verhalten, so daß sich die eigene Wut gegen andere richtet – gleichgültig, um wen es sich handelt –, kann einfach nicht in einer Gesellschaft toleriert werden, in der wir lernen müssen, zusammen zu leben und miteinander auszukommen.

Es gibt für das Abreagieren von Wut eine bessere Möglichkeit, auf die die Menschen zurückgreifen, die keine inneren Zwänge kennen. Man kann die Wut, die man verspürt, so aus sich herauslassen, daß andere nicht geschädigt und gestört werden, und dies ist gesünder als sie in sich anzusammeln bis sie später einmal unkontrolliert aus einem herausbricht. Wenn man die Wut dann noch so umsetzen kann, daß sie einen nicht lähmt, sondern motiviert, etwas zu ändern, dann ist es um so besser. Aber am besten ist, wenn man es lernt, sich erst gar keine wütenden Gedanken zu machen. Zu lernen, Menschen, die anders sind, zu akzeptieren, ist weitaus erhabener als mit Wut zu reagieren, weil sie so sind, wie sie sind. Zu lernen, sich nicht mehr darüber zu ärgern, daß man seinen Schlüssel verlegt hat, ist eine erhabenere Reaktion als Wut. Zu lernen, seinen Geist kreativ einzusetzen, um die seelischen Qualen eines Wutausbruchs zu vermeiden, eine gesunde Einstellung zu sich zu haben – so reagiert ein Mensch, der keine inneren Zwänge kennt. Ich schlage vor, daß Sie Ihren Kindern helfen, diese Entwicklung im richtigen Umgang mit Wut zu machen: vom einfachen Gebrauch der Wut, um andere zu manipulieren, über die Freisetzung neuer Energien, über das Herauslassen der Wut in einer Art, die nicht aggressiv und angriffslustig ist, bis schließlich zu dem Ziel, daß man mit sich selbst so im Einklang ist, daß man sich erst gar keine wütenden Gedanken macht. Der Dichter Isaac Watts hat einmal diesen wichtigen Gedanken zu Papier gebracht, der den Kern dessen bildet, worüber ich in diesem Kapitel spreche:

> Laßt Hunde voller Freude bellen und beißen,
> Denn Gott hat sie so geschaffen;
> Laßt Bären und Löwen kämpfen und reißen,
> Denn auch sie sind so geschaffen.
>
> Aber Kinder, Ihr solltet niemals solche
> Wütende Leidenschaft in Euch hochkommen lassen;
> Denn Eure kleinen Hände wurden niemals dafür geschaffen
> Anderen die Augen auszureißen.
>
> *Göttliche Gesänge* (1715)

Sie möchten, daß Ihre Kinder so aufwachsen, daß sie die Welt als einen schönen Ort einschätzen und daß sie nicht zu der Auffassung kommen, daß sie voller Aggressivität ist. Sie möchten, daß sie die Kontrolle über ihr eigenes Schicksal haben, statt ständig in innerem Aufruhr sind (oder einen solchen hervorrufen), weil sie unfähig sind, friedfertig zu denken. Sie möchten, daß sie mit intelligenten Maßnahmen Selbstdisziplin üben. Auch dies ist ein Thema, mit dem Sie sich auseinandersetzen müssen, wenn Sie Ihren Kindern den Weg zur inneren Ruhe bereiten wollen. Keine innere Wut, aber eine innere Ruhe.

Disziplin für die innere Freiheit

Menschen lernen in ihrer Kindheit, daß Disziplin ein negativ behaftetes Wort ist. »Wenn du nicht das machst, was du tun sollst, dann muß ich dir Disziplin beibringen.« »Du brauchst mehr Disziplin, damit du weißt, wie du dich zu benehmen hast.« Das Wort *Disziplin* wird allmählich für das Kind das gleiche wie Bestrafung. Es ist verständlich, daß Kinder lernen, Disziplin zu meiden, da sie einer Bestrafung aus dem Weg gehen möchten. Sie glauben, daß Disziplin etwas ist, was Sie ihnen als ihre Eltern auferlegen. Sie verstehen es als eine Bestrafung und daher versuchen sie, der Disziplin, wann immer dies möglich ist, aus dem Weg zu gehen. Wenn dies auf Ihre Kinder zutrifft, sollte es Sie nicht überraschen, daß Ihre Kinder disziplinlos sind. Sie haben sich sehr darum bemüht, nicht diszipliniert zu sein, und daher fehlt ihnen natürlich die Eigenschaft, der sie in ihrem ganzen Leben aus dem Weg gegangen sind.

Disziplin kann eine völlig neue Bedeutung annehmen. Disziplin kann als etwas Erfreuliches gesehen werden, also nicht als etwas Bestrafendes. Wenn Disziplin einen positiven Beiklang bekommt, werden sich die Kinder auf die einzig richtige Weise disziplinieren lassen: Sie müssen aus sich heraus Disziplin üben.

Ich bin in den letzten neun Jahren, ohne ein einziges Mal auszusetzen, jeden Tag 15 Kilometer gelaufen. Ich habe in den letzten 10 Jahren versucht, meinen Zucker- und Salzkonsum so gering wie möglich zu halten. Ich habe seit 1976 über hundert Artikel und sieben (jetzt acht) wichtige Bücher geschrieben. Ich habe jeden Tag meine Zähne sorgfältig geputzt, ohne einen Tag damit zu schlampen. Werde ich bestraft? Tu ich all diese Dinge und viele andere, weil ich Angst davor habe, was ein Erwachsener mir antun könnte, wenn ich nicht schreibe, Sport treibe, auf meine Ernährung achte oder meine Zähne putze? Natürlich nicht! Ich tue dies alles sehr gerne. Ich bin sehr mit mir zufrieden, wenn ich mich dazu gezwungen habe, mich an meinen Schreibtisch zu setzen. Mir macht es sehr viel Spaß, jeden Tag Sport zu treiben. Jedesmal, nachdem ich mir die Zähne geputzt habe, fühle ich in mir einen Stolz, daß ich mir die Zeit genommen habe, etwas Gutes für meine Zähne zu tun. Disziplin ist etwas Positives, nichts Negatives. Kinder müssen lernen, sich selbst um der inneren Belohnung willen zu disziplinieren, die sie verspüren werden, wenn sie Selbstdisziplin geübt haben. Disziplin kann Spaß machen und kann auch lohnenswert und anregend sein. Sie kann Ihren Kindern das starke Gefühl geben, über ihr Leben selbst die Kontrolle zu haben.

Die Selbstdisziplin, die ich meine, ist in unserer heutigen Gesellschaft nicht sehr weitverbreitet. Schulen sprechen von dem Bedarf an strengen Lehrern, die den Schülern endlich Disziplin beibringen. Dies sind in der Regel alles Lehrer, die die Kinder dazu bringen können, sich zu benehmen, solange der Lehrer im Klassenzimmer ist, aber sobald der autoritäre Lehrer den Raum verläßt, bricht in der Klasse wieder das Chaos aus. Ein wirklich guter Lehrer wird dadurch gekennzeichnet, daß sich das Verhalten der Kinder kaum ändert, wenn er der Klasse den Rücken kehrt. Wir möchten Kinder, die sich gut benehmen, gleichgültig ob der Lehrer in der Klasse ist oder nicht. Im Leben sind nicht immer irgendwelche Aufsichtspersonen anwesend. Lange nachdem die Schulzeit eines Kindes vorüber ist, wird die Bedeutung der Selbstdisziplin klar sein. Wenn sie ständig eine Aufsichtsperson benötigen, dann benehmen sie sich gut, weil sie Angst haben und nicht weil sie Selbstdisziplin üben. Außerdem werden sie immer einen anderen Menschen brauchen, der ihnen sagt, wie sie sich zu verhalten haben, wenn sie in ihrer Kindheit lernen, daß Disziplin etwas ist, was eine andere Autoritätsperson von ihnen fordert. Sie werden nicht wissen, was sie tun sollen, wenn ihr Vorgesetzter für einen Tag außer Hause ist. Sie werden völlig durchdrehen, wenn sie nicht mehr beaufsichtigt werden. Kurz: Sie werden ein Leben lang disziplinlos sein, wenn sie lernen, sich nur diszipliniert zu verhalten, wenn sie vor anderen Angst haben, die von ihnen Disziplin erwarten.

Kinder, die durch ihre Eltern zur Disziplin gezwungen werden, befinden sich im gleichen Dilemma. Warum und wann sollten sie sich richtig benehmen? Wenn Kinder sich sehr diszipliniert verhalten, weil Erwachsene das von ihnen fordern, haben sie keinen Grund, Selbstdisziplin zu lernen. Wenn Sie dann einmal über das Wochenende verreisen, werden Ihre Kinder durchdrehen. Solange Sie in der Nähe sind, werden sie sich benehmen, aber wenn Sie sie nur für einen kurzen Augenblick aus den Augen verlieren, wird das Chaos ausbrechen. »Unsere Eltern sind nicht da, wir können also alles machen. Laßt uns ihren Alkohol trinken – sie werden es schon nicht merken. Laßt uns bis spät in die Nacht in die Stadt gehen, sie werden es schon nicht erfahren. Wir können tun und lassen, was wir wollen, denn unsere Eltern sind nicht da, um uns zu kontrollieren.« So fühlen Kinder, die in ihrer Kindheit gelernt haben, daß Disziplin etwas ist, was andere von ihnen fordern. Wenn sie das Nest verlassen, sind sie genauso wenig dazu bereit, ein reifes Verantwortungsgefühl zu haben, wie dies der Fall im Alter von sieben Jahren war. Warum? Weil sie nicht gelernt haben, daß Disziplin etwas ist, was zum eigenen Moralkodex gehört, also etwas ist, das man verinnerlichen und anwenden muß, um effiziente, intelligente, moralische und innerlich freie Menschen zu sein. Statt dessen haben sie gelernt, Disziplin zu meiden, denn sie verbinden damit eine Bestrafung, und niemand setzt sich gerne einer Bestrafung aus. Daher haben sie gelernt, Abstand von der Disziplin zu nehmen, und dies wird immer dann besonders deutlich, wenn sie alleine sind.

Verstehen Sie Disziplin als etwas, womit Sie Ihren Kindern helfen können, einen Moralkodex anzunehmen, der sie durch das Leben führt.

Es gibt viele Dinge, die ein innerlich freier Mensch einfach nicht machen kann, gleichgültig ob er dabei beobachtet werden würde oder nicht. Sie werden immer das Geld an die Kassiererin zurückgeben, wenn diese ihnen zuviel herausgegeben hat. Sie tun dies nicht, weil sie Angst davor haben, erwischt zu werden, sondern weil Ehrlichkeit eine Disziplin ist, an die sie sich halten wollen. Dagegen zu handeln, wäre das gleiche, wie sich gegen sich selbst zu richten. Es ist einfach unmöglich. Außerdem engagieren sich innerlich freie Menschen für Dinge, die andere sogar für unmöglich halten. Sie erkennen, daß alle anderen um der Jagd willen jagen, aber für sie kommt dies einer Verletzung der inneren Werte gleich, und daher verhalten sie sich so, wie ihre inneren Wertvorstellungen es ihnen vorschreiben, statt sich danach zu richten, was die anderen machen. Wenn Kinder sich entfalten sollen, müssen sie eigene innere Wertvorstellungen und Selbstdisziplin haben, und Sie können ihnen helfen oder sich ihnen in den Weg stellen. Es hängt allein davon ab, ob Sie ihnen Disziplin aufzwingen oder ob Sie ihnen helfen, Selbstdisziplin als eine Lebensweise zu entwickeln. Wenn sie Selbstdisziplin erlernen, dann brauchen Sie sich keine Sorgen zu machen, wenn Sie das Zimmer, das Haus oder die Stadt verlassen oder sogar einmal ohne die Kinder verreisen. Sie werden dann wissen, daß sie gelernt haben, ihre eigenen Werte anzuwenden, statt sich darauf zu verlassen, daß Sie die Entscheidungen für sie treffen, weil sie Angst davor haben, diszipliniert zu werden, wenn es ihnen nicht gelingt, das zu tun, was Sie von ihnen gefordert haben.

Eine effektive Selbstdisziplin kann schon früh erlernt werden. Natürlich müssen Sie sehr kleinen Kindern sagen, »Nein! Du darfst dein kleines Schwesterchen nicht ins Gesicht schlagen«, und ihnen das auf eine vernünftige Weise erklären, ohne dabei in ihnen die Angst zu schüren. »Deine Schwester ist noch sehr, sehr klein und kann sich nicht gegen dich wehren. Niemand möchte ins Gesicht geschlagen werden – du weißt selbst, wie weh das tut. Ich möchte nicht, daß du die Kleine schlägst, auch wenn ich einmal nicht da bin. Wir lieben uns alle und das ist viel schöner als sich zu schlagen.« Ihnen auf diese Weise beizubringen, daß sie andere nicht schlagen dürfen, ist eine effektive Disziplinierung. Ihnen aber zu sagen, daß sie eine Ohrfeige bekommen werden, wenn Sie sehen, daß sie es noch einmal machen, führt nur dazu, daß die Kinder zur folgenden Einsicht kommen: »Nächstes Mal muß ich darauf aufpassen, daß Mami mich nicht sieht, wenn ich das Baby schlage, damit ich nicht wieder eine Ohrfeige bekomme.« Wenn Sie Kindern Angst einflößen oder von ihnen Disziplin fordern, weil Sie größer sind, erziehen Sie Ihre

Kinder dazu, Sie zu belügen und sich hinter Ihrem Rücken all das zu erlauben, was Sie ihnen verboten haben. Wenn Sie ihnen helfen, den Grund zu verstehen und verstärkt darauf hinweisen, daß Sie möchten, daß sie es verstehen und daß es nichts damit zu tun hat, erwischt zu werden, sondern daß es etwas ist, was sie verinnerlichen müssen, dann erziehen Sie sie zu einer wirkungsvollen Disziplin. Dies gilt für Kinder in jedem Alter. Beim Fahrradfahren vorsichtig zu sein und auf den Verkehr zu achten sollte nicht etwas sein, was Kinder machen, weil sie sich vor ihren Eltern fürchten oder weil sie Angst davor haben, von einem Verkehrspolizisten erwischt zu werden, wenn sie bei Rot über die Ampel fahren, sondern sie müssen lernen, daß es die einzige Möglichkeit ist, um Unfälle zu vermeiden. Das einzige, was hilft, ist Selbstdisziplin. Denn wenn sie diese haben, werden sie im Straßenverkehr nicht waghalsig Fahrradfahren, weil sie Angst haben, dafür bestraft zu werden, sondern weil es gefährlich ist, das eigene Leben auf diese Weise zu gefährden. Sie schnupfen kein Kokain – nicht weil ich es sage, sondern weil ihnen ihr Körper dazu zu schade ist und weil sie immer auf ihre Gesundheit achten möchten. Wenn Kinder Drogen meiden, weil Sie in Sichtweite sind, werden sie zu ihnen greifen, wenn Sie einmal nicht zugegen sind. Aber wenn sie lernen, ihren Körper zu respektieren, wenn ihnen erlaubt wird, Fragen zu stellen, wenn sie keine Angst davor haben müssen, Ihnen zu erzählen, was sie gewagt haben, und sich eine eigene Meinung über den Gebrauch von Drogen bilden, dann wird es schließlich keine Rolle mehr spielen, ob Sie in der Nähe sind oder nicht.

Kinder brauchen natürlich eine Anleitung, und in den ersten Jahren muß ihnen auch so manches verboten werden, aber dies sollte immer mit einer vernünftigen Erklärung einhergehen. Noch wichtiger ist aber, daß sie lernen, bei fast allem, was sie tun, Selbstdisziplin zu üben. Sie können sie nicht jeden Augenblick beaufsichtigen. Sie werden viel öfter auf sich selbst gestellt sein als sie in Ihrer Nähe sein werden – in jedem Alter, außer in den ersten Jahren. Was Sie denken und tun, wenn Sie nicht anwesend sind, entscheidet darüber, welches Maß an Selbstdisziplin sie erlernt haben. Was sie tun, wenn sie beobachtet und beaufsichtigt werden, spielt keine Rolle. Wenn sie in sich einen Moralkodex fest verankert haben, werden sie sich so verhalten, daß man merkt, sie bejahen das Leben und sind frei von inneren Zwängen, aber wenn ihnen die moralische Einstellung von Ihnen aufgezwungen wird, dann werden sie sich nur Ihnen zuliebe gut benehmen. Und später im Leben, wenn es vor allen Dingen notwendig ist, Selbstdisziplin zu haben, und Sie nicht da sind, um diese von ihnen zu fordern, werden sie durchdrehen, genau wie sie es taten, als der Lehrer für einen kurzen Moment den Klassenraum verließ. Lehrer können ihren Schülern helfen, zuverlässig zu sein, wenn sie nicht im Raum sind, indem sie einfach kooperativ sind und eine demokratische Atmosphäre schaffen und indem sie den Schülern klarmachen, warum es wichtig ist, eine gute Lernatmosphäre zu haben. Dies trifft auch auf ihr Zuhause zu. Bringen Sie Ihren Kindern bei, warum sie das lernen sollen, was sie lernen, warum man sich an Vorschriften halten muß, und später, wenn sie vor allem Disziplin üben müssen, werden sie in sich gehen und dort nach einer Anleitung suchen.

Eine Disziplin, die auf Wut, Frustration, Angst oder einfach auf Gewalt beruht, funktioniert nur in Anwesenheit eines Kerkermeisters. Familien werden sich immerfort heftig streiten, wenn sie weiterhin in ihrem Umgang untereinander diese Strategie anwenden.

Wie fördern wir unbewußt ein wütendes, streitsüchtiges und disziplinloses Verhalten?

Nachstehend finden Sie einige typische Strategien, die dazu beitragen, Kinder zu Wutanfällen zu provozieren und ihnen von außen eine Disziplin aufzuzwingen. Gehen Sie diese Liste durch und überlegen Sie, wie zerstörend solche Verhaltensweisen die Entwicklung Ihrer Kinder beeinflussen. Schließlich sollten Sie sich Gedanken darüber machen, ob einige der Alternativen, die im nächsten Teil des Kapitels angeboten werden, Ihnen helfen können, Wut und Streitsucht abzubauen.

☐ Nach Problemen suchen, statt nach Lösungen. Die Betonung darauf legen, was falsch gemacht wurde. Darüber klagen, was man nicht mehr rückgängig machen kann.

☐ Die Frustration der Kinder verstärken, indem man sie reizt, ihnen nachspioniert, sie übertrieben neckt oder sich ständig mit ihnen streitet.

☐ Eine spannungsgeladene und konkurrierende Atmosphäre in Ihrem Zuhause schaffen.

☐ »Zu« Kindern sprechen: Sie als minderwertige Menschen behandeln, weil sie jünger und kleiner als Sie sind.

☐ Kinder einer zügellosen Gewalt durch Kino- und Fernsehfilme aussetzen.

☐ Ein Kind schlagen, anschreien, ohrfeigen, anbrüllen und verbal angreifen, um es zu einem guten Benehmen zu erziehen.

☐ Heftige Gefühlsausbrüche übersehen oder sie als normal entschuldigen.

☐ Alle Entscheidungen für sie treffen und ihnen keine Macht über sich selbst geben. Sie überbeschützen oder ihnen zeigen, daß Sie kein Vertrauen in sie setzen.

☐ Für sie denken und ihnen nicht erlauben, sich Herausforderungen zu stellen.

☐ Mehr von ihnen verlangen als sie zu leisten fähig sind. Für sie die Ziele festsetzen, ohne mit ihnen darüber vorher zu sprechen.

☐ Kinder mit ihren Geschwistern vergleichen oder mit sich, als man so alt war wie sie jetzt.

- ☐ Macht, Gewalt, das Töten und den Krieg verherrlichen und Kindern beibringen, die gleiche Einstellung zu haben.
- ☐ Mehr Wert auf Dinge und Gewalt legen als auf die Menschen und die Liebe.
- ☐ Der Familientyrann sein.
- ☐ Kindern vorgefertigte Ausreden geben, mit denen sie ihr unkorrektes Verhalten »rechtfertigen« können.
- ☐ Die Wutanfälle von Kindern um des Friedens willen übersehen.
- ☐ Disziplin als eine Maßnahme ergreifen, mit der Sie Ihre Kinder bestrafen.
- ☐ Leere Drohungen von sich geben, um Kinder einzuschüchtern, damit sie sich gut benehmen.
- ☐ Aus dem Verhalten eines Kindes keine Konsequenzen ziehen oder unrealistische Strafen verteilen und sich weigern, diese zurückzunehmen.
- ☐ Sich und Ihren Kindern keine Zeit lassen, sich wieder zu beruhigen.
- ☐ Kindern nicht beibringen, was die wahre Ursache der Wut ist.
- ☐ Pingelig sein. Immer nach etwas suchen, was falsch ist oder sich nicht an seinem richtigen Platz befindet.
- ☐ Die Kinder als Sündenbock für Ihre eigenen Frustrationen benützen.

Dies sind nur einige Verhaltensweisen, die Kinder dazu verleiten, aus Wut und Aggressivität eine Lebensweise zu machen. Diese und andere ähnliche Verhaltensweisen rufen eine Atmosphäre hervor, die eher zu Krach als zu einem harmonischen Zusammenleben führt. Wenn Sie solche Strategien verwenden, werden Sie Ihre Kinder so erziehen, daß sie zwar ehrfürchtig und wohlerzogen sind, wenn Sie in Ihrer Nähe sind, aber es wird ihnen an Selbstdisziplin fehlen und daher wird ihr Leben nicht frei von inneren Zwängen sein. Bevor ich auf einige spezifische Verhaltensweisen eingehe, durch die eine solche Einstellung und ein solches Verhalten bei Ihnen und Ihren Kindern abgebaut werden können, beschreibe ich im nächsten Teil dieses Kapitels, inwiefern ich der Meinung bin, daß ein solches Verhalten sich auszahlt, obwohl es destruktiv ist, und warum Sie es beibehalten und den Auseinandersetzungen und der Aggressivität keine Grenzen setzen.

Psychologische Gründe für Aggressivität und Familienkonflikte

Im folgenden werden Sie sehen, warum es sich für Sie »auszahlt«, wenn Sie sich immer wieder so verhalten, wie ich es oben beschrieben habe. Auch wenn Sie nicht unbedingt auf eine positive Weise davon profitieren, benutzen Sie doch vielleicht trotzdem diese Gründe und Ausreden, um die Kinder nicht in einer konfliktfreien, aggressionslosen Weise erziehen zu müssen, die ihnen auch Selbstdisziplin beibringen würde.

☐ Wenn Sie ständig an den alten typischen Streitereien teilnehmen, können Sie für sich Mitleid wecken.

☐ Da niemand in der Familie Sie wirklich versteht und zu schätzen weiß, haben Sie eine eingebaute Entschuldigung dafür, daß Sie sich selbst bemitleiden. Es ist einfacher, sich selbst zu bemitleiden als sich aktiv dafür einzusetzen, daß sich etwas ändert.

☐ Wenn Sie aufgrund eines Vorfalls einen Krach hervorrufen, weil Sie vor Wut außer sich geraten sind oder weil Sie verärgert reagieren, dann können Sie die anderen Familienmitglieder so manipulieren, daß sie das tun, was Sie möchten, oder daß sie sich zumindest schuldig fühlen, weil sie Ihre Position in Frage gestellt haben.

☐ Es ist einfacher, für sich selbst nicht die Verantwortung zu übernehmen oder Kinder ebenfalls dazu zu erziehen, weil Sie ständig sich in einen Krach hineinziehen lassen. Wenn Sie sich streiten, vergeuden Sie den jetzigen Augenblick und Ihre Energie, um sich zu streiten. Wenn Sie so sehr damit beschäftigt sind, sich zu streiten, sich elend zu fühlen und sich davon wieder zu erholen, ist es klar, daß Sie keine Zeit mehr dafür haben, etwas Konstruktives zu tun, damit der Streit beigelegt wird. Daher dienen Ihnen Ihre ständigen Streitereien dazu, sich weiterhin zu quälen, und sie geben Ihnen eine Ausrede, um sich nicht der schwierigen Aufgabe annehmen zu müssen, etwas zu ändern.

☐ Sie können die wahren Risiken umgehen, die darin liegen, anders zu sein und andere so zu akzeptieren, wie sie sind, wenn sie sich einfach streiten. Sich zu streiten ist weit weniger riskant als sich selbst zu öffnen, sich zu verändern oder sich darum zu bemühen, Unterschiede zu akzeptieren, die natürlich zwischen Ihnen und den anderen Familienmitgliedern bestehen.

☐ Sie können sich zu einem Menschen entwickeln, der anderen die Schuld gibt, statt tatkräftig zu sein, wenn Sie sich ständig in sinnlose Auseinandersetzungen hineinziehen lassen und nach einem Sündenbock suchen, der für das Elend, das Sie zur Zeit verspüren, verantwortlich ist.

☐ Sie können das Gefühl haben, selbstgerecht und korrekt zu sein, und Ihre Freunde sogar dazu verleiten, mit Ihnen einer Meinung zu sein, wenn Sie sich streiten und dann jemanden haben, bei dem Sie sich über Ihre rücksichtslosen Familienmitglieder beklagen können.

☐ Sich in der Familie zu streiten, kann eine sinnvolle Taktik sein, um das eigene Selbstwertgefühl zu steigern. Wenn Sie kaum etwas haben, worüber Sie stolz sein können, so können Sie doch zumindest über Ihre Streitfähigkeit stolz sein. Dies ist ein angenehmer, aber destruktiver Ersatz, um Sie davon abzuhalten, etwas Produktives in Ihrem Leben zu machen. Wie sollen Sie sich entfalten, wenn Sie sich ständig über Ihre Familie aufregen und ärgern?

☐ Wut ist ein sinnvolles Mittel, um die Gefühle über einen selbst zu ersetzen. Es ist ein Mittel, um die Aufmerksamkeit von einer unsicheren auf eine sichere Zielscheibe zu verlagern. »Ich kann es mir nicht leisten, mich über meinen Chef aufzuregen, also lasse ich meine Wut an meinen Kindern aus.« Ähnlich verhält es sich, wenn Ihre Kinder einem Freund, einer Freundin oder einem Lehrer nicht zeigen können, daß sie sich über sie geärgert haben, und daher ihre Wut an der Mutter auslassen, weil sie wissen, daß diese es ihnen nicht sehr übelnehmen wird. Ihre Mutter wird sie immer lieben, auch wenn sich ihr gegenüber sehr aggressiv und frech verhalten.

☐ Wut ist ein phantastisches Mittel der Manipulation. Sie ist ganz einfach eine Methode, Leute dazu zu bringen nachzugeben und das zu tun, was die wütende Person will. Kinder können einen Wutanfall genauso wirkungsvoll dazu benutzen, ihren Kopf durchzusetzen, wie Sie dies tun können, damit Sie ihr Zimmer aufräumen. Außerdem kann näm-

175

lich die Person, die gerade einen Wutanfall hat, nicht die gefürchtete Aufgabe erledigen.

☐ Die Auswirkungen auf den Körper, die durch das Herauslassen von wütenden Gefühlen entstehen, sind für den Körper läuternd. Auch wenn all die anderen in Ihrer Umgebung darunter zu leiden haben, werden Sie sich besser fühlen, weil Sie Ihrer Wut und Ihrem Ärger Ausdruck verliehen haben.

☐ Den Kindern ein diszipliniertes Verhalten vorzuschreiben, statt sie jeden Tag zur Selbstdisziplin zu erziehen, ist eine Methode, um über sie die Kontrolle zu haben. Wenn Sie ihnen beibringen, sich vor einer Bestrafung zu fürchten, die Sie Disziplin nennen, behalten Sie die Macht über Ihre Kinder bei, und wer möchte schon gerne zugeben, daß die Kinder einen nicht mehr brauchen. Wir möchten, daß unsere Kinder uns immer brauchen, weil wir uns dadurch wichtig fühlen können, und daher entscheiden wir uns dazu, daß sie bestraft werden sollen, wenn sie sich nicht an Vorschriften halten, die wir ihnen als Eltern gemacht haben.

☐ Mit Wutanfällen und einem aggressiven Verhalten kann man sehr leicht den Kontakt zu den Menschen kaputt machen, die einem nahestehen. Derjenige, der sich von der Vertrautheit und Nähe bedroht fühlt, kann sich irgendeine Ausrede einfallen lassen, warum er jetzt wütend wird, und daher verlagert er die Problematik.

☐ Wenn Sie Ihre Kinder so erziehen, daß sich ein hohes Maß an Wut und Aggressivität entwickelt, dann haben Sie dadurch immer automatisch eine Ausrede zur Hand. »Jeder ist mal verärgert und wütend. Meine Kinder sind in der Hinsicht genau wie andere Menschen.« Dadurch setzen Sie wütend, aggressiv und streitsüchtig zu sein mit Menschsein gleich.

Wie man Familienkonflikte abschafft und eine harmonische Atmosphäre verwirklicht

Suchen Sie mit Ihren Kindern nach Lösungen, nicht nach Problemen. Nachstehend finden Sie gegensätzliche Reaktionen. Auf der linken Seite stehen die Reaktionen von Eltern, die nach Problemen Ausschau halten, um Ärger zu verursachen und um einer Lösung der Probleme aus dem Weg zu gehen. Auf der rechten Seite finden Sie die Reaktionen von Eltern, die nach Lösungsmöglichkeiten suchen.

Auf der Suche nach Problemen	*Auf der Suche nach Lösungen*
Nie hilfst du mir! Du nimmst nie Rücksicht auf mich.	Was würdest du an meiner Stelle tun? Wenn dein Kind vor dir keinen Respekt zeigt, würdest du dann etwas unternehmen?
Du tust nie etwas, um mir die Hausarbeit zu erleichtern. Du bist völlig verantwortungslos und pflichtvergessen.	Das sind deine Pflichten, die du übernommen hast. Ich werde es nicht dulden, daß du wegläufst, um zu spielen, wenn du mir bei der Hausarbeit helfen sollst. Deine Arbeit ist genauso wichtig wie deine Freizeit.
Du bist faul und das weiß jeder hier in der Familie.	Du kannst es schon einmal einplanen, daß du den heutigen Nachmittag damit verbringen wirst, deine Hausaufgaben sorgfältig zu machen, weil du schon die ganze Woche keine gemacht hast.
Ich halte es einfach nicht aus, zu sehen, wie schlampig du rumläufst. Du achtest überhaupt nicht auf dich.	Du kannst so toll aussehen, wenn du dir nur ein wenig Zeit nimmst, dich etwas in Schale zu schmeißen. Ich finde, daß du schön bist, ganz gleich wie du dich auch kleidest. Hältst du dich für attraktiv?
Du bist die größte Schlampe dieser Welt! In deinem Zimmer sieht's wie im Schweinestall aus.	Kannst du es dir zur Aufgabe machen, heute deine Schmutzwäsche wegzuräumen? Ich mache die Tür zu deinem Zimmer zu, damit ich dort nicht mehr hineinschauen muß.

Lösungsmöglichkeiten sind eigentlich immer vorhanden, aber häufig sind Aggressivität und Familienkrach das Ergebnis Ihres Umgangs mit Ihren Kindern, so daß die Probleme nur noch verstärkt werden. Je mehr Sie betonen, wie schlecht sie sind und was Sie an ihnen nicht mögen, um so stärker fordern Sie sie zu einem Krach heraus. Überlegen Sie, was eine Lösung der Situation herbeiführen könnte, und bemühen Sie sich dann jeden Tag darum, sich so zu verhalten, daß das Zusammenleben für alle angenehmer wird, statt sich so zu verhalten, daß die anderen merken, »Ich bin bereit, mich zu zanken«.

Bemühen Sie sich aktiv darum, daß potentielle Auseinandersetzungen nicht noch geschürt werden. Wenn Sie darauf bestehen, im Recht zu sein oder aus einem normalen Gespräch eine Provokation zu machen, dann entsteht daraus meist nur ein Streit und Aggressivität. Lassen Sie Ihren Kindern ihre eigene Meinung, und wenn sie sich weigern, Ihnen das gleiche Recht zuzugestehen, sollten Sie einfach nicht auf ihre Bemühungen, Sie zu reizen, eingehen. Weigern Sie sich einfach, sich durch den Umgang mit Ihren Kindern zu einer wütenden, streitsüchtigen und aggressiven Person zu entwickeln. Ihre Wut und Ihre Verärgerung beruhen darauf, wie Sie sich entschieden haben zu denken und zu handeln. Wenn Kinder zeigen, daß sie intolerant sind, dann haben sie sich in diesem Moment dazu entschieden. Ihre Reaktion auf ein solches Verhalten beruht darauf, wie Sie sich in diesem Moment entscheiden. Sie können sich dazu entscheiden, mit Verärgerung zu reagieren, d. h. Sie gehen auf die Provokation Ihrer Kinder ein, oder aber Sie können sich auch weigern, dies zu tun und dafür sorgen, daß sich die Gemüter wieder besänftigen. Eine sehr wirkungsvolle Methode ist, sich nochmals vor Augen zu halten, was wirklich vorgefallen ist. Hierzu einige Beispiele: »Der Lehrer hat dir heute eine schwierige Frage in Rechnen gestellt und jetzt möchtest du dich mit deinem jüngeren Bruder um ein Spielzeug streiten.« »Im Grunde hast du Angst vor der Klassenarbeit morgen, deshalb läßt du deine Nervosität jetzt an mir aus.« »Du fühlst dich hintergangen, wenn die anderen Kinder etwas zusammen unternehmen und du zu Hause bleiben mußt.« »Du schmollst, weil ich dich darauf aufmerksam gemacht habe, daß du deinen Pflichten im Haushalt nicht nachkommst. Dir wäre es natürlich lieber, wenn ich einfach nichts sagen würde und deine Aufgaben für dich übernehmen würde.« Dies sind alles Methoden, bei denen darauf geachtet wird, was eigentlich zuvor geschehen ist. Sie beginnen mit *du*, so daß die Betonung darauf liegt, wo sie hingehört. Wenn das Kind zugibt, daß es wütend ist, müssen Sie ihm auf jeden Fall sagen, daß Sie sich nicht auf einen Streit einlassen werden. Das Gegenteil zu einem solchen Verhalten wäre, sich *ihre* Wut zu eigen zu machen. Hier sind nun die gleichen Situationen wie oben, nur geht der Erwachsene hier auf die Provokation ein. »Laß es nicht an deinem Bruder aus, nur weil dein Lehrer dir heute Schwierigkeiten bereitet hat.« »Ich weiß nicht, warum du mit mir wegen dieser Klassenarbeit böse bist. Ich habe doch nichts verbrochen.« »Ich kann nicht immer alle mitnehmen, benimm dich also so, wie es sich für dein Alter gehört.«

Durch solche Aussagen wird Kindern sehr viel klar. Denken Sie einen Moment darüber nach. Wenn jemand versucht, Sie durch seine Wut in einen Streit zu verwickeln, sollten Sie Aussagen machen, die eher mit *du* als mit *ich* anfangen. »Du regst dich sehr darüber auf, daß ich deine Wäsche nicht gewaschen habe.« Diese Aussage ist viel geschickter als diese: »Ich habe es nicht gemacht und werde es auch nicht machen.« Wenn Sie die Aussage mit *du* anfangen, verlagern Sie die Wut dorthin, wo sie hingehört: auf die Person, die sich ärgert. Sie bringen Ihren Kindern dadurch auch bei, daß Sie verstehen, was sie zu machen versuchen, und nennen ihre Gefühle beim Namen, statt sich selbst mit *Ich*-Sätzen zu verteidigen und sich in einen dieser typischen Streitereien hineinziehen zu lassen. Wann immer andere wütend sind, sollten Sie daran denken, daß diese Wut die ihre ist, und daß Sie sich einfach weigern können, sich von dieser Wut anstecken zu lassen. In den meisten Fällen läßt sich ein potentieller Krach vermeiden, wenn Sie Ihre Aussagen zu diesem Thema mit *du* beginnen. Wenn Sie sagen, wie jemand sich fühlt, und sich nicht auf seine Verärgerung oder auf seine Frustrationen einlassen, dann verhalten Sie sich wie ein vernünftiger Mensch, der seine Gefühle unter Kontrolle hat und mit dem es daher unmöglich ist, sich zu streiten.

Verlassen Sie einfach für kurze Zeit den Raum, wenn Sie merken, daß Wut in Ihnen hochkommt. Es ist sehr wirkungsvoll, sich in einen anderen Raum zurückzuziehen, wo Sie alleine sind und sich wieder beruhigen können. Auf diese Weise kann auch Ihr Widersacher alles noch einmal überdenken, ohne daß Sie anwesend sind und ihn ständig an die Problematik erinnern. Sobald Sie erkennen, daß es unmöglich ist, einen Krach mit einem Kind zu gewinnen, wird es Ihnen sehr leichtfallen, sich zurückzuziehen und auch dem anderen etwas Raum für die Menschenwürde zu lassen. Wenn Wut und Aggression zum Vorschein kommen, gibt es in einem Familienkrach niemals einen Gewinner. Man streitet sich oftmals nur noch, um zu beweisen, daß man recht hat, und dies führt nur zu einer Verschlechterung der Atmosphäre. Oft reicht es schon, wenn man allen Beteiligten die Gelegenheit gibt, sich wieder zu beruhigen, um einen Streit zu schlichten, bevor er überhaupt richtig ausgebrochen ist. Dies ist eine besonders wirkungsvolle Strategie, wenn Sie merken, daß alte Konflikte wieder aufgewärmt werden. Wenn Sie bemerken, daß man Sie in einen Streit hineinziehen möchte und Sie wissen, daß keine sofortige Lösung da ist, dann wird dadurch ein Streit in seinem Keim erstickt. Dies hat nichts mit Verdrängung zu tun. Es ist einfach eine vernünftige Methode, um das endlose Wiederkäuen von altem Konfliktmaterial zu beenden, das zu so vielen Verstimmungen führt.

Treffen Sie mit sich selbst ein Abkommen, daß Sie nicht länger eine aggressive Atmosphäre in Ihrer Familie haben möchten und bemühen Sie sich jeden Tag darum, sich an dieses Abkommen zu halten. Sie können keinen Familienkrach haben, wenn Sie sich weigern mitzumachen. Das stimmt. Sich einfach zu weigern, Teil einer aggressiven Atmosphäre in der Familie zu sein, ist die sicherste Methode, um den aggressiven Spielchen ein Ende zu bereiten. Arbeiten Sie daran, Ihre Wut für kurze Zeit aufzuschieben. Zählen Sie bis zehn und beruhigen Sie sich in dieser Zeit wieder. Machen Sie Ihren Kindern aber auch klar, daß Sie keineswegs an diesen Ritualen noch länger teilnehmen werden – dadurch lassen Sie Ihren Kindern eine wundervolle Erziehung zukommen. Wenn Sie Ihren Ärger abklingen lassen, werden Ihre Kinder daraus etwas lernen können. Geben Sie sich sechzig Sekunden. In dieser Zeit sollten Sie ein Selbstgespräch führen und sich daran erinnern, daß das Verhalten Ihrer Kinder keine Rechtfertigung mehr dafür ist, daß Sie wütend oder aggressiv werden. Wenn Sie nach diesen sechzig Sekunden immer noch explodieren möchten, sollten Sie es tun, aber nicht in Gegenwart anderer. Wenn Sie sich so verhalten, lernen Sie etwas sehr Wichtiges, um sich zu einem innerlich freien Menschen entwickeln zu können, der keine inneren Zwänge kennt, und Sie helfen Ihren Kindern zu lernen, sich ebenfalls so zu verhalten. Sie müssen lernen, *die Kontrolle über Ihre Gefühlswelt* zu haben, und daß Sie nicht immer mit Wutanfällen reagieren müssen, wenn andere sich dazu entschließen, verärgert und wütend zu sein. Dies bedeutet nicht, daß man Angst davor hat zu sagen, was man fühlt, sondern man schiebt nur Wutanfälle hinaus, die sonst zu einem Streit führen würden, der nur aufreibend ist. Diese Aufschiebetaktik gibt Ihnen Zeit, ernsthaft darüber nachzudenken, ob Sie sich wirklich streiten möchten, und für Ihre Kinder sind Sie das wundervolle Beispiel eines Menschen, der das harmonische Zusammenleben destruktiven Auseinandersetzungen und Wutanfällen vorzieht.

Versuchen Sie, den Heranwachsenden recht zu geben, statt sich noch länger mit ihnen herumzuschlagen. Ja! Ich habe gesagt, geben Sie ihnen recht! Die Zeit der Adoleszenz ist als eine Zeit beschrieben worden, in der die Kinder ihren Eltern all das heimzahlen, was sie ihnen in ihren Augen angetan haben, als sie noch kleiner waren. Sie werden ausgesprochen streitsüchtig, und mit Logik wird man bei einem aggressiven Teenager nicht sehr weit kommen. Wenn Sie meinen, daß sie Ihnen bei der Hausarbeit mehr unter die Arme greifen sollen, werden sie nie – wirklich nie – einlenken, wenn Sie sie deswegen zur Rede stellen. Je öfter Sie sie zur Rede stellen, um so stärker werden Sie frustriert sein, und Ihre Kinder werden sich nur noch weiter von Ihnen entfernen, wenn der Streit heftiger wird. Versuchen Sie doch statt dessen einmal folgendes: »Kerstin, du hast recht. Ich bin ein ewiger Nörgeler und nehme deine Wünsche in dieser Hinsicht nicht genügend wahr. Du haßt es zu putzen, und ich habe mich einfach geweigert, das zu akzeptieren. Du hast das Recht auf eine eigene Meinung und ich habe dich nur provoziert. Es tut mir wirklich leid, daß ich so viel von dir verlangt habe.« Dies wird Kerstin schockieren. Wie kann sie sich Ihnen nur widersetzen? Später würde ich sie fragen: »Kerstin, was meinst du, sollten deine Pflichten im Haushalt sein?« Fast immer wird sie einen noch strengeren Plan für sich vorschlagen, als Sie ihn sich für sie ausdenken könnten, wenn Sie ihr nur die Freiheit lassen, diesen Plan selbst aufzustellen. Versuchen Sie es doch einmal! Sie werden bald entdecken, daß sie nur recht haben mußte. Sobald Sie es anerkennen, daß sie im Recht ist, wird sie mehr für alle Beteiligten tun, der Streit wird sich legen, und Ihr Heim wird ein sauberer und glücklicher Ort sein. In vielen Gesprächen mit jungen Leuten, die sich über ihre Eltern und ihre Lehrer beklagten, habe ich das Gespräch damit zu Ende gebracht, daß ich gesagt habe: »Du hast recht. Deine Eltern wissen dich gar nicht richtig zu schätzen. Sie sind rücksichtslos und stellen zu hohe Ansprüche, und deine Lehrer sind wirklich so furchtbar wie du mir erzählst.« Es dauerte nicht lange, bis sie mir antworteten. »Moment mal! So schlecht sind meine Eltern nun auch nicht. Im Grunde lieben sie mich ja sehr. Ich habe manchmal nur eben keine Geduld. Und meine Lehrer haben sich mir gegenüber fair verhalten.« Wenn Sie ihnen die Gelegenheit geben, ohne Streit recht zu haben, dann werden sie oft selbst eine Lösung vorbringen, um ihrem frechen Verhalten ein Ende zu bereiten.

Im Umgang mit Säuglingen sollten Sie daran denken, daß Kindern die Aggressivität nicht angeboren ist. Sie lernen sie von den Menschen in ihrem sozialen Umfeld. Schreien Sie ein kleines Kind niemals an – ich betone, niemals. Wenn Sie es tun, staut sich im Baby eine erschreckende Angst an und es lernt, selbst so zu reagieren, wenn es frustriert ist. Babies müssen *die ganze Zeit* geliebt werden. Sie brauchen Zuneigung, und jedes Schreien oder Brüllen, das sich an den kleinen Säugling richtet, wird vom Kind registriert und gespeichert. Viele Studien haben gezeigt, daß Kleinkinder, die in einer aggressiven Umgebung leben, entweder introvertiert oder ängstlich werden oder sich selbst aggressiv verhalten. Für einen kleinen, zerbrechlichen Menschen ist ein Familienkrach, der vor dem Kind ausgetragen wird und der einhergeht mit verbalen Angriffen auf das Kleinkind, in der Tat eine aggressive Atmosphäre.

Säuglinge können teilweise sehr anstrengend sein. Sie schreien manchmal aus unerfindlichen Gründen und können ab und zu einen solchen Wirbel veranstalten, daß das Leben für Sie teilweise sehr anstrengend ist, aber das ist keine Entschuldigung dafür, daß man selbst aggressiv auf sie reagiert. Sie sind, während sich ihre Persönlichkeit entwickelt, sehr hilflos. Liebevolle, zärtliche Worte sind die besten Lehrmeister, die Sie ihnen zur Verfügung stellen können, damit sie sich zu Erwachsenen entwickeln, die frei von inneren Zwängen sind. Wenn Sie verärgert und verzweifelt sind, sollten Sie sich für kurze Zeit zurückziehen, so daß Sie das Schreien Ihres Säuglings nicht mehr hören können. Dies ist besser als die Wut an dem Kind auszulassen. Glauben Sie mir, es ist in der Erziehung von Kindern wirklich sehr wichtig, daß Sie jede aggressive Reaktion auf ihr Verhalten meiden.

Wenn Sie verhindern möchten, daß Ihre Kinder nach dem Prinzip der Angst erzogen werden, sollten Sie sie als vollwertige Menschen sehen und nicht als Miniaturen. Wenn Sie die Einstellung zu Ihren Kindern haben, daß sie Ihnen und allen Erwachsenen ebenbürtig sind, dann werden Sie dazu geneigt sein, Wutausbrüche und häßliche Szenen mit ihnen zu verhindern. Sie werden überrascht sein, wie empfindlich diese kleinen Knirpse sind, wenn Sie jeden Tag darauf achten, was sie sagen. Sie sind genauso empfindlich wie Sie. Schauen Sie doch mal in einen Spiegel und machen Sie das häßlichste und gemeinste Gesicht, das Sie machen können und brüllen Sie dann Ihr Spiegelbild lauthals an. Dann sollten Sie einen Freund oder eine Freundin bitten, Ihnen direkt ins Gesicht zu starren und dabei so bedrohlich wie möglich auszusehen und Sie anzuschreien. Beobachten Sie, wie einschüchternd und erschreckend das sein kann, und beachten Sie bitte, wie sehr Ihnen diese Erfahrung mißfällt. Es ist genauso unerfreulich und erschreckend für kleine Kinder, nur daß Sie noch zwei- oder dreimal größer sind als sie. Für Sie wäre ein vier bis sechs Meter großer Riese erforderlich, um Ihnen den gleichen Schrecken einzujagen. Denken Sie daran, wenn Sie Ihre Stimme gegen kleine Kinder erheben oder sich ihnen gegenüber aggressiv verhalten. Je mehr Sie diese Neigung unterdrücken, um so mehr helfen Sie Ihren Kindern, ohne Aggressivität und den damit einhergehenden Angstgefühlen aufzuwachsen. Bringen Sie ihnen durch Ihr Verhalten von Anfang an bei, vernünftig zu sein.

Denken Sie daran, daß Bilder sich für ewige Zeiten einprägen! Dies gilt sowohl für negative als auch für positive Bilder. Die Gewalt im Fernsehen und im Kino, die täglich konsumiert wird, bringt Menschen bei, Gewalt als Unterhaltung zu betrachten. Wir leben in einer chaotischen Welt, die Kindern erlaubt, Zeuge zu sein, wie einer Frau vor lauter Wut die Brust brutal abgeschnitten wird. Es wird ihnen aber verboten zu sehen, wie die Brust einer Frau liebevoll gestreichelt wird. Sie aber haben einen großen Einfluß darauf, welche Einstellung Kinder zur Gewalt bekommen. Wenn Gewalt in Filmen verherrlicht wird, idealisieren sie Kinder in ihrem Innersten. Wenn sie nur genug Gewalt im Film sehen – Verstümmelungen, Morde, Kugeln, die den Körper eines Menschen völlig durchlöchern, Augen, die ausgestochen werden, immer blutrünstigere Effekte –, dann werden sich ihnen diese Bilder für alle Zeiten einprägen. Natürlich können Kinder auf der Ebene des Bewußtseins einen Unterschied machen zwischen Phantasie und Realität. Wir gehen davon aus, sie können erkennen, daß es einen Unterschied gibt, ob Menschen sich gegenseitig auf der Leinwand erschießen oder ob dies in Wirklichkeit geschieht. Aber die Filmszenen leben noch in der Erinnerung weiter, und viele Kinder können nicht sehr gut zwischen diesen beiden Dingen unterscheiden oder sie entwickeln sich zu Erwachsenen, die die Gewalt verherrlichen. Jedesmal wenn in diesem Land ein Film über einen Massenmord gezeigt wird, wiederholt sich dies fast immer im wahren Leben durch irgendeinen Außenseiter, der zuviel gesehen hat und mit diesen Bildern der Gewalt nicht umgehen kann.

Wir müssen unsere Kinder zur Liebe, nicht zum Haß, erziehen. Wir müssen ihnen helfen, Gewalt zu verabscheuen und sie nicht in ihre Spiele einfließen zu lassen oder sie auf ihr eigenes Leben umzumünzen. Sie müssen sich sorgfältig überlegen, welche Filme und Fernsehsendungen Ihre Kinder sehen dürfen. Hier sollte nicht die Frage der Sexualität eine Rolle spielen, sondern die Frage, wieviel Gewalt gezeigt wird. Prüfen Sie, welche Filme die Kinder sehen möchten und diskutieren Sie danach mit ihnen über den gesehenen Film. Lassen Sie Ihre Kinder lieber sehen, wie ein Liebespaar sich liebkost, als wie ein Mensch aufgeschlitzt wird. Ein Geschlechtsverkehr ist, wenn er nichts mit Gewalt zu tun hat, einer Körpermißhandlung vorzuziehen. Die Fernsehanstalten, die Filmindustrie und die restliche Unterhaltungsbranche wird positiv auf Ihre Bemühungen reagieren, Ihre Kinder davon abzuhalten, Gewalt zu verherrlichen, wenn Sie bei der Wahl der Sendungen und Filme, die Ihre Kinder sehen dürfen, wählerisch sind, und machen Sie Ihren Kindern klar, daß Sie jegliche Gewalt verabscheuen. Man wird nur das produzieren, was die Zuschauer sehen wollen. Wenn genügend Menschen damit aufhören, sich so etwas anzusehen, werden die Betreffenden schon dementsprechend reagieren. Diese Bilder, die sich im Gedächtnis einprägen, sind sehr machtvolle Anreger. Wenn Kinder noch sehr klein sind, ist ihre Wirkung sogar noch stärker. Sie als Eltern können Kindern helfen, positive Bilder zu haben, wenn Sie sorgfältig besonders gewalttätige und aggressive Filme aussondern. Ich glaube nicht, daß es Kindern schadet zu sehen, wie die Polizei im Film den Gangstern hinterherjagt, oder wenn sie mit einer Spielzeugpistole spielen. Kinder haben in ihrem Leben sehr viel Phantasie. Sie müssen aber wissen, was Phantasie ist, um den Unterschied zur Realität machen zu können. Aber die Trennlinie zwischen dem, was real ist und was erfunden ist, scheint immer dünner und dünner zu werden. Achten Sie darauf, womit Kinder in den ersten Jahren konfrontiert werden, und erinnern Sie sie beschwichtigend an den Unterschied zwischen Realität und Phantasie. »Das ist doch nur ein Film. Es passiert nicht wirklich. Monster gibt es nur im Film.«

Hüten Sie sich davor, Kinder körperlich zu züchtigen. Sie müssen sich sehr davor in acht nehmen, Ihre Kinder immer zu schlagen. Persönlich halte ich nichts von einer körperlichen Bestrafung und ich habe in der Erziehung meiner Kinder niemals – ohne jemals eine Ausnahme gemacht zu haben – darauf zurückgegriffen. Ein Klaps auf den Hintern, so zum Nachdruck – nicht um dem Kind weh zu tun –, sondern nur um dem, was ich ihnen gesagt hatte, mehr Nachdruck zu verleihen, war die einzige Ausnahme, die ich manchmal gemacht habe. Wenn meine kleine Tochter einmal auf die Straße lief, wo ihr Leben in Gefahr ist, habe ich ihr einen Klaps auf den Hintern gegeben, um ihr zu zeigen, daß ihr Papi es wirklich ernst meint. Ich bin nicht dafür, Kinder zu schlagen und ihnen als Strafe weh zu tun, aber ich weiß, daß dies viele von Ihnen tun. Für mich hat die körperliche Züchtigung nichts in der positiven Kindererziehung zu suchen, die aus Kindern innerlich freie Menschen machen möchte. Basta. Aber wenn Sie dennoch glauben, daß Sie an Ihre Kinder regelmäßig Schläge und Prügel verteilen müssen, schlage ich vor, daß Sie zuerst die zwei folgenden Fragen ehrlich beantworten.

1. Wessen Bedürfnissen werde ich gerecht? Werden Sie in Wahrheit Ihren eigenen Bedürfnissen gerecht, weil Sie sich allmächtig fühlen möchten oder weil Sie zeigen wollen, daß Sie größer und stärker sind, oder macht es Ihnen sogar Spaß, Kinder körperlich zu bestrafen? Wenn es wirklich zum Besten der Kinder sein soll, dann sollte nur selten auf die Körperstrafe zurückgegriffen werden, und dann auch nur bei wirklich ernsthaften Vergehen. Regelmäßige Schläge und Prügel erziehen die Kinder dazu, in Ihrer Anwesenheit gehorsam und verängstigt zu sein – und was noch schlimmer ist, sie werden selbst zu Schlägern. Wenn Sie Kinder ehrlich als Menschen akzeptieren, die Ihnen ebenbürtig sind, ist dann die körperliche Züchtigung ein würdevolles Mittel, das Sie von anderen, Ihnen gleichgestellten, Erwachsenen erwarten würden? Wir haben vor langer Zeit damit aufgehört, Gefängnisinsassen zu verprügeln. Sollten Kinder nicht ebenfalls so gut behandelt werden?

2. Erteile ich die Körperstrafe, weil ich ihnen helfen möchte, sich zu verändern, oder weil ich ihnen weh tun möchte? Wenn Menschen regelmäßig Prügel bekommen, erfüllen sie nicht den Zweck, daß sie sich dadurch verändern sollen. Tatsächlich scheinen Kinder, die regelmäßig verprügelt werden, sogar noch aufsässiger zu werden. Je mehr Sie sie schlagen, um so mehr entschließen sie sich in ihrem Innersten dazu, Sie zu bekämpfen und Ihnen zu zeigen, daß Sie ihnen keine Angst einjagen können. Gewalt scheint nur noch mehr Gewalt zu erzeugen, statt ihr ein Ende zu bereiten. Kindern können, auch ohne regelmäßig verprügelt zu werden, lernen, daß Sie es ernst meinen.

Ich schlage vor, daß Sie sich sehr gewissenhaft damit auseinandersetzen, welche Auswirkungen eine körperliche Bestrafung auf Ihr Kind, auf Sie und auf den Rest der Familie hat. Eine solche Atmosphäre erzeugt vielleicht blind gehorchende Kinder, aber es dauert nicht lange an und es ist die wirkungsloseste Erziehungsmethode, um eine permanente Veränderung in ihrem Verhalten hervorzurufen. *Eltern,* die ihre Kinder schlagen, scheinen, es ständig tun zu müssen. Wenn sie so gut funktionieren soll, warum muß diese Strafe dann immer wieder erteilt *werden?* Ich glaube, daß Eltern, die ihre Kinder schlagen, es tun, um ihr eigenes Bedürfnis nach Macht zu stillen, und daß sie, wenn sie es sich einmal genau überlegen würden, was wirklich das Beste für ihre Kinder ist, ihnen viel mehr Liebe und Zärtlichkeit schenken und sich auch darum bemühen würden, sie dabei zu ertappen, wenn sie etwas richtig machen, statt sie zu schlagen, wenn sie sie dabei erwischen, wie sie etwas falsch machen.

Hüten Sie sich davor, aggressive Gefühlsausbrüche aus Angst vor einer Szene zu übersehen. Sie müssen beharrlich sein und ihnen beibringen, was geduldet werden kann und was nicht. Sie dürfen vor ihrer Aggressivität nicht davonlaufen, denn dadurch würden sie nur lernen, sich in Zukunft immer so zu verhalten. Wenn Kinder Ihnen gegenüber aufbrausend sind, dann können Sie zuerst mit Worten, dann durch Ihr Verhalten zeigen, daß sie mit ihrem Gefühlsausbruch nicht das erwünschte Ergebnis erreichen werden, gleichgültig wie sehr sie hinterher schmollen oder toben. Eine einfache Aussage wie z. B.: »Ich habe zu viel Respekt vor mir selbst, als daß ich dir erlaube, dich so zu verhalten. Es steht dir nicht zu, mich oder andere zu schikanieren, nur weil du dein Temperament nicht zügeln kannst.« Geben Sie nicht nach und halten Sie Ihre Versprechen ein; übersehen Sie nicht einfach den Vorfall. Später, wenn das Kind nicht mehr wütend ist, schlage ich mit Nachdruck vor, daß Sie sich mit dem Kind unterhalten. Versuchen Sie diese Gespräche möglichst so zu führen, daß sie nicht einschüchternd oder verurteilend wirken. Machen Sie mit dem Kind einen Spaziergang oder gehen Sie mit ihm in ein Restaurant, wo Sie ungestört sein können. Sagen Sie dem Kind ehrlich, wie Sie sich fühlen, wenn es so reagiert. Erklären Sie, Sie wüßten, daß es darunter leidet, ein solches aufbrausendes Temperament zu haben, aber daß es wirklich an ihm selbst liegt, daß es so reagiert und daß es kein Charakterzug ist, den es geerbt hat. Geben Sie dem Kind zu verstehen, daß Sie bereit sind, ihm zu helfen, sich zu verändern, wenn es das wirklich will. Unterstützen Sie das Kind und schenken Sie ihm Zuneigung, auch nachdem sein Temperament wieder einmal mit ihm durchgegangen ist, *aber geben Sie ihm niemals nach.* Es ist ein riesiger Unterschied, ob man jemandem zeigt, daß man ihn liebt, obwohl er böse war, oder ob man ihm als eine Art der Belohnung dafür, daß er ein aufbrausender Mensch ist, seinen Willen läßt.

Überlassen Sie Ihren Kindern möglichst viel Kontrolle über ihr eigenes Leben. Wenn Sie im Leben Ihrer Kinder alles entscheiden, sorgen Sie dafür, daß sie sich frustriert fühlen. Außerdem halten Sie sie davon ab, eine der wichtigsten Fähigkeiten im Leben zu lernen: Entscheidungen zu treffen. Überlassen Sie ihnen mehr Kontrolle über ihr eigenes Leben und Sie werden bemerken, daß sie nicht mehr so frustriert sein werden. Auf diesen Punkt habe ich bisher in jedem Kapitel hingewiesen. Kinder müssen möglichst viel Kontrolle und Macht über ihr Leben haben, ohne dabei allerdings andere zu gefährden. Jeder haßt es, immer gesagt zu bekommen, was er wie tun soll. Besonders Sie! Sie wissen, wie dürftig Sie sich fühlen, wenn Ihnen jemand sagt, wie Sie etwas tun sollen, und sich Ihnen gegenüber wie ein Fachmann über Ihr Leben aufspielt. Ihre Kinder empfinden in jedem Alter genauso. Zweijährige protestieren bereits: »Das kann ich selbst machen.« Fünfjährige sagen: »Guck mal, Papi! Ich kann ins Schwimmbecken springen!« Zehnjährige weisen ihre Eltern daraufhin, was sie schon können: »Mami, ich weiß schon, wie man einen Sandkuchen backt. Ich weiß, du denkst, ich hätte nichts im Kopf.« Unabhängig von der Wahl der Wörter, die Botschaft ist eindeutig: »Ich möchte mein eigener Herr sein und meine eigene Meinung haben dürfen. Wenn Sie ihnen diese Kontrolle nehmen, erhöhen Sie nur ihre Frustration und Sie bringen ihnen bei, sich Ihnen gegenüber immer aggressiver zu verhalten, dem Tyrann, der sie nichts alleine machen läßt. Geben Sie ihnen die Chance, sich zu beweisen, bevor Sie sich einmischen. Sprechen Sie mit ihnen darüber, wie man Dinge macht, statt ihnen immer Ratschläge an den Kopf zu werfen. Je mehr Kontrolle ihnen über sich selbst zugestanden wird, um so mehr werden sie Ihnen Respekt entgegenbringen, weil Sie ihnen die Möglichkeit geben, ihr Genie zu entdecken. Und umgekehrt: Je mehr Kontrolle Sie ihnen unnötigerweise entreißen, um so größer wird die Kluft zwischen Ihnen beiden. Sie werden einfach wütend.

Versuchen Sie vor allen Dingen, Kinder nicht zu frustrieren, und helfen Sie ihnen, vernünftiger mit dem Gefühl der Frustration umzugehen. Frustration steht fast immer mit Verärgerung und Familienkonflikten im Zusammenhang. Wenn Sie an Ihre Kinder Forderungen stellen, die diese nicht erfüllen können, dann frustriert dies die Kinder sehr. Darauf zu bestehen, daß ein Kind in eine Fußballmannschaft aufgenommen wird oder bei einer Schulaufführung ein Solo tanzt, scheinen zwar wundervolle Ziele zu sein, aber Kinder sollten an einer solchen Zielsetzung Mitspracherecht haben. Man sollte sich wirklich davor in acht nehmen, ihnen einfach diese Ziele vorzuschreiben. Das Kind will vielleicht gar kein Solo tanzen, fühlt sich aber verpflichtet. Statt dessen sollte es selbst den Wunsch haben, dies zu tun, mit Ihrem Zuspruch und Ihrer stolzen Unterstützung als einem wundervollen Bonus. Das Kind muß aus sich heraus den Drang verspüren, wenn es das Gefühl bekommen soll, etwas erreicht zu haben und etwas wert zu sein. Sie können Ihre Kinder bei der Zielsetzung anleiten. Sie können ihnen helfen, Programme zur Selbstdisziplin aufzustellen und sie immer dazu anspornen, daß sie sich um ihrer selbst willen daran halten, um ihrer eigenen persönlichen Gründe willen, und nicht, um Ihnen oder anderen zu gefallen. Wenn Sie sich durch die Leistungen Ihrer Kinder definieren, belasten Sie sich und Ihre Kinder ständig. Ihre Kinder wollen Ihnen gefallen, und wenn sie es nicht tun, sind sie verletzt, verlegen, enttäuscht und schließlich wütend. Nicht auf sich selbst, sondern auf Sie, weil Sie ihnen immer sagen, wonach sie streben sollen. Wie die Amerikanerin Dorothy Canfield Fisher bereits gesagt hat: »Eine Mutter ist keine Person, an die man sich anlehnen kann, sondern eine Person, die eine Anlehnung unnötig macht.« Sie sollten Ihren eigenen persönlichen Ehrgeiz und Ihre eigenen Lebensziele haben. Verhelfen Sie Ihren Kindern unbedingt zur gleichen Einstellung. Aber betonen Sie immer, daß sie allein die Quelle ihrer Ziele sein sollen. Geben Sie ihnen zu verstehen, daß sie ihre Ziele immer ändern können, ohne jemals befürchten zu müssen, daß Sie sie dafür bestrafen.

Denken Sie daran, daß nichts so sehr ein Kind frustriert wie der ständige Vergleich mit anderen. Jedes Kind ist einzigartig, was ich bereits schon mehrmals auf den vorausgegangenen Seiten betont habe. Was Sie vor dreißig Jahren getan haben, bedeutet für sie genausoviel wie die Taten der Römischen Zenturien vor zweitausend Jahren für Sie bedeuten. Ihre Kindheit ist für Ihre Kinder Altertumsgeschichte. Während Sie vielleicht liebend gern über die Zeit in Ihrer Jugend erzählen, können sie sich Ihre Kindheit kaum vorstellen. »Ja, sicher Vati. Ich bin sicher, die Nachkriegszeit war schlimm, aber heute ist alles anders. Ich spreche von der Gefahr eines Atomkrieges.« »Jetzt fängst du schon wieder mit dieser »als-ich-so-alt-war-wie-du« Geschichte an. Diesen Tick hat sie so ungefähr zweimal im Monat.« Sie haben so etwas bestimmt schon von Ihren Kindern zu hören bekommen, oder ihr Blick hat Ihnen zumindest einen Eindruck davon vermittelt, was sie von einem solchen Gerede halten. Für sie ist die heutige Zeit anders als die Zeit Ihrer Jugend, und da haben sie auch durchaus recht. Ich bin sicher, daß sie die heutigen Probleme besser lösen könnten, wenn sie die gleichen Bedingungen hätten wie sie in Ihrer Kindheit vorherrschten, denn das ist die Evolution. Ihre Kinder sind aus Ihnen entstanden, genau wie Sie von Ihren Eltern und Großeltern abstammen. Sie sind größer, gescheiter, schneller und können viel mehr als Sie im vergleichbaren Alter. Weltrekorde in der Leichtathletik, die in Ihrer Jugend noch für unmöglich gehalten wurden, erreichen heutzutage Schüler schon in der Schule. Wenn Sie wirklich das Bedürfnis haben, Ihre Kinder mit sich zu vergleichen, sollten Sie vorsichtig sein, denn sie sind Ihnen in fast allen Bereichen überlegen, auch wenn sie nicht über die gleiche Lebenserfahrung verfügen. Es ist nicht ihr Fehler, daß sie in der Zeit geboren wurden, in der sie geboren wurden und daß Sie vielleicht schwere Zeiten durchmachen mußten. So ist das nun einmal. Daran kann nicht gerüttelt werden. Tatsächlich ist es aber genau das, was Sie sich wünschen. Sie möchten, daß sie nicht so schwierige Zeiten erleben müssen, daß sie es einmal besser haben werden, als dies bei Ihnen der Fall war. Hierum geht es: Die Welt für unsere Nachkommen zu verbessern. Versuchen Sie, Ihre Kinder als einzigartige Persönlichkeiten zu behandeln, nicht im Vergleich zu anderen – besonders nicht zu Ihrer Jugendzeit, die für die Kinder so weit zurückliegt wie das Steinzeitalter.

Versuchen Sie, die Gewalt aus Ihrem Leben zu verbannen. Erziehen Sie Ihre Kinder in einer liebevollen, nicht in einer haßerfüllten Atmosphäre. Zeigen Sie ihnen nicht durch Ihr Verhalten das Beispiel eines Menschen der Wut, Verachtung und Machtgier personifiziert. Wenn Sie darüber sprechen, daß sie jemanden hassen, sollten Sie sie daran erinnern, daß sie niemanden hassen sollten. Lange Moralpredigten sind nicht erforderlich. Weitaus wirkungsvoller sind einfache Aussagen wie z. B.: »Du mußt wirklich niemanden hassen, nur weil er mit dir nicht einer Meinung ist.«

Das reicht. Nur eine kleine Erinnerung zur rechten Zeit. Wenn Sie ein praktizierendes Mitglied einer Religionsgemeinschaft sind, sollten Sie versuchen, nach den wahren Glaubensgrundsätzen Ihrer Religion zu leben. Seien Sie nicht ein Christ, seien Sie christlich. Sonst sind Sie weder zu Ihren Kindern noch zu sich selbst ehrlich. Ich frage immer die Menschen, die mir sagen, sie seien Christen, die aber dennoch andere hassen: »Würde Jesus Christus genauso denken wie Sie? Würde Jesus einen anderen Menschen verurteilen und sagen, er sei weniger wert als andere?« Dies ist die Schlüsselfrage, gleichgültig ob Sie Christ, Jude, Buddhist, Moslem oder etwas anderes sind. Würde sich Ihr Gott oder Ihr Prophet so verhalten? Sprechen Sie nicht davon, ein Christ zu sein, wenn Sie im Alltag so leben – wovon die Kinder Zeugen werden –, daß Sie mit der Lehre Ihrer Religion kollidieren. Fragen Sie sich: »Was würde meine Religion jetzt von mir verlangen?« Seien Sie zu sich selbst ehrlich und fangen Sie dann an, sich danach zu richten. Drücken Sie sich nicht einfach ein Etikett auf, wodurch Sie sich wohl fühlen können, wenn Sie sich dann nicht danach gerichtet haben. Wenn wir dem Frieden, der Liebe und dem weltweiten Verständnis eine Chance geben möchten, muß dies von friedlichen, liebevollen und verständnisvollen Menschen kommen. Die Lösung kann nicht von denen kommen, die die Macht und die Gewalt verherrlichen und die aggressiv sind. Bevor Sie es überhaupt merken, werden wir die ganze Welt verändern, aber wir müssen bei uns selbst und besonders bei unseren nächsten Verwandten den Anfang machen, wenn wir an der Lösung mitwirken möchten, statt das Problem nur zu verschlimmern.

Bringen Sie Ihren Kindern bei, in allen Lebensbereichen Selbstdisziplin zu üben. Wenn sie ihre Hausaufgabe machen, sollten Sie sie danach fragen, wie sie vorwärts kommen und was sie von ihren Noten halten. Vor allen Dingen dürfen Sie nicht das Verhalten Ihrer Kinder mit ihrem Wert als Menschen gleichsetzen. Wenn sie schlechte Noten bekommen, sollten sie daraus keinen der typischen Familienkonflikte entstehen lassen, weil Sie das Gespräch über die Noten damit anfangen, sich über ihre mangelnde Motivation aufzuregen. Verstehen Sie die schlechten Noten als ihre Entscheidung. Helfen Sie ihnen, zu verstehen, daß sie die Konsequenzen ihres Verhaltens tragen müssen, und beharren Sie darauf, daß sie dies dann auch tun. Aber lassen Sie sich niemals durch das Verhalten Ihrer Kinder so verletzen, daß Sie vor Wut und Enttäuschung ganz gelähmt sind. Arbeiten Sie mit ihnen, aber ärgern Sie sich nicht über sie. Lassen Sie ihnen ihr eigenes Verhalten und helfen Sie ihnen, sich selbst zu motivieren, ohne dies aber dadurch erreichen zu wollen, daß Sie einen Nervenzusammenbruch bekommen. Sprechen Sie mit ihnen darüber, wie sich ihr Verhalten auf *sie* auswirken wird, statt ihnen vorzuhalten, was sie *Ihnen* alles antun. Und wenn sie sich absolut weigern, sich für die Schule anzustrengen, haben Sie zwei Möglichkeiten.

1. Außer sich vor Wut und Verärgerung werden und für sich und die Kinder ein Problem daraus machen.

2. Die reale Tatsache akzeptieren, daß Ihr Kind noch nicht gewillt ist, sich selbst zu motivieren, und damit aufhören, sich selbst deswegen zu verurteilen. Bringen Sie dem Kind bei, daß es die Folgen seines Verhaltens hinnehmen muß, und geben Sie in dieser Hinsicht nicht nach, aber lassen Sie sich auch auf keinen Fall kaputt machen.

Eine andere Möglichkeit gibt es für Sie nicht. Sie können niemanden zu etwas zwingen, wozu dieser nicht bereit ist. Ihr Kind wird sich dann ändern, wenn es dazu bereit ist.

In meiner Schulzeit war ich keine große Leuchte. Ich bin manchmal ausgeflippt, habe die Schule geschwänzt und machte in der Regel nur soviel, daß ich immer noch gerade so versetzt wurde und das Abitur endlich hinter mich brachte. Meine Mutter sprach mit mir darüber, schrieb mir vor, wann ich ausgehen konnte, und sprach im Grunde dann nicht mehr davon. Zu der Zeit half ich in einem Lebensmittelgeschäft aus, um mein Taschengeld etwas aufzubessern, aber ich hatte kein richtiges Interesse daran, in der Schule so gut zu sein wie ich es hätte sein können, wenn ich mich richtig angestrengt hätte. Meine Mutter weigerte sich, sich mit mir und meinen Brüdern über unsere schulischen Leistungen zu streiten. Sie wußte, daß ihr Leben ihr zu kostbar war, als daß sie es damit verschwenden wollte, sich über unsere mangelnde Motivation aufzuregen. Sie sagte uns oft: »Das ist eure Entscheidung, und ihr werdet selbst dafür bezahlen müssen – nicht ich oder andere.« Viele Jahre später, nachdem ich mich für vier Jahre beim Militär verpflichtet hatte, ging ich acht Jahre lang auf die Universität, wo ich mein Studium mit einem Doktor abschloß und in den Vorstand der Universität aufgenommen wurde.

Die Sache ist die, daß ich es getan habe, als ich dazu bereit war. Keine Wutanfälle, keine aufreibenden Familienstreitigkeiten und keine Aggressivität hätte daran etwas ändern können, es hätte nur unsere Familie auseinandergebracht, die Spannung erhöht. Wahrscheinlich hätte es mich sogar davon abgehalten, einen akademischen Abschluß anzustreben, wenn ich schließlich dazu bereit gewesen wäre. Manchmal müssen Sie gelassen abwarten, bis ein Kind die Phase der mangelnden Motivation überstanden hat, und ihm ein liebevoller Mensch sein, der nicht zuviel fordert, der ihm aber seine Unterstützung versichert. Wenn das Kind dann schließlich in seinem Innersten den Drang verspürt, wird ihn nichts mehr aufhalten. Die Wahrheit ist, daß nichts, was meine Mutter oder andere mir gesagt hätten, mich damals dazu hätte bewegen können, meine Meinung zu ändern. Aber als ich beim Militär war und von Menschen umgeben war, denen es häufig an Bildung fehlte, und ich jeden Tag mit diesem Unwissen leben mußte, wußte ich – weil ich es in meinem Innersten verspürte –, daß es viel besser ist, eine gute Bildung zu haben als eigensinnig zu sein. Das Leben ist oft der beste Lehrmeister. Manche Menschen müssen erst das erleben, was sie sich nicht wünschen, bevor sie wissen, was sie tun wollen, und keine Wutausbrüche der Eltern könnten daran etwas ändern.

Wenn Sie eine Strafe androhen, sollte sie auch erfolgen, wenn das eintritt, was diese Strafe erforderlich macht. Wenn Sie sagen, daß Sie etwas unternehmen werden, sollten Sie unbedingt dafür sorgen, daß Sie davon nicht abgehen und den Kindern zeigen, daß Sie eigentlich gar nicht das meinen, was Sie sagen. Sie sollten jedoch darauf achten, daß Ihre Versprechen realistisch und keine schrecklichen Drohungen sind, die Sie sowieso nicht einhalten können. Versuchen Sie, Ihre Kinder in die Festlegung einer vernünftigen Strafe mit einzubeziehen, die ihnen helfen wird, das Problem zu lösen. Ein Junge, der einfach drei Stunden auf seinem Zimmer hocken muß, weil er seine Schwester geschlagen hat, lernt aus dieser ihm auferlegten Strafe nichts. Aber wenn er an der Festlegung der Strafe beteiligt ist – wenn auch nur im geringen Maße – lernt er, daß er sich so nicht verhalten darf. »Ich habe dir schon mehrmals gesagt, daß du deine Schwester nicht schlagen darfst. Was schlägst du nun vor, soll ich machen, damit du dir das zu Herzen nimmst? Ich könnte dich ja zurückschlagen, aber das wäre dumm, denn ich habe dir gesagt, daß man andere Menschen nicht schlagen darf. Du kannst ja mal auf deinem Zimmer darüber nachdenken und dann können wir darüber sprechen, wie du dich deiner Schwester verständlich machen kannst, ohne sie schlagen zu müssen, wenn du frustriert bist. Wir sprechen darüber, wenn du dich wieder beruhigt hast. Wenn du zu einem Gespräch bereit bist, können wir über die verschiedenen Möglichkeiten diskutieren, z. B. daß du kein Fahrrad fahren darfst, daß deine Freunde dich für eine Woche nicht besuchen kommen dürfen. Du mußt lernen, daß es verboten ist, andere zu schlagen.« Eine kurze stichhaltige Drohung, die Möglichkeit, sich wieder zu beruhigen, und die Einbeziehung eines 10jährigen in die Festlegung seiner

Strafe werden wirkungsvoller sein als einfach der Befehl: »Geh auf dein Zimmer und komm erst wieder raus, wenn du 18 bist.« Wenn Sie vor lauter Wut mit einer Strafe drohen, von der Sie wissen, daß sie unsinnig ist, sollten Sie dies später zugeben, wenn Sie sich beide wieder beruhigt haben, und das Kind dann wieder mit einbeziehen: »Ich habe dir zwar gesagt, daß du auf deinem Zimmer bleiben sollst bis du 18 bist, aber es versteht sich von selbst, daß du dein Zimmer in den nächsten acht Jahren ein paar Mal verlassen mußt. Was können wir uns zusammen einfallen lassen, damit du aufhörst, andere zu schlagen, nur weil sie etwas getan haben, womit du zu dem Zeitpunkt nicht einverstanden warst?« Ein solches erzieherisches Verhalten hilft Kindern zu verstehen, warum sie bestraft werden und zeigt ihnen auch, daß Sie auch Ihre menschlichen Schwächen haben und manchmal etwas sagen, was Sie nicht so meinen.

Verteilen Sie keine Strafe, wenn Sie wütend sind. Wut und Ärger haben eine lähmende Wirkung. Sie können nicht gleichzeitig vernünftig und wütend sein, daher müssen Sie sich erst Zeit lassen, um sich etwas zu sammeln, bevor Sie es in die Hand nehmen, Ihrem Kind zu helfen, sein schlechtes Benehmen zu korrigieren. Wenn Sie mit Ihrem Kind ein klärendes Gespräch führen möchten, sollten Sie es tun, wenn keine Angst vorhanden ist. Wenn ein Kind gerade eine Dose mit Nägeln auf dem Fußboden ausgekippt hat, dann ist dieser Moment für eine Moralpredigt über Tolpatschigkeit am wenigsten geeignet. Oder wenn Ihre 14jährige Tochter zu spät zum Essen kommt, ist es die reinste Zeitverschwendung und beschwört nur noch einen Streit hervor, wenn man am Mittagstisch darüber spricht, wie wichtig es ist, pünktlich zu sein. Es ist viel geschickter, wenn Sie sich Ihre Gefühle merken oder demjenigen, der etwas verschüttet hat, helfen und dann später über diese Problematik – die Unpünktlichkeit, das Verschütten – sprechen, wenn nicht mehr das persönliche Engagement vorhanden ist, sich verteidigen zu müssen. Warten Sie bis zur Schlafenszeit oder auch bis zum nächsten Tag. Wenn Sie für Ihre Gespräche den richtigen Zeitpunkt wählen, so daß niemand in eine defensive Haltung hineinmanövriert wird, können Sie allen Beteiligten helfen, und Sie können auch viele der typischen Konflikte verhindern.

Eine kleine Gedächtnishilfe zum Schlichtungssyndrom, von dem ich bereits an früherer Stelle gesprochen habe: Weigern Sie sich bei den täglichen Auseinandersetzungen der Kinder, den Schlichter zu spielen. Wenn nötig, sollten Sie sich sogar ins Badezimmer zurückziehen und lesen, bis es von Ihnen nicht mehr verlangt wird, den kleinen Streit zu schlichten. Tun Sie dies zwei

Wochen lang und Sie werden feststellen können, daß man Sie nicht ständig damit überfällt, jede kleine Meinungsverschiedenheit in Ihrer Familie schlichten zu müssen. Die meisten Bitten, daß Sie einen kleinen Streit beizulegen helfen sollen, sind nichts anderes als Versuche, Ihre Aufmerksamkeit zu bekommen. Damit Sie Ihr eigenes Leben führen können, müssen Sie es anderen beibringen, daß Sie sich für zu wichtig halten, um den ganzen Tag Streitereien beilegen zu müssen. Diese Lektion kann nur durch Ihr Verhalten erteilt werden. Die effektivste Verhaltensweise ist ganz einfach, es den Kindern zu überlassen, den Streit beizulegen. In den meisten Fällen werden sie nicht nur den Streit beenden, sondern sie werden auch lernen, eigenständig zu denken. Sie aber werden es vermieden haben, in diese unmögliche Situation hineingeraten zu sein, als Schlichter zu fungieren, in der alle beteiligten Personen erwarten, daß Sie zu ihren Gunsten entscheiden. Die überragende Mehrheit dieser Auseinandersetzungen findet Ihretwillen statt, und Sie sind der Leidtragende, wenn Sie in diese Falle tapsen. Zeigen Sie allen Beteiligten, daß Sie sich für zu wichtig halten, als daß Sie hinter kleinen Kindern herlaufen und ihre ganzen Bewegungen beobachten, so daß Sie darüber entscheiden können, wer was falsch macht und wer nicht. Ich bin zu der Ansicht gekommen, daß der Streit oft beendet ist, wenn ich mich absolut weigere, ein Urteil zu fällen und ich ihnen einfach sage: »Ich bin nicht daran interessiert. Damit müßt ihr schon alleine fertig werden.« Sie haben dann keine Zuschauer, vor denen es sich zu streiten lohnen würde, und es liegt ihnen nicht sehr viel daran, sich zu streiten, wenn sich keiner einmischt, denn dann könnten sie sich gegenseitig weh tun. Es dauert nur wenige Minuten und der Streit ist beigelegt, oft viel schneller und gerechter als ich es mir je zu träumen gewagt hätte.

Einmal stritten sich meine Tochter Tracy, 9 Jahre, und ihr Freund Robert in einem Hotelzimmer, das sie mit mir teilten. Der Streit ging darum, wer auf welcher Seite des Bettes schlafen sollte. Tracy sagte: »Ich schlafe neben meinem Vater. Das ist mein Recht.« Klang für mich einleuchtend. Robert widersprach: »Ja, aber ich war zuerst da und gehe nicht weg.« Dies schien genauso logisch zu sein. Während sie sich weiterhin heftig stritten, entschloß ich mich dazu, ins Badezimmer zu gehen und dort eine Zeitung zu lesen. Ich gab zu verstehen, daß ich nicht eher herauskommen würde, bis der Streit sich gelegt hätte. Durch die Tür konnte ich hören, wie sie sich mit ihrem Problem auseinandersetzten. Als sie erkannten, daß ich mich nicht einmischen würde, sondern daß ich keinerlei Interesse für ihr Problem hatte, schlug Tracy folgendes vor: »Laß uns darum knobeln. Wer das längere Streichholz gezogen hat, darf entscheiden, wo er schlafen möchte.« Wie ich da so im Badezimmer saß, überraschte es mich, daß beide mit dieser Lösung einverstanden waren und daß es so einfach war. Hätte ich mich eingemischt, hätte es nur lauthalse Proteste gegeben. »Das ist nicht gerecht. Ich sollte entscheiden dürfen.« »Aber ich war doch zuerst hier« usw. Kinder haben für die meisten Konflikte eine Lösung bereit. Sie streiten sich meist um Ihretwillen, wenn Sie sich also nicht einmischen, wird der Streit fast wie durch ein Wunder beigelegt sein.

Im Umgang mit aufbrausenden Persönlichkeiten in Ihrer Familie und in Ihrem Leben ist es wichtig, bestimmt und nicht verunsichert aufzutreten. In ruhigen Momenten, wenn der aufbrausende Mensch nicht seine schweren Geschütze auffährt, sollten Sie ihm sagen, wie sehr Sie darunter leiden, verbal angegriffen zu werden. Sagen Sie nur einfach, wie unwohl Sie sich fühlen, wenn Sie so behandelt werden, aber wechseln Sie dann schnell das Thema. Sie haben kein Interesse daran, eine Auseinandersetzung zu gewinnen, sondern teilen dies nur dem anderen mit, um Ihren Standpunkt klarzumachen. Unterdrücken Sie nicht alles, bis es dann schließlich zu einer Explosion kommt. Wenn Sie sich eine konfliktfreie Atmosphäre wünschen, sollten Sie dem Betreffenden sagen, wie Sie von nun an reagieren werden, und sich dann genauso verhalten. Eine einfache Aussage wie z. B.: »Ich verbringe sehr viel Zeit damit, mir darüber Sorgen zu machen, wie du reagieren wirst, und daher fühle ich mich wie ein Häftling in meinem eigenen Haus. Wenn von nun an dein Temperament mit dir durchgeht, werde ich nicht einfach hier stehen bleiben und es über mich ergehen lassen. Hinterher hasse ich mich immer selbst, weil ich mich so schwach fühle, und ich werde nicht mehr einen Tag damit verbringen, mich selbst zu hassen. Ich weiß, es tut dir hinterher immer leid, aber ich bin an deinen Entschuldigungen nicht mehr interessiert. Das nächste Mal, wenn es wieder passiert, werde ich nicht einfach hier sitzen bleiben. Ich werde dein Recht, dich so zu verhalten, in Frage stellen, und wenn du nicht davon abläßt, werde ich mich entfernen. Ich bin nicht länger daran interessiert, dein Opfer zu sein.«

Wenn man so an die ganze Problematik herangeht, wird der aufbrausende Mensch wissen, daß Sie es ernst meinen und daß Sie so ehrlich wie möglich sind. Wenn die verbalen Angriffe nicht aufhören, haben Sie sich zumindest dafür eingesetzt, woran Sie glauben, und jetzt müssen Sie entscheiden, was Sie als nächstes tun werden. Wenn es sich um ein Kind handelt (jedes Alter), schlage ich vor, daß Sie sich weigern, sich überhaupt darum zu kümmern, und daß Sie ihm dann zeigen, wie Sie das nächste Mal darauf reagieren werden. Notfalls streiken Sie und kümmern sich um keinen in ihrer Familie, der sich Ihnen gegenüber respektlos verhält. Kein Mittagessen mehr, keine saubere Wäsche mehr, kein Taschengeld, überhaupt keine Fürsorge mehr. Erklären Sie einfach: »Ich wasche für niemanden die Kleider, der mich schlecht behandelt. Ich werde dich nicht hassen, aber ich werde auch nicht für dich sorgen. Du wirst heute deine Kleider selbst waschen müssen.« Darauf sollten Sie das Kind umarmen oder küssen, damit es weiß, daß Ihre Gefühle wirklich voller Liebe sind, aber daß Sie nicht für die sorgen werden, die Ihnen gegenüber frech und respektlos sind. Dies mag übertrieben klingen, aber es ist sehr wichtig, daß Kinder das lernen. Es wird dann in dieser Welt viel weniger Menschen geben, die andere schikanieren können, wenn die Menschen aufhören, das Opferlamm zu spielen. Kinder werden Ihre Stärke bewundern und nicht Ihre Schwäche, und sie werden lernen, daß Sie wirklich das meinen, was Sie sagen und daß Sie sich daran auch halten werden.

Die folgende Liste ist eine kurze Zusammenfassung wirksamer Strategien, die Sie einsetzen können, wenn Kinder zu Hause wütend und aggressiv sind. Ich bin auf die meisten sehr detailliert eingegangen, aber vielleicht möchten Sie sich diese verkürzte Liste einprägen.

☐ Wenn ein Kind über sich die Kontrolle verliert, sollten Sie nicht versuchen, es zur Vernunft zu bringen.

☐ Bitten Sie ein Kind, sich zu beruhigen, oder schicken Sie es aus dem Zimmer, so daß es sich sammeln kann.

☐ Sorgen Sie dafür, daß Ihre Kinder ihre Wut an leblosen Dingen auslassen: mit den Fäusten ein Kissen bearbeiten oder Darts spielen. Andere Menschen haben es nicht verdient, die Zielscheibe Ihrer Wut zu werden.

☐ Wenn ein Kind sich wieder beruhigt hat, sollten Sie ein System aufstellen und sich daran halten. »Ich sage es dir nur einmal und dann gehst du auf dein Zimmer!«

☐ Drohen Sie nicht mit Dingen, die Sie nicht erfüllen können.

☐ Legen Sie die Bedingungen im voraus fest. »Wenn du mir gegenüber nicht höflich bist, werde ich dich nicht zum Fußballtraining fahren.«

☐ Belohnen Sie kein schlechtes Benehmen. »Ich muß dir zwar etwas zu essen geben, aber ich nehme keine frechen Kinder mit ins Restaurant. Ich gehe. Du bleibst hier und ißt Marmeladenbrote.«

☐ Überlegen Sie zusammen mit dem Kind, was passiert ist, so daß es verstehen kann, was es eigentlich belastet. »Deine Freundin hat dich nicht zu ihrem Fest eingeladen, und jetzt möchtest du dich dafür an den anderen rächen.«

☐ Wenn Sie beide wieder gefaßt sind, können Sie mit dem Kind darüber sprechen, inwiefern es sich für das Kind auszahlen könnte, mit Wutanfällen zu reagieren. Erklären Sie ihm, daß sich solche Gefühlsausbrüche nicht lohnen und daß es dadurch nur sich und anderen Probleme schafft.

☐ Seien Sie humorvoll, gutgelaunt und unbeschwert, wenn Kinder versuchen, Sie in ihre Wutausbrüche hineinzuziehen.

☐ Tun Sie nicht so, als sei Wut eine Lösungsmöglichkeit. Sie sollten Ihren Kindern nicht das Gefühl vermitteln, daß Wut eine Lösungsmöglichkeit ist, wenn Sie sich z. B. über eine Situation im Straßenverkehr oder über eine Steuererhöhung ärgern.

☐ Stellen Sie fest, was eigentlich geschieht. »Du bist jetzt so laut und gemein, weil du glaubst, daß ich dann nachgebe und das mache, was du willst, nur damit du dich wieder benimmst. Ich habe dir gesagt, warum du diesmal deinen Kopf nicht durchsetzen kannst. Du kannst auf dein Zimmer gehen und dich dort so benehmen, wenn du denkst, daß du dich dadurch besser fühlst, aber ich habe genug gesehen und gehört.«

Das sind einige Ratschläge, die Ihnen vielleicht helfen können, Ihre Kinder darin zu unterstützen, die lähmende Wut in etwas viel Besseres umzusetzen: in eine friedliche Einstellung, die frei von inneren Zwängen ist. Nichts wird immer funktionieren. Es gibt einfach Zeiten, in denen nichts klappt, was man anpackt. Aber vergessen Sie nicht, daß Sie in Ihren Kindern für alle Zeiten Denkmuster formen. Die täglichen Anreize, die regelmäßigen Bemühungen, ihre eigenen seelischen Qualen zu lindern, das gute Vorbild und der ehrliche Versuch, in einer friedlichen Umgebung zu leben (in der jeder Mensch jeden Tag lernt, Selbstdisziplin zu üben), sind die wahren Strategien, die eine langfristig positive Wirkung haben werden. Ich habe immer die Worte geschätzt, die der Dichter William Blake zum Thema Wut und ihrer Bewältigung niedergeschrieben hat:

Ich war mit einem Freund wütend:
Ich sprach über meinen Zorn, der Zorn verschwand.
Ich war wütend mit einem Feind:
Ich sprach nicht davon, mein Zorn aber wuchs.
William Blake

In unserer heutigen Gesellschaft geben wir nur Pfennige für den Frieden aus, aber Milliarden für Kriege. Daran müssen wir etwas ändern, wenn wir möchten, daß die Welt sich ändern soll. Sie können damit anfangen, wenn Sie sich nur genügend viele Gedanken zum Thema Frieden und Liebe machen – für jeden Pfennig, der in die Rüstung geht, ein Gedanke an den Frieden. Wenn nur genügend viele so handeln, werden wir diese aggressive Welt in einen Ort des Friedens und der Liebe verwandeln. Unsere Aggressivität muß wirklich abgebaut werden!

Kapitel 7

Mein Wunsch:
Meine Kinder sollen ihr Leben ausschöpfen

> Wer innerlich frei ist, betrachtet seine Vergangenheit als einen Schatz von Erfahrungen, aus dem er lernen kann, und die Zukunft als eine Zeit, die dann erst wichtig ist, sobald sie zur Gegenwart geworden ist. Dieser Mensch hat es gelernt, aus fast jeder Situation das Beste zu machen. Um dabei uneingeschränkt handeln zu können, macht er ungern Pläne im voraus.

> *Den Augenblick immer als den höchsten Brennpunkt der Existenz, auf den die ganze Vergangenheit nur vorbereitete, ansehen und genießen, das würde Leben heißen!*
> *Hebbel, Tagebücher*

Die wichtige Frage, die Sie sich selbst stellen müssen, ist: »Kann ich meinen Kindern beibringen, den gegenwärtigen Augenblick voll auszuschöpfen?« Die Frage sollte nicht lauten: »Kann ich ihnen beibringen, im Hier und Jetzt zu leben?« Denn dies ist nicht Ihre Entscheidung. Der gegenwärtige Augenblick ist genau das, wo Sie und Ihre Kinder sich immer befinden werden, ob Ihnen das recht ist oder nicht. Der gegenwärtige Augenblick ist alles, was wir auf dieser Welt haben. Niemand kann in der Vergangenheit leben. Es ist auch völlig unmöglich, in der Zukunft zu leben. Möglich ist jedoch, daß Menschen ihr Jetzt geistig dafür verschwenden, über die Vergangenheit zu grübeln oder besorgt in die Zukunft zu blicken. Aber alles spielt sich im Jetzt ab. Sie haben nur in der Gegenwart Schuldgefühle. Nur im jetzigen Augenblick können Sie sich glücklich, hoffnungsvoll, erregt, nervös oder ängstlich fühlen oder irgendein anderes menschliches Gefühl verspüren. Ein Schlüssel zu einem Leben, das keine inneren Zwänge kennt, ist zu lernen, wie man das Hier und Jetzt in einer innerlich freien Weise voll ausschöpft. Man muß lernen, in der Gegenwart richtig aufzugehen. Jeden Augenblick, den man hat, ehrfürchtig zu genießen und richtig zu würdigen. Sie können auf Ihre Kinder einen solchen Einfluß ausüben, daß sie lernen, die Gegenwart richtig auszuschöpfen, oder aber Sie können ihnen beibringen, in der Vergangenheit oder in der Zukunft zu leben. Wie auch immer, sie werden in der Gegenwart leben müssen, aber wie diese gelebt wird, wird sehr davon abhängen, wie Sie das Leben sehen und welchen Einfluß Sie auf Ihre Kinder in dieser Hinsicht ausüben.

Bewußt leben

»Die Gegenwart kann man bewußt ausschöpfen.« Behalten Sie diese kleine Weisheit im Gedächtnis, während Sie darüber lesen, wie Sie Ihren Kindern beibringen können, die Gegenwart richtig auszuleben. Je mehr Sie selbst Ihr Leben in der Gegenwart richtig ausschöpfen, um so näher kommen Sie einer Lebensführung, die nicht durch irgendwelche inneren Zwänge eingeschränkt wird. Denken Sie einen Moment darüber nach. Wenn Sie in der Gegenwart traurig sind, vergeuden Sie in aller Regel Ihr *Jetzt* damit, sich mit etwas zu beschäftigen, das bereits geschehen ist oder noch geschehen wird. Was auch immer der Fall sein mag, Sie verbrauchen Ihre innere Energie in diesem Moment, um sich schlecht zu fühlen. Wenn Sie im Augenblick aufgehen würden, dann würden Sie nicht mehr dazu in der Lage sein, in diesem Augenblick Traurigkeit zu verspüren. Sie können sich nicht krank und elend fühlen, wenn Sie in der Gegenwart richtig aufgehen. Zweifelsohne haben Sie es schon einmal erlebt, daß Sie so beschäftigt mit etwas waren oder sich für etwas so interessiert haben, daß Sie buchstäblich die Erkältung vergaßen, oder von einer Sache so gefesselt waren, daß Ihre Müdigkeit wie von Zauberhand verschwand und Sie in den darauffolgenden Tagen wie auf Wolken schwebten. Sie waren einfach zu beschäftigt, als daß Sie Zeit gehabt hätten, krank oder müde zu sein. Diese Fähigkeit, sich völlig in einer Aufgabe zu verlieren, steckt in Ihnen, wenn Sie sich darum bemühen, so zu leben. Auch Kinder haben diese Fähigkeit in sich.

Sehen Sie sich einmal die Menschen an, die sich in einem seelischen Tief befinden, auch die Menschen, die in einer psychiatrischen Klinik leben müssen. Je weiter sie sich von der Gegenwart und ihrer eigenen Realität entfernt haben, um so größer ist die psychische Störung. Je mehr sie sich in das hineinsteigern, was in der Vergangenheit hätte passieren sollen oder auch nicht, um so unfähiger sind sie, richtig lebendig zu sein. Das Jetzt ist ein magischer Punkt im Leben, in dem Sie so völlig aufgehen können, daß es für unglückliche oder depressive Gedanken keinen Platz mehr gibt. Wenn Sie lernen, Ihre jetzigen Augenblicke voll auszuschöpfen und sie als ein Wunder sehen, an dem Sie sich erfreuen sollen, dann werden Sie den Kern dessen kennen, worüber viele fernöstliche Philosophen seit Jahrhunderten gesprochen und was sie selbst erfahren haben.

Kinder haben von Anfang an dieses Wunder in sich. Es ist Teil ihres menschlichen Erlebens. Sie kommen auf die Welt, ausgerüstet mit der Fähigkeit, jeden Moment voll auszuleben, fast wie der kleine Vogel die Fähigkeit zum Fliegen mit sich bringt. Sie ist vorhanden. Sie steckt in uns allen. Unsere Aufgabe ist es, dafür zu sorgen, daß wir diese Fähigkeit in unseren Kindern nicht ersticken, bevor sie die Chance hatte, sich auf natürliche Weise zu materialisieren.

Gedanklich leben wir nicht die ganze Zeit in der Gegenwart, obwohl dies eigentlich nach unserem Realitätsbegriff gar nicht möglich sein soll. Wenn man will, kann man seine Gedanken in andere Zeiten schweifen lassen. Erwachsene entscheiden sich oft dazu, sich über ihr Unglück in der Gegenwart zu beklagen oder sich jetzt Sorgen über die Zukunft zu machen, und Kinder machen es nach, wenn ihre Eltern und Lehrer sie dazu ermuntern. Sowohl körperlich als auch geistig im Hier und Jetzt zu leben und den Augenblick als ein Wunder zu würdigen, mag eine Lebenseinstellung sein, die Ihnen fremd ist, aber Sie sollten sich mit dieser Einstellung näher auseinandersetzen, wenn Sie Ihren Kindern beibringen wollen, ihr Jetzt richtig auszuleben. Ein Kind, das lernt, jeden Augenblick seines Lebens voll auszuschöpfen, wird garantiert so geistig gesund sein, wie ein Mensch dies nur sein kann. Jeden Moment zu würdigen wissen, in allen Lebenssituationen richtig lebendig zu sein und sogar vor den bedeutungslosesten Ereignissen des Lebens mit Ehrfurcht erfüllt zu sein, bedeutet, sein Leben bewußt zu leben. Das bedeutet nicht, daß man sich keine Pläne machen soll oder kein Ziel anstreben soll. Ganz im Gegenteil, eine solche Lebensführung ist für Ihre Kinder die Eintrittskarte in ein Leben, in dem sie viel erreichen werden. Ihre Kinder werden frei sein von der belastenden Unfähigkeit der Neurotiker und sie werden, statt das Leben zu bekämpfen, ihren Lebensweg so gehen, daß sie lernen, jeden Augenblick in ihrem Leben bewußt auszuleben. Sie sollten den Kindern nicht in die Quere kommen und Sie sollten Abstand davon nehmen, sie von diesem sehr natürlichen Weg zur Erleuchtung wegzulocken. Das heißt, Sie dürfen nicht in das Licht Ihrer Kinder treten und müssen sich selbst um jeden Preis davon abhalten, ihnen in ihrer Entfaltung zu einem Leben, das auf höchster Ebene frei ist von inneren Zwängen, Steine in den Weg zu legen. Das heißt, Sie müssen Ihre Kinder so akzeptieren wie sie sind, nämlich als Kinder, die jetzt vollkommen sind. Sie sind nicht »auf dem Weg« irgendwohin.

Kinder so akzeptieren, wie sie sind

Kinder werden mit einer Vielzahl von Erwartungen konfrontiert, die die Erwachsenenwelt an sie stellt. Konstant werden Sie mit der Frage bombardiert: »Was willst du später einmal werden?« Hinter dieser Frage steckt die Annahme: »Du bist als Mensch noch nicht vollkommen.« Ein Kind, das auf diese Frage mit der Antwort, »Ich werde nichts. Ich bin schon etwas« reagiert, würde mindestens als überheblich und respektlos abgekanzelt werden. Aber die Erwachsenen, die an die Kinder so hohe Erwartungen stellen und die dadurch zeigen, daß sie der Meinung sind, Kinder müßten erst noch etwas werden, verdienen eine solche Antwort. Wir vergessen oft, daß alle Menschen ihr ganzes Leben aktive und vollwertige Mitglieder unserer Gesellschaft sind, einschließlich der Zeit, die wir Kindheit nennen. Junge Menschen – gleichgültig welchen Alters – sind genauso wertvoll und müssen von uns allen als vollkommene und äußerst wichtige Menschen respektiert werden. Wir sollten sie nicht als Menschen sehen, die sich erst noch in einer Phase der Vorbereitung auf das Leben befinden. Sie bereiten sich keineswegs auf das Leben vor. Sie leben es jeden Tag!

Dies mag für Sie tatsächlich etwas drastisch klingen. Kinder sind klein; Sie sind groß. Kinder wissen wenig; Sie wissen viel. Daher muß ihnen beigebracht werden, so zu sein wie Sie. Sie haben vielleicht Ihre Aufgabe so verstanden, daß Sie kleine und hilflose Geschöpfe allmählich in richtig funktionierende Erwachsene ummodellieren müssen, und dafür erwarten Sie dann später Dankbarkeit. Aber man kann diese kleinen Menschen auch anders sehen. Sie sind heute vollkommen! Sie streben nicht, sie sind schon angekommen. Sie sind rein und vollkommen, genau wie Sie, auch wenn sie sich jeden Tag verändern. In Kapitel 3 habe ich ausführlich darüber gesprochen, wie wichtig es ist, den Wandel und die Veränderung zu akzeptieren. Wenn man lernt, die Veränderung zu akzeptieren, lernt man, sich selbst zu akzeptieren, denn jeder von uns verändert sich ständig. Die Veränderungen, die sich in Ihnen sowohl körperlich als auch geistig vollziehen, sind genauso dynamisch wie diejenigen, die in Ihren Kindern stattfinden. Diese Einstellung, daß Kinder irgendwie unfertige Geschöpfe sind, muß neu überdacht werden, wenn Sie innerlich freie Kinder um sich haben möchten.

Überlegen Sie sich, wieviel wir von Kindern lernen können, und Sie werden mich verstanden haben. Wir könnten uns allen sehr viel unnötiges Leid und sehr viel Kummer ersparen, wenn wir in unserem Leben Kinder als Partner sehen, als Menschen, die uns genausoviel beibringen wie wir ihnen: der Erwachsene mit seinem Lebenskatalog an Erfahrungen, und die Kinder mit ihrem ungebändigten Enthusiasmus und ihrer Ehrfurcht vor allen Dingen, die ihnen begegnen. Wir können wirklich sehr viel voneinander lernen, wenn unsere Kinder nicht mehr als die Empfänger unserer Lehren gesehen werden. Wir müssen diese kurzsichtige Denkweise durch eine Einstellung ablösen, nach der alle Kinder ein Wunder und mindestens genauso vollkommen sind wie wir in diesem Moment.

Diese Einstellung zu Kindern als fertige und vollkommene Geschöpfe ist der erste Schritt, den Sie machen können, um ihnen zu helfen, sich auf die Gegenwart zu konzentrieren. Wenn sie sich ihre kindliche Faszination für die Welt bewahren können, in allem das Positive, den Spaß und die Freude am Leben sehen, dann tun Sie ihnen einen viel größeren Gefallen, als wenn Sie sie auf die sogenannte reale, grausame und harte Welt vorbereiten, der sie sich eines Tages gegenübersehen werden. Sie müssen sich diese innere Haltung bewahren, bei der ihre *innere* Flamme nicht flackert, auch wenn sie den schlimmsten Dingen begegnen sollten. Wenn Sie dies erreichen möchten, müssen Sie sie jetzt als vollkommen akzeptieren, statt Strategien zu entwerfen, die sie auf das Leben vorbereiten sollen. Verwenden Sie Ihre Zeit statt dessen dazu, ihnen zu helfen, weiterhin alles im Leben völlig auszuleben und eine Selbstdisziplin zu entwickeln, die ihnen helfen soll, ihr Leben so zu führen, daß es für sie – nicht für Sie – sinnvoll ist.

Wir sind nicht besonders gut darin, Kinder so zu akzeptieren, wie sie sind. Besonders Eltern sind ständig dazu geneigt, ihre Rolle so zu verstehen, daß sie ihre Kinder auf das Leben vorbereiten müssen. Und in vieler Hinsicht ist es auch schwierig, unter Erziehung etwas anderes zu verstehen. Schließlich wissen Sie, was Kinder brauchen; Sie haben länger gelebt und Sie möchten Ihr Wissen an sie weitergeben. Aber das ist nicht möglich, und je eher Sie diese Tatsache erkennen, um so weniger werden Sie sich als Eltern den Kopf zerbrechen müssen. Denken Sie an Ihr eigenes Leben zurück. Denken Sie daran, wie sinnlos es war, wenn andere versucht haben, Ihnen etwas beizubringen, was Sie einfach nicht lernen wollten. Es ist einfach unmöglich! Wie kann man ein Kind dazu bringen, Biologie zu lernen, wenn es sich einfach weigert? Sie können in einem solchen Fall nichts tun! Auch wenn Sie der festen Meinung sind, daß das Kind eines Tages dieses Wissen brauchen wird, was Sie ihm so verzweifelt vermitteln wollen. Zu allem, was Sie wissen, haben Sie sich entschlossen, und bei Kindern ist das nicht anders. Wenn sie etwas lernen, liegt das daran, daß sie sich dazu entschlossen haben. Wenn sie nicht lernen wollen, kann man soviel drängen und soviel Druck ausüben wie man will, es wird sie nicht dazu bringen, ihre Meinung zu ändern. Ihre Rolle ist es daher, ihnen zu helfen, sich zu dem zu entschließen, was für sie das Beste ist.

Seien Sie sich darüber bewußt, daß die Bereitschaft eines Kindes, etwas zu lernen, der entscheidende Moment im ganzen Lernprozeß ist. Bereitschaft lernen! Bereitschaft in diesem Moment, jetzt; schließlich bin ich bereit! Das Kind, das schwimmen kann, kann an dem Tag, an dem es schließlich schwimmen kann, nicht mehr als an dem Tag, an dem es noch nicht schwimmen konnte. An diesem Tag war es nur bereit, sich vom Rand des Schwimmbeckens wegzustoßen und es einfach zu tun. In diesem Augenblick hatte es das Vertrauen oder den Willen oder den Drang, es zu tun, und daher tat es es auch. Sie haben für das Kind vielleicht die richtige Atmosphäre geschaffen, das Schwimmbecken, die Schwimmflügel, den Unterricht bereitgestellt und in ihm vielleicht den Wunsch geweckt zu schwimmen, aber der Augenblick, in dem das Kind versuchen wollte, ob es schwimmen kann, unterlag seiner eigenen Initiative. Dies ist in diesem Zusammenhang das Wichtigste. Die eigene Initiative des Kindes und Ihre Unterstützung. Sie helfen Kindern am meisten, wenn Sie sie als vollkommene Menschen sehen, wenn sie sich weigern, ins Wasser zu gehen oder irgend etwas anderes zu machen, was Sie von ihnen verlangen. Sie müssen eine solche Weigerung als Teil ihres Menschseins akzeptieren. Sie sind genauso vollkommen, wenn ihr Zeitpunkt, mit dem schwimmen anzufangen, *gekommen ist.* Sie müssen sie in allen Momenten als vollkommene Geschöpfe akzeptieren und damit aufhören, aus ihnen etwas anderes machen zu wollen als sie sind. Sie brauchen in jedem Augenblick ihres Lebens Ihre Liebe und Unterstützung. Sie können ihnen vielleicht die Schlüssel in die Hand drücken, aber Sie können ihnen nicht die Türen öffnen. Wie sehr Sie sich auch das Gegenteil wünschen mögen, wie sehr Sie sich auch verzweifelt wünschen, sie wären anders, sie sind es nicht. Und sie werden es auch nicht sein, es sei denn, sie entscheiden sich dazu. Genau wie Sie Ihre Kinder als fertige und vollkommene Menschen in allen Momenten ihres Lebens sehen müssen, so müssen auch Sie sich für einen vollkommenen Menschen halten. Sie möchten doch nicht, daß die Liebe, die Sie sich von den Menschen, an denen Ihnen etwas liegt, wünschen, davon abhängt, daß Sie sich verändern. Der ehrlichste Beweis von Liebe wurde von Robert Frost in seiner bekannten Zeile festgehalten: »Wir lieben die Dinge um ihrer selbst willen.«

Akzeptieren Sie Ihre Kinder als perfekte und vollkommene Menschen und behandeln Sie sie so, als wären Sie bereits das, wozu sie fähig sind.

Geben Sie ihnen immer wieder zu verstehen, daß sie phantastisch sind, daß sie großartige Schwimmer sind. Geben Sie ihnen zu verstehen, daß Sie in ihnen den Schwimmer sehen, auch wenn sie noch nicht schwimmen, aber sie müssen es auch nicht tatsächlich sein, solange sie nicht dazu bereit sind. Wenn Sie sich daran halten, werden Sie das im Griff haben, wovon ich hier spreche. Verurteilen oder kritisieren Sie sie nicht, wenn sie nicht das tun, was Sie gerne möchten. Lieben Sie sie so wie sie sind, und behandeln Sie sie so, als wären sie bereits das, wozu sie fähig sind. Diese Kombination gibt ihnen die Möglichkeit, selbst die Kontrolle über ihr Leben zu haben und hilft ihnen, jederzeit eine positive Einstellung zu sich zu haben. Durch diese Erziehung bekommen sie zwar keine Ziele vorgegeben, aber sie erhalten in allem, was sie tun, eine bedingungslose Liebe und Anerkennung, um die Ziele zu erreichen, die sie sich selbst vielleicht gesetzt haben. Ob Sie es glauben oder nicht, sie können Ihnen viel mehr beibringen, damit auch Sie jeden Moment richtig genießen können. Vielleicht haben auch Sie die kindliche Begeisterung für das Wunder, das das Leben ist, verloren, aber wenn Sie Ihre Kinder beobachten – und damit aufhören, sie zu behandeln, als müßte aus ihnen erst noch etwas werden, sondern sie so mögen, wie sie sind – dann wird alles wieder in die natürliche Bahn gelenkt werden. Ja, sie wissen, was es mit der Gegenwart auf sich hat, hören Sie also damit auf, Moralpredigten zu halten, und lernen auch Sie einmal etwas von Ihren Kindern. Jetzt ist der richtige Moment dazu da.

Die Freude an der Gegenwart

Die Vermeidung, die Gegenwart voll auszuschöpfen, kann auf die Vielzahl von Ermahnungen zurückgeführt werden, die man immer wieder vorgehalten bekommt: »Schieb das Vergnügen auf.« »Spare für schlechtere Zeiten.« »Sei sehr vorsichtig.« »Gib nicht dein ganzes Geld auf einmal aus.« »Natürlich ist die Schule langweilig, aber eines Tages wird es sich für dich auszahlen.« »Wenn du glaubst, daß es schön ist, tu es nicht!« »Warte bis du groß bist.«

Hier muß einmal den Erwachsenen und den Kindern etwas klargemacht werden. Das Vergnügen ist etwas Phantastisches und Sie sollten sich in Ihrem Leben so viel vergnügen wie Sie nur können. Keine Bedingungen, keine Ausflüchte, einfach eine simple Tatsache. Das Leben ist dazu da, Spaß zu machen, und wenn Sie Ihren Kindern etwas anderes beibringen, dann tun Sie weder sich noch den Kindern einen Gefallen.

Ärgern Sie sich über Ihre Pflanzen, weil sie sich zur Sonne hin strecken? Warum tun sie das? Weil die Sonne gut tut und für ihr Überleben notwendig ist, und daher streben sie instinktiv danach. Bestrafen Sie Ihre Haustiere, weil sie gestreichelt oder liebkost werden wollen? Natürlich nicht. Warum? Weil Ihre Tiere sich vergnügen und dem Leid aus dem Weg gehen dürfen. Nun, Sie sollten zumindest die gleichen Privilegien für Ihre Kinder in Betracht ziehen.

Ich meine hier nicht, daß man sich auf Kosten eines anderen vergnügen soll. Aber verbannen Sie ein für allemal die Idee, daß es schlecht sei, Kinder dazu zu ermuntern, sich zu vergnügen. Sie sollten am Leben ihren Spaß haben, und das gleiche gilt auch für Sie. Hausaufgaben sollten den Schülern Spaß machen. Sie sollten nicht etwas sein, womit sie sich jeden Tag herumquälen müssen. Das Leben muß nicht als eine Serie von Schicksalsschlägen oder als ewiges Leid gesehen werden. Es muß auch nicht als eintönig empfunden werden. Es muß nicht ernst und erbarmungslos sein, um bedeutungsvoll zu werden. Kinder haben im Leben das Recht auf möglichst viele schöne Erlebnisse, und Sie sollten alles daransetzen, damit sie diese Erlebnisse haben können. Sie müssen lernen, daß es dumm ist, das Leben als etwas Leidvolles zu sehen, und daß sie den gesündesten Schritt in Richtung auf ein Leben machen, das durch keine inneren Zwänge eingeschränkt wird, wenn sie das Leben und alles, was sie im Augenblick machen, genießen. Sogar die Aufgaben, über die sie nicht so entzückt sind, können Spaß machen, wenn sie lernen, jeden Augenblick des Lebens zu genießen und an allem Freude zu haben, was sie erleben, und dabei all das Leid und die Sorgen zu vergessen, für die sich so viele Menschen entscheiden. Ihr Weg zur persönlichen Erfüllung muß gepflastert sein mit Aktivitäten, die ihnen ehrlich Spaß machen, denn sonst werden sie zu verbitterten und melancholischen Menschen werden, die allmählich von Pessimismus triefen. Natürlich sollen sie keine Freude heucheln, wenn sie den Müll leeren, aber sie müssen lernen, sich nicht von diesen alltäglichen Routineaufgabe lähmen zu lassen, und statt dessen bei allem, was sie tun, nach der erfreulichen Perspektive zu schauen. Kein Müll, kein Essen. Kein Essen, Hunger. Deshalb sollten Sie Ihren Abfall würdigen. Nehmen Sie es nicht als gegeben hin, sondern fühlen Sie sich priviligiert, weil Sie Müll zum Heraustragen haben!

In der Gegenwart zu leben, ist im wesentlichen eine Einstellung. Es ist die Art, wie eine Person alles betrachtet, was sie tut. Wenn man ganz in der Gegenwart lebt, bedeutet das, daß man sich den Augenblick betrachtet, sich nicht ablenkt oder in negative Gedanken verfällt und voll in der

Gegenwart aufgeht. Es bedeutet, Kindern nicht zu sagen, daß sie mit ihrem Vergnügen warten sollen, damit sie es später einmal besser haben. Statt dessen lernen sie, sich an dem zu erfreuen, was in der Gegenwart und auch in der Zukunft geschieht. Es bedeutet, sich Ziele zu setzen, aber dem Augenblick, in dem man sein Ziel erreicht, nicht mehr Bedeutung beizumessen als jedem Augenblick, den man damit verbringt, auf das Ziel hinzuarbeiten. Ein Abiturzeugnis ist etwas Schönes, aber es braucht viele Tage und Jahre, bis man es bekommt. Die Zeit zu genießen, die man mit dem Lernen und der Teilnahme an den Schulaktivitäten verbringt, ist die entscheidende Fähigkeit, von der ich hier spreche. Kinder können lernen, den Unterricht an sich als etwas Erfreuliches zu sehen und nicht als ein notwendiges Übel, um das Zeugnis zu bekommen. Sowohl das Streben danach als auch die Erreichung der äußerlichen Belohnung bieten einem gleichbedeutende Augenblicke der Gegenwart, die man genießen kann. Sobald Kinder lernen, daß jeder Augenblick ihres Lebens ihnen die Möglichkeit gibt, ein aufregendes Wunder zu erleben, werden sie damit aufhören, sich nach Wundern zu sehnen und statt dessen eins erleben. Ich werde nie vergessen, wie ich diese kleine Darstellung las, die jemand geschrieben hat, der wahrscheinlich viel älter war als ich. Sie beinhaltet eine Aussage, die alle von uns betrifft, die ihren Kindern helfen wollen, richtig lebendig zu sein.

> Zuerst sehnte ich mich danach,
>   das Abitur zu machen und zu studieren.
> Dann sehnte ich mich danach,
>   mein Studium zu beenden und eine Stelle zu finden.
> Dann sehnte ich mich danach,
>   zu heiraten und eine Familie zu gründen.
> Dann sehnte ich mich danach,
>   daß meine Kinder groß genug sind, in die Schule zu gehen,
>   so daß ich wieder arbeiten konnte.
> Dann sehnte ich mich danach,
>   mich zur Ruhe zu setzen.
> Und jetzt sterbe ich . . . Und plötzlich
>   muß ich erkennen, daß ich zu leben vergessen habe.

In dieser Aussage steckt viel Wahres. Kinder werden so erzogen, daß sie nicht heute ihr Leben ausschöpfen, um eine bessere Zukunft zu haben. Nur, die Zukunft kommt nicht, alles was wir haben, ist die Gegenwart. Wenn Menschen so konditioniert werden, daß sie immer an morgen denken – eine Denkweise, die man nicht so leicht aufgeben kann – dann werden sie nie lernen, einmal innezuhalten und die Freude zu akzeptieren, die in fast allem enthalten ist, was wir sehen. Ein solches Kind wird ein Erwachsener, der schon an den Nachtisch denkt, während er noch die Vorspeise ißt, der nicht die erste Tasse Kaffee genießt, weil er bereits an die zweite denkt, oder der den Geschlechtsverkehr nicht genießt, weil er so auf den Orgasmus fixiert ist. Der Teufelskreis kann unterbrochen werden, wenn man die Idee akzeptiert, daß es in Ordnung ist, sich wohl zu fühlen, daß das Vergnügen nichts Schlechtes ist, daß man sich seines Lebens freut und auch, daß man für die Zukunft Pläne macht und sich an die Vergangenheit erinnert.

Es gibt Eltern, die sich darauf spezialisiert haben, es ihren Kindern nicht zu erlauben, ihre Kindheit zu genießen. Sie sehen die Kindheit nur als eine Zeit der Vorbereitung. Die Schule ist ein notwendiges Übel, das Kinder ertragen müssen. Klein zu sein, ist der Preis, den man dafür zahlt, groß zu werden. Das Vergnügen ist etwas, was erst später eintreten wird, wenn man heute genug gelitten hat. Aber das Heute ist etwas, was diese Menschen nie haben werden. Eine solche Erziehung macht aus Kindern pessimistische Kinder, die das Leben als einen Übungsplatz ansehen, auf dem man sich über nichts freuen kann. Wenn Sie möchten, daß Ihre Kinder das Leben wertschätzen und nicht nur heute glücklich und erfüllt sind, dann müssen Sie einsehen, daß dies alles eine innere Einstellung ist, die ein Kind in seine Lebensaufgaben mit einbringt, und daß es nicht etwas ist, was es aus diesen Dingen gewinnen kann. Die innere Einstellung ist das, was dem Kind erlaubt, genau dort zu sein, wo es sich im Leben befindet. Sie ist nicht etwas, was einen auf morgen vorbereiten soll. Die Freude am heutigen Tag ist also eine innere Einstellung, die zur Voraussetzung hat, daß die Freude am Leben nichts Schlechtes ist, daß Vergnügen besser ist als Leid, daß alles im Leben ein Wunder ist und daß es viel erhabener ist, das Leben jetzt auszuleben als zu planen, zu planen und immer wieder zu planen und vielleicht nie anzukommen.

Werfen Sie doch einmal einen Blick auf unsere Gesellschaft und Sie werden erkennen, in wievielerlei Hinsicht man darin bestärkt wird, die Freude am Leben aufzuschieben. In einem Seminar der Politikwissenschaft, das ich an meiner Universität belegte, ging ich einmal alle Präsidentschaftswahlen seit der Gründung der Vereinigten Staaten von Amerika durch. In jeder Wahlkampagne tauchte der Slogan auf: »Dies ist die Zeit, um den Gürtel enger zu schnallen. Es sind harte Zeiten, und wir müssen alle ein Opfer bringen, damit unsere Kinder es einmal besser haben werden.« Seit zweihundert Jahren gehörten solche Sprüche zu jeder Wahl des Präsidenten. Stellen Sie sich vor, es sind zweihundert Jahre vergangen, und wir haben unser Ziel immer noch nicht erreicht.

Wir können immer noch nicht den Gürtel etwas lockern; wir müssen immer noch für die Zukunft Opfer bringen. Wir erreichen mit unseren Wahlen nie das Ziel und das werden wir auch nicht tun, wenn wir glauben müssen, daß die Gegenwart eine Zeit ist, die man für eine Zukunft, die nie kommt, opfern muß. Im Religionsunterricht lernen die Kinder, daß sie in diesem Leben leiden müssen, um im Jenseits ein besseres Leben zu haben. In der Schule bringt man ihnen bei, heute zu leiden, um morgen die Früchte ihrer Erziehung zu ernten. Zum Thema Gesundheit behaupten wir alle, daß man nicht genießen soll, was man ißt, daß man sich durch Biokost und Gemüsesäfte hindurchquälen soll, damit man gesund bleibt, daß man bis zur völligen Erschöpfung Sport treiben soll, damit es einem besser geht. »Wer schön sein will, muß leiden.« In den seltensten Fällen bekommen wir zu hören, daß Sport treiben und der Lohn, den wir dafür bekommen, gleich zufriedenstellend ist, daß eine gesunde Ernährung an und für sich schon etwas Phantastisches ist, daß moralisch sein eine wundervolle Lebensweise ist und keine Strafe oder eine zukünftige Belohnung. Wir hören nicht, daß wir angekommen sind, daß wir endlich unseren Gürtel nicht mehr so eng schnallen müssen und daß die Früchte der Opfer, die unsere Vorväter erbracht haben, geerntet werden können.

Pessimismus, Leid, Schmerzen und das Warten auf einen Tag, der niemals kommt, scheinen die Schlagwörter der heutigen Gesellschaft zu sein, und sie färben auf unsere Kinder ab, während sie sich daran machen, die gleichen alten Fehler zu wiederholen, die schon Generationen vor ihnen begangen haben. Helfen Sie Kindern, eine umfassende Wertschätzung jedes einzelnen Augenblicks zu entwickeln, mit dem sie in ihrem Leben gesegnet sind. Helfen Sie ihnen, so daß sie eine innere Einstellung haben, die ihnen das Gefühl gibt, fähig zu sein, den gegenwärtigen Moment voll auszuschöpfen. Eine solche Einstellung wird aus einem Kind keinen Menschen machen, der voller Egoismus sich hedonistisch verhält und sich weder für die eigene Zukunft noch für die der anderen interessiert. Tatsächlich ist es viel wahrscheinlicher, daß das Gegenteil eintrifft. Das optimistische Kind, das nach dem Silberstreif sucht, wird viel eher anderen helfen zu sehen, welche Möglichkeit jeder Augenblick in sich birgt, statt nach den trostlosen Dingen zu schauen. Es wird ein Quell der Hoffnung und nicht wie so viele andere ein Quell der Verzweiflung sein. Es wird anderen helfen, in ihrer Lebenslage etwas Positives zu sehen, statt sich selbst aufzugeben.

Sie haben viel zu tun, wenn Sie Kindern wirklich helfen wollen, sich ihrer unbegrenzten Lebensfreude bewußt zu werden, die sie jeden Moment verspüren können. Sie ist ihr menschliches Erbe, genau wie auch Ihres, wenn Sie nur gewillt sind, sie wieder in Ihr Leben einfließen zu lassen. Kindern macht ein Schneesturm Spaß. Beobachten Sie ihre weitaufgerissenen Augen, wenn sie auf die schneebedeckte Landschaft blicken. Der Erwachsene in Ihnen sagt sich vielleicht: »Ich muß mal wieder Schnee schippen und die Schneeketten anlegen – und durch den ganzen Schneematsch stapfen.« Dieser Erwachsene in Ihnen kann sehr überzeugend sein. »Die Kinder können es sich leisten, sich über den Schnee zu freuen – sie müssen ja nicht bei diesem Wetter Autofahren oder mit dem ganzen Matsch fertig werden.« Aber halten Sie hier einmal inne. Ihre schlechte Laune wegen des Schnees wird nichts ändern, aber Ihre Einstellung zum Schnee. Nur weil Sie sauer sind, wird er nicht verschwinden. Wenn Sie meinen, mit dieser Meinung »im Recht zu sein«, wird auch dies nichts ändern. Das einzige, was Sie von Ihrer wehleidigen Haltung haben werden, ist, daß Sie sich elend fühlen. Stellen Sie sich vor, wie Sie es genießen, einmal langsamer zur Arbeit zu fahren. Stellen Sie sich vor, daß es Ihnen Spaß macht, Schnee zu schippen, statt diese Aufgabe zu verfluchen. Das Kind in Ihnen will genau das, aber der Erwachsene in Ihnen, der weiß, was aufgrund des hinterlistigen Schnees vor ihm liegt, siegt im allgemeinen. Man kommt immer wieder auf diese den jetzigen Augenblick genießende Denkweise zurück, zu der ich Ihnen und Ihren Kindern verhelfen möchte. Vergessen Sie, was vor Ihnen liegt, *seien sie jetzt hier.*

Je mehr Augenblicke Sie in Ihrem Leben haben, die Sie voll bewußt erleben und die Sie nicht damit vergeuden, darüber nachzudenken, wie es Ihnen später ergehen wird, desto stärker wird Ihr Leben frei von inneren Zwängen sein. Dies trifft auch auf Kinder zu. Je mehr Sie ihnen erlauben, die Gegenwart zu genießen, die sie gerade erleben, um so mehr Positives werden sie erfahren und um so mehr werden sie anderen helfen, auch etwas Positives zu erleben. Und sollte das im Leben nicht so sein? Es für alle schöner und positiver machen? Man sollte sein Leben so gestalten, daß es eine einzige Grenzerfahrung ist, und nicht so, daß es voller Tiefschläge ist.

Mehr Grenzerfahrungen

Der Begriff *Grenzerfahrung* wurde geprägt von dem amerikanischen Psychologen Abraham Maslow in seinem Werk »Psychologie des Seins«. Beachten Sie bitte, daß der Titel nicht von einer Psychologie des *Werdens* spricht. Die Betonung liegt auf dem Sein, und hier leistete Maslow seinen großen Beitrag: eine Psychologie des Angekommenseins statt einer Psychologie des Strebens. Nun, Erfahrungshöhepunkte sind für den nichts Neues, der mit der fernöstlichen Philosophie vertraut ist. Die Begriffe haben sich vielleicht geändert, aber die Idee ist so alt wie die Menschheit. In meinem Buch *Der Himmel ist die Grenze* (The Sky's the Limit; liegt noch nicht in deutscher Übersetzung vor. Anm. d. Üb.), schrieb ich über die japanische Kultur, über die Erfahrung der *Muga* und darüber, wie man seinen Geist darin üben kann, eine Sache zu ihrer Zeit in ihrer Ganzheit zu erleben. Alle Gedanken aus dem Geist zu verbannen und sich völlig auf einen Gedanken, eine Person, einen Widersacher oder eine Bewegung des Körpers zu konzentrieren, ist Teil des Trainings, das man machen muß, um ein Zen-Meister zu werden. Wenn ich auf diese Idee hier eingehe, steckt dahinter mein Wunsch, Sie dazu zu ermuntern zu verstehen, daß ein buddhistischer Mönch, der Schmerzen durch die eigene Konzentrationskraft und durch Meditation verdrängen kann, kein Sonderling ist, der magische Kräfte hat. Er ist ein Schüler der großen Geisteskräfte. Jeder von uns hat die Fähigkeit, aus jedem Augenblick, den wir dazu erwählen, eine Erfahrung zu machen, wenn wir nur unsere Kräfte in dieser Hinsicht anerkennen und uns mehr auf den gegenwärtigen Augenblick konzentrieren. Ich verlange von Ihnen nicht, daß Sie unbedingt anfangen müssen zu meditieren oder sich einen Guru zu suchen, der Sie über die Kunst der Muga aufklären kann. Ich fordere Sie nur dazu auf, Ihre eigene Fähigkeit zu entwickeln, das Leben genießen zu können, sich zurückzulehnen und die unverdorbenen Kinder zu beobachten, um zu sehen, wie man es macht, und dann sowohl sich als auch die Kinder dazu zu ermutigen, das ganze Leben zu einem Erfahrungshöhepunkt zu machen.

Ein Erfahrungshöhepunkt ist nichts anderes als die eingehende Beschäftigung damit, die Gegenwart zu genießen. Keine Ablenkungen, kein Grübeln, nur ein ruhiger Geist, der nichts verurteilt, sondern nur völlig im Erleben aufgeht. Frauen haben mir vom Geburtsvorgang berichtet und wie sie ihren Geist darin geübt haben, richtig zu pressen und nur das zu spüren, was der Körper ihnen sagte. Keine Schmerzen, kein Grübeln, nur voller Seligkeit, weil sie gelernt haben, richtig zu atmen oder den Geburtsvorgang wahrzunehmen. Ich habe in den letzten Jahren immer häufiger solche Grenzerfahrungen in meinem Leben empfinden können, denn ich bin immer stärker dazu bereit gewesen, nicht mehr so zu leben, wie es Tradition ist, und andere dies von mir erwarten. Ich habe feststellen müssen, je mehr ich es mir zugestehe, das zu erleben, was für mich wichtig ist, ohne dabei anderen zu nahe zu kommen, desto mehr kann ich meinen Alltag voll ausleben.

Ich konnte dieses erhebende Gefühl verspüren, während ich jeden Tag 15 km oder mehr lief, und konnte darin immer mehr aufgehen, da ich in meiner Einstellung zum Jogging immer positiver wurde. Statt daran zu denken, daß ich mich müde, ausgelaugt, erhitzt usw. fühlen würde, ließ ich meinen Körper das Steuer übernehmen und konzentrierte mich einfach auf meinen Körper und die wundervolle Maschine, die er ist. Es dauerte nicht lange und ich lief jeden Tag meine Strecke, ohne mir irgendwelcher unangenehmer Gefühle bewußt zu werden. Mein Geist ist ruhig und mein Körper völlig ausgelastet, und ich habe nicht das Gefühl, über alles ein Urteil fällen zu müssen. Ich verschwende keinen Gedanken daran, wann ich die Strecke endlich hinter mir habe oder wo ich gewesen bin; ich laufe einfach nur und lasse zu, daß ich schwebe. Dies ist auch so, wenn ich schreibe. Die Stunden fliegen nur so dahin, während ich völlig in dem Erlebnis des Schreibens aufgehe. Da ist kein Schmerz, keine Besorgtheit, kein Verlangen danach, irgendwo anders zu sein, kein Gedanke daran, was ich machen werde, wenn ich fertig bin, ich bin einfach in diesem Moment bewußt da und lasse zu, daß ich schwebe.

Sie haben bestimmt auch schon einmal solche Grenzerfahrungen im Jetzt erlebt. Vielleicht sind Sie in einer Aufgabe so aufgegangen, daß Sie die Zeit, den Hunger und die Müdigkeit einfach vergaßen. Was Sie taten, machte Ihnen Spaß, und Sie waren über die Meinung der anderen erhaben. Viele Menschen berichten davon, daß sie in der Sexualität solche zeitlosen Momente der Glückseligkeit empfunden haben, Momente, in denen die Zeit stillstand und sie völlig in der Liebe zu einem anderen Menschen aufgingen. Viele sprechen von solchen Momenten, wenn sie an einem Sportereignis teilnehmen – verloren in der Zeit; sie bewegen sich, ohne bewußt darüber nachzudenken. In diesem Moment – so selten ein solcher auch in ihrem Leben vorkommen mag – verschwindet die Krankheit. Ein Freund erzählte mir einmal, wie ihm an einem Tag, als er einen leichten Schnupfen hatte, das Fallschirmspringen erklärt wurde. Während er dem Lehrer zuhörte, während er durch die Lüfte schwebte und während er sich auf die Landung konzentrierte, ging er in diesen Erlebnissen völlig auf. Als er dann schließlich im Auto saß, um wieder nach Hause zu fahren, dachte er an seine Erkältung, und seine Nase begann prompt wieder zu laufen. Aber während der ganzen Zeit, in der er sich mit dem Fallschirmspringen vertraut machte – als er den Umgang mit dem Fallschirm lernte, als er aus dem Flugzeug sprang und schließlich auf dem Boden landete – machte ihm die Erkältung nicht zu schaffen. Da er seinen Schnupfen für mehrere Stunden vergaß, verspürte er diese Grenzerfahrung, von der ich hier spreche. Ich habe ähnliche Erlebnisse des »völlig im Augenblick Aufgehens« gehabt, in denen ich meine Müdigkeit und leichtere Krankheiten einfach wegschickte, während ich z. B. mit meinen Kindern spielte, am Strand entlanglief, im Fernsehen interviewt wurde, einen Roman las oder viele andere Erlebnisse hatte. Ich hatte diese Erlebnisse, sobald ich in mir ruhte und aufhörte, das Leben zu beurteilen, und statt dessen damit anfing, ein Teil davon zu sein.

Kinder haben diese erstaunliche Fähigkeit zur Grenzerfahrung, und diese Fähigkeit bleibt ihnen solange erhalten, bis ihnen etwas anderes beigebracht wird. Wie oft haben Sie nicht Ihren Kindern gesagt, daß sie über das, was sie tun, nachdenken sollen, und dann haben sie alles verpfuscht, was sie sich zugemutet hatten? Kinder sind natürliche Genies auf dem Gebiet, das Leben so zu leben, daß sie völlig in dem aufgehen, was sie machen. Sie wissen, wie man sich völlig im Jetzt verlieren und es richtig genießen kann. Ein Kind kann einen ganzen Nachmittag damit verbringen, im Sandkasten zu spielen, ohne jemals an etwas anderes zu denken. Ein Mädchen kann völlig darin aufgehen, mit ihrem Puppenhaus zu spielen. Sie schafft sich ihre eigene Welt der Phantasie, und verliert völlig das Gefühl für die Zeit und hat kein Bedürfnis, etwas zu beurteilen oder einzuordnen. Kinder können ihr denkendes Selbst und das Bedürfnis, alles beurteilen zu müssen, ausschalten, um völlig im Hier und Jetzt zu leben. Dieses Abschalten, diese ausgeglichene Psyche und diese Fähigkeit, nicht nur an dem Freude zu haben, was sie machen, sondern tatsächlich das zu *sein*, was sie tun, macht ein unverdorbenes Kind aus. Sie müssen sich sehr darum bemühen, von Kindern zu lernen, statt sie dazu zu erziehen, über das, was sie machen, nachzudenken. Bringen Sie ihnen nicht bei, es zu beurteilen, einzuordnen, daraus unbedingt etwas lernen zu müssen oder es zu einem Prüfstein zu machen. Statt dessen muß es ihnen erlaubt werden, einfach das zu sein, was sie machen, und Sie können sich ebenfalls darum bemühen, so zu sein, wenn Sie dem Beispiel der Kinder folgen. Seien Sie wieder ein Kind! Das ist es, was ein Kind ausmacht. Nicht kindisch zu sein, aber kindlich. Gehen Sie völlig im Hier und Jetzt auf, und denken Sie nicht an all die Dinge, die Sie machen müssen, bevor Sie eine Aktivität, wie z. B. einen Aerobic-Kurs, genießen können. Wenn Sie während des Trainings an die Dinge denken, die Sie tun müssen, wenn Sie nach Hause kommen, verringern Sie Ihre Freude daran. Dadurch gehen Sie niemals vollkommen im Trainingsprogramm auf, so daß Sie tatsächlich eins damit werden könnten.

Kinder wissen, wie man sich in einem Erlebnis verliert, bis Sie sich einmischen und ihnen diesen Instinkt wieder nehmen. Die Kinder sehen in allem, was sie im Leben machen, eine Grenzerfahrung, bis sie so konditioniert werden, daß sie über das, was sie tun, nachdenken sollen, und dann vergessen sie darüber, wie man das Leben richtig genießt, nämlich indem man mit dem Vergnügen eins wird. Dann lernen sie, sich nach äußeren Umständen zu richten, zu üben bis sie perfekt sind; sie lernen, sich selbst und ihre Leistungen im Vergleich zu anderen einzuschätzen, daran zu arbeiten, sich in den Dingen, die sie tun, zu verbessern, und bald werden sie dann keine Lust mehr haben, oder nicht mehr dazu in der Lage sein, überhaupt etwas zu tun. Sie lernen es, Niederlagen zu hassen, denn für sie ist es gleich, ob man an einer Aufgabe scheitert oder als Mensch, daher gehen sie Aufgaben aus dem Weg, denen sie ihrer Meinung nach nicht richtig gewachsen sind. Sie lernen, ihre Aktivitäten zu organisieren, statt einfach nur blind und ohne jegliche Beurteilung eins mit den Aktivitäten zu sein, und unglücklicherweise verlernen sie das, was sie in erster Linie zum Menschen macht.

Beobachten Sie Ihre Kinder im Alltag. Stellen Sie fest, wieviel sie aus purer Freude machen und wieviel sie machen, weil sie dafür bewertet werden. Je jünger sie sind (d. h. je weniger konditioniert sie sind), um so mehr können sie sich im Hier und Jetzt verlieren und in dem, was sie gerade tun, völlig aufgehen. Wenn sie älter werden, wird sie das Leben langweilen. Sie machen sich dann darüber Sorgen, wie sie auf andere wirken, welche Noten sie bekommen, was ihre Freunde von ihnen denken werden, was die Erwachsenen sagen werden und so weiter. Was ich von Ihnen verlange, ist, daß Sie Ihre Einstellung zu Kindern und deren Gegenwart ändern. Die großen Denker, die versucht haben, anderen zu helfen, schlagen vor, daß man auf diese kindlichen *muga*-Erfahrungen zurückkommt. Wir können von unseren Kindern lernen und auf das Kind in uns hören. Wir müssen nicht verantwortungslos werden, aber wir sollten unsere Verantwortung so tragen, daß wir tatsächlich diese Verantwortung »sind«, und jeden Augenblick so ausleben. Wir sollten Gott nicht bitten, es für uns zu tun, sondern sollten selbst erhaben sein. Wir sollten nicht von unseren Lehrern verlangen, daß sie für uns einspringen, sondern sollten selbst im Lernerlebnis voll aufgehen. Wir sollten auf ein oberflächliches Urteil verzichten und sollten immer häufiger – nicht seltener – das Leben voll ausschöpfen, während Ihre Kinder immer größer werden.

Wenn ich sage, daß alles im Leben einem die Gelegenheit gibt, eine Grenzerfahrung zu erleben, dann übertreibe ich keineswegs. Wenn Sie sich in einen Augenblick richtig hineinversetzen können und sehen, was Sie alles bisher ignoriert haben, werden Sie ein ganzes Universum entdecken können. Untersuchen Sie doch einmal einen Wassertropfen aus einem Teich unter einem starken Mikroskop, und vor Ihren Augen wird sich ein ganzes Universum mit einer Vielzahl von verschiedenen Lebensformen auftun. Zuerst sahen Sie nur einen simplen Tropfen Wasser vor sich, aber als Sie ein Teil davon wurden und alles darin wahrnahmen, konnten Sie sich in diesem Erlebnis verlieren und von all dem fasziniert sein, was sich in dem Tropfen Wasser befindet. So ist das mit dem ganzen Leben. Wenn Sie sich dafür öffnen, wenn Sie einmal stehen bleiben und wirklich hinschauen und etwas erleben, werden Sie eine ganze Welt entdecken, die Ihnen bisher versagt war, da Sie mit Scheuklappen durch das Leben gingen. Beobachten Sie doch einmal, mit welcher Faszination Ihre Kinder ein Spinnennetz betrachten. Achten Sie darauf, wieviele Stunden sie damit verbringen können, das Treiben in einem Ameisenhaufen zu beobachten. Beobachten Sie Kinder, wie sie buchstäblich eins mit dem werden, was sie sehen. Das ist genau das, was ich mit einer Grenzerfahrung meine. Lassen Sie sich etwas mehr Zeit und erinnern Sie Ihre Kinder nicht daran, daß sie »mit ihren Aufgaben weitermachen« sollen, sondern denken Sie daran, daß diese kindliche Faszination in dieser Welt der Schlüssel dazu ist, daß sie in ihrem Leben ohne innere Zwänge leben können.

Bevor ich nun zu einer praktischen, handfesten Information übergehe, die Ihnen und Ihren Kindern helfen kann, sich mehr nach dem Hier und Jetzt zu orientieren und das damit einhergehende erhabene und aufbauende Gefühl zu empfinden, möchte ich mit Ihnen dieses wundervolle Sanskrit-Gedicht teilen, das meine Ausführungen zu diesem Thema sehr schön zusammenfaßt. Wenn ich sage, daß in jedem Tag eine Grenzerfahrung steckt – vorausgesetzt, man ist dazu bereit –, dann ist dies genau das, worauf ich hinaus will. Das Gedicht bringt dieses Thema sowohl auf eine körperliche als auch auf eine philosophische Ebene.

> Schaue auf diesen Tag,
> Denn er ist das wirkliche Leben.
> In seinem kurzen Lauf liegen alle
> Wahrheiten und Realitäten deiner Existenz:
> Die Herrlichkeit des Handelns,
> Die Glückseligkeit der Entfaltung,
> Der Glanz der Schönheit,
> Denn Gestern ist nur ein Traum
> Und Morgen nur eine Vision.
> Aber Heute gut gelebt

Und jedes Gestern ist ein Traum des Glücks.
Und jedes Morgen eine Vision der Hoffnung.
Schaue deshalb diesen Tag gut an.

Lesen Sie es noch einmal!

Jetzt, wenn Sie es noch einmal lesen, sollten Sie versuchen, die Wörter und die Aussage des Gedichts in diesem Tag zu sehn. In diesen Worten steckt viel Wahres. Machen Sie aus ihm die kostbarste Grenzerfahrung und üben, üben, üben Sie sich darin mit Ihren Kindern. Ihre Kinder können es besser als Sie, weil sie nicht so viel Zeit gehabt haben wie Sie, um es zu verlernen.

Einige typische Verhaltensweisen, die Sie und Ihre Kinder daran hindern, die Gegenwart auszuschöpfen

Nachstehend wird gezeigt, durch welches typische Verhalten Sie Ihre Kinder davon abhalten, im Hier und Jetzt aufzugehen und diese phantastischen Grenzerfahrungen zu haben, die das Kennzeichen eines Menschen sein können, der keine inneren Zwänge kennt. Je mehr sie dazu fähig sind, in der Gegenwart zu bleiben, und sich in das, was sie tun und denken, voller Anerkennung hineinversetzen, um so mehr helfen Sie ihnen, ein innerlich freies und effizientes Leben zu führen.

☐ Nie Zeit für seine Kinder haben. Sie ständig zu anderen abschieben.
☐ Sie als unvollkommene Menschen behandeln, so als würden sie in einem Wartezimmer des Lebens darauf warten, älter zu werden.
☐ Nie mit ihnen spielen.
☐ Ziele für Ihre Kinder haben und von ihnen verlangen, daß sie *Ihre* Ziele für die Zukunft erreichen.
☐ Sie an ihre Fehler der Vergangenheit erinnern.
☐ Mehr Wert auf ihre Rolle im Leben und die Etikette zu legen als darauf, einfach zu handeln.
☐ Immer darauf bestehen, daß sie jederzeit ihr »Bestes« geben.
☐ Ein Mensch sein, der niemals stehen bleibt, um den Duft der Rosen wahrzunehmen.
☐ Sie dazu erziehen, Aufgaben auf Kosten der Lebensfreude zu übernehmen.
☐ Sie in ihrem Leben zu Leistungen hetzen: mit achtzehn Monaten lesen lernen, mit zwei Jahren rechnen lernen, mit drei schreiben lernen.
☐ Sie daran erinnern, was sie alles »hätten tun sollen«.
☐ Sich nicht an Ihre Versprechen halten, ohne dafür eine Erklärung zu geben.
☐ Die Kinder nie loben.
☐ Langfristige Ziele überbewerten; »Denke an morgen«.
☐ Das Geldverdienen zur wichtigsten Lebensaufgabe machen.
☐ Kindern keine Zeit lassen, Filme, das Essen, den Urlaub und Familienzusammenkünfte zu genießen.

☐ Sich über Verspätungen ärgern und dies an den Kindern auslassen.

☐ Sich weigern, sich auf ihr Niveau zu begeben.

☐ Ihnen sagen, daß alles »eines Tages« anders sein wird und daß sie es dann verstehen werden.

☐ Darüber sprechen, wie es »einmal gewesen ist«.

☐ Kindern nichts erklären.

☐ Auf sie Druck ausüben, daß sie schnell erwachsen werden sollen.

☐ Ihnen nicht erlauben, etwas alleine zu tun.

☐ Sie dazu anspornen, sich an Modeerscheinungen zu halten, und tun, was die Werbung verlangt.

Dies sind einige der typischen Handlungsweisen, die Kinder davon abhalten, den Augenblick zu genießen. Sie tragen oft dazu bei, aus Kindern gehetzte Menschen zu machen, die durch das Leben eilen und schließlich ihr Leben damit vebringen, darüber nachzudenken, was passieren wird und wie gut das dann sein wird. Außerdem wird durch ein solches Verhalten die Fähigkeit zerstört, die Gegenwart aufrichtig zu genießen und darin völlig aufzugehen. Obwohl Eltern oft nicht mit ihrem Verhalten die Absicht verfolgen, den Kindern die Aussicht auf Grenzerfahrungen und mehr Freude am Augenblick zu nehmen, so führen solche Handlungsweisen gerade doch zu diesem Ergebnis.

Einige »lohnende« Gründe, warum es vermieden wird, gegenwartsbetont zu leben

Bevor ich Ihnen einige Alternativen zu den im vorhergehenden Textabschnitt behandelten Verhaltensweisen nenne, die ein vergnügliches Leben verhindern, sollten Sie darüber nachdenken, warum Sie sich im Umgang mit Kindern so verhalten. Wenn Sie die Gründe besser verstanden haben und sich geloben, dieser Destruktivität ein Ende zu bereiten, wird Ihnen die Anwendung alternativer Strategien leichter fallen.

Sie haben vielleicht vor langer Zeit gelernt, daß das Vergnügen um des reinen Vergnügen willens falsch ist. Wenn Sie Ihren Kindern beibringen, daß sie immer ernsthaft und tüchtig sein sollen und nicht daran denken sollen, das Leben zu genießen, dann beharren Sie darauf, daß die Art, wie Sie erzogen wurden, die beste ist. Dem Augenblick auszuweichen, hilft Ihnen, sich im Recht zu fühlen und eigene Fehler im Leben zu akzeptieren. Außerdem müssen Sie durch ein solches Verhalten nicht zugeben, daß Ihre Einstellung zum Leben fehlerhaft ist.

Sie sind vielleicht das Produkt einer »depressiven Nachkriegsmentalität«, weil Ihre Eltern (oder vielleicht gehören auch Sie dazu) in der Nachkriegszeit gelebt haben und Ihnen beigebracht haben, für schlechte Zeiten zu sparen oder das Vergnügen von Heute für die Zukunft zu opfern. Vielleicht übertragen Sie diese Einstellung auf die Kinder von heute und erkennen nicht, wie irrtümlich sie ist. Sprechen Sie doch einmal mit den Menschen, die die Nachkriegszeit erlebt haben. Viele werden Ihnen erzählen, wie schwer die Zeit damals war, aber viele werden sich auch daran erinnern, wie freundlich man sich gegenseitig unter die Arme griff und wie wichtig diese Tage für die Festigung und Prüfung der Persönlichkeit waren. Die Gegenwart bot ihnen vieles, vielleicht wollen sie es nur nicht zugeben.

Sie glauben vielleicht, daß es egoistisch, dumm und falsch ist, für die Gegenwart zu leben. Wenn Sie aber Ihre Kinder davon abhalten, völlig im Hier und Jetzt aufzugehen, dann halten Sie die Annahme aufrecht, daß es möglich ist, in anderen Augenblicken zu leben als in der Gegenwart und daß alles, was sich gut anfühlt, schlecht sein muß.

Sie sind vielleicht zu der Meinung gekommen, daß man Kinder sehen, aber nicht hören soll, daß sie gehorsam sein und nur dann den Mund öffnen sollen, wenn sie dazu aufgefordert werden. Wenn Sie auf diese Weise erzogen wurden, fällt es Ihnen vielleicht schwer zuzugeben, daß dies nicht die beste Erziehungsmethode für Ihre Kinder ist. Es ist in diesem Fall dann für Sie wichtiger, mit dieser Vorstellung recht zu haben, als sie vielleicht kritisch unter die Lupe zu nehmen und zu prüfen, inwiefern sie Sie bisher davon abgehalten hat, all das zu erreichen, wozu Sie eigentlich fähig gewesen wären.

Wenn Sie darauf bestehen, daß Ihre Kinder sich so verhalten, daß sie die Gegenwart nicht ausleben, dann haben Sie eine eingebaute Entschuldigung, um sich nicht verändern zu müssen. Wenn Sie mit Ihrer Fähigkeit, dem Leben Freude abzugewinnen, unzufrieden sind, können Sie einer Überprüfung Ihrer Werte und Verhaltensweisen und auch Risiken und Herausforderungen aus dem Weg gehen, wenn Sie darauf bestehen, daß Ihre Kinder genauso sein sollen wie Sie.

Wenn Sie in Ihrem Leben in eine Sackgasse geraten sind und nicht soviel Spaß haben, wie Sie möchten, dann werden Sie auch in Zukunft das Leben nicht wertschätzen, und es wird dann an Ihnen vorübergehen, weil Sie faul und ängstlich sind. Vorschriften und Richtlinien für Kinder können dadurch gerechtfertigt werden, daß sie Ihrem Beispiel zugrunde liegen. Wenn Sie es Ihren Kindern nicht gestatten, ihr Leben auf natürliche und aufregende Weise zu erleben, weil Sie darauf bestehen, daß sie ernst und zukunftsorientiert sein sollen, dann rechtfertigen Sie Ihre eigenen unbehaglichen

Gefühle hinsichtlich Ihres eigenen Lebens. Das Fehlen von Vergnügen für die Kinder kann für Sie zu einer Rechtfertigung werden, warum Sie so sind wie Sie sind.

Sie können die Verantwortung als Eltern von sich weisen, Ihren Kindern eine reichhaltige und vielseitige Kindheit zu ermöglichen, wenn Sie einfach aus ihnen kleine Erwachsene machen, statt sie so zu lassen, wie sie heute sind. Wenn sie auf etwas anderes hinarbeiten, dann können Sie versuchen, sich ihnen in den Weg zu stellen, indem Sie nicht das mit ihnen unternehmen, was ihr Leben am meisten bereichern könnte.

Wenn Sie an alte Fehler erinnern und nachtragend sind, können Sie Kinder so manipulieren, daß sie so denken, wie Sie das für richtig halten, statt eine eigene Meinung zu haben. Wenn Sie Ihre Kinder ständig an Vergangenes erinnern und ihnen vorhalten, was sie alles nicht getan haben, dann haben Sie über Ihre Kinder eine Macht, die Ihnen vielleicht in anderen Lebensbereichen nicht zukommt.

Dies sind einige der neurotischen Früchte, die Sie ernten können, wenn Sie Kinder so erziehen, daß sie die Gegenwart nicht ausleben und nicht diese erhebende Freude verspüren, die mit einer Grenzerfahrung einhergeht.

Einige Strategien für ein gegenwartsbezogenes Leben

Im folgenden finden sich einige spezifische Strategien, die Sie vielleicht versuchen möchten, wenn Sie daran interessiert sind, Ihren Kindern zu helfen, in der Gegenwart richtig lebendig zu sein. Die gleichen Strategien werden Ihnen auch helfen, Ihre Kinder als vollkommene Menschen und nicht als Wesen zu sehen, die erst noch etwas werden müssen.

Versuchen Sie, Ihre Kinder jeden Tag ein paar Minuten mit anderen Augen zu sehen. Sagen Sie sich selbst: »Sie ist drei Jahre alt – basta! Ich werde es heute schätzen, daß sie jetzt drei Jahre alt ist. Ich werde nicht die Einstellung haben, daß sie erst auf dem Weg zu etwas ist. Ich werde statt dessen versuchen, mit ihr in der Welt der Dreijährigen zu sein. Ich werde jetzt ganz bei ihr sein und sie nicht dafür verurteilen, daß sie jetzt nicht anders ist als sie ist.« Dies ist eine wichtige Geistesübung – gleichgültig wie alt Ihre Kinder sind. Sie sind vollkommen und Ihnen und allen anderen Erwachsenen in ihrer Bedeutung als Mensch gleichgestellt. Sie sind kleiner und jünger, aber sie sind genauso vollkommen wie Sie. Lieben Sie

sie um ihrer selbst willen, also als Menschen, die sich – genau wie all die anderen auch – ständig verändern.

Diese Art zu denken wird Ihnen helfen, Ihre Kinder jeden Tag mehr zu schätzen. Genießen Sie ihre ungebändigte Faszination von dieser Welt und hemmen Sie sie nicht in dieser Hinsicht. Erfreuen Sie sich an den »dummen« Dingen, die sie sagen, statt sie ständig zu korrigieren. Lieben Sie ihre Energie, die sie für ihre Spiele aufwenden, und versuchen Sie nicht, sie zur Ernsthaftigkeit zu erziehen. Üben Sie sich darin, ihnen immer wieder zu sagen, daß sie die gleichen Rechte wie Erwachsene haben, daß sie das Recht haben, würdevoll und respektvoll behandelt zu werden, auch wenn Sie und andere Erwachsene im Moment größer sind als sie. Wenn Sie solche Selbstgespräche führen, werden Sie zu der Einsicht kommen, *daß alle sich ständig verändern.* Obwohl die körperlichen Veränderungen bei Kindern sichtbarer sind, verändern auch Erwachsene sich ständig. Aber Erwachsene halten Sie größtenteils nicht für unvollkommen, weil sie sich bis auf den Alterungsprozeß kaum sichtbar verändern, wenn sie einmal körperlich voll entwickelt sind. Dennoch verändern sich auch Erwachsene ständig. Sie sind mit 30 reifer als mit 20. Mit 40 sind sie im allgemeinen emotional stabiler als mit 25. Erwachsene haben nicht immer die gleiche Lebenskraft, und auch ihre Einstellung und ihre Interessen ändern sich, ebenso wie ihr Stil und ihre Ausdrucksweise. Trotzdem werden Erwachsene im allgemeinen so behandelt, als wären sie vollkommen und fertig.

Kinder werden uns viel weniger zur Last fallen, wenn wir damit aufhören, sie auf das Leben *vorzubereiten,* und uns daran erinnern, daß sie, wie alle anderen auch, *jetzt* ein Teil des Lebens sind. Diese veränderte Einstellung führt dazu, daß Sie sich *jetzt* auf Ihre Kinder konzentrieren und sie aufgrund ihrer Einzigartigkeit wertschätzen. Eine Mutter, die ihr Kind durch einen Autounfall verloren hatte, erzählte mir einmal, daß es als Mutter ihr größter Fehler gewesen sei, ihr Kind so zu behandeln, als sei es noch unvollkommen. Sie sagte zu mir: »Sagen Sie bitte allen Eltern, die zu Ihnen hilfesuchend kommen, daß sie ihre Kinder jeden Tag lieben sollen, gerade weil sie so sind wie sie sind, denn sollten sie jemals ein Kind verlieren, werden sie wissen, daß sie, so wie sie sind, etwas Besonderes sind, und wie dumm es ist, sie auf etwas vorzubereiten, was vielleicht niemals sein wird.« In meinen Augen hatte sie völlig recht. Niemand weiß, ob es für uns eine Zukunft geben wird. Keiner hat die Garantie, daß es für ihn ein Morgen geben wird. Obwohl Sie Ihren Kindern solide Richtlinien und ein hervorragendes Beispiel geben wollen, sollten Sie auch für das Wunder dankbar sein, das ihre Kinder jetzt verkörpern, und sich an ihrem altersgerechten Verhalten erfreuen.

Verbringen Sie mit Kindern mehr Zeit in ihrer einzigartigen Welt des Spiels. Wenn Sie mit Kindern einfach so spielen, wie diese miteinander spielen, Sie sich also auf ihr Niveau begeben, werden Sie bald erkennen, warum sie so oft spielen. Es kann die befriedigendste Erfahrung ihres Lebens sein, wenn Sie Ihr »erwachsenes« Äußeres vergessen und mit den Kindern spielen. Verstecken zu spielen, kann Ihnen genausoviel Spaß machen wie Ihren Kindern, und wenn Sie sich zu ihnen gesellen, dann geben Sie ihnen zu verstehen, daß Sie sie als vollkommene Menschen anerkennen, die solche Dinge tun wie Verstecken spielen, statt über sie zu urteilen. »Es sind eben nur Kinder, die spielen die ganze Zeit.« Sie können sich jeden Tag so zu Ihren Kindern verhalten, gleichgültig wie alt sie sind. Ein Baby, das mit Ihnen »Guck-Guck« unter der Bettdecke spielt, lernt, mit Ihnen Kontakt zu haben. Ein Kind im Krabbelalter, das möchte, daß Sie die Augen schließen und es hinter den Kleidern in Muttis Schrank wiederfinden sollen, tut etwas, was für ein Kind völlig normal ist – es spielt. Wenn Sie mitspielen, dann akzeptieren Sie das Kind. Wenn Sie es verspotten oder es vorziehen, eine Zeitung zu lesen, vernachlässigen Sie das Kind und geben ihm zu verstehen: »Wenn du groß bist, werde ich in dir einen Menschen sehen, bis dahin zählst du in meinen Augen nicht.« Sie müssen nicht die ganze Zeit mit den Kindern spielen, aber wenn Sie sich dafür nur jeden Tag ein paar Minuten Zeit nehmen, zeigen Sie ihnen, daß sie Ihnen etwas bedeuten. Fangen spielen, zusammen schaukeln, im Park spazierengehen, eigene Spiele erfinden, raufen und zusammen herumtollen sind sowohl für Ihre Kinder als auch für Sie äußerst wichtige Aktivitäten. Seien Sie mit ihnen ohne Vorschriften ein Kind, und Ihr Kind wird vor Glück strahlen. So sehr sie es auch brauchen, daß Sie mit ihnen spielen, sie müssen auch manchmal allein gelassen werden. Die zeitliche Einteilung liegt in beider Ermessen. Aber wenn Sie niemals mit ihnen spielen, behandeln Sie sie so, als seien sie unvollkommen und unwichtig. Wenn Sie ihnen in ihren Spielen keine Freiheit lassen, bringen Sie ihnen bei, daß Sie kein Vertrauen in sie setzen. Es ist aber so, daß es für Sie sehr erfüllend sein kann, mit ihnen zu spielen, und es ist eine phantastische Möglichkeit, bei ihnen zu sein; aber wie immer im Leben wird zuviel des Guten die Wirkung zunichte machen.

Verbringen Sie einmal einen Tag mit einem Kind auf eine Art, die anders ist als Sie es gewohnt sind. Versuchen Sie für das, was es zu erleben gibt, voll

Engagement zu sein. Ein Tag am Strand kann eine wundervolle Erfahrung des Zusammenseins darstellen – es kann aber auch nur als reiner Zeitvertreib betrachtet werden. Was Sie aus einem Tag machen, liegt an Ihnen und Ihrer Einstellung zur Gegenwart. So kann z. B. ein Tag am Strand, an dem Sie mit Ihren Kindern (das Alter spielt keine Rolle) mit dem Strand eins werden, so verlaufen: Seemuscheln können stundenlang untersucht werden. Man kann über die verschiedenen Formen, Größen, Maserungen sprechen und raten, woher die Muscheln gekommen sind. Man kann den Sand in seiner veränderlichen Herrlichkeit kennenlernen. Man kann einfach am Strand stehen und beobachten, was mit dem Sand geschieht, während er Ihre Füße unter sich begräbt. Nehmen Sie eine Handvoll davon und erzählen Sie dem Kind, daß es mehr Sterne im Universum als Sandkörner auf den ganzen Stränden dieser Welt gibt. Die Tiere und Pflanzen, die an der Küste leben, bieten ein Wunder nach dem anderen: Seesterne, Fische, Krabben, Seealgen, Sandfliegen, Seemöwen und Muscheln, alles Dinge, die Sie zusammen bewundern können. Sie können voller Ehrfurcht zusammen erleben, wie die Wellen am Strand hereinbrechen. Sie können zusammen den Wind, und wie er die Dünen formt, fühlen. Eine Sandburg zu bauen oder zusammen Frisbee zu spielen kann zu einer Grenzerfahrung werden. Zusammen am Strand ein Picknick zu machen bringt für alle Kinder Freude – auch dem Kind, das in Ihnen steckt. Für das Abendessen einen Fisch zu fangen, kann ein Teil des Stranderlebnisses sein. Die Aufregung eines Tages am Strand kann etwas sein, was für Kinder in allen Momenten, die sie dort verbringen, zu einem Wunder wird – es kann aber auch zu etwas werden, was man nur aus Zeitvertreib macht. Der Strand wird immer noch für Sie da sein, um aus einem Aufenthalt dort das zu machen, was Sie möchten, und was Sie letztendlich daraus machen, hängt von Ihrer Bereitschaft ab, zusammen mit Ihren Kindern die Gegenwart voll auszuleben.

Diese Art der Einstellung, die Sie im Umgang mit Kindern haben, kann bei eigentlich allem, was Sie tun, von Bedeutung sein. Wenn man diese Einstellung hat, läßt man sich Zeit und betrachtet das Wunder, das jeder Augenblick ist, mit weit aufgerissenen Augen und einem offenen Herzen. Es bedeutet, den Augenblick als Ganzes wahrzunehmen, ihn auszuleben und alles aus ihm zu schöpfen, was in ihm ist, und alle Gedanken darüber zu vergessen, daß man nach Hause muß, zur Arbeit, einen Mittagsschlaf halten muß usw. Statt dessen leben Sie einen Tag nach dem anderen und erleben mit Ihren Kindern zusammen das erhebende Gefühl des Lebens. Wählen Sie selbst einen Ort, der Strand hat hier nur als Beispiel gedient. Die Chance einer gegenwartsbezogenen Erfüllung steckt in jedem Zentimeter dieser Welt. Sie können ihr bei einem Ballspiel, bei einem Waldspaziergang, bei einer Ballettaufführung, bei einem gemeinsamen Mittagessen, bei einem Zirkusbesuch, auf einer Fahrradtour entlang des Kanals, bei einem Fußballspiel oder bei anderen Dingen, die Ihnen einfallen, gewahr werden. Wenn Sie bereit sind, sich ganz der Situation hinzugeben, werden Sie die Reichhaltigkeit des Augenblicks mit kindlicher Begeisterung genießen können. Oder Sie können eine solche Chance vergeben und durch das Leben gehen wie ein Beobachter, der es sehr eilig hat, statt am Leben teilzunehmen. Die Gelegenheit, richtig ins Leben mit einbezogen zu werden, ist im Umgang mit Kindern noch am größten, denn diese wissen, wie man es richtig macht. Machen Sie es ihnen gleich, und auch Sie und Ihre Beziehung zu Ihren Kindern wird sich verändern.

Kinder brauchen genausoviel Freiheit wie Sie, aber sie haben – besonders wenn sie klein sind – das Recht auf eine ehrliche Erklärung, warum Sie sie alleine lassen. Sie haben vielleicht einen Beruf, der von Ihnen verlangt, daß Sie außer Haus sein müssen. Sie sollten sich deshalb nicht schuldig fühlen. Aber versuchen Sie, den Kindern ernsthaft und ehrlich zu erklären, warum eine Tagesmutter auf sie aufpaßt oder warum sie in eine Kindertagesstätte müssen. »Deine Mami muß arbeiten, um etwas zum gemeinsamen Lebensunterhalt zu verdienen, damit wir auch genug haben. Ich arbeite sehr gerne und verbringe auch gerne etwas Zeit mit meinen Freundinnen, genau wie du gern viel Spaß mit deinen Freunden hast. Ich denke an dich während des Tages und ich verspreche dir, daß ich zum Abendbrot-Machen rechtzeitig zu Hause bin, dann können wir es zusammen vorbereiten.« Was auch immer hinter Ihrer Situation stecken mag, Ihre Kinder haben das Recht auf eine ehrliche Erklärung, warum Sie sie alleine lassen.

Sagen Sie Ihren Kindern nicht, daß Sie arbeiten müssen, wenn Sie Ihrem Beruf nachgehen, weil dies Ihr Wunsch ist. Seien Sie ehrlich, sagen Sie ihnen, warum Sie sie alleine lassen. Wenn Sie sie ständig ohne eine Erklärung alleine lassen, zeigen Sie ihnen, daß sie nicht als vollwertige Menschen zählen. Sie fordern von ihnen Erklärungen, aber selbst sind Sie zu keiner bereit. Ihre Kinder möchten wissen, wo Sie sind und daß alles mit Ihnen in Ordnung ist und wann Sie wieder zurück sein werden, genau wie Sie dieses respektvolle Verhalten von ihnen erwarten. Zeigen Sie ihnen durch Ihre Ehrlichkeit, daß Sie sich ihrer Gefühle und Probleme bewußt sind, und sprechen Sie mit Ihren Kindern darüber, warum Sie die Dinge tun, die Sie tun, auch wenn Sie sie einmal alleine lassen, weil auch Sie das Bedürfnis verspüren, ab und zu alleine zu sein, was ja nur ein normales und gesundes Verhalten ist. Sagen Sie z. B. »Wenn du alleine sein möchtest, kannst du dich auf dein Zimmer zurückziehen und deine Tür hinter dir zumachen. Ich kann das nicht, weil ich auf dein kleines Schwesterchen aufpassen muß, oder weil ich immer für euch alle da sein muß, wenn ihr mich braucht. Ich komme ganz gerne manchmal von zu Hause weg und habe dann etwas Zeit für mich selbst, genau wie du, und deshalb mache ich jetzt für ein paar Stunden einen Stadtbummel. Wenn ich wieder zurück bin, können wir etwas zusammen unternehmen.« Dies ist eine ehrliche Erklärung, die Kindern zeigt, daß Sie auf ihre Gefühle Rücksicht nehmen, aber daß Sie trotzdem das Recht haben, und dieses Recht auch in Anspruch nehmen werden, etwas Zeit für sich selbst zu haben. Wenn Sie ihnen die gleiche Rücksichtnahme entgegenbringen wie Sie von ihnen fordern, werden Sie feststellen können, daß sie viel eher die Situation akzeptieren, als wenn Sie zwei verschiedene Maßstäbe anlegen.

Konzentrieren Sie sich nicht zu sehr auf langfristige Ziele, die Sie sich für Ihre Kinder ausgedacht haben, sondern legen Sie statt dessen Wert darauf, gemeinsame Ziele zu suchen, die in kurzer Zeit erreicht werden können. Wenn Sie Ihren Kindern von Ihrem Wunsch erzählen, daß sie später im Leben viel erreichen sollen, behandeln Sie sie so, als würden sie heute keine Rolle spielen. Kinder müssen an der Zielsetzung beteiligt werden. Wenn Sie einem Sechsjährigen sagen, er solle sich in der Schule sehr anstrengen, damit er später einmal studieren kann, dann ignorieren Sie die Tatsache, daß er erst sechs Jahre alt ist und messen ihn an einem Maßstab, der für das Kind ohne Bedeutung ist, auch wenn in Ihren Augen Ihre Absichten durchaus ehrbar sind. Diese Absichten sind jedoch fehl am Platze, wenn es darum geht, Ihre Kinder so zu akzeptieren, wie sie heute sind. Kinder sollten sich in der Schule anstrengen, weil es ihnen eine innere Zufriedenheit verschafft und nicht, weil sie gute Noten bekommen müssen, damit sie später einen guten Numerus Clausus haben. Die Kinder – nicht Sie – werden eines Tages beschließen, ob sie studieren wollen oder nicht. Wenn sie ein Studium aufnehmen, wird das daran liegen, wie sehr sie sich in der Schule angestrengt haben und wieviel sie täglich zu lernen bereit waren. Eine Rolle spielt auch die Einstellung, die sie in den zwölf Jahren der Schulzeit haben, die wirtschaftliche Lage in der Welt im nächsten Jahrzehnt und viele andere Faktoren, die das Ergebnis dessen sind, was man aus der Gegenwart macht. Sie werden Ihren Kindern eine größere Hilfe sein, wenn Sie mit ihnen in der ersten Klasse sind, mit ihnen darüber sprechen, was sie *jetzt* in der Schule machen und ihnen helfen, eine positive Einstellung zu entwickeln und Freude am Leben zu haben. Die langfristigen Dinge werden sich mit der Zeit schon ergeben. Seien Sie mit ihnen dort, wo sie sind, und sie werden lernen, mit allem fertig zu werden, was sich ihnen in den Weg stellt. Die Ziele, die Sie Ihren Kindern setzen, werden nur die Kluft zwischen Ihnen und Ihren Kindern vergrößern. Stellen Sie sich vor, wie Sie sich fühlen würden, wenn ich Ihnen plötzlich sagen würde, welche Ziele Sie anzustreben haben. Auch wenn Sie jetzt mit der Begründung Einspruch erheben, Sie wüßten schließlich, was für Ihre Kinder das Beste ist, und daß sie einfach zu jung sind, um es besser zu wissen, fühlen die Kinder die gleiche Empörung wie Sie eben.

Hüten Sie sich davor, Kindern ein bestimmtes Rollenverhalten aufzuzwingen oder sie abzustempeln. Wenn man Kindern sagt, sie könnten nur gewisse Dinge tun und hätten nur begrenzte Möglichkeiten, dann hält man sie davon ab, jetzt, heute, im einzigen Moment, den sie wirklich haben, neue Verhaltensweisen auszuprobieren. Wenn Ihre Tochter gelernt hat, daß sie kein Fußball spielen kann, weil sie ein Mädchen ist, dann wird ihr vieles in der Gegenwart entgehen, denn ihre Erlebniswelt ist nur begrenzt. Spornen Sie sie, wenn sie noch klein ist, dazu an, Fußball zu spielen, zeigen Sie ihr, wie man den Ball hält, lassen Sie sie den Ball kicken und nehmen Sie sie mit zu einem Fußballspiel. Lassen Sie nicht zu, daß ihr viele Dinge im Leben versagt bleiben, weil sie als »unweiblich« gelten. Umgekehrt ist es genauso. Warum sollte Ihr Sohn nicht lernen, Plätzchen zu backen oder Spaghetti zuzubereiten? Würde ihm das nicht genausoviel Spaß machen wie Ihrer Tochter? Keine Aktivität sollte vom Menü eines Kinderlebens gestrichen werden, nur weil es dem alten Rollenverhalten nicht entspricht. Je mehr Dinge sie jederzeit zur Auswahl haben, um so mehr werden sie von dieser wundervollen Erfahrung haben, die sich das Leben nennt. Hören Sie mit solchen dummen Sprüchen auf wie: »Du bist zu dick dafür!« »Du bist zu klein.« Jungen machen so etwas nicht.« So etwas kommt in unserer Familie nicht vor.« »Du hast dafür einfach kein Talent.« »So etwas hat noch keiner bis jetzt in unserer Verwandtschaft gemacht!« »Du bist zu zart, um das zu machen.« Auf solche und ähnlich gelagerte Aussagen sollte verzichtet werden. Statt dessen sollten Kinder ermuntert werden, das Leben zu erkunden. »Bisher hat niemand in unserer Familie versucht, Ski zu fahren, warum willst du nicht mal den Anfang machen?« »Ich habe bis jetzt zwar noch keine weibliche Marathonläuferin gesehen, aber wenn es dir Spaß machen würde, solltest du es auch machen.« »Auch wenn du nicht sehr groß bist, wette ich, daß du der beste Basketballspieler sein kannst, wenn du es nur richtig willst.« »Ich wette, du bist stark genug, um beide Kartons mit den Lebensmitteln zu heben.« Ermutigen und loben Sie, und Sie werden einen Menschen vor sich haben, der den Augenblick voll ausschöpft.

Vergessen Sie den Satz: »Gib immer dein Bestes.« Niemand kann immer sein Bestes geben. Wenn dies von Kindern immer verlangt wird, werden sie sich schließlich nur an Dinge heranwagen, die sie auch gut machen können. Wenn Sie möchten, daß sie das Leben genießen und in der Gegenwart richtig aufleben, müssen Sie sie einfach dazu anspornen, etwas zu *tun.*

»Bei einigen Dingen willst du dein Bestes geben, besonders bei den Dingen, die dir sehr am Herzen liegen, aber den Rest solltest du einfach nur tun.« »Mach dir keine Sorgen, daß du herunterfällst. Und auch wenn dies geschehen würde, hättest du immer noch dem gegenüber einen Vorteil, der nur am Rand des Lebens sitzt und nie scheitert.« »Natürlich kannst du schneller laufen als du es heute tust, aber das ist nicht so wichtig. Daß du was machst, imponiert mir am meisten. Deine Zeit wird besser werden, wenn das später für dich wichtig wird. Jetzt solltest du einfach am Laufen deine Freude haben.« »Mir ist es egal, ob du im Kerzengießen ein Meister bist oder nicht. Die Tatsache, daß du es selbst machst, zählt für mich.« »Natürlich kannst du deine Geschenke für Weihnachten selbst einpacken. Wie du sie auch einschlagen willst, die Geschenke werden bestimmt toll aussehen.«

Ich glaube, Sie haben verstanden, worauf ich hinaus will. Seien Sie tatkräftig. Versuchen Sie, alles mögliche zu tun, und machen Sie sich keine Sorgen darüber, welchen Eindruck das auf andere machen wird. Ihre Kinder werden später in einigen Bereichen ihr Bestes geben – und sollte dies nicht der Fall sein, so tun sie zumindest etwas und hängen nicht herum. Ich habe dies bereits an früherer Stelle erwähnt, und eine Wiederholung ist hier sinnvoll: Das Kind, das immer sein Bestes geben muß oder das lernt, daß es nichts tun soll, was es nicht immer gut machen kann, lernt eigentlich, sich nur in den Bereichen anzustrengen, wo es gute Leistungen erbringen kann. Dieses Kind lernt, Mißerfolgen aus dem Weg zu gehen, die Mißbilligung anderer zu fürchten und eher das Leben zu beobachten als daran aktiv teilzunehmen. Es ist nichts falsch daran, einen gewöhnlichen Spaziergang durch den Wald oder eine mittelmäßige Radtour zu machen. Es ist bei weitem besser als anderen dabei zuzusehen, wie sie spazieren gehen oder Fahrrad fahren, und wenn das Kind eines Tages an einem internationalen Radrennen teilnehmen möchte, wird es zumindest wissen, wie man es macht. Im Augenblick ist es wichtiger, etwas zu tun, als dafür bewertet zu werden.

Geben Sie Ihren Kindern das Beispiel eines Menschen, der die Gegenwart auslebt und alles wertschätzt, was das Leben zu bieten hat. Versuchen Sie in Gegenwart Ihrer Kinder darauf zu verzichten, sich über Ihr hartes Schicksal zu beklagen. Im Grunde sollten Sie ganz damit aufhören, also auch, wenn Sie mit sich selbst alleine sind, und bemühen Sie sich statt dessen darum, jeden Tag etwas Positives zu sehen. Untersuchen Sie Spinnweben. Zeigen Sie Kindern, wie Spinnen die Insekten fangen und sie für spätere Mahlzeiten in ihre Spinnennetze einwickeln. Schauen Sie sich zusammen im Fernsehen eine Sendung an und diskutieren Sie dann darüber. Gehen Sie gemeinsam in den Zoo, aber anstatt daran zu denken, wann Sie wieder zu Hause sein müssen, sollten Sie versuchen, im Augenblick zu bleiben. Mit anderen Worten: Lassen Sie sich etwas mehr Zeit und zeigen Sie Ihren Kindern, daß Sie ein Mensch sind, der alles im Leben bewundern kann. Auch wenn sie denken, es sei dumm oder langweilig, sollten Sie ihnen sagen, wie aufregend Sie es finden. Erzählen Sie ihnen Geschichten aus Ihrer Kindheit und berichten Sie davon, was sie alles gemacht haben, als sie noch kleiner waren. Kinder lieben es, in Geschichten miteinbezogen zu werden, und wenn sie die Hauptfiguren in den Geschichten sind, ist es um so besser. Diese kleinen Momente, in denen Sie den Kindern ein Zeichen geben, so daß sie verstehen, daß Sie ein Mensch sind, der das Leben in seiner ganzen Schönheit liebt, bringen ihnen bei, mehr gegenwartsorientiert zu sein und sich letztendlich an allem zu erfreuen, was das Leben ihnen bietet. Je mehr Zeit Sie sich lassen, um alles zu bewundern und um mit ihnen den Augenblick zu genießen – unabhängig davon, was Sie sind oder was Sie machen –, um so mehr vermitteln Sie ihnen die Fähigkeit, die kostbaren Augenblicke ihres Lebens zu genießen. Sogar ein so simples Ereignis wie das Haareschneiden kann eine interessante Erfahrung sein, wenn Sie die ganze Sache mit Vitalität angehen und darin nicht eine Routineangelegenheit sehen, die man schnell hinter sich bringen muß.

Geben Sie die Vorstellung auf, daß Kinder, die schon früh etwas lernen, vor anderen einen Vorsprung haben. Wenn Sie Ihren Kindern im Alter von zwei Jahren das Lesen beibringen wollen und mit ihnen besondere Lernübungen machen, verstärken Sie eher ihre Angstgefühle, als daß Sie ihnen etwas Gutes tun. Sie sind vielleicht daran interessiert, von mir die wesentlichen Gedanken einiger statistischer Berichte kennenzulernen, die der Psychologe David Elkind in seinem Buch »Das gehetzte Kind« (The Hurried Child) ausführlich behandelt.

- ☐ Heranwachsende, denen erst relativ spät das Lesen beigebracht wurde, waren enthusiastischere und spontanere Leser als die Kinder, die schon frühzeitig das Lesen lernen mußten.
- ☐ Die Mehrheit der Kinder kann ohne Schwierigkeiten lesen lernen, wenn man sie nicht dazu drängt.
- ☐ Im allgemeinen ist es nicht der authentische Wunsch der Kinder, sondern das Bedürfnis der Eltern, das sie dazu bringt, früh an einem Mannschaftssport teilzunehmen. Schulpflichtige Kinder sollten die Möglichkeit haben, ihre eigenen Spiele zu spielen, ihre eigenen Regeln und Pläne zu machen. Die Einmischung der Erwachsenen stört den wichtigen Lernprozeß, der stattfindet, wenn Kinder ihre eigenen Spiele kreieren.

Wenn Sie die Fakten studieren, verstehen Sie, was ich meine. Wenn man Kinder zu einem frühreifen Verhalten drängt, spiegelt dies das Bedürfnis des Erwachsenen wider, der ein frühreifes Kind haben möchte, und nicht das elterliche Interesse, für sein Kind das Beste zu wollen. Lassen Sie sie Säuglinge und Kleinkinder sein. Lassen Sie sie ihre eigenen Regeln aufstellen, lassen Sie sie sich untereinander streiten und selbst Dinge ohne die Einmischung der Erwachsenen herausfinden. Wenn Sie überhaupt etwas machen, sollten Sie sich zu ihnen gesellen und an ihren Aktivitäten teilnehmen – nicht in Form einer Einmischung oder um ihnen Ihre erwachsene Gesinnung aufzuzwängen. Denken Sie daran, daß ein unverdorbenes Kind noch das beste Beispiel für einen innerlich freien Menschen ist. Legen Sie Ihren Kindern keine Schranken auf. Halten Sie sich lieber im Hintergrund und lernen Sie von ihnen. Lassen Sie sie ihren eigenen Lebensweg genießen und hetzen Sie sie nicht.

Wenn Sie Ihr Versprechen an ein Kind nicht einlösen können, sollten Sie dies dem Kind auf eine vernünftige Weise erklären. Obwohl Ihre Tochter vielleicht mit Ihnen böse ist, können Sie ihr wenigstens zu verstehen geben, daß sie für Sie wichtig ist, wenn Sie ihr erklären, warum Sie Ihre Pläne ändern mußten. Vermeiden Sie es möglichst, Versprechungen zu machen, die Sie nicht einhalten können. Ausflüchte bringen auf Dauer nichts. Wenn Sie zu häufig solche machen, werden Ihre Kinder Sie für unzuverlässig und falsch halten, und sie werden damit recht haben. Es ist für Sie viel besser, wenn Sie schweigen und nicht andauernd irgendwelche Versprechungen machen, die Sie dann nicht einhalten können. Es ist wichtig, daß Sie sich Ihren Kindern gegenüber integer verhalten, wenn Sie von ihnen ebenfalls Zuverlässigkeit fordern. Das Kind, das in seiner Kindheit ständig von Erwachsenen enttäuscht wird, lernt schnell, daß die

Welt ein unzuverlässiger Ort ist, ein Ort, der viel verspricht, aber wenig hält. Entschuldigungen und Ausflüchte werden bald zu einer noch größeren Quelle der Verärgerung.

Natürlich gibt es auch Zeiten, in denen Pläne umgeworfen werden müssen. Wenn man in eine solche Situation gerät, wird es am besten sein, dafür eine einsichtige und ehrliche Erklärung zu geben, damit das Kind das Vertrauen in Sie nicht verliert und ihm damit geholfen wird, mit der Enttäuschung effektiv fertig zu werden. »Ich weiß, ich habe dir versprochen, am Samstag mit dir zum Fischen zu gehen, aber ich kann am Samstag nicht, denn ich muß ganz unerwartet auf eine Sitzung.« Dies ist keine nichtssagende Entschuldigung; es ist eine ehrliche Erklärung, die zeigt, daß Sie der Beziehung zu Ihrem Kind die verdiente Priorität einräumen. Seien Sie eine zuverlässige Persönlichkeit und begegnen Sie Kindern mit der gleichen Höflichkeit, die Sie von anderen erwarten würden, wenn sie eine wichtige Verabredung mit Ihnen nicht einhalten können.

Loben Sie Ihre Kinder, sooft sich Ihnen die Gelegenheit dazu bietet. Ich möchte Sie in diesem Kapitel nochmals daran erinnern, daß Lob der beste Lehrmeister der Welt ist. Lob hilft Kindern, die Augenblicke ihres Lebens zu würdigen. Lob ist sehr wichtig, um Kinder zu innerlich freien Menschen zu erziehen, die sich nicht von inneren Zwängen einengen lassen. Sie wissen, wie schön es ist, wenn jemand Ihnen etwas Positives sagt, und wie schrecklich man sich fühlt, wenn man einer Kritik ausgesetzt wird. Es hat sich gezeigt, daß eine negative Kritik die schlechtere Methode ist, Kinder zu motivieren. Je mehr Sie kritisieren, um so eher werden Sie Ihren Kindern den Wunsch nehmen, sich zu verbessern und um so eher werden sie aufgeben und in Ihnen keine vertrauenswürdige Person sehen. Ich weiß, Sie haben die alte Redensart schon millionenmal gehört und Sie haben sie wahrscheinlich schon selbst oft gebraucht: »Ich kritisiere dich nur zu deinem eigenen Besten.« Nun, glauben Sie keine Sekunde daran. Eigentlich steckt hinter jeder Kritik – besonders hinter der Kritik an Kindern – die Aussage: »Ich denke, du solltest möglichst alles immer so wie *ich* machen. Ich weiß es schließlich besser als du.« Unglücklicherweise funktioniert das nicht. Kinder sind einzigartig und sie werden es Ihnen nicht gleichtun und alles so machen wie Sie, egal wie sehr Sie sie dazu zwingen. Sie werden alles auf ihre eigene individuelle Art machen, und wenn Sie ihnen dabei helfen möchten, sich zu verbessern, sollten Sie versuchen, sie mit Lob – nicht mit Kritik – zu motivieren. Denken Sie daran: Niemand wird gerne kritisiert!

Wenn sie etwas tun, womit Sie nicht einverstanden sind, sollten Sie auf die folgende Strategie zurückgreifen, die eine Alternative zur Kritik bietet. Wenn ein Zweijähriger gerade das Kerngehäuse einfach auf den Boden statt in den Mülleimer geworfen hat, gibt es zwei Möglichkeiten:

Kritik	Lob
Wie konntest du nur! Du hast kein Recht, dich so schlampig zu verhalten! Du hebst das jetzt sofort auf und gehst auf dein Zimmer, weil du so frech bist.	Du weißt, wo der Mülleimer ist. Ich weiß, du magst es, wenn es in der Wohnung sauber ist, genau wie alle hier in der Familie. Tu das Kerngehäuse dort hinein, wo es hingehört. Ich weiß, das kannst du. (Dann sollten Sie das Kind alleine lassen und ihm die Chance geben, darüber nachzudenken.)

In diesem kleinen Beispiel führt die Kritik nur dazu, daß das Kind noch mehr dazu entschlossen ist zu gewinnen, auch wenn es dafür eine Strafe in Kauf nehmen muß. Mit der Lobesstrategie lernt das Kind, sich richtig zu benehmen, ohne daß man ihm sagt, es sei schlecht, weil es sich schlecht benimmt.

Wenn Sie Ihr Kind anleiten und loben und dem Kind dann einige Minuten Zeit geben, über das Gesagte nachzudenken, während Sie nicht anwesend sind, wird es höchstwahrscheinlich das Kerngehäuse aufheben und es in den Mülleimer werfen. Ein Kind will und braucht Ihr Lob, um sich für einen wundervollen Menschen halten zu können. Kritik zerstört den Augenblick und verhindert eine Entfaltung, während Lob in den meisten Fällen die entgegengesetzte Wirkung hat. Dies gilt für Kinder in jedem Alter und auch für Erwachsene. Suchen Sie immer nach dem Guten in Ihren Kindern und bestärken Sie sie darin. »Du bist schön. Willst du wirklich, daß man deine natürliche Schönheit nicht wahrnimmt, weil du dich nicht pflegst?« »Normalerweise achtest du doch immer darauf, daß Dinge nicht kaputt gehen. Was ist diesmal los?«

Fangen Sie mit etwas Positivem an und Sie werden feststellen, um wieviel schöner die Gegenwart in Ihrem Leben und im Leben Ihrer Kinder ist. Wenn Sie darauf beharren, Kritik zu üben, bringen Sie ihnen bei, Sie anzulügen und vor Ihnen Angst zu haben. Am schlimmsten ist jedoch, daß Sie ihnen die Motivation nehmen werden, sich zu verbessern, und dies ist genau das Gegenteil von dem, was Sie sich für Ihre Kinder wünschen.

Geben Sie Ihren Kindern viele Gelegenheiten, mit den Freunden ihrer Wahl zusammen zu sein. Die Gegenwart ist glanzvoller, wenn man sie mit einem

Freundeskreis teilt. Schaffen Sie in Ihrem Heim eine solche Atmosphäre, daß Ihre Kinder ihre Freunde gerne mit nach Hause bringen. Gestatten Sie es ihnen, einen Freund oder eine Freundin zu einem Ausflug, zu einem Einkaufsbummel oder zu einem anderen besonderen Ereignis mitzunehmen. Ich habe festgestellt, daß Kinder viel glücklicher sind, wenn sie ihre Freunde um sich haben können. Wenn Ihr Heim kein Ort ist, zu dem Ihre Kinder ihre Freunde gerne mitnehmen, tun Sie gut daran, zu untersuchen, warum das so ist. Kinder pflegen sich dort zu treffen, wo sie sich dem geringsten Druck ausgesetzt fühlen, wo sie sie selbst sein können, wo sie sich wohlfühlen können. Wenn sie ihr Zuhause meiden, dann fehlt etwas, und Sie können Ihre Kinder noch so sehr dazu drängen, ihre Freunde doch einmal mitzubringen, Sie werden dadurch nichts ändern können. Die Atmosphäre muß der auslösende Faktor sein. Sie dürfen Ihre Kinder keinesfalls ständig beurteilend beobachten und müssen ihnen gegenüber offener sein. Sie müssen es ihnen erlauben, dort zu spielen und sich zu treffen, wo sie am meisten Spaß haben. In den meisten Nachbarschaften gibt es ein paar Zuhause, in denen Kinder jeden Alters willkommen sind. Schauen Sie sich die Eltern an, die ihren Kindern ein solches Zuhause geben, und Sie werden feststellen, daß es Menschen sind, die gerne Kinder um sich haben und die sich auch die Achtung der Kinder verdient haben. Diese Eltern fühlen sich am ehesten zu Hause, wenn Kinder da sind, und behandeln diese genau wie ihre eigenen Freunde (denn das ist genau das, was sie für sie sind), und dennoch ist ihr Zuhause kein Ort, an dem Kinder verantwortungslos und destruktiv sein können. Wenn Ihre Kinder ihre Freunde mit nach Hause bringen möchten, um mit Ihnen und ihren Freunden zusammen sein zu können, um sie einmal bei sich übernachten zu lassen, um im Garten Kartoffelsalat und Würstchen zu essen, dann haben Sie eine heimische und gemütliche Atmosphäre geschaffen, die Kindern erlaubt, genau das zu sein: Kinder im Hier und Jetzt. Je öfter Sie die Freunde Ihrer Kinder mit in Ihre gemeinsamen Unternehmungen mit einbeziehen können, um so harmonischer wird sich jeder fühlen, und Sie werden Ihre Kinder im Hier und Jetzt erziehen.

Betonen Sie in Gegenwart der Kinder nicht den Wert des Geldes und weisen Sie nicht ständig darauf hin, wieviel etwas kostet. Natürlich müssen Sie sich im Rahmen Ihrer finanziellen Möglichkeiten darüber bewußt sein, was etwas kostet und wieviel Geld Ihnen zur Verfügung steht, aber Sie müssen dieses Thema nicht in den Mittelpunkt Ihres Lebens rücken. Versuchen Sie, sich so wenig wie möglich auf das Geld zu beziehen, und betonen Sie statt dessen die Dinge, die Sie jetzt machen können und die nicht viel kosten. Man braucht kein Geld, um eine positive Einstellung zu haben. Es kostet keinen Pfennig, zusammen einen Spaziergang zu machen, über ein gutes Buch zu sprechen oder einen Tag ins Museum zu gehen. Wie auch immer Ihre finanzielle Situation zu Hause sein mag, es ist nicht nötig, Kinder ständig daran zu erinnern, was etwas kostet. Erziehen Sie sie dazu, das Geld zu achten, aber nicht dazu, es anzubeten. Die ganze Kindheit kann einem Kind verdorben werden, wenn ständig über Geldsorgen geredet wird, und es könnte das Kind daran hindern, völlig lebendig zu sein. Versuchen Sie, ihrer Kindheit kein Preisschild aufzudrücken, und genießen Sie statt dessen die Dinge, die Sie sich leisten können.

Spornen Sie ein Kind dazu an, sich etwas dazu zu verdienen, und machen Sie für das Kind daraus ein angenehmes Erlebnis. Ein Kind, das Zeitungen austrägt oder Babysitting macht, hat nicht nur in der Gegenwart eine aufregende Zeit, sondern lernt auch in jedem dieser Augenblicke etwas Wertvolles für sein Leben. Kinder lieben es, selbständig zu sein, und das trifft auch auf Geldfragen zu. Sie haben das Gefühl, wichtig zu sein, wenn sie ihr eigenes Geld verdient haben. Wenn sie Autos waschen, um Geld für ein Schulfest zu sammeln, haben sie die Möglichkeit zu arbeiten, ihren Spaß dabei zu haben und das Gefühl zu verspüren, daß auch sie einen Beitrag leisten. Spornen Sie sie dazu an, sich selber Möglichkeiten auszudenken, mit denen sie ihr Taschengeld etwas aufbessern können, und bereiten Sie auf diese Weise dem ewigen Gerede vom Geld ein Ende. Kinder sind fähig, Wege zu finden, mit denen sie Geld verdienen können. Sie machen das sehr gerne und es gibt ihnen die Gelegenheit, etwas über Buchhaltung, Mathematik, Zinssätze, über das Bankwesen und das Sparen und andere wichtige Dinge im Leben zu lernen. Eine Unterrichtsstunde über Zinssätze ist viel sinnloser, als wenn ein Kind zur Bank gehen und sein eigenes Sparbuch eröffnen darf, denn dadurch kann es seine eigenen Erfahrungen mit Zinssätzen sammeln. Helfen Sie Kindern, sich verantwortungsvoll und wichtig zu fühlen, und erkennen Sie, daß jede Arbeit, die Sie machen, zu dem Gefühl der Wichtigkeit beitragen wird. Kinder haben die Fähigkeit, die Arbeit mit dem Spiel in Einklang zu bringen. Wenn sie für das, was sie machen, Geld bekommen, wird aus der Arbeit Spiel – was eigentlich immer der Fall sein sollte. Limonade machen und sie verkaufen, in der Sommerhitze draußen stehen, ihren Verdienst ausrechnen – all dies wird zum freudigen Ereignis. Aber ihre Kleider vom Boden aufzuheben, kann »Arbeit« sein, die begleitet wird vom Jammern und Klagen. »Warum?« Nun ganz einfach: Der Limonadenstand ist die eigene Idee, das Aufheben der Kleider aber Ihre. Wichtig ist hier, daß man Kindern die Möglichkeit gibt, das tiefe Gefühl zu haben, daß sie bei dem, was sie machen, wichtig sind. Wenn sie sich also wichtig fühlen können, wird das Jammern durch das Gefühl ersetzt, daß das Leben gleichzeitig Spiel und Arbeit ist.

Bemühen Sie sich in Ihrem Leben mit Ihren Kindern um mehr Spontaneität. Vermeiden Sie – soweit möglich – das Plänemachen und unternehmen Sie einfach etwas gemeinsam. Machen Sie einmal einen Urlaub, der nicht bis ins kleinste Detail geplant ist. Halten Sie an, wenn Sie sich etwas anschauen möchten, bleiben Sie dort, wo es Ihnen gefällt, nehmen Sie sich Zeit, die örtlichen Sehenswürdigkeiten zu besichtigen, fragen Sie die Einheimischen, wo sie gerne essen gehen und genießen Sie dann dort ein schönes Essen. Ein Lied von Jackson Browne enthält eine Zeile, die sehr viel über die Lebensfreude aussagt. »Die Zeit, in der wir am glücklichsten waren, war die Zeit, die wir nie versucht haben.« Zu versuchen, glücklich zu sein, ist oft der beste Weg, um immer unzufrieden zu sein. Denken Sie daran, wenn Sie etwas gemeinsam unternehmen. Spontaneität – einfach etwas tun, ohne die Hälfte seiner Zeit damit zu verbringen, sich darauf vorzubereiten – ist eine der wichtigsten Bestandteile eines innerlich freien Lebens. Bringen Sie Kindern durch Ihr eigenes Beispiel bei, daß Spontaneität nicht nur geduldet wird, sondern auch erwünscht ist. Sagen Sie lieber solche Dinge wie: »Warum nicht! Wir haben so etwas zuvor noch nicht gemacht.« Dies ist viel besser als die Aussage: »Wir können das nicht tun – wir wissen nicht, was uns erwartet!« Nicht zu wissen, was einen erwartet, ist das, was ein verrücktes Haus auf dem Jahrmarkt interessant macht! Es ist auch das, was das Leben erst so richtig aufregend macht!

Dies sind einige Strategien, die Sie im Umgang mit sich selbst und Ihren Kindern einsetzen können, um das Leben richtig auszuleben. Die Kinder in der Gegenwart erziehen, bedeutet, daß sie, wenn sie älter werden, nicht an all die Dinge denken werden, von denen sie sich wünschen, sie hätten sie bereits gemacht. Statt dessen werden sie die Dinge heute machen und all die Augenblicke ihres Lebens genießen. Die Gegenwart ist einfach der wertvollste Besitz in Ihrem Leben. Die Amerikanerin Kay Lyons sagte uns einmal zur Erinnerung: »Das Gestern ist ein wertvoller Scheck, das Morgen ein vielversprechender Wechsel, und das Heute ist das einzig Bare, das Sie haben – benutzen Sie es also weise.« Kinder tun gut daran, diese wertvolle Lektion zu lernen. Sie können so

viele Pläne machen wie Sie wollen, nur sollten Sie darüber nicht vergessen, daß man nur in der Gegenwart aktiv sein kann. Auch die Vergangenheit ist nichts anderes als eine Erinnerung. Das ganze Leben steckt in
diesem Tag. Helfen Sie Ihren Kindern, in diesem Tag zu bleiben!

Kapitel 8

Mein Wunsch: Gesunde Kinder

Wer keine inneren Zwänge kennt, strebt nach der absoluten körperlichen Gesundheit. Er vermeidet es, in die Abhängigkeit von Ärzten und Medikamenten zu geraten; denn er weiß, daß er selbst die Kraft besitzt, gesund zu werden und zu bleiben. Sein Körper ist ihm wichtig und deshalb treibt er gerne Sport. Altern ist für ihn nichts Negatives, es gehört zum Leben. In allen Lebensbereichen ist darüber hinaus der Sinn für Humor lebensnotwendig.

Das Geheimnis der Medizin besteht darin, den Patienten abzulenken, während die Natur sich selber heilt.

Voltaire

Ob Sie es glauben oder nicht, die meisten Kinder werden auf Krankheit und nicht auf Gesundheit getrimmt. Sie als Eltern haben die wundervolle Möglichkeit, Ihren Kindern zu helfen, daß sie in ihrem Leben relativ selten erkranken. Vielleicht haben Sie in dieser Hinsicht eine ganz andere Meinung. Wahrscheinlich sind Sie zu der Auffassung gekommen, daß der allgemeine Gesundheitszustand Ihrer Kinder in den Händen einer viel höheren Instanz liegt. Sie glauben vielleicht, daß die Gesundheit Ihrer Kinder eine Glückssache oder eine erbliche Veranlagung ist und daß Ihr Einfluß darauf sehr unbedeutend ist.

Ich schlage vor, daß Sie sich einer relativ neuen Idee im Bereich der Medizin zuwenden, die heute Eingang gefunden hat in die Ausbildung der Mediziner. Diese Richtung der Medizin nennt sich Sozialmedizin und basiert auf dem Glauben, daß die praktische Medizin ihren Zweck darin haben sollte, den Menschen zu helfen, so gesund wie nur möglich zu werden statt Menschen nur zu heilen, nachdem sie bereits krank geworden sind. Stellen Sie sich das vor. Eine Auffassung der Medizin, nach der der Arzt hauptsächlich die Aufgabe hat, jedem Menschen zu helfen, »supergesund« zu werden und dies auch ein Leben lang zu bleiben.

Die Idee des Gesundseins umfaßt einige einfache Begriffe, und ich fordere Sie dazu auf, sich ernsthaft mit diesen auseinanderzusetzen. Im Kern ist es eine Betrachtungsweise der Gesundheit, die den Glauben einschließt, daß wir einen beträchtlichen Einfluß auf unseren Körper und unseren gegenwärtigen Gesundheitszustand haben. Voraussetzung ist, daß man der Auffassung ist, durch die eigene Lebensführung könne man dafür sorgen, daß man gesund bleibt und daß sich wohl zu fühlen ein natürlicher Zustand des Körpers ist. Krankheit ist etwas, dem der gesundheitsorientierte Mensch nur wenig Beachtung schenkt. In seinem Innersten glaubt ein solcher Mensch daran, daß das Wohlbefinden und Gesundsein für uns alle ein normaler Zustand ist und daß es unser Los ist, die Gesundheit in Person zu sein. Die Krankheit wird als etwas Unnatürliches gesehen, sie ist immer unwillkommen und ungewollt und wird auch nicht gefördert. Statt dessen fördern Sie eine positive und gesunde Einstellung zu dem Wunder, das Ihr Körper ist. Außerdem nähren Sie den Gedanken, daß Ihre Kinder nicht krank werden. Wichtig ist, wenn man seinen Kindern eine gesunde Einstellung zu sich vermitteln möchte, daß man die Einstellung vergißt, Krankheit und Unwohlsein seien ein normaler Zustand für den Menschen.

Mit Kindern zusammen eine positive Grundhaltung entwickeln

Wenn Sie Kindern helfen wollen, gesund aufzuwachsen, dann müssen Sie zuerst damit aufhören, die Krankheit attraktiv zu machen. Sie können sehr kleinen Kindern helfen, von Anfang an eine sehr gesunde Grundhaltung zu haben. Sie können die Aufmerksamkeit, die Sie Kindern schenken, wenn sie krank sind, auf ein Mindestmaß reduzieren. Sie können den Kindern helfen, die Einstellung zu entwickeln, daß sie sehr viel Einfluß auf ihren Körper haben. Unten finden Sie einige Beispiele dafür, wie man das Kranksein fördert und wie das Gesundseinwollen eine reizvolle Alternative dazu darstellt.

Förderung des Krankseins	*Förderung des Gesundseins*
Wenn du keinen Schal trägst, wirst du dir noch eine Erkältung holen und krank werden.	Du bist viel zu stark, als daß du dir eine Erkältung holen könntest, aber hier hast du einen Schal, so daß du dich draußen sehr wohl fühlen kannst.
Zur Zeit ist die Erkältungsgefahr sehr groß. Zieh dich also warm an.	Du bist in deinem Inneren so stark, daß du dich wahrscheinlich nicht anstecken wirst, auch wenn die anderen Kinder alle krank geworden sind.
Du wirst völlig übermüdet sein, wenn du solange aufbleibst, außerdem wirst du wahrscheinlich krank werden und dir einen Schnupfen einhandeln.	Auch wenn du jetzt nicht so viel Schlaf wie sonst bekommst, wirst du nicht krank werden, vorausgesetzt du läßt es dir nicht zur Gewohnheit werden.
Wenn du keinen Mittagsschlaf hältst, wirst du später müde werden und griesgrämig sein.	Du wirst dich wohler fühlen, wenn du dich etwas ausgeruht hast.

Du bekommst immer Kopfweh, wenn du soviele Hausaufgaben machen mußt.	Ich wette, du könntest diese Kopfschmerzen loswerden, wenn du damit aufhörtest, dir über deine Hausaufgaben soviele Sorgen zu machen.
Einmal im Monat bekommst du eben diese Bauchkrämpfe. Das ist nur normal.	Ich bin mir sicher, du könntest erreichen, daß du nicht mehr unter deiner Periode zu leiden hast, wenn du ihr gegenüber nicht mehr so negativ eingestellt bist.
Du mußt um diese Jahreszeit immer deine Tabletten gegen Allergien schlucken.	Du kannst diese Allergien bestimmt loswerden, auch wenn du nicht mehr so viele Medikamente schluckst.
Geh nicht nach draußen. Du bist noch zu krank, um an der frischen Luft zu sein.	Du siehst ja wieder toll aus! Du wirst diese Bazillen ganz alleine los. Laß uns zusammen einen Spaziergang machen.

Überlegen Sie sich, wie die beiden gegensätzlichen Ansätze zu Krankheit und Gesundheit die Einstellung Ihrer Kinder prägen. Wenn Sie glauben, daß Kinder die Fähigkeit haben, gesund zu bleiben, und wenn Sie sie jeden Tag in diesem Glauben bestärken, dann helfen Sie Ihren Kindern, weil Sie sie nicht unnötig verhätscheln, wodurch sie nur dazu verleitet werden, krank zu sein. Je mehr Mitleid Sie mit einem Kind haben und ihm sagen, es sei krank, es müsse das Bett hüten und eine Medizin schlucken, um so mehr ermuntern Sie das Kind dazu, krank zu sein. Das Kind könnte der folgenden Meinung sein »Wenn ich krank bin, bekomme ich sehr viel Aufmerksamkeit. Sie hören auf mich, wenn ich jammere. Sie machen sich dann Sorgen um mich. Sie bringen mich zum Arzt und kaufen mir ein Medikament. Ich muß nicht zur Schule und kann hier liegen und alle Aufmerksamkeit in mich aufsaugen. Ich steh dann wirklich im Mittelpunkt. Ich ziehe es vor, krank zu sein, denn dann beachten sie mich.« Meistens steckt genau dies hinter den häufigsten »normalen« Krankheiten, und je mehr Aufmerksamkeit Sie Ihren Kindern in einer solchen Situation schenken, um so wahrscheinlicher ist es, daß sie ihr ganzes Leben etwas Positives mit dem Kranksein verbinden. Studieren Sie die Antworten auf der rechten Seite sorgfältig. Sie können damit aufhören, dem Kranksein Aufmerksamkeit zu schenken, und – was wichtiger ist – Sie können Kindern helfen, daß sie nicht damit rechnen, krank zu werden. Sie können Erkältungen, Kopfschmerzen, Schnupfen, Krämpfe, Allergien, Asthma und andere Wehwehchen aus dem Scheinwerferlicht zerren und zu einer neuen Grundhaltung übergehen, die das Gesundsein und die Heilkraft des Körpers fördert.

Genau das meine ich mit einer gesunden Lebenseinstellung. Es bedeutet, mit Kindern so umzugehen, daß sie merken, daß sie auf ihren Körper einen sehr wichtigen Einfluß ausüben können. Es bedeutet nicht, daß man vernünftig ist und so tut, als hätte das Kind kein Fieber, wenn die Temperatur tatsächlich erhöht ist. Es bedeutet, mit dem Kind darüber zu sprechen, was Fieber ist, und ihm dann zu sagen: »Es wird wieder zurückgehen. Du wirst dich nicht lange schlecht fühlen. Wenn du dich ausruhst, kannst du dafür sorgen, daß das Fieber wieder vorübergeht. Gut ist auch, wenn du viel Orangensaft trinkst und dir vorstellst, es hätte sich wieder gesenkt.« Das Gesundsein beruht auf der Annahme, daß jeder Mensch die Fähigkeit in sich hat, in seinem Leben die Krankheit zu besiegen, und daß ein minimaler Gebrauch von Medikamenten viel besser ist, als dem Kind beizubringen, schon früh von Pillen und Medikamenten abhängig zu werden und auf die eigene Heilkraft zu verzichten. Das Gesundsein unterstreicht den starken Glauben des Einzelnen, daß er sich gesund fühlen kann, daß eine Erkältung oder eine Grippe kein notwendiges Übel ist und daß man das Kranksein nicht als einen normalen Zustand hinnimmt.

Die Entwicklung einer gesunden und positiven Grundhaltung beinhaltet, daß man sich krankmachenden Gedanken widersetzt. Der Amerikaner R. William Whitmer betont in seinem Buch *Whitmers Gesundheitsratgeber* (Whitmer's Guide to Total Wellness), daß es fünf Punkte gibt, die den Unterschied zwischen dem Gesundseinwollen und dem Kranksseinwollen deutlich machen. Ich stelle Ihnen Whitmers fünf Punkte kurz vor und kommentiere sie dann, so daß Sie sehen können, in welcher Weise sie in der positiven Kindererziehung relevant sind.

1. *»Hinter dem Gesundseinwollen steckt eine energische und positive Tatkraft, also nichts Passives.«* Das bedeutet, daß Sie Ihren Kindern helfen müssen, so daß sie hinsichtlich ihrer Lebensgewohnheiten das Steuer selbst in die Hand nehmen. Mit einer richtigen Ernährung, einer gesunden Einstellung zum Sport und mit dem Glauben, daß sie wirklich durch und durch gesund sein können, anstatt nur frei von irgendwelchen Symptomen zu sein, können sie erwarten, ein Leben lang von Krankheiten verschont zu werden. Diese Erwartung, daß sie nicht krank werden und die Tatsache, daß Sie das Kranksein nicht attraktiv machen, wird dafür sorgen, daß sie sich buchstäblich zu »Gesundheitsmenschen« entwickeln. Dies ist etwas, was Sie in Ihren Kindern kultivieren können, und zwar nicht nur durch Ihr Beispiel, sondern auch dadurch, daß Sie gegenüber Ihren Kindern

Ihre Erwartungshaltung ändern. Wie üblich werde ich am Ende des Kapitels zu diesem Thema einige Beispiele anführen, die zeigen, wie Sie diese Theorie in die Praxis umsetzen.

2. *»Das Gesundseinwollen ist ein völliges Verständnis und eine völlige Bejahung der eigenen Verantwortung, sich bei bester Gesundheit zu halten.«* Übertragen Sie die Verantwortung, gesund zu bleiben, auf Ihr Kind, gleichgültig wie alt es ist. Sie tun dies eher, wenn Sie dem Kind sagen: »Ich sehe, du hast dich dazu entschlossen, dich elend zu fühlen« anstatt »Es ist in diesem Monat wieder die Zeit dafür gekommen«. Keine Anklage, keine Schuldzuweisung, einfach nur eine Hilfe, die dem Kind zeigt, daß es an seine Gesundheit glauben soll und daß es im wesentlichen seine Entscheidung ist, wie es sich jeden Tag fühlt. Je stärker sie sich dafür verantwortlich fühlen, daß sie krank werden, um so eher werden sie dazu geneigt sein, die Krankheit für immer aus ihrem Leben zu verbannen. Der Geist ist ein machtvolles Instrument im Heilungsprozeß, und je besser Kinder lernen, die wundersame Kraft Ihres Geistes zu gebrauchen, um so eher helfen Sie ihnen, gesund aufzuwachsen und länger zu leben.

3. *»Das Gesundseinwollen ist eine systematische Anerkennung des Körpers und der Verzicht auf eine selbstzerstörerische Lebensführung.«* Kinder können lernen, daß eine schlechte Lebensführung eine Wahl ist, die zu ihrem Unwohlsein beitragen kann. Ein übertriebener Genuß von Süßigkeiten ist etwas, das sie allmählich als krankmachend einzuschätzen lernen sollten. Sie müssen von Anfang an Süßigkeiten von ihnen fernhalten oder ihnen so etwas nur bei besonderen Anlässen geben, aber mit der Zeit müssen die Kinder selbst zu der Einsicht kommen, daß sie durch Süßigkeiten ihre Zähne kaputt machen, ihren Stoffwechsel beeinträchtigen und Kopfschmerzen bekommen usw. Wenn sie älter werden, müssen sie selbst verstehen, daß das Rauchen eine Entscheidung für die Krankheit ist und daß sie nicht nur damit aufhören sollten, weil Sie es ihnen verbieten. Alkohol und Drogen sollten als etwas gesehen werden, das den Menschen zerstört, und nicht als ein gesellschaftliches Übel. Die negative Lebensweise des Kindes und wie es dadurch seiner Gesundheit Schaden zufügt, sollte zur Diskussion stehen und nicht die Vorschriften, die Sie aufgestellt haben. Bringen Sie Ihren Kindern von Anfang an bei – aber beginnen Sie jetzt sofort damit –, daß jede negative Lebensweise ihre eigene Entscheidung ist. Kleine Kinder sollten Sie einfach davon abhalten, etwas zu tun, was ihrer Gesundheit schaden könnte. Normalerweise verspüren sie sowieso keinen Drang danach, da sie einen perfekten Instinkt haben, sich für die Gesundheit zu entscheiden. Kein Kind mag den

Geschmack von purem Whisky, aber reines Quellwasser schmeckt ihnen sehr. Wenn sie älter werden und sie aufgrund Ihrer Gewohnheiten und Vorstellungen eine negative Lebensführung entwickeln, haben sie bald eine krankmachende Grundhaltung zum Leben statt einer gesunden. Sie können ihnen helfen, wenn Sie der Gesundheit immer eine große Bedeutung einräumen und ihnen auch beibringen, daß sie sich für ein Leben entscheiden, das nicht auf Kosten der eigenen Gesundheit geht.

4. *»Das Gesundseinwollen ist eine Lebensweise, die zu einem sehr langen Leben und einer gesteigerten Lebensqualität führt.«* Natürlich ist das Leben eines Kindes um so schöner, wenn es nicht viele Stunden seines Lebens damit verbringt, krank zu sein. Je besser die Kinder es von Ihnen lernen, auf Verhaltensweisen zu verzichten, die zu Krankheit führen, um so mehr werden Sie ihnen helfen, jeden Tag das Leben zu genießen. Sie werden tatsächlich länger leben und ein produktiveres Leben führen, wenn sie zum Gesundsein bereits von Kindesbeinen an die richtige Einstellung kennenlernen. Zwischen der Entwicklung eines Magengeschwürs und dem Ausmaß der Besorgtheit und dem Streß, zu dem ein Kind sich entscheidet, besteht ein direkter Zusammenhang. Wenn man lernt, sich zu einem Menschen zu entwickeln, der sich nicht ständig unnötige Sorgen macht, dann vermeidet man ein Leben, das von der Gefahr des Krankwerdens bedroht wird. Dies gilt auch für unbedeutendere Unpäßlichkeiten, wie z. B. Erkältungen, Schmerzen, Krämpfe, Übelkeit und Müdigkeit. Je weniger Gedanken man sich in dieser Richtung macht, je weniger man erwartet, diese lästigen Krankheiten zu bekommen, um so besser wird die Lebensqualität sein. Die jüngsten Forschungen über ernsthafte Krankheiten und gesundheitsschädigende Verhaltensweisen haben erbracht, daß es unter Umständen sogar einen Zusammenhang zwischen Krebs oder Herzerkrankungen und der inneren Einstellung gibt, die ein Mensch zur Gesundheit hat. Was die Forschung uns auch sagen mag, wir wissen in unserem Innersten, daß wir seltener erkranken werden, wenn wir uns keine krankmachenden Gedanken machen, und daß der Wille (die Einstellung) zu leben einen großen Einfluß darauf hat, wie erfolgreich wir aus einem Kampf gegen die Krankheit hervorgehen werden. Allein dies zu wissen ist schon Grund genug, Kindern zu helfen, so früh wie möglich eine gesunde und bejahende Einstellung zum Leben zu entwickeln.

5. *»Wenn man sich für seine Gesundheit einsetzt, ist dies eine Garantie dafür, daß man sich wohler fühlt und länger lebt.«* Alle fürsorglichen und liebevollen Eltern möchten, daß ihre Kinder sich besser – nicht schlechter –

fühlen. Wenn man ihnen bereits in ihrer Kindheit hilft, ihre natürliche, gesundheitsfördernde Einstellung zu behalten, steigern Sie ihre Fähigkeit, das Leben zu genießen. Und wenn Sie nochmals bedenken, was ich Ihnen im 1. Kapitel gesagt habe, werden Sie bemerken, daß im Grunde alle Eltern den Wunsch hegen, daß ihre Kinder sich wohler fühlen, glücklicher sind und ein längeres, erfüllteres und produktiveres Leben führen. Die gesunden und positiven Gedanken werden genau das herbeiführen. Sie selbst müssen Ihren Kindern das leuchtende Vorbild eines Menschen sein, der an diese Prinzipien glaubt.

Wie ist man seinen Kindern ein gesundes und positives Vorbild?

Mehr als alle anderen Aspekte, die für ein Leben ohne innere Zwänge wichtig sind, spielt das ehrliche Vorbild eine entscheidende Rolle bei der Förderung einer positiven Einstellung bei Kindern. Obwohl ich natürlich dafür eintrete, daß jede Verhaltensweise und Einstellung, die zu einem innerlich freien Leben führt, als gutes Beispiel dienen sollte, so ist doch dieser Aspekt den anderen bei weitem überlegen. Wenn Sie ein Mensch sind, der sich häufig Gedanken macht, die der Gesundheit schaden, dann wird Ihr Kind wahrscheinlich die gleiche Einstellung übernehmen. Wenn Sie ihr Kranksein dadurch fördern, daß Sie sie verzärteln, und Sie selbst eine Einstellung haben, die zu Krankheit führt, und sich ständig darüber beklagen, wie schlecht es Ihnen doch geht und ihnen ein hypochondrisches Verhalten vorleben, dann bringen Sie ihnen bei – vielleicht unbeabsichtigt, doch die Folgen sind die gleichen –, daß sie eine gesundheitsschädigende Denkweise, keine gesunde und positive, entwickeln sollen.

Machen Sie es sich zur Aufgabe, auf Ihre eigene Gesundheit zu achten. Dies bedeutet, daß Sie Ihrer Gesundheit positiv gegenüber stehen und Kindern zeigen, daß Sie sich selbst zu sehr lieben, als daß Sie sich so destruktiv verhalten. Wenn Sie ein gesundes Leben führen, werden sie es Ihnen automatisch nachmachen – oder sie werden zumindest nicht die Ausrede haben: »Du tust es ja auch nicht, warum soll ich es dann tun?!« Es sich zur Aufgabe machen, auf die eigene Gesundheit zu achten, bedeutet, daß Sie Ihre Gesundheit in einem neuen Licht betrachten müssen. Statt nur zu denken, daß nur dann alles mit Ihnen in Ordnung ist, wenn Sie keine Symptome einer Krankheit feststellen, müssen Sie sich die Frage stellen: »Was kann ich tun, um wirklich hundertprozentig gesund zu werden und auch zu bleiben?«

Wenn Sie sich für Ihre Gesundheit einsetzen, wird es Ihnen gewiß nicht reichen, nur frei von irgendwelchen Krankheitssymptomen zu sein. Sie möchten mehr in Ihrem Leben. So fühlen Sie sich z. B. normalerweise wohl, aber wenn Sie Treppen steigen, sind Sie völlig außer Atem und abgeschlafft. Obwohl Sie nicht krank sind, ist dies ein sicheres Zeichen dafür, daß Ihr kardiovasculäres System nicht in Ordnung ist, daß Sie sich nicht genügend bewegen, daß Sie Ihre Ernährungsweise ändern müssen, daß Sie wahrscheinlich Übergewicht haben und daß Sie an sich arbeiten müssen, damit Sie sich einer hundertprozentigen Gesundheit erfreuen können. Sie fühlen sich zwar nicht krank, aber vielleicht merken Sie beim Pulsmessen, daß Ihr Puls erhöht ist. Ihr Herz arbeitet vielleicht zweimal so schwer wie es eigentlich sollte. Auch hier müssen Sie sich um Ihrer selbst willen anstrengen. Es fällt Ihnen vielleicht schwer, einen raschen Spaziergang von einer Stunde zu machen, und vielleicht merken Sie auch, daß sich um Ihre Hüfte ein Rettungsring gebildet hat. Der Besuch bei Ihrem Arzt hat vielleicht erbracht, daß Ihr Cholesterinspiegel erhöht ist und daß Sie an Vitaminmangel leiden. Ihre Haut reagiert vielleicht bei Streß mit Ekzemen oder einer Schuppenflechte. Vielleicht trinken Sie zuviel Alkohol oder rauchen zuviele Zigaretten am Tag, und Sie brauchen von mir gewiß keine Moralpredigt, damit Sie wissen, wie schädlich diese Substanzen für Ihren Körper sind.

Wenn Sie eine gesunde Einstellung haben möchten und Ihren Kindern in dieser Hinsicht ein gutes Beispiel sein wollen, dann müssen Sie es sich zur Aufgabe machen, das Beste aus sich zu machen. Es ist nicht erforderlich, daß Sie sich jeden Tag quälen oder sich einem schmerzhaften Training unterwerfen. Sie müssen deswegen keine Meeresalgen essen, exotische Extrakte trinken oder auf alles verzichten, was Ihnen im Leben Genuß bereitet. Sie müssen nur versuchen, so gesund wie möglich zu leben, und dazu entschlossen sein, sich nicht gehen zu lassen, so daß Ihr wundervoller Körper, zur Zeit der Ort Ihres Geistes, unnötig verfällt. Sobald Sie es sich zur Pflicht gemacht haben, sich für Ihre Gesundheit einzusetzen, werden Sie feststellen, wieviel Spaß Ihnen das bereiten wird. Sobald Ihr Körper so dünn und attraktiv ist, wie er nur sein kann, werden Sie sich wundern, warum Sie es jemals zuließen, daß er so außer Rand und Band geriet. Sobald Sie sich einmal Ihrer Ernährung bewußt geworden sind, wird es Sie schockieren, wenn Sie daran denken, was Sie bisher alles so in sich hineingestopft haben. Das erste, was Sie tun müssen, ist es, sich zur Pflicht zu machen, auf den eigenen Körper zu achten. Diese Pflicht – sobald man sich jeden Tag daran hält – wird allmählich zu einer

Lebensweise und ist dann nicht nur eine langfristige Diät und ein Trainingsprogramm. Und wenn Sie an den Sinn des Buches denken: Ihre Kinder werden es Ihnen nachmachen.

Wenn man davon ausgeht, daß Sie dazu bereit sind, es sich zur Pflicht zu machen, auf Ihre eigene Gesundheit zu achten, und Sie Ihren Kindern in dieser Hinsicht ein Vorbild sein wollen, wie sollen Sie dann vorgehen? Die Antwort lautet: Tun Sie es einfach! Fangen Sie sofort damit an! Sie können sich z. B. an Ihre Krankenkasse wenden – sofern diese Informationsveranstaltungen und Kurse zu Ernährungsfragen und Gewichtsproblemen veranstaltet, z. B. die AOK –, die Ihnen weitere Tips für eine gesunde Ernährung geben kann. Dies könnte sich für Sie als sehr hilfreich erweisen. Sie können auch einen Arzt aufsuchen und diesen um Rat fragen. Sie können sich aber auch in Büchereien und im Buchhandel nach Büchern umschauen, die sich mit dieser Thematik auseinandersetzen. Sie können mit einem regelmäßigen Bewegungstraining beginnen und es allmählich steigern, wenn dies Ihrer Art entspricht. Wichtig ist nur, daß Sie sofort damit anfangen. Sie werden es nie bereuen, wenn Sie Ihren Körper in seine Bestform gebracht haben. Auch wenn Sie es nicht um Ihrer selbst willen machen wollen, Ihre Kinder verlangen es von Ihnen. Sie haben die Verantwortung, Ihre Kinder so zu erziehen, daß sie sich möglichst lange einer hervorragenden Gesundheit erfreuen können. Das Bedürfnis, gesund zu sein, ist in ihren Kindern stärker als Sie denken.

Warum brauchen Ihre Kinder eine gesunde und positive Einstellung?

Während Sie auf den folgenden Seiten noch mehr über das Thema Gesundheit erfahren und die spezifischen Vorschläge, die ich am Ende dieses Kapitels mache, überdenken, sollten Sie nicht vergessen, daß Ihre Kinder sich diese Einstellung aneignen müssen. Es ist viel leichter, Kinder zu dieser Einstellung zu erziehen als Erwachsene dazu zu bringen, sich zu ändern, wenn erst einmal die Lebensweise in Fleisch und Blut übergegangen ist. Obwohl ich glaube, daß sich jeder ändern kann, wenn er nur dazu bereit ist, sich täglich darum zu bemühen, ist es doch viel besser, wenn man es sich bereits in seiner Jugend zur Gewohnheit macht, auf die Gesundheit zu achten. Wenn Ihr Kind schon früh zu der Überzeugung kommt, daß es besser ist, sich keine krankmachenden Gewohnheiten anzueignen und eine schwächende Lebensführung zu meiden, dann wird das Kind sein ganzes Leben nicht von dieser Überzeugung ablassen.

Eine Studie aus jüngster Zeit über das Fehlen einer positiven Einstellung zur Gesundheit hat erbracht, daß fast die Hälfte aller 19jährigen in den USA mäßige bis schwere Trinker sind. Jugendliche sind sehr viel stärker vom Alkoholismus gefährdet als Erwachsene, und es ist keineswegs eine Ausnahme, daß Jugendliche bereits sechs Monate nach ihrem ersten Tropfen Alkohol zum Alkoholiker werden. Andere Studien berichten, daß 25 Prozent der Kinder, deren Eltern Raucher sind, bereits im Alter von acht regelmäßig zur Zigarette greifen. Außerdem leiden sehr viele Kinder schon unter Übergewicht. Viele Studien haben bewiesen, daß junge Menschen nicht regelmäßig Sport treiben und daß ein erhöhter Cholesterinspiegel bei Kindern, die sich nicht ausgewogen ernähren, zu frühzeitigen Herzleiden bei einer überaus großen Zahl der jungen Menschen führt. Die Statistiken könnten endlos fortgesetzt werden, aber Sie dürften mich mittlerweile verstanden haben. Sie sind vielleicht die besten Eltern der Welt. Sie bringen Ihren Kindern vielleicht bei, eine hohe Selbstachtung zu haben, das Leben voll auszuschöpfen, frei von Schuldgefühlen und Besorgnis zu sein, ein tiefes Gefühl für den Sinn des Lebens und eine Achtung der höchsten menschlichen Werte zu entwickeln, und dennoch können Sie ihnen sehr schaden, wenn Sie sich nicht darauf eingestellt haben, ihnen diese gesunde und positive Grundhaltung zu vermitteln. Auch der stärkste Geist zerfällt, wenn der Körper kränkelt und nicht die richtige Behandlung erfährt. Sie brauchen ein starkes Haus, um Ihren Geist darin aufbewahren zu können, und das gleiche gilt für Ihre Kinder. Hoffentlich erkennt auch das Schulwesen die Notwendigkeit, Kinder zu dieser positiven Einstellung zu ihrem Körper zu erziehen.

Kinder müssen gesund aufwachsen. Schauen Sie sich doch mal die Körper der Menschen an, denen Sie im Schwimmbad oder am Strand begegnen. Achten Sie darauf, wieviele Übergewicht oder eine schlechte Haltung haben und wieviele sich mit Zigaretten und Alkohol vergiften. Sie möchten doch bestimmt nicht, daß Ihre Kinder sich in ihrer Kindheit gesundheitsschädigende Gewohnheiten aneignen, die ihren perfekten Körper zerstören. Sie haben es in Ihren Händen, aus ihnen das Vorbild eines wirklich gesunden Menschen zu machen, wenn dies für Sie von Bedeutung ist. Ich habe zwar nicht alle medizinischen Daten über die verschiedenen Körperorgane behandelt, wie z. B. das Herz, die Leber, die Bauchspeicheldrüse, der Magen, die Lungen, die Blase, der Darm usw., aber wenn Sie sich für dieses Thema näher interessieren, werden Sie deutlich erkennen können, wie negativ sich eine schlechte Lebensführung auf den Körper auswirkt. Der Amerikaner Dr. Herbert Benson, Verfasser des Buches *Der Geist/Körper Effekt* (The Mind/Body Effect) liefert zahlreiche Beweise für den Zusammenhang zwischen dem Geist und der körperlichen Gesundheit. Dr. John Harrison, der ein neues Buch mit dem Titel *Liebe Deine Krankheit* (Love Your Disease) verfaßt hat, drückt sich so aus: »Die Menschen, die im allgemeinen mit sich zufrieden sind und die erfolgreich ihre Kindheit bewältigt haben, *werden gesund sein.*« Die wachsende Zahl der Beweise, die belegen, daß eine gesunde Lebenseinstellung ein Mittel ist, glücklicher, produktiver und harmonischer zu sein, sind für Sie zugänglich, sofern Sie sich dafür interessieren. Es ist nicht mein Ziel, umfassende Forschungsergebnisse darzulegen. Was mir am Herzen liegt, ist, Ihnen zu helfen, eine neue Einstellung zu Ihrer Gesundheit und der Ihrer Kinder zu entwickeln, und Sie darauf hinzuweisen, daß es eine Vielzahl von Büchern gibt, die Sie mit den spezifischen Forschungsergebnissen bekannt machen können. Ich beschäftige mich mit dieser Thematik, da ich denke, daß sie ausgesprochen wichtig ist, um in seinem Leben frei von inneren Zwängen zu sein.

Vor einigen Jahren hatte ich 14 kg Übergewicht und ernährte mich auf eine Weise, die für jeden Ernährungsspezialisten ein Alptraum gewesen wäre, und ich war mir überhaupt nicht darüber bewußt, was der Begriff *Gesundsein* bedeutet. Ich stellte mein Leben auf den Kopf – ich begann regelmäßig Sport zu treiben, ich begann mein Auto in der Garage stehen zu lassen, wenn ich morgens Brötchen holen ging, ich erhöhte meine Vitaminzufuhr und wurde mir meiner Ernährung bewußt – und ich kann ehrlich sagen, daß ich mich in meinem Leben nie besser gefühlt habe. Seitdem habe ich mein Gewicht bei 77 kg halten können (bei einer Größe von 1,87 m) und jeden Tag laufe ich zwischen 12 und 15 km und gehe dann noch zusätzlich 3 oder 4 km spazieren. Ich verzichte fast völlig auf Zucker und Salz in meiner Ernährung und dennoch schmeckt mir jede Mahlzeit. Ich muß mich nicht dazu zwingen, Sport zu treiben, es ist einfach ein schöner Teil meines Lebens. Ich sage mir nie, daß ich keine Zeit habe, um zu joggen oder um einen Sapziergang zu machen. Statt dessen sage ich mir, daß ich keine Zeit habe, krank zu werden, und daher muß ich mir für meine tägliche Bewegung Zeit nehmen. Ich habe seit acht Jahren vergessen können, wie es ist, wenn man eine Erkältung hat, Grippewellen scheinen an mir vorüberzuziehen, und das Gefühl, ausgelaugt und müde zu sein, ist ein Ding der Vergangenheit. Aber am meisten habe ich davon profitiert, daß meine gesunde Einstellung auf andere Menschen in meinem Leben abgefärbt hat, besonders auf meine Kinder. Wenn sie sehen, wie ich jeden Tag Sport treibe und mir die Zeit für einen Dauerlauf nehme, haben auch sie Lust dazu. Sogar die Kleinen wollen es ihrer Mami und ihrem Papi nachmachen. Meine Kinder sind sich bewußt geworden, wie wichtig eine ausgewogene Kost und richtige Ernährungsgewohnheiten sind, weil ich mir selbst diese zu eigen gemacht habe. Schädliche und nährstoffarme Kost hat in unserem Haus nichts zu suchen, und daher greifen meine Kinder lieber zu einer Pflaume oder einem Apfel.

Wenn Sie es schaffen, sich eine gesunde Lebensführung anzueignen, werden alle, die Sie lieben, davon profitieren können, besonders aber Ihre Kinder. Wichtige Gründe dafür, der Erste zu sein, sind: Sie werden selbst einen Nutzen daraus ziehen. Sie selbst müssen auf sich achtgeben, denn andere werden diese Aufgabe für Sie nicht übernehmen. Und schließlich sollten Sie es um der Auswirkungen willen machen, die ein solches positives Verhalten auf Ihre Kinder hat. Sie schulden ihnen nicht mehr, als daß Sie ihnen beibringen, ihr Leben lang gesund zu bleiben. Dr. Harrison erzählt uns in dem obengenannten Buch *Liebe deine Krankheit* folgendes: »Die Veranlagung zu erkranken wird oftmals nicht im körperlichen Sinne weitergegeben, sondern eher durch die Erziehung, die Eltern ihrem Nachwuchs geben sowie durch die Lebensweise und auch durch die Art der Ernährung, die sie ihnen vorleben.« Behalten Sie dies im Kopf, wenn Sie im folgenden über die neue Einstellung zur Gesundheit lesen und erfahren, wie Sie Ihren Kindern durch eine positive Erziehung diese vermitteln können. Ihre Lebensweise liegt in Ihren Händen. Sie können Ihren Kindern das Vermächtnis einer gesundheitsfördernden Einstellung hinterlassen, wenn Sie selbst eine positivere Einstellung zu diesen Gewohnheiten annehmen und es sich zur Aufgabe machen, gesund zu leben, was doch für Sie und Ihre ganze Familie lebensnotwendig ist.

Die einleuchtenden Dinge, die zu einer gesunden Lebensweise gehören und die alle Ärzte empfehlen, betreffen die Ernährung, die Bewegung und körperliche Fitness, der Verzicht auf negative Lebensgewohnheiten (Rauchen, übermäßiger Alkoholgenuß, Drogen usw.) und das Bewußtsein, was man für seinen Körper macht. Aber es gibt noch zwei weitere Bereiche, die wir nicht vergessen dürfen, denn sie helfen Kindern genausoviel wie die eben genannten Faktoren. Sie betreffen den Einfluß der Vorstellungskraft auf die Gesundheit und die Wichtigkeit, einen Sinn für Humor zu haben und lachen zu können. In meinen Augen kommt beiden Bereichen ebenso viel Bedeutung zu wie den Ernährungs- und Bewegungsgewohnheiten.

Der Einfluß der positiven Vorstellungskraft auf die Gesundheit

Ich habe in diesem Buch bereits an früherer Stelle über die positive Vorstellungskraft gesprochen. Ich bin besonders darauf eingegangen, inwiefern sie Kindern helfen kann, sich als einen wertvollen, fähigen und attraktiven Menschen zu sehen. Der Gebrauch der geistigen Vorstellungskraft ist die stärkste und wirkungsvollste Strategie, um etwas in Ihrem Leben und dem Ihrer Kinder Realität werden zu lassen. Je mehr Sie Kindern helfen können, tatsächlich in ihrem Kopf eine Vorstellung von dem zu haben, was sie gerne erreichen möchten und dies auch ihr Verhalten beeinflußt, um so eher wird aus dieser Vorstellung Realität werden können.

Der Einsatz der Vorstellungskraft ist immer dann besonders wertvoll, wenn man anderen – auch Kindern – helfen möchte, für den Rest des Lebens eine gesunde Einstellung zu haben. Wenn Sie sich vorstellen, Sie wären hundertprozentig gesund, ist dies genauso hilfreich wie ein gutes Trainingsprogramm und eine ausgewogene Kost. Im Grunde ist es sogar noch wichtiger. Die Vorstellung, die Sie haben, wird Sie letztendlich dazu bringen, ein gesundes Leben zu führen. Stellen Sie sich vor, daß Sie ein Mensch sind, der gesund, durchtrainiert, innerlich perfekt und munter ist, und diese Vorstellung wird bald Realität sein. Dagegen werden Sie nichts tun können. Die Vorstellung wird in Ihrem roboterähnlichen Unterbewußtsein (Ihr innerer Spiegel, wenn Sie so wollen) gespeichert, und zwar auf die gleiche Weise, wie sich Ihre äußere Erscheinung im Spiegel widerspiegelt. Je mehr Sie sich vorstellen, daß Sie so sind, wie Sie es gerne wären, um so mehr werden Sie sich so verhalten, daß dieses innerlich gespeicherte Bild mit dem äußeren übereinstimmt. Das ist ein Gesetz des Universums. Albert Einstein drückte diesen Sachverhalt so aus: »Die Vorstellungskraft ist wichtiger als das Wissen, denn das Wissen ist begrenzt, während die Vorstellungskraft die ganze Welt umfaßt.«

Wenn man seine Vorstellungskraft einsetzt, ist dies nichts anderes, als wenn man seinen Geist dazu einsetzt, sich selbst zu helfen, das zu erreichen, was man gerne erreichen möchte. Hinsichtlich der gesunden Lebensführung bedeutet dies, daß man sich selbst als einen gesunden Menschen sieht und daran nie zweifelt. Kindern hilft die Vorstellungskraft, die Vorstellung von der absoluten Gesundheit aufrechtzuerhalten, und sie hält sie davon ab, sich nicht als absolut gesund oder zumindest als dazu fähig einzuschätzen. Shakti Gawain, dessen Buch *Kreative Vorstellungskraft* das Verständlichste ist, was ich auf diesem Gebiet gelesen habe, schreibt hierzu:

> Die Vorstellungskraft ist die Fähigkeit, eine Idee oder
> Vorstellung in Ihrem Geist zu entwickeln. Bei der kreativen
> Vorstellungskraft gebrauchen Sie Ihren Geist, um sich ein
> deutliches Bild von dem zu machen, was Sie gerne realisie-
> ren möchten. Dann konzentrieren Sie sich regelmäßig auf
> diese Vorstellung, geben ihr also positive Energie, bis sie
> zur Realität geworden ist. . . . mit anderen Worten, bis Sie
> schließlich das erreicht haben, was Sie sich vorgestellt
> haben.

Die Bedeutung der Vorstellungskraft mag Ihnen fremd sein, und vielleicht sind Sie sehr skeptisch, ob Sie diese Theorie in die Praxis umsetzen sollen. Vor vielen Jahren hatte auch ich in dieser Hinsicht sehr viele Bedenken und zweifelte daran, daß ich einfach meine geistige Vorstellungskraft dazu einsetzen kann, um aus etwas Realität zu machen. Ich muß jetzt aber sagen, daß diese Skepsis verflogen ist. Ich weiß, daß ich durch meine Vorstellungskraft meine Fähigkeiten verbessern kann. Ich habe mir selbst anhand meiner positiven Vorstellungskraft beigebracht, im Tennis die Rückhand zu gebrauchen. Ich habe mir vorgestellt, wie ich vor einem Publikum stehe, wie ich munter und scharfsinnig bin und im ganzen eine schöne Zeit verbringe. Bei mir funktioniert es jedesmal. Ich habe mir vorgestellt, daß ich keine Erkältung habe, ja ich habe mir vorgestellt, daß die Erkältung einfach verschwindet und bei mir nicht Fuß faßt, und es hat funktioniert. Lassen Sie mich mit Ihnen ein interessantes Experiment teilen, das von Dr. O. Carl Simonton, einem amerikanischen Krebsspezialisten, durchgeführt und vielfach beschrieben wurde. Es geht darum, wie die Denkweise das Wachstum von Krebsgeschwüren im menschlichen Körper beeinflussen kann. Er hat einer großen Gruppe von Krebskranken Diabilder gezeigt, die veranschaulichten, wie die Krebszellen im Körper arbeiten. Er zeigte, wie die Krebszellen die gesunden Zellen befallen und sie zerstören. Dann zeigte er ihnen noch eine Darstellung, die den Patienten verdeutlichte, wie sich die gesunden Zellen den Krebszellen widersetzen. Er forderte daraufhin seine Krebspatienten dazu auf, sich vorzustellen, wie die gesunden Zellen die Krebszellen bekämpfen und nicht umgekehrt. Dies ist nur eine kurze Zusammenfassung des Experiments, aber ich möchte Ihnen noch erzählen, daß er von einer beträchtlichen Zahl von Fällen berichtet hat, in denen Menschen durch ihre positive Vorstellungskraft den Krankheitsverlauf zum Stillstand brachten. Dies ist die gesundheitsfördernde Vorstellungskraft im Forschungslabor. Aber sie wird bei der Behandlung von ernsthaft erkrankten Menschen immer wichtiger. Der vor ein paar Jahren verfaßte inspirierende Bestseller von Norman Cousin *Der Arzt in uns selbst* zeigt deutlich, welche Macht Körper und Vorstellungskraft im Heilungsprozeß bei Krankheiten haben, die als unheilbar galten. Ich empfehle Ihnen dieses Buch wärmstens.

Wenn die Vorstellungskraft bei der Bekämpfung von ernsthaften Krankheiten herangezogen werden kann (und für diesen Tatbestand gibt es viele Beweise), scheint es einleuchtend zu sein, daß der gleiche Prozeß auch bei der *Verhinderung* von Krankheiten wirksam werden kann und daß sie in Menschen ein größeres Bewußtsein dafür wecken kann, damit sie wissen, daß sie selbst die Fähigkeit haben, hundertprozentig gesund zu werden. Denken Sie daran, wie Ihre Kinder sich als gesunde und fähige Menschen sehen. Denken Sie daran, auf welche Weise sie dazu gekommen sind, sich als kränkelnde Menschen zu sehen und welche Vorstellung sie von ihren Fähigkeiten haben, sich bei bester Gesundheit zu halten. Überlegen Sie, inwiefern Sie ihnen zu dieser negativen Einstellung verholfen haben, anstatt sie zu einer gesunden zu erziehen. Dann sollten Sie sich der Möglichkeit öffnen, diese krankmachende Vorstellung in eine gesundheitsfördernde umzuwandeln.

Auch wenn Sie skeptisch sind, sollten Sie zumindest den letzten Teil dieses Kapitels unvoreingenommen durchlesen. Auf den folgenden Seiten biete ich Ihnen einige spezifische Alternativen zu einer gesundheitsschädigenden Denkweise. Außer der positiven Vorstellungskraft sollten Sie auch das Lachen und den Humor als potentielle Möglichkeiten in Betracht ziehen, die Sie und Ihre Kinder dazu anspornen können, ein gesundes Leben zu führen. Ja, das Lachen kann zu dem Besten gehören, was man für seine Gesundheit tun kann, vielleicht haben Sie bisher nur noch nie an diese Möglichkeit gedacht.

Die Gesundheit und der Sinn für Humor

Die Menschen lachen gerne! Wir haben das Bedürfnis zu lachen! Ja, ich habe *Bedürfnis* gesagt. Wenn Sie ständig mürrisch sind, ist dies ein Weg, dafür zu sorgen, daß Ihr Körper immer kränkeln wird. Beobachten Sie einmal spielende Kinder. Achten Sie darauf, wieviel sie dabei lachen und herumalbern. Dies ist für ihr Wohlbefinden – sowohl das körperliche als auch das seelische – notwendig. Fragen Sie Kinder, wer ihr Lieblingslehrer ist, und sie werden immer jemanden dazu erkoren haben, der einen Sinn für Humor hat, der lachen kann und das Leben im Klassenzimmer nicht allzu ernst nimmt. Wenn Sie ein Mensch sind, der das Leben immer ernst nimmt, der selten lacht und der mit Kindern keinen Spaß versteht, dann werden Sie aller Wahrscheinlichkeit nach ihre körperliche Gesundheit in einem größeren Maße schädigen als Ihnen das bewußt ist. Lachen ist die beste Medizin. Wir entdecken dies heute immer wieder in der praktischen Medizin. Das auch in Deutschland bekannte Buch des Amerikaners Norman Cousin *Der Arzt in uns selbst* illustriert, wie ein gesundes Maß an Humor und herzhaftem Lachen tatsächlich in die Behandlung einer Krankheit integriert werden kann, die als unheilbar eingestuft wurde. Er erzählt uns:

> Es funktionierte. Ich habe die erfreuliche Entdeckung gemacht, daß ein ehrliches und herzhaftes Lachen eine betäubende Wirkung hat und daß mir dadurch mindestens zwei Stunden schmerzfreien Schlafs vergönnt waren. [. . .] Die Entdeckung, daß es eine physiologische Basis für die alte Theorie gibt, daß Lachen die beste Medizin ist, versetzte mich in eine freudige Erregung.

Wenn Kinder lachen, dann stoßen Sie in ihren Blutkreislauf Substanzen aus, die für die Verhinderung und Heilung von Krankheiten erforderlich sind. Wenn Sie in dem Glauben durch das Leben gehen, alles sei bitterer Ernst, daß Lachen verboten ist und daß man nur hart arbeiten soll, dann haben sie nicht nur weniger Freude am Leben, sondern es führt auch zu ihrem körperlichen Zerfall.

Helfen Sie Kindern, so daß sie sich ihre natürliche Neigung, zu lachen und Spaß zu haben, bewahren. Sie können sich mit ihnen necken und ihnen erlauben, Ihnen einmal einen lustigen Streich zu spielen, anstatt ihre Bemühungen, lustig zu sein, einfach zu ignorieren.

Sie wissen, wieviel Spaß sie haben, wenn sie sich vor Ihnen verstecken dürfen und Sie so tun, als könnten Sie sie nicht finden, oder wie sehr es sie freut, wenn Sie zum Spaß vor lauter Schreck in die Höhe springen, wenn sie unerwartet hinter den Gardinen hervorspringen. Sie wissen, wieviel Spaß sie haben, wenn Sie sich von ihnen an der Nase herumführen lassen oder Ihnen mit der Wasserpistole Angst einjagen. Sie wissen, wie gerne sie herumtollen, sich mit Ihnen raufen oder ein kleines Boxkämpfchen machen, und wie glücklich sie lachen, wenn Sie ihnen die Gelegenheit geben, Ihnen zu zeigen, wie stark sie sind. Dieses ganze Lachen und der dabei empfundene Spaß sind notwendig, um sie bei Gesundheit zu halten. Ein Kind, das lacht und humorvoll ist und das über sich selbst auch einmal lachen kann, hat eine viel größere Chance, absolut gesund zu bleiben. Schaffen Sie für Ihre Kinder eine solche Atmosphäre zu Hause, indem Sie sich selbst nicht allzu ernst nehmen und indem Sie sich aber ernsthaft darum bemühen, daß bei Ihnen zu Hause einfach mehr gelacht wird.

E. T. (»Cy«) Eberhart, ein Krankenhausseelsorger im U.S. Staat Oregon, hat seit fünf Jahren erfolgreich versucht, mit Humor zur Heilung seiner Patienten beizutragen. »Ein humorvoller Geist hält uns davon ab, zu tragischen Figuren zu werden«, sagt er, »d. h. er hält uns davon ab, in die tragische Seite des Lebens verwickelt zu werden, so daß man sich nur auf sein Unglück konzentriert«. Dr. Rufus C. Browing, ein Psychologe aus dem Staat Maryland, erzählt uns: »Er hilft uns, über das Schlimmste in unserem Leben hinwegzukommen. Und daher ist der Humor ein Verbündeter, mit dem sich die Zusammenarbeit lohnt – d. h. man nimmt bewußt die lustigen Situationen im Leben, die aberwitzigen Widersprüche und die witzigen Aspekte des Alltags wahr.«

Dies sind Worte, die sich zu behalten lohnen, wenn Sie sich dazu entschlossen haben, Ihre Kinder zu gesunden Menschen zu erziehen. Seien Sie manchmal etwas verrückt und albern Sie vor allen Dingen jeden Tag etwas mit Ihren Kindern herum. Spielen Sie mit ihnen ihre Spiele. Seien Sie das »Monster«, lassen Sie sich durch Ihre Kinder erschrecken, jagen Sie sie durch den Garten, spielen Sie mit ihnen Engelchen flieg und werfen Sie sie in die Luft oder machen Sie doch einfach eines der vielen Ballspiele mit ihnen. Auch wenn Sie der Meinung sind, dies widerspreche Ihrer Natur, sollten Sie versuchen, sich gerade in dieser Hinsicht zu ändern, anstatt griesgrämig durch das Leben zu gehen. Sie wissen, es tut Ihren Kindern gut, und Sie wissen auch, wieviel wohler Sie sich fühlen, wenn Sie lachen. Machen Sie es sich deshalb also zur Aufgabe, sie so oft wie möglich zum Lachen zu bringen. Jedes ehrliche, herzhafte Lachen, jedesmal wenn Sie hören, daß sie Tränen lachen, bedeutet, daß Sie ihnen helfen, körperlich gesünder zu werden. Es ist ein aktives Gesundbleiben und zudem noch die billigste und einfachste Medizin, die Sie verordnen können.

Kinder, die nicht ermuntert wurden, einen Sinn für Humor zu entwickeln, und die nicht über sich selbst oder das Leben lachen können, fühlen sich unwohl, wenn andere humorvoll sind und herumalbern. Sie haben nicht die Fähigkeit, andere zum Lachen zu bringen und verstehen auch oft die Pointe eines Witzes nicht. Wenn über sie ein Witz gemacht wird, neigen sie dazu, sarkastische Bemerkungen zu machen, die verletzend, abwertend und aggressiv sind. Setzen Sie sich gründlich mit dieser Fähigkeit auseinander, andere zum Lachen bringen zu können und machen Sie sich einmal einen Spaß, wenn Ihnen absurde Dinge bewußt werden. Kinder, die ein humorvolles Verhalten nicht zu würdigen wissen oder dagegen immun zu sein scheinen, neigen oftmals stärker dazu, krank zu werden, als dies eigentlich der Fall sein müßte. Ein Mensch, der lacht, kann nicht gleichzeitig ein Magengeschwür bekommen. Lachen und Freude sind die natürlichsten Verhaltensweisen des Menschen. Durch Spiel und Spaß lernt man den Umgang mit anderen und entwikkelt auch seine körperlichen Fähigkeiten. Limericks und Wortspiele sind eine gute spielerische Übung für den Geist, und sie helfen Kindern, die Komplexität unserer Sprache zu entdecken.

Einen Sinn für Humor zu entwickeln, zu lachen und seinen Spaß zu haben, sind die wichtigsten Faktoren bei der Entwicklung eines liebevollen Verhältnisses zwischen Ihnen und Ihren Kindern, ja sie sind wichtiger als aller Ernst im Leben. Grundsätzlich möchten Kinder zum Spaß geneckt werden, wenn es ihnen erlaubt ist, das gleiche mit Ihnen zu tun. Dadurch macht das Leben mehr Spaß und es hilft ihnen, eine gesunde und positive Einstellung zum Leben zu entwickeln. Unterschätzen Sie nicht, wie groß Ihre Verantwortung als Eltern ist, Ihren Kindern zu helfen, die Fähigkeit zu entwickeln, im Leben zu lachen, die amüsante Seite des Lebens zu entdecken und auch ab und zu einmal albern zu sein. Nachdem ich eine Zeitlang in der Psychiatrie gearbeitet hatte, wo ich eine Gruppe von Menschen betreute, die für völlig verrückt gehalten wurden, kamen alle zusammen und überreichten mir ein Abschiedsgeschenk. Ihr Sprecher sagte mir: »Wir mögen Sie lieber als die anderen Ärzte.« Als ich sie nach dem Grund fragte, bekam ich eins meiner schönsten Komplimente in meinem Leben. »Nun, Sie sind eher so wie wir.«

Vereinfacht bedeutet also das Gesundseinwollen die Kultivierung einer positiven Einstellung zur Gesundheit, die nicht krank macht und die sich auf das Gegenteil von Krankheit konzentriert: Das Gesundbleiben und -werden. Diese Einstellung betrifft die Ernährung, die Bewegung, die Müdigkeit, die schlechten Lebensgewohnheiten und alles andere, was die Gesundheit betrifft. Sie betrifft aber auch die positive Vorstellungskraft, die positive Bestärkung, das Lachen und die positive Grundhaltung. Aber dies alles ist nichts Neues. Bereits im Altertum haben die Menschen sich an diese positive Lebenseinstellung gehalten, aber irgendwie scheint sie in unserer heutigen Gesellschaft verloren gegangen zu sein. Die Literatur zu diesem Themenbereich nimmt jeden Tag zu. Sie können Teil dieser Renaissance werden, aber bevor Sie sich der Bewegung anschließen, müssen Sie sich darüber im klaren sein, wie Sie sich und Ihren Kindern den Mut nehmen, sich für eine hundertprozentige Gesundheit einzusetzen. Die nächsten zwei Abschnitte beschreiben einige der üblichsten Verhaltensweisen, die einer völligen Gesundheit nicht zuträglich sind, aber die Sie sich im Laufe der Zeit angeeignet haben. Es wird ebenfalls auf die Beweggründe für ein solches Verhalten eingegangen werden. Sobald Sie dies alles überdacht haben, können Sie sich daran machen, die vorgeschlagenen Strategien zu benutzen, um in der Erziehung Ihrer Kinder eine holistische und gesunde Einstellung zu beziehen.

Einige gesundheitsschädigende Verhaltensweisen der Eltern

Hier ist nun eine Liste der typischen Dinge, die wir zusammen mit Kindern tun oder die wir ihnen auch antun und die eher der Krankheit zuträglich sind als der Gesundheit.

☐ Erwarten, daß die Krankheiten Ihrer Kinder sich allmählich verschlimmern, und ihnen dies warnend sagen.

☐ Kinder so erziehen, daß sie sich gesundheitsschädigende Gedanken machen und Angst vor dem Leben haben.

☐ Kinder negativ bestärken: »Das Leben ist das reinste Jammertal.« »Die Krankheit ist ein Teil unseres Lebens.« »Es geht etwas um, und du wirst dich bestimmt anstecken.« »Du bist sehr zerbrechlich und daher mußt du besonders auf dich achten.« »Jeder trägt Bazillen mit sich herum, daher solltest du dich von Menschen fernhalten.«

☐ Das Kind bei jedem Wehwehchen zum Arzt bringen und Pillen und Medikamente als einen normalen Teil des Lebens verordnen.

☐ Kinder dazu erziehen, einen nachlässigen Lebensstil zu haben, weil Sie ihnen ein solches Beispiel sind.

☐ Krankheiten nicht vorbeugen, damit Kinder gesund bleiben.

☐ In der Ernährung unflexibel sein und nicht gewillt sein, gesund zu leben.

☐ Ein starker Raucher oder Trinker sein.

☐ Sich weigern, gewisse Dinge zu diskutieren – den Gebrauch von Drogen, Abtreibung, Empfängnisverhütung –, weil dies einfach Themen sind, die in Ihrer Familie tabu sind.

☐ Immer nur fernsehen und herumsitzen.

☐ Sich immer über die eigene Gesundheit beklagen. Ständig über Ihre Schmerzen und Ihr Leid reden.

☐ Aus dem Leben eine ernste Angelegenheit machen und darauf bestehen, daß Kinder Ihre Erwartungen erfüllen. Daran glauben, daß man lebt, um zu arbeiten und nicht, um sich zu vergnügen.

☐ Die Krankheiten Ihrer Kinder akzeptieren und ihr Kranksein fördern und ihnen sehr viel Aufmerksamkeit schenken, wenn sie krank sind.

☐ In Ihrem Haus nur ungesundes Essen haben und Kindern dieses regelmäßig auftischen.

☐ Die Kinder und sich selbst dafür entschuldigen, daß man nicht in Form ist. »Wir sind zu beschäftigt. Wir haben keine Zeit, Sport zu treiben.«

☐ Zuviel Wert auf das Essen und die Mahlzeiten legen.

☐ Das Kind als kränklich, dick oder als schlapp abstempeln. Sagen, daß es zuviel denkt und zu wenig tut oder daß es Löwe oder Steinbock ist, um damit die schlechte Gesundheit zu entschuldigen.

☐ Kinder dazu ermutigen, der Schule aufgrund einer geringfügigen Unpäßlichkeit fernzubleiben, und sie verzärteln und verhätscheln, wenn sie jammern.

☐ Kindern sagen, sie sollen es nicht so ernst nehmen, wenn sie tatsächlich ernsthaft erkrankt sind.

☐ Sich nicht über Fette, Proteine, Kohlehydrate, Salz, Zucker, Cholesterin, Faserstoffe, Hypertension, Koffein, Vitamine und andere Dinge informieren, die im allgemeinen mit einem gesunden Leben zusammenhängen.

Dies sind also einige der typischen gesundheitsschädigenden Verhaltensweisen von Eltern. Wie alt Ihre Kinder auch sein mögen, Sie können Ihre Einstellung und Ihr Verhalten ändern, wenn Sie die Beweggründe für ein solches Verhalten kennen und sich dann bewußt daran machen, sich aktiv für die Gesundheit Ihrer Kinder einzusetzen.

Die Beweggründe für ein gesundheitsschädigendes Verhalten

Im folgenden finden Sie einige der üblichen Gründe, die erklären, warum Sie sich nicht so verhalten, daß es für die Gesundheit Ihrer Kinder gut ist. Obwohl Sie natürlich nicht absichtlich Ihre Kinder davon abhalten, eine richtig gute Gesundheit zu bekommen und auch zu behalten, zahlt es sich jedoch für Sie aus, wenn Sie sich nicht für ein gesundheitsförderndes Verhalten einsetzen. Denken Sie daran, daß Sie sich doch gesund verhalten würden, wenn sich das negative Verhalten nicht doch auf eine Weise auszahlen würde. Wenn Sie auf dieses »neurotische Prinzip« verzichten, werden Sie nicht mehr das Bedürfnis haben, sich weiterhin so zu verhalten, daß es für Ihre Kinder und auch für Sie destruktiv ist.

Sehen wir dem Ganzen doch einmal ins Auge: Es ist einfacher, sich hinzusetzen und nichts zu tun als aufzustehen und aktiv zu sein. Dies ist einer der wichtigsten Beweggründe, die Sie dazu verleiten, Ihrer Gesundheit zu schaden. Es ist einfach viel leichter, den Kindern irgend etwas zu essen zu geben als sich über gesunde Ernährungsweisen zu informieren. Es ist einfacher, ein Schläfchen zu machen als mit den Kindern an die frische Luft zu gehen und sich zu bewegen. Es ist einfacher, sich eine Zigarette anzuzünden als der Versuchung zu widerstehen, seinen Körper zu vergiften. Eine krankmachende Lebenseinstellung beruht auf Faulheit, und wenn man sich für den bequemeren Weg entscheidet, braucht man sich nicht sehr anstrengen. Sie wissen einfach nicht, wie wohl man sich fühlt, wenn man sich aktiv für seine Gesundheit einsetzt, und daher führen Sie sich selbst hinters Licht und bleiben bei dem, was Ihnen bisher als einzige Möglichkeit bekannt war.

Für Sie und Ihre Eltern war es gut genug, und daher ist es auch für Ihre Kinder gut genug. Dies ist eine fantastische Ausrede, die einen entschuldigt, wenn man sich nicht gesund verhält. Es spielt keine Rolle, daß Ihre Eltern vielleicht häufiger als nötig krank waren, es spielt auch keine Rolle, daß Sie nicht in Form sind und sich wohl fühlen – Sie können immer noch behaupten, daß Sie diese neumodischen Ideen nicht brauchen und daß Sie sich lieber an das Althergebrachte halten, als daß Sie sich an etwas Neues heranwagen.

Sich mit gesunden Verhaltensweisen auseinanderzusetzen ist viel zu kompliziert. Wer möchte schon gerne Kalorien zählen, sich für Ballaststoffe und Cholesterin interessieren. Wer möchte sich schon Gedanken darüber machen, sich sportlich zu betätigen oder sich über Glykogene und Glykose zu informieren? Geben Sie mir nur eine Bratwurst und eine Limonade, und ich bin zufrieden. Und bestellen Sie dasselbe für meine Kinder – auch sie lieben diese fettigen Bratwürste.

Ich möchte nicht gezwungen sein, mir ständig über meine Gesundheit Sorgen zu machen: Ich habe zuviel zu tun, um mich um meinen Körper und die »Supergesundheit« meiner Kinder zu kümmern. Wenn ich mich falsch ernähre, sterbe ich eben ein paar Jahre früher, aber das ist mir lieber als mir ständig für den Rest meines Lebens Gedanken über meine Ernährung machen zu müssen. Außerdem sterben auch einige der Ernährungsexperten zu früh, also wer weiß eigentlich, was das richtige ist.

Jeder erzählt einem etwas anderes über eine gesunde Lebensführung, daher kann ich in dieser Hinsicht nichts ernst nehmen. An einem Tag essen sie nur Riementang. Am nächsten Tag ist er krebserregend. An einem Tag sollen Sie Jogging machen. Am nächsten Tag bringt es Sie um. Daher esse ich, was mir schmeckt, und überlasse dem Herrn mein Schicksal.

Ich rauche und trinke sehr gerne. Mir macht es nichts aus, ein bißchen Übergewicht zu haben. In meinen Augen sehen diese ganzen Gesundheitsapostel wie wandelnde Leichen aus. Ich rauche meine Zigaretten und genieße meinen Alkohol und überlasse diesen ganzen Gesundheitskram den anderen, die bereits heute schon so aussehen, als seien sie schon 10 Jahre tot. Wenn ich alles aufgeben muß, was mir gefällt, dann hat es gar keinen Sinn für mich zu leben.

Jeder wird einmal krank, dagegen kann man nichts machen. Das ist nur normal. Man muß sich nicht darüber aufregen, wenn man ab und zu leicht krank wird.

Ich bin zu alt, um mich jetzt noch zu ändern. Wenn meine Kinder durch und durch gesund sein wollen, dann sollen sie es doch für sich anstreben. Aber ich halte mich an die Gewohnheiten, die ich mir in all den Jahren zu eigen gemacht habe.

Das sind sie. Die Beweggründe, der Nutzen, den Sie daraus ziehen, und die *Ausreden.* Sich für die Krankheit zu entscheiden zahlt sich gewiß auf seine Weise aus, und wenn Sie sich für eine solche Lebenserfahrung entschließen, weiß ich, daß Sie sich bei einigen Aussagen wiedererkennen könnten.

Wenn Sie wirklich etwas ändern möchten und wenn Sie den Wunsch haben, daß Ihre Kinder eine positive und gesunde Grundhaltung einnehmen, dann sollten Sie einige der Strategien und Vorschläge der nächsten Seiten ausprobieren.

Kränkelnde Einstellung

Jetzt habe ich Halsschmerzen, aber morgen habe ich bestimmt auch noch einen Schnupfen.

Ich habe nur vier Stunden geschlafen. Morgen werde ich völlig übermüdet sein.

Ich habe das Gefühl, mir etwas geholt zu haben; es ist einfach so ein Gefühl, das ich habe.

Ich muß dieses Fieber einfach über mich ergehen lassen.

Mit diesem verstauchten Knöchel werde ich mindestens sechs Wochen lang an Krücken laufen.

Es dauert Monate, bis solche Verletzungen wieder verheilt sind.

Gesunde Verhaltensweisen

Ich kann diese Erkältung bereits wieder los sein, noch bevor sie richtig ausgebrochen ist.

Ich schlafe später. Jetzt muß ich Verschiedenes erledigen und ich weigere mich, an die Müdigkeit zu denken.

Strategien für die Erziehung der Kinder zu gesunden Menschen

Erziehen Sie Ihre Kinder durch Ihr Verhalten dazu zu erwarten, daß man gesund bleibt. Wenn irgend etwas mit ihnen »nicht stimmt« – sie haben eine

Erkältung, Fieber, Schmerzen oder eine Beule –, sollten Sie ihnen sagen: »Ehe du dich versiehst, ist es wieder weg« oder »Du bist nicht ernsthaft krank. Du hast nur zugelassen, daß dich diese Sache für ein paar Stunden beeinträchtigt« oder »Ich weiß, du kannst dich sehr schnell wieder wohl fühlen, wenn du nur aufhörst, daran zu denken«. Versuchen Sie, das Kind davon zu überzeugen, daß es die Krankheit alleine bekämpfen kann. Kleinen Kindern können Sie beibringen, nicht mit der Krankheit zu rechnen, wenn Sie ihnen sagen, wie gesund sie sind und wieviel Macht sie über ihren Körper haben. »Du bist schon so ein großes Mädchen. Du wirst nicht krank, wenn die anderen Kinder es sind. Das liegt daran, daß du so gesund und stark bist.« Ältere Kinder sollten Sie so erziehen, daß sie erwarten, daß sie im Krankheitsfall wieder gesund werden. Zum Beispiel:

Mir ist egal, ob alle anderen krank werden – ich laß mich nicht anstecken.

Ich erwarte, daß das Fieber bald wieder vorbei ist. Ich werde mich ausruhen und dafür sorgen, daß ich es morgen nicht mehr habe. Ich werde schneller wieder in Ordnung sein als ich es jetzt für möglich halte.

Ich werde versuchen, so bald wie möglich diese Krücken loszuwerden. Ich glaube, mein Knöchel wird bald wieder in Ordnung sein.

Ich weigere mich, wegen dieser Sache Monate lang gehandikapt zu sein. Ich weiß, ich kann in Null Komma nichts wieder gesund sein. Ich werde wirklich an meiner Genesung arbeiten.

Diese positive Erwartungshaltung wollen Sie sicher Ihren Kindern beibringen. Sorgen Sie dafür, daß sie eine gesunde Denkweise haben – aber am wichtigsten ist, daß sie erwarten, *wirklich* gesund zu sein statt krank.

Belohnen Sie nicht die Krankheit; loben Sie sie statt dessen, wenn sie gesund sein wollen. Genau wie ich es vorgeschlagen habe, daß Sie versuchen, Kinder dabei zu ertappen, wenn sie etwas richtig machen und sie dann loben, gilt dies auch hinsichtlich der Gesundheit. Ertappen Sie sie dabei, wenn sie sich für ihre Gesundheit einsetzen, und loben Sie sie dafür. Machen Sie das Kranksein nicht zu etwas, was Sie belohnen, es sei denn Sie möchten, daß sich Ihre Kinder für das Kranksein entscheiden. Wenn sie wissen, daß sie Geschenke bekommen, wenn sie krank sind und auch nur dann beachtet werden, dann können Sie davon ausgehen, daß sie recht oft gerne krank sein werden. Immerhin ist die Belohnung hoch. Beziehen Sie statt dessen eine andere Stellung und entmutigen Sie zugunsten der Gesundheit das Kranksein. Wenn sie krank sind, sollten Sie der Krankheit nur so wenig Beachtung schenken wie es für die medizinische Behandlung erforderlich ist. Aber loben Sie das Gesundseinwollen. »Du bist in der ganzen Stadt das gesündeste Kind!« »Du bist die einzige, die sich niemals von den anderen anstecken läßt, und deshalb bekommst du jetzt von mir ein Geschenk, weil du ein so gutes Beispiel für die anderen bist.« »Ich kann es gar nicht glauben, wie toll du bist! Du mußt einfach gesund sein, weil du nicht so oft krank bist wie andere Kinder. Laß uns heute in den Park gehen und es mit einem Picknick feiern, daß du stark bist.« »Du hast heute nicht gejammert, weil du dir eine Beule geholt hast. Du bist wirklich ein tolles Kind.« Mit anderen Worten: Nehmen Sie die Gelegenheit wahr, sie zu loben, weil sie stark und gesund sind, und schrauben Sie Ihre Aufmerksamkeit auf ein Minimum zurück, wenn sie krank sind.

Feuern Sie Ihre Kinder an, an ihre Fähigkeiten zu glauben, etwas im Leben erreichen zu können, wenn es um die Gesundheit geht. Sprechen Sie mit Kindern darüber, wie stark sie sind und was ihr Körper alles kann. Zeigen Sie ihnen, wie ihr Körper Wunden heilen kann und was eine Narbe im Heilungsprozeß bedeutet.

Erziehen Sie sie so, daß sie an sich selbst und an ihre Fähigkeit glauben, sich selbst heilen zu können, anstatt sie so zu erziehen, daß sie glauben, die Welt sei gefährlich und immer voller Krankheiten. Unterstützen Sie sie in dem Glauben, daß sie sehr stark sind, daß ihr Körper etwas Wundervolles und Perfektes ist, daß sie voller Kraft sind, um gesund bleiben zu können, und daß sie nicht krank sein müssen. Sorgen Sie dafür, daß sie über ihre Gesundheit und ihren Körper Vorstellungen haben, die der Gesundheit förderlich sind und keinen negativen Einfluß auf den Körper haben. »Ich kann es vermeiden, krank zu werden« statt »Man kann es nicht umgehen, daß man krank wird«. »Mein Körper hat eine geniale Heilkraft« statt »Ich werde meine Krankheiten nie los«. Helfen Sie ihnen, eine gesunde Einstellung zu entwickeln, und sorgen Sie dafür, daß sie an ihren Körper als eine perfekte Heilungsmaschinerie glauben. Lehren Sie sie, die Fähigkeiten ihres Körpers zu respektieren statt sie anzuzweifeln. Jeglicher Argwohn oder jede Angst, die sie hinsichtlich ihrer eigenen Gesundheit oder ihrer Widerstandskraft haben, werden ihrer Gesundheit schaden. Zu glauben, daß Krankheit unvermeidlich ist, ist das gleiche wie ein krankes Leben. Umgekehrt gilt: Wer glaubt, daß das Gesundsein unvermeidlich ist, wird ein gesundes Leben haben. Das Glaubenssystem ist viel leichter zu beeinflussen als Sie glauben. Lassen Sie nicht zu, daß Kinder der Krankheit die Schuld für

Schwierigkeiten zusprechen. Sorgen Sie dafür, daß sie an ihre Fähigkeiten glauben, so daß sie sich nicht von einer Krankheit lähmen lassen.

Bringen Sie Ihren Kindern bei, wie wichtig die positive Bestärkung in ihrem Leben ist. Eine Bestätigung ist nichts anderes als die Aussage, daß die Dinge so sind wie sie sind. Negative Behauptungen führen zu negativen Ergebnissen, während positive in der Regel Menschen helfen, gesunde Ergebnisse zu erzielen. Versuchen Sie, Kindern beizubringen, das folgende zu sagen:

»Ich bin stark und gesund.«

»Ich habe in meinem Körper eine perfekte Heilmaschine.«

»Ich glaube an die Gesundheit, nicht an die Krankheit.«

»Ich weiß, ich kann gesund bleiben, auch wenn die anderen um mich herum krank werden.«

»Ich habe viel zu bieten und ich weigere mich, daß eine Krankheit mir in die Quere kommt.«

»Ich bin bereit, glücklich und gesund zu sein.«

»Die Welt ist ein wundervoller Ort.«

»Ich werde jeden Tag gesünder.«

»Ich muß nicht krank sein, um beachtet zu werden.«

»Ich muß nicht allen gefallen.«

»Ich glaube an meine eigenen Fähigkeiten.«

Dies sind positve Behauptungen, und sie funktionieren! Wenn Sie sich diese Dinge sagen und Ihren Kindern beibringen, ebenfalls so positiv zu denken, dann machen Sie den ersten Schritt, um jedem von ihnen den Willen zu geben, ein gesundes Leben zu führen. Der Wille zu leben ist für einen Patienten, der eine schwere Operation vor sich hat, sehr wichtig – fragen Sie doch einmal einen Chirurgen. Genauso wichtig ist es, Kindern zu helfen, gesund zu leben, so daß sie Krankheiten vermeiden und sogar vielleicht für immer auch eine Operation umgehen können.

Nutzen Sie auf jeden Fall die moderne Medizin, wenn dies erforderlich ist. Antibiotika zu nehmen, um einen Krankheitsverlauf zu stoppen, ist in meinen Augen sehr sinnvoll, wenn die Krankheit sich bereits im Körper eingenistet hat. Übertreiben Sie nicht die Bedeutung der Medizin und des Arztbesuches, wenn es nur darum geht, Krücken und unnötige Medikamente verordnet zu bekommen. Versuchen Sie, darauf zu verzichten, bei Alltagsbeschwerden, die keine Krankheiten sind, sondern nur kleine Unpäßlichkeiten, zu Medikamenten zu greifen. Rennen Sie nicht bei der kleinsten Kleinigkeit zum Arzt. Je öfter Sie mit ihren Kindern zum Arzt gehen, um so mehr bringen Sie ihnen bei, »der Arzt wird dich wieder gesund machen«. Wahrscheinlich haben Sie diese Worte Ihren Kindern sogar gesagt. Bringen Sie ihnen bei, daß sie mehr Verantwortung für Ihre Gesundheit übernehmen sollen und daß sie nicht denken sollen, daß es für jedes Leid eine Pille gibt und daß der Arztbesuch Teil jeder Heilung ist. Setzen Sie Ihren gesunden Menschenverstand ein, um festzustellen, wieviel medizinische Hilfe Ihr Kind braucht, aber gebrauchen Sie auch Ihren gesunden Menschenverstand, um festzustellen, ob es sie braucht oder nicht.

Wenn Ihr Arzt nicht viel von einer gesunden Lebensführung hält, sollten Sie mit ihm darüber sprechen. Wenn Sie das Gefühl haben, daß Sie keine positive Einstellung zur Gesundheit Ihrer Kinder haben, sollten Sie dies sagen. Wenn Ihr Arzt Ihnen ständig etwas verschreibt und denkt, daß Krankheiten nicht vermeidbar sind, sollten Sie ernsthaft daran denken, sich einen neuen Arzt zu suchen, der die Bedeutung der Lebensumstände und der Psyche in der Gesundheit ebenfalls berücksichtigt. Es gibt sehr viele gute Ärzte und auch viele gute Zahnärzte, die eine positive Einstellung haben. In der Zahnmedizin liegt die Hauptaufgabe jetzt bei der Vorbeugung. Erziehen Sie Ihre Kinder dazu, Karies zu verhindern, indem sie eine gesunde Zahnpflege einhalten. Bringen Sie ihnen bei zu wissen, was sie essen, was Zahnbelag und Fluor ist und wie sie ihre Zähne richtig putzen. Die Zahnarztpraxis ist heute ein Ort, zu dem man vorwiegend zur Vorbeugung geht, um größere Defekte korrigieren zu lassen. Die Praxis Ihres Allgemeinmediziners sollte ebenfalls auf die Förderung der Gesundheit ausgerichtet sein und nicht nur Medikamente für eine Behandlung verschreiben. Ein Arzt kann die wichtigste Person sein, um ein Kind so zu beeinflussen, daß es an seine einzigartige Fähigkeit glaubt, gesund sein zu können. Wenn Ihr Arzt Übergewicht hat, raucht, nicht zu einem Gespräch mit Ihnen bereit ist oder irgend etwas tut, was der Gesundheit schadet, sollten Sie skeptisch sein und sich einen anderen Arzt suchen, der Ihren Erwartungen gerecht wird. Immer mehr Ärzte ziehen auch die Lebensumstände und die Psyche in die Behandlung und Vorbeugung von Krankheiten mit ein, und Sie möchten bestimmt lieber einen Arzt, der der Erhaltung der Gesundheit und der Vorbeugung von Krankheiten Wert beimißt, statt einen, der sich der gegensätzlichen Philosophie verschrieben hat.

Achten Sie selbst auch auf Ihre Gesundheit. Seien Sie Ihren Kindern ein Vorbild von einem Menschen, der auf seinen Körper achtet und der eine gesunde – keine krankmachende – Einstellung hat. Zeigen Sie ihnen, daß Sie es ernst meinen, indem Sie sich so verhalten, wie Sie dies von ihnen erwarten. Nehmen Sie sich jeden Tag Zeit, Sport zu treiben, vorzugsweise zusammen mit Ihren Kindern, wenn dies möglich ist. Achten Sie gemeinsam auf ihre Gesundheit! Machen Sie es sich zur Aufgabe, ein eventuelles Übergewicht loszuwerden, das Sie mit sich herumtragen. Sprechen Sie mit Kindern über Ihre Gesundheit und zeigen Sie ihnen jeden Tag, daß Sie das realisieren, was Sie predigen. Die Kinder werden sehr stolz auf Ihre Disziplin und Ihr Interesse an der Erhaltung Ihrer Gesundheit sein. Sie geben gerne gegenüber ihren Freunden damit an, wie toll jemand aussieht und wie toll jemand sich in Form hält, den sie lieben. Außerdem wird es ihnen nicht möglich sein, Sie anzuschauen und ihnen das Folgende zu sagen, wenn Sie sie dazu auffordern, sich um ihre Gesundheit zu kümmern: »Warum soll ich auf dich hören? Du achtest ja auch nicht auf dich.« Wenn Sie rauchen, sollten Sie versuchen, damit aufzuhören und Ihren Kindern ein Vorbild sein, das stärker als das Nikotin ist. Wie mit allem, was Sie im Umgang mit Ihren Kindern machen, ist es auch hier das Beste, wenn Sie ihnen mit gutem Beispiel vorangehen, denn dadurch werden Sie in Ihren Augen authentisch. Zusätzlich bestärken Sie sie jeden Tag in ihrer gesunden Einstellung und liefern ihnen keine Ausreden. Unabhängig von ihrem Alter oder ihren täglichen Pflichten, ist ein schlapper Lebensstil unentschuldbar. Ihre ganzen Gründe, die Sie angeben, um zu erklären, warum Sie nicht in Form sind, sind nichts anderes als Ausreden, die Sie sich selbst geben. Es ist reine Gewohnheit, schlapp und außer Form zu sein, und es ist Gewohnheit, gesund und körperlich so fit zu sein wie Ihnen dies möglich ist. Und Gewohnheiten entstehen aufgrund der Entscheidungen, die Sie jeden Tag treffen.

Bemühen Sie sich darum, mehr über eine gesunde Ernährung zu lernen. Informieren Sie sich darüber, was Sie Ihrem Körper und dem Ihrer Kinder zumuten. Sprechen Sie mit ihnen über die Auswirkungen von Zucker, Salz, Mineralstoffen, Vitaminen, Kohlehydraten, Cholesterin und anderen Dingen. Nehmen Sie die Gelegenheit wahr und analysieren Sie, wie die Ernährung Ihre Persönlichkeit und die Ihrer Kinder beeinflußt. Verzichten Sie in Ihrem Haushalt auf nährstoffarme Kost. Weigern Sie sich einfach, Lebensmittel zu kaufen, die aus gesundheitlicher Sicht nutzlos sind. Dies schulden Sie zumindest Ihren Kindern. Auch wenn sie nach anderem Essen verlangen, sollten sie es nicht in Ihrem Haus essen können. Bald werden sie zu einem Apfel greifen statt zu einem Schokoladenriegel. Verbannen Sie aus Ihrem Haus die Limonade und bringen Sie Ihren Kindern statt dessen bei, Mineralwasser zu trinken. Mineralwasser entschlackt den Körper, und wenn Kinder schon früh Wasser zu trinken bekommen, werden sie es sich zu einer lebenslangen Gewohnheit machen. Auch wenn Ihre Kinder, die im Teenageralter sind, gerne Pommes Frites und Hamburger essen, werden sie langsam lernen umzudenken, wenn Sie Ihnen kaltes Mineralwasser und gesundes Essen geben und alle nährstoffarme Kost aus Ihrem Kühlschrank verbannen. Auch wenn Sie nichts über Ernährung wissen, können Sie diesen Moment dazu nutzen, sich zu informieren. Sie werden überrascht sein, wie interessant dieses ganze Gebiet ist, sobald Sie sich erst einmal damit befaßt haben, und Ihr Wissen wird automatisch zu besseren Eßgewohnheiten der ganzen Familie führen. Sobald Sie sich besser informiert haben, werden Sie sich darüber wundern, daß Sie es zugelassen haben, daß diese schlechten Gewohnheiten sich in Ihr Leben eingeschlichen haben, und Ihre Kinder werden Ihnen ihr Leben lang dankbar sein. Wenn Sie Ihnen nicht sofort danken, so wird ihr gesunder Körper dies für sie übernehmen.

Diskutieren Sie mit Ihren Kindern zu bestimmten Tageszeiten über ein Thema, das sie sich ausgesucht haben. Bringen Sie Themen ein, die sie interessieren könnten, und hören Sie sich ihre Meinung an, gleichgültig wie dumm sie sich auch anhören mag. Ein Kind, das weiß, daß es mit Ihnen über alles sprechen kann, wird besser informiert sein und auch mehr Vertrauen in Sie haben. Jedes Thema, über das Ihr Kind sprechen möchte, sollte ein fruchtbares Diskussionsthema sein: Sexualität, Abtreibung, Empfängnisverhütung, Drogen und andere Dinge. Wenn Sie nicht Bescheid wissen, können Sie gemeinsam nach der Antwort suchen. Das Kind, das weiß, daß es zu jemandem gehen kann, der ihm nicht verbieten wird, über gewisse Themen zu sprechen, wird zu allem, was ihn interessiert, eine gesunde und ehrliche Einstellung haben. Gesundseinwollen bedeutet, informiert zu sein und einen gesunden Körper und Geist zu haben. Der uniformierte Geist fühlt sich gar nicht wohl; er ist sogar die Quelle für Vorurteile und Fehlinformationen. Schauen Sie sich das Wort *Vorurteil* an. Es bedeutet, im voraus verurteilen. Wenn Sie im voraus ein Urteil fällen, treffen Sie eine Entscheidung über etwas, worüber Sie noch nicht genügend Fakten haben. Sie möchten nicht, daß Ihre Kinder anderen Menschen oder Dingen mit Vorurteilen begegnen. Eine verurteilende Einstellung über schwierige Themen erzieht Kinder zu einer anderen Krankheit als Schnupfen oder Magenschmerzen: Es fördert die Geisteskrankheit. Denken Sie daran, die Gesundheit des Körpers und des Geistes und die positive Erziehung von Kindern bedeutet, daß Sie sie dazu anspornen, alles zu diskutieren, ohne Angst davor haben zu müssen, daß Sie sie verurteilen, weil sie Dinge wissen wollen, die Ihnen Unbehagen bereiten. Wenn Sie aus Ihrem Heim einen Ort machen, an dem sie über alles sprechen können, werden Ihre Kinder es nicht nötig haben, daß sie herumschnüffeln und von fehlinformierten Kindern Falsches lernen. Ein gesunder Geist ist für alles offen. Je offener sie reden dürfen und je häufiger sie Ihnen ihre Meinung mitteilen dürfen, um so stärker fördern Sie die Gesundheit des Geistes, die genauso wichtig ist wie die Gesundheit des Körpers.

Nehmen Sie dem Leben mit Ihren Kindern zumindest teilweise den Ernst. Legen Sie mehr Wert darauf, Spaß zu haben, Spiele zu spielen, einfach nur zusammen zu sein und das Leben zu genießen statt immer, tagein, tagaus, zu arbeiten. Ein Kind, das gesund und positiv erzogen wird, ist ein Kind, das dazu ermuntert wird, viel zu lachen, das necken und spielen kann und seine Eltern darin einbezieht. Dieses Kind hat keine Angst vor Ihnen, aber es respektiert Sie und kommt zu Ihnen, weil es merkt, daß Sie das Leben genießen und auch seine Fragen beantworten. Je stärker Ihr Nachwuchs das Gefühl hat, daß Sie fähig sind, ihn zu verstehen, daß Sie über seine albernen Witze lachen und nicht alles so ernst nehmen, um so eher wird er gesund aufwachsen.

Fast alles im Leben kann zur Freude werden, wenn man die richtige Einstellung hat. Aber ein Kind, das glaubt, es müsse still sein, damit aufhören, Fragen zu stellen, und müsse für die Zukunft hart arbeiten, bis es endlich fähig sein wird, den Platz eines richtigen Menschen einzunehmen, ist jemand, der Ihnen etwas vortäuschen wird und Ihnen nur das geben wird, was Sie von ihm erwarten. Dieses Kind wird Angst davor haben, authentisch zu sein, weil es weiß, daß es seinen von Ihnen zugeteilten Platz ungerechterweise beansprucht. Wenn Ihr Sohn tief in seinem Innersten Angst davor hat, mit einem Mädchen auszugehen, aber weiß, Sie glauben, daß er sich niemals fürchten wird, wird er sich mutig verhalten, wenn Sie in der Nähe sind. Wenn sie Angst davor hat, wie weit sie mit ihrem neuen Freund gehen soll, aber weiß, daß Sie solche Treffen mißbilligen, wird sie einfach das Thema meiden und Ihnen etwas vorspielen. Kinder müssen in jedem Alter wissen, daß sie diese Themen mit ihnen diskutieren können, daß Sie selbst einmal dort waren und wissen, wie sie sich fühlen, daß Sie sie nicht schikanieren oder verurteilen werden, weil sie Ihnen gegenüber ehrlich waren. »Gesundseinwollen« meint, sich öffnen und Kinder niemals verurteilen; es bedeutet eine offene Atmosphäre, in der Ihre Kinder darauf vertrauen können, daß Sie sie ernst nehmen. Geben Sie ihnen diese Umgebung und Sie werden nicht nur gesunde Kinder haben, sondern auch eine gute Beziehung zu ihnen.

Bemühen Sie sich darum, die Zeit zu verkürzen, die Ihre Kinder vor dem Fernseher verbringen, ohne dabei allerdings autoritär zu werden. Machen Sie es sich zu Ihrem Ziel, den Fernseher für die Unterhaltung und Bildung anzumachen, aber sehen Sie im Fernseher nicht den Babysitter. Das Fernsehen hat sehr viele gute Seiten, aber es verstärkt gleichzeitig auch recht viele negative Werte. Wenn man sich ständig Fernsehprogramme und Fernsehwerbung ansieht, macht einen dies zum Besserwisser (fast alle Situationskomödien haben einen sarkastischen und witzigen Humor). Sie vermitteln einem den Eindruck, daß Frauen nur Dummheiten von sich geben, daß der wichtigste Sinn im Leben darin besteht, anderen zu gefallen und Status zu bekommen, und daß Glück und Erfolg auf äußeren Dingen beruhen, die man erreicht. Außerdem hält Sie das ständige Fernsehen davon ab, sich mit Ihren Kindern auseinanderzusetzen, was der Hauptgrund dafür ist, warum Sie ihn öfter ausschalten und mit Ihren Kindern so zusammen sein sollten, wie ich dies in diesem Buch vorschlage. Wenn Sie den Fernseher ausschalten oder wenn Sie, noch besser, Alternativen dazu vorschlagen, werden die Kinder allmählich darauf verzichten. Geben Sie Ihren Kindern die Chance, neue Dinge auszuprobieren, neue Freundschaften zu schließen, die Verantwortung für ihr Leben selbst zu übernehmen und eine körperliche und geistige Einstellung zur Gesundheit zu entwickeln, wie sie in diesem Kapitel empfohlen wird. Je weniger Zeit sie damit verbringen herumzusitzen und sich von anderen unterhalten zu lassen, um so mehr Zeit werden sie haben, um ihre Gesundheit und ihr Glück selbst in die Hände zu nehmen. Es ist einfacher, vor einem Fernseher undiszipliniert zu sein und sich für nichts zu interessieren. Versuchen Sie also, so oft wie möglich auf diesen Zeitvertreib zu verzichten.

Hören Sie damit auf, in Gegenwart Ihrer Kinder von Schmerzen zu sprechen, und lernen Sie, ohne Worte zu leiden, wenn Sie sich schon dazu entschlossen haben zu leiden. Weigern Sie sich einfach, Kindern zu sagen, wie elend Sie sich fühlen. Versuchen Sie es einmal. Wenn Sie damit anfangen, sich zu beklagen, sollten Sie sofort damit aufhören und es für sich behalten. Oftmals sind Ihre Schmerzen da, weil Sie etwas haben möchten, worüber Sie sich beklagen können, und wenn Sie aufhören, darüber zu sprechen, verschwindet auch der Schmerz. Aber für Ihre Kinder ist es noch wichtiger, daß Sie ihnen dadurch zeigen, daß Sie nicht zu den Menschen gehören, die ihre Gegenwart damit vergeuden, sich elend zu fühlen, und dadurch werden sie wissen, wie sie sich selbst zu verhalten haben. Sich schlecht zu fühlen ist nichts anderes als eine verbale Gewohnheit. Wenn jemand fragt, wie Sie sich fühlen, sollten Sie versuchen, folgendermaßen zu antworten: »Gut, fantastisch – habe mich nie besser gefühlt!« Auch wenn dies nicht hundertprozentig wahr ist, sollten Sie es aufgeben, anderen zu sagen, daß Sie sich nicht wohl fühlen, und über kurz oder lang wird es zur Gewohnheit werden, sich gut zu fühlen, und man wird die alte Gewohnheit, über alles zu jammern, ablegen. Wenn Kinder sich ständig darüber beklagen, wie sie sich fühlen, liegt dies entweder daran, daß Sie sich selbst so verhalten haben, oder daran, daß Sie immer bereit gewesen sind, sich ihr Jammern anzuhören und sie auch zu bemitleiden. Reduzieren Sie ein solches Verhalten im Umgang mit Ihren Kindern auf ein Mindestmaß und Sie werden ihnen helfen, jeden Tag gesund zu leben.

Erwarten Sie von Kindern keine Begründung, warum sie nicht in Form sind, Übergewicht haben oder warum andere Dinge nicht so sind, wie sie sein sollten, obwohl es einfach wäre, dies zu erreichen. Antworten Sie bestimmt, aber liebevoll: »Du hast Dich dazu entschieden, Übergewicht zu haben, und ich akzeptiere diese Ausreden nicht. Du willst dich vielleicht selbst täuschen, aber ich kann durch deine Ausreden hindurchsehen. Ich kann dich nicht zwingen, auf deinen Körper zu achten, aber ich würde dir gerne helfen, wenn du damit aufhörst, für alles eine Ausrede zu suchen.« Ein solches Gespräch wird ein Kind respektieren, auch wenn es Ihnen vielleicht eine Szene macht und sich darüber beklagt, daß Sie es nicht verstehen. Sie möchten, daß Sie sich ernsthaft für sie interessieren, daß Sie hart zu ihnen sind und ihnen helfen, Selbstdisziplin zu üben, wenn es um die eigene Gesundheit geht. Sie geben es vielleicht nicht zu, aber wenn sie in Form sind, sich fit fühlen, gut aussehen und sich jeden Tag besser fühlen, werden sie Ihnen überaus dankbar sein, weil Sie ihnen geholfen haben. Wenn Sie Ihre Kinder lieben, sollten Sie sich nicht von ihnen vorwerfen lassen, daß Sie sich nicht aktiv für ihre Gesundheit einsetzen.

Üben Sie nicht soviel Druck aus, wenn es um die Mahlzeiten geht, und machen Sie aus ihnen ein erfreuliches Ereignis. Hören Sie damit auf, sich bei jeder Mahlzeit zu ärgern und sich Sorgen darüber zu machen, ob die Kinder genug essen. Sie haben einen perfekten Körper, der im allgemeinen viel ißt und auch genug Gesundes zu sich nimmt, wenn Kindern dies angeboten wird. Wenn sie keine Lust zum Essen haben, sollten Sie sie nicht zwingen. Wenn sie nur wenige Bissen zu sich nehmen wollen und dann satt sind, sollten Sie sich nicht darum bemühen, sie vollzustopfen. Der Mensch ist ein erstaunlich perfektes Geschöpf, das weiß, wie man gesund bleibt. Kleine Kinder essen instinktiv nicht die Dinge, die sie nicht mögen, stopfen sich nicht voll und essen nicht, nur weil jemand gesagt hat, daß jetzt Essenszeit ist. Haben Sie viel gutes und nährstoffreiches Essen in ihrer Wohnung und überlassen Sie den Kindern die Entscheidung, wieviel sie essen möchten. Wenn sie älter werden und in Essensfragen mäkelig sind, sollten Sie ihnen ihre Mahlzeiten selbst zubereiten lassen und auf eine gemeinsame Essenszeit verzichten. Sie müssen nicht für jedes Ihrer Kinder die kochende Dienstmagd sein. Wenn sie heranwachsen, kann es schwierig werden, alle zu einer bestimmten Zeit um den Mittagstisch herum zu versammeln. Aufgrund unterschiedlicher Zeitpläne und dem unterschiedlichen Alter der Kinder sind einige ständig hungrig, während andere nur selten die Lust verspüren, etwas zu essen. Machen Sie das Essen zu einer natürlichen Erfahrung und nicht zu einer Zeit der Zwangsernährung, die durch ständige Streitereien darüber gekennzeichnet ist, wann was gegessen wird. Je mehr Sie dieser Situation den Druck nehmen, um so mehr Freude werden sie an den Mahlzeiten haben. Wenn Sie außerdem darauf beharren, daß es für den keinen Nachtisch gibt, der das Gemüse nicht aufißt, sollten Sie die Tatsache, daß das Kind das Gemüse nicht ißt, akzeptieren und damit leben und keinen aufreibenden Streit daraus machen. Seien Sie liebevoll bestimmt, und die Mahlzeiten können für alle zu einer schönen Zeit werden.

Bringen Sie Kindern bei, der Krankheit die Stirn zu bieten. In die Schule zu gehen, wenn man einen starken Schnupfen oder ganz offensichtlich eine Grippe hat, ist für keinen der Betroffenen gut, auch nicht für die anderen Kinder in der Schule, aber jedesmal zu Hause zu bleiben, wenn man das Gefühl hat, daß eine Krankheit im Anmarsch ist, ist eine schwächliche Einstellung zur Gesundheit. Aktiv zu sein ist eine Möglichkeit, um einer aufkommenden Krankheit die Stirn zu bieten. Ein junger Mensch kann leicht die Krankheit bekämpfen, noch bevor sie eine Chance gehabt hat, sich in seinem Körper auszubreiten, wenn er sie einfach vergißt, sich weigert, ihr nachzugehen und versucht, aktiv zu sein. Bringen Sie Kindern bei, nicht wehleidig zu sein, sondern der Krankheit die Stirn zu bieten. Ermutigen Sie sie, zur Schule oder zur Arbeit zu gehen, auch wenn sie sich elend fühlen. Sagen Sie ihnen, daß sie sich wahrscheinlich besser fühlen werden, wenn sie mit ihrem normalen Leben fortfahren. Allein schon die Andeutung, daß sie sich besser fühlen werden, wird ihnen die Kraft und den Schwung geben, kleinere Unpäßlichkeiten zu bekämpfen. Seien Sie nicht die »Eltern mit den großen Ohren«, die auf jedes Klagen hören und ihre »armen kleinen Babies, die sich heute nicht wohl fühlen« mit Mitleid überhäufen. Antworten Sie so: »Ich weiß, es wird dir bald besser gehen. Versuch es mal, und wenn du in der Schule wirklich merkst, daß du nicht aufpassen kannst, dann komm meinetwegen nach Hause und ruh dich aus.« Wenn sie sich für die Krankheit entscheiden, sollten Sie sie nicht noch dafür belohnen und sie verwöhnen und den ganzen Tag spielen lassen. Wenn sie zu Hause bleiben müssen, sollten Sie dafür sorgen, daß sie das Bett hüten und sich ausruhen, und sie nicht für das Kranksein belohnen. Belohnen Sie immer das Gesundseinwollen, nicht die Krankheit, und Ihre Kinder werden allmählich viel lieber gesund sein als sich für die Krankheit entscheiden.

Sprechen Sie mit Kindern darüber, daß sie sich vorstellen sollen, wie sie gesund sind, wenn sie sich einmal nicht wohlfühlen. Spornen Sie das Kind dazu an, sich vorzustellen, daß es wieder aktiv und gesund ist, sich also wohl fühlt und auf dem Weg zu der Perfektion ist, die sein Körper darstellt. Wenn es alt genug ist, sollten Sie mit ihm über den Zusammenhang zwischen Körper und Geist sprechen und es dazu auffordern, sich die Vorstellung von einem gesunden Körper und Geist zu machen. In seinem Buch *Kreative Vorstellungskraft* führt Shakti Gawain diese kleine Weisheit zur Gesundheit an: »Der Körper verändert sich ständig, entwickelt sich weiter und baut sich immer wieder auf und folgt dabei keinem anderen Muster als der Anleitung durch den Geist.« Bringen Sie Ihrem Kind bei, daß die Krankheit, die es zu jeder beliebigen Zeit hat, ihm ein bedeutsames und nützliches Zeichen gibt, sich genau damit auseinanderzusetzen, welchen negativen Einflüssen sein Körper ausgesetzt ist, so daß er krank wird. Wenn Kinder in ihrer Kindheit lernen, sich das Bild von einem gesunden Menschen zu machen, und wenn sie an die Heilkraft ihres Geistes glauben, werden sie auf dem Pfad der Gesundheit sein. Wenn Sie immer wieder darauf hinweisen, daß die Heilung von innen kommt, werden sie Krankheiten bereits im Griff haben, bevor sie richtig ausbrechen können.

Vergessen Sie einige der nachstehenden Ermahnungen und ersetzen Sie sie durch eine unbeschwerte und heitere Lebenseinstellung. Das Lachen und der Humor haben eine ungeheure Heilkraft, und an der Fähigkeit, an jedem Augenblick des Lebens seinen Gefallen zu finden, erkennt man den innerlich freien Menschen, der wirklich keinen inneren Zwängen unterliegt. Wenn ihnen die Freude am Leben genommen wird, indem ihnen durch einen ernsten und humorlosen Erwachsenen der Spaß verdorben wird, werden ihre natürlichen Instinkte, ein bißchen albern und humorvoll zu sein, abgetötet.

Zum Beispiel:

eine humorlose Lebenseinstellung (Krankheit)	eine humorvolle Lebenseinstellung (Gesundheit)
Während des Essens wird nicht gelacht.	Du bist die ganze Zeit so lustig. Es ist schön zu sehen, daß du dich amüsierst.
Sei in Gegenwart von Gästen nicht albern.	Du bist wirklich albern, aber wenn es den Gästen gefällt, warum sollst du sie dann nicht zum Lachen bringen.
Hör auf, der Kasper zu sein! Verhalte dich deinem Alter entsprechend.	Ich glaube, du wirst immer ein Kasper bleiben. Ich hoffe, es macht dir Spaß, im Rampenlicht zu stehen, und ich hoffe du weißt, wann es genug des Guten ist.
Etwas mehr Respekt bitte!	Ich weiß, dir fällt es schwer, dies zu akzeptieren, und ich weiß, daß es leichter ist, Witze zu machen, aber jetzt ist nicht die richtige Zeit dafür.
Wenn du Grimassen ziehst, wird dein Gesicht so bleiben.	Du bist ein Mensch mit Millionen Gesichtern. Ich frage mich, ob du einen Elefanten nachmachen kannst.
Lach nicht – du wirst sie nur noch mehr zum Lachen bringen.	Ist sie nicht toll, wie sie alle zum Lachen bringen kann? Ich bewundere sie.

Informieren Sie ihre Kinder darüber, wie man gesund lebt. Erklären Sie ihnen, daß man sich viel wohler fühlt, wenn man sich gesund ernährt. Wecken Sie schon frühzeitig ihr Interesse für die eigene Gesundheit und sprechen Sie mit ihnen darüber, wie sie dafür sorgen können, daß sie ein langes und gesundes Leben haben werden. Kaufen Sie zum Thema Gesundheit Bücher und Kassetten, und geben Sie sie Ihren Kindern. Zeigen Sie ihnen Röntgenbilder der menschlichen Lunge, die ein Leben lang Nikotin inhaliert hat, oder besuchen Sie mit ihnen zusammen Patienten, die ein Emphysem haben. Auf dem Gebiet der Gesundheit gibt es jeden Tag neue Entdeckungen. Zeitschriften veröffentlichen phänomenale wissenschaftliche Berichte, die sich mit der Heilung, Ernährung, Vorsorge, zytotoxischen Versuchen, Lebensmittelallergien und dem Bedürfnis des Körpers nach Bewegung und einem aktiven Leben beschäftigen. Abonnieren Sie eine solche Zeitschrift und stellen Sie Ihren Kindern diese ganzen Materialien zur Verfügung. Kaufen Sie für sie Unterrichtsmaterial über ihren Körper und bringen Sie ihnen bei, was alles auf ihren Körper einen negativen Einfluß haben kann. Je mehr Information sie zu Hause haben und je gesünder Sie selbst leben, um so eher werden ihre Kinder sich dieses Wissen über die Gesundheit aneignen. Halten Sie sie auf dem laufenden und lassen Sie sie an Ihrem Wissen teilhaben, und Ihre Kinder werden sich ein Leben lang dazu verpflichtet fühlen, gesund zu leben.

Geben Sie nicht Ihre Wissenslücken und Ihre mangelnde Erfahrung auf dem Gebiet der Gesundheit an Ihre Kinder weiter. Gehen Sie nochmals die ermüdenden Ausflüchte durch, die ich ausführlich im vorigen Abschnitt »Die Beweggründe für ein gesundheitsschädigendes Verhalten« behandelt habe. Untersuchen Sie sie unvoreingenommen, und Sie werden sehen, daß Sie sich weigern, Ihren Kindern die Chance zur völligen Gesundheit zu geben, nur weil Sie selbst so schlecht Bescheid wissen. Nur weil Sie die Fakten, die wichtig für die Förderung der Gesundheit sind, nicht kannten, als Sie aufwuchsen, müssen Sie Ihren Kindern diese Informationen und Chancen nicht vorenthalten.

Wenn Sie so bleiben möchten wie Sie sind – vielleicht sind Sie außer Form, trinken oder rauchen zuviel –, also Ihrer Gesundheit Schaden zufügen wollen, haben Sie gewiß das Recht dazu. Aber Ihren Kindern das Recht zu verweigern, so gesund wie möglich zu sein und sie so zu erziehen, daß sie die Fakten nicht kennen, die zeigen, wie sie ihr Leben lang gesund bleiben können, bedeutet, daß Sie Ihrer Verantwortung als Eltern nicht nachkommen. Sie möchten für Ihre Kinder das Allerbeste, aber wenn Sie ihnen keine positive und gesunde Einstellung zu ihrem Körper vermitteln, verweigern Sie Ihren Kindern gerade das.

Worüber ich in diesem Kapitel spreche, steht im völligen Einklang zu diesem Buch. Ein innerlich freier Mensch ist jemand, der für alle Aspekte seines Lebens die Verantwortung übernimmt. Innerlich freie Menschen kontrollieren die Verbindung zwischen Geist und Körper, genau wie sie ihre Meinung über sich selbst kontrollieren und die Verantwortung für ihre Gefühle und Gedanken, die sie sich zu allem im Leben machen, übernehmen. In einem Zustand völliger Gesundheit zu sein und alle Mittel einzusetzen, in diesem Zustand zu bleiben, ist genau das, wofür ein Mensch sich entscheidet, der frei von inneren Zwängen ist. Kinder haben diese Chance wahrlich verdient. Ein letztes Zitat von Shakti Gawain, das diesen Aspekt wundervoll wiedergibt:

> Das natürliche Ergebnis einer solchen Haltung ist eine konstruktive Einstellung zum Kranksein. Statt die Krankheit als ein unvermeidliches Disaster oder ein Schicksal zu sehen, dem man nicht entrinnen kann, sehen wir sie als ein

bedeutsames und nützliches Zeichen. Wenn wir körperlich irgendwie leiden müssen, ist dies ein Zeichen dafür, daß wir uns mit unserem Bewußtsein auseinandersetzen müssen, daß es etwas gibt, was wir erkennen und ändern müssen.

Wenn Sie daran glauben, daß Sie die Kraft in sich haben, Krankheiten zu vermeiden und die Gesundheit zu einem Lebensstil zu machen, sollten Sie sich jeden Tag darum bemühen, daß Ihre Kinder die gleiche positive Einstellung bekommen. Allzu oft entdecken wir erst spät in unserem Leben einige Grundwahrheiten, und unsere Kinder können dann nicht von diesen Einsichten profitieren. Im Zusammenhang mit der Gesundheit meine ich, daß dieses Bewußtsein für Ihre Fähigkeit, sich selbst zu heilen und gesund zu bleiben, indem Sie Ihren Geist effektiver einsetzen, zu diesen späten Einsichten zählt. Wenn Sie allmählich beginnen, an diese Idee zu glauben, sollten Sie Ihren Kindern unbedingt die Chance geben, die Ihnen als Kind immer verwehrt war. Geben Sie ihnen die Chance, sich selbst zu heilen, und was am wichtigsten ist, die Chance, das Steuer in ihrem Leben selbst in die Hand zu nehmen und dabei von anderen nicht eingeschränkt zu werden.

Kapitel 9

Mein Wunsch: Kreative Kinder

Der innerliche freie Mensch erhebt gegenüber anderen Menschen keine Besitzansprüche; er hat erkannt, daß der beste Weg, etwas zu verlieren, darin besteht, sich an etwas zu klammern; er kennt keine Eifersucht; ist kooperativ, wenn es darum geht, ein Problem zu lösen; regt sich niemals darüber auf, wie andere ihn abstempeln; erkennt die Wahrheit in scheinbaren Widersprüchen; freut sich über den Erfolg der anderen und weigert sich strikt, am Spiel des Konkurrenzkampfes und Vergleicheziehens teilzunehmen. Er hat keine besonderen Idole und weiß, daß es für jeden bekannten Helden Millionen ruhmlose gibt: Jeder ist ein Held für sich. Er legt großen Wert auf Individualität und läßt sich nicht von starren Regeln einengen. Er ist von Grund auf ehrlich, nützt seine Fantasie und geht das Leben kreativ an.

Die Vorstellungskraft ist der Anfang allen Schaffens. Man stellt sich vor, was man sich wünscht, man will, was man sich vorstellt und schließlich schafft man das, was man will.
George Bernard Shaw

Bis jetzt ist viel über Kreativität und Kinder geschrieben worden, wobei immer betont wurde, daß einige Kinder mit Kreativität gesegnet sind, andere nicht. Ich beziehe zum Thema Kreativität eine andere Stellung. Ich bin der festen Überzeugung, daß alle Kinder kreativ sind und daß wir durch die Erziehung Kinder entweder zu dieser natürlichen Kreativität ermutigen oder entmutigen. Die natürliche Kreativität wird wachsen und gedeihen, wenn sie angeregt und gefördert wird. Kinder so zu erziehen, daß sie so kreativ wie möglich sind, ist wichtig, denn dies wird einen großen Unterschied darin machen, welche Einstellung sie zum Leben im allgemeinen haben werden.

Was ist Kreativität bei Kindern?

Kreativität bedeutet Einzigartigkeit. Kreativsein bedeutet, jegliches Problem oder jede Begegnung im Leben aus der eigenen einzigartigen Perspektive anzugehen. Kreativität bedeutet, die Aufgaben im Leben so anzugehen, wie sie dies persönlich für richtig halten. Wörtlich bedeutet Kreativität »etwas Neues schaffen«. Die Kreativität beschränkt sich nicht nur auf die künstlerischen und musikalischen Interessen. Die Zubereitung eines Salates kann kreativ sein. Ein Fahrrad reparieren kann eine kreative Aufgabe sein. Einen Salto rückwärts vom Dreimeterbrett zu machen, kann ein kreatives Unterfangen sein. Die Kinder, die ihr eigenes Ich in ihren Lebenserfahrungen einsetzen dürfen und die alles aus ihrer eigenen einzigartigen Perspektive angehen dürfen, verhalten sich kreativ.

Das Gegenteil von Kreativität ist nicht »mechanisch« oder »langweilig«; es ist *Konformität.* Man nimmt Kindern den Mut zur Kreativität, wenn von ihnen erwartet wird, daß sie nur so handeln, wie ihnen dies beigebracht wurde. Vorgezeichnete Flächen bunt anzumalen statt die eigene Phantasie spielen zu lassen, den Erwachsenen nachahmen statt sich eine eigene Methode auszudenken oder sich anzupassen und alles zu tun, was man einem sagt, bedeutet, daß man im Leben nicht seine Einzigartigkeit einsetzt. Alle Kinder haben ihre eigene Einzigartigkeit. Jedes Kind ist etwas Besonderes, und es hat in der Geschichte der Menschheit bisher niemanden gegeben, der die Welt genauso gesehen hat wie Ihr Kind dies gerade tut. Die Bereitschaft und Fähigkeit, in allen Lebenssituationen sein unvergleichliches Ich zu gebrauchen, ist ein Maß für die Kreativität. Leider wird auf die Kinder ein so starker Druck ausgeübt, daß die Kreativität im Keime erstickt wird, obwohl der Anspruch erhoben wird, genau das Gegenteil eigentlich bezwecken zu wollen. Earl Nightingale hat in seinem Kassettenprogramm folgendes über Kreativität und Kinder zu sagen:

> Die Handlungsweise eines Kindes beruht vielleicht auf einer falschen Annahme. (. . .) Die Art, wie die meisten Kinder zu Hause und in der Schule erzogen werden, führt dazu, daß sie sich ein völlig falsches Bild davon machen, wie das Leben in einer freien Gesellschaft sein kann. Ihnen wird beigebracht, vorsichtig zu sein, Risiken aus dem Weg zu gehen, sich anzupassen, konform zu gehen, ein Teil der Gruppe zu sein, ein weiteres Schaf in der Herde zu sein und durch das Leben wie auf Zehenspitzen zu gehen, statt zu tanzen und zu laufen. Schließlich wissen sie dann nicht mehr, was sie alles im Rahmen ihrer Möglichkeiten machen können.

Kinder, die zu natürlicher Kreativität ermuntert werden, sind Kinder, die dazu ermutigt werden, sie selbst zu sein, und die das Gefühl haben, nicht gezwungen zu sein, sich anzupassen oder das Leben nur so zu leben, wie all die anderen es tun. Sie lernen in ihrer Kindheit, daß es unmöglich ist, so zu sein wie andere, und daß sie trotzdem noch etwas zu bieten haben. Sie lernen schon früh, daß Konformität und die Anpassung ans Leben keine sinnvollen Ziele sind und daß es in Ordnung ist, eine überkommene Autorität in Frage zu stellen, zu fragen warum und neue Wege zu suchen, etwas zu machen. Selten werden Sie Eltern sagen hören: »Ich möchte nicht, daß mein Kind kreativ ist.« Dennoch verhalten sich sehr viele Eltern so, als würden sie diese Meinung vertreten. Sie wünschen sich vielleicht ein kreatives Kind, aber vielleicht zerstören Sie gerade diese erwünschte Eigenschaft, wenn Sie darauf bestehen, daß das Kind in einem gewissen Rahmen bleibt und alles so tut, wie dies die Gesellschaft von ihm verlangt.

Was alles zur Kreativität gehört, läßt sich nicht so einfach sagen. Viele Experten haben sich darum bemüht, eine genaue Definition der Kreativität zu finden, und man hat sich bis heute nicht auf eine von allen Seiten akzeptierte Definition einigen können, die besagt, was wir meinen, wenn wir von »Kreativität« sprechen. Dennoch gebrauchen wir den Begriff ständig, und man ist sich zumindest darüber einig, daß ein Kind, das kreativ ist, bewundernswert ist. Ich werde Ihnen sagen, was für mich zur Kreativität gehört, und dies wird sich sicherlich von den Dingen abheben, die Sie bisher zu diesem Thema gelesen haben.

Der Sinn dieses Kapitels liegt darin, Ihnen zu helfen, die Kreativität Ihrer Kinder zu fördern, indem man ihre kreativen Funken nicht löscht, so daß sie die Chance haben, das kreative Feuer in sich zu entfachen. Zusammen mit einem positiven Verhalten sollten Sie sich gut überlegen, wie Sie Kindern helfen können, ihre Kreativität auszuleben, anstatt sich dazu zu entschließen, ein Kind zur Konformität zu erziehen.

Die Freiheit, sein einzigartiges Ich bei allen Gedanken und Handlungsweisen einzusetzen, solange dies nicht in Konflikt gerät mit dem Recht der anderen, ist genau, was ich mit einem kreativen Menschen meine. Kinder können diese wundervolle Gelegenheit jeden Tag haben – oder sie können sich darum bemühen, konform zu gehen, nachzuahmen und alles zu tun, was man ihnen sagt. Diese Lebenseinstellung, ob kreativ oder nachahmend, hängt größtenteils davon ab, wozu sie ermutigt werden und was ihnen erlaubt wird. Die sieben zentralen Aspekte eines kreativen Ansatzes in der positiven Erziehung zu innerlich freien Menschen sind:

1. Ein Gefühl der Selbständigkeit. Der kreative Prozeß bringt es mit sich, daß man etwas Neues schafft oder ein Problem aus einer neuen Perspektive angeht. Um kreativ sein zu können, müssen Kinder das Gefühl für ihre einzigartige Selbständigkeit haben. Sie müssen wissen, daß es nicht nötig ist, Ihnen oder anderen zu gefallen, um die Dinge zu tun, die wichtig sind. Wenn Sie Kinder so erziehen, daß sie von Ihnen abhängig sind, daß sie Ihre Anerkennung und Ihre Erlaubnis brauchen, oder daß sie sich an Vorschriften halten sollen und lernen sollen, so zu leben wie Sie das für richtig halten, dann ersticken Sie gleichzeitig ihre kreativen Impulse. Wenn man die Selbständigkeit bejaht, heißt dies nicht, daß man ein Fürsprecher der Verantwortungslosigkeit ist. Es bedeutet, Kinder als einzigartige und besondere Geschöpfe zu sehen und sie zu ermutigen, so oft wie möglich ihre eigene Meinung zu vertreten und sich so zu verhalten, wie dies in ihren Augen richtig ist. Bei Kleinkindern bedeutet die Förderung der Selbständigkeit, daß Sie ihnen ohne Ihre Einmischung erlauben, ihre eigenen Spiele zu entwickeln. Später bedeutet es, daß man ihnen erlaubt, in Schulaufsätzen eigene Geschichten zu erzählen und sich selbst die Freunde auszusuchen. Bei Heranwachsenden bedeutet es, daß sie ihre eigene Meinung vertreten dürfen, ihren Glauben selbst bestimmen und neue Rezepte oder neue Eßkulturen kennenlernen dürfen.

Der kreative Mensch ist absolut unabhängig. Er kann und will anderen nicht erlauben, für ihn zu denken oder zu handeln. Wenn Sie möchten, daß Ihre Kinder so kreativ wie möglich werden, sollten Sie ihnen eine vernünftige Selbständigkeit und die Freiheit zugestehen, so zu denken, wie sie möchten, und sie dazu ermutigen, ihre eigenen Möglichkeiten auszuprobieren und die Dinge auszuschlagen, die zwar alle anderen machen, die aber ihnen selbst nicht zusagen. Dem unselbständigen Kind wird – allgemein gesprochen – die Kreativität durch das Bedürfnis der Eltern genommen, ein Kind zu haben, das von ihnen abhängig ist.

2. *Keine Verurteilung vorab.* Wenn man kreativ sein will, muß man gegenüber neuen Erfahrungen aufgeschlossen sein, alles offen und unvoreingenommen aufnehmen und bereit sein, sich bei fast allen Dingen im Leben in unbekannte Gewässer zu begeben. Dies bedeutet, daß Eltern sich weigern müssen, Kinder abzustempeln. Statt dessen müssen sie ihre natürlichen Neigungen unterstützen, alles zu sein und zu tun, was sie sich je nach Laune vorstellen. Dies heißt, Sie müssen damit aufhören, Kindern zu sagen, sie seien der Ältere, der Mittlere, der Jüngste, der Klügste, die Tochter ihres Vaters, schön, unkoordiniert, faul, ein langsamer Lerner, ein schlechter Mensch, das schwarze Schaf, ein Rebell, ordentlich, schlampig, Mamis kleiner Soldat, scheu, künstlerisch begabt,

launisch oder was auch immer. An irgendeinem Tag kann das kreative Kind all das oder auch gar nichts von dem sein. Im Laufe eines Tages kann ein Kind versuchen, Handball zu spielen, ein Puzzle zu legen, zu faulenzen, um danach wieder etwas zu malen und den Cowboy zu spielen, in einem Moment lethargisch, im anderen wieder voller Energie. Dieses große Maß an Abwechslung scheint eine große Rolle zu spielen bei der Kreativität eines Kindes – die Gelegenheit, alles im Leben, ohne jegliche Klassifzierung, kennenzulernen.

Eltern halten oft an einem Begriff fest, sobald sie diesen für ihre Kinder geprägt haben. Diese Begriffe haften an den Kindern, auch wenn sie sich darum bemühen, daran etwas zu ändern. Sobald sich Kinder damit abgefunden haben, mit welchem Begriff Sie sie abgestempelt haben, geben sie sich selbst auf und werden zu unkreativen Menschen, also zu etwas, das sie nie wirklich werden wollten. Ihre innere Logik sagt ihnen: »Warum soll ich dagegen ankämpfen, wenn die anderen mich ja doch nur so sehen?« Schon bald entsprechen sie tatsächlich dem Stempel, der ihnen aufgedrückt wurde, und verlieren dann ihre natürliche Fähigkeit zur Kreativität und verhalten sich so, wie andere dies von ihnen erwarten. Kreativsein verlangt, daß Kinder sich selbst als fähig ansehen, alles zu tun, ohne dabei durch irgendwelche verurteilende Begriffe eingeschränkt zu werden.

3. *Die persönliche Integrität.* Die Kreativität ist eng mit der persönlichen Ehrlichkeit und Zuverlässigkeit verbunden. Um seine Einzigartigkeit bei jeder Aufgabe im Leben zum Tragen kommen zu lassen, muß ein Kind vor allem sich selbst vertrauen und sich seiner Zuverlässigkeit sicher sein. Wenn es zu sich selbst ehrlich ist, wird es die Freiheit haben, diese persönliche Ehrlichkeit bei allem, was es macht, einzusetzen. Ein Kind, das sich selbst täuscht, das andere belügt und eine Art heimliches Leben führt, wird Probleme in der Weise angehen, die verhindert, daß seine Lügen aufgedeckt werden. Folglich wird es sich so verhalten, daß es die Anerkennung der anderen sucht und seine Lüge aufrechterhält, anstatt ehrlich zu sein. Kinder, die ihrer eigenen Erwartung in ihrem Innersten gerecht werden müssen, die darauf basiert, etwas vorzutäuschen, werden sich künstlich verhalten. Und Kreativität kann niemals in einem Kind gefördert werden, wenn sein Leben sich auf einer Lüge aufbaut.

Das kreative Kind muß mit sich selbst im reinen sein, auch wenn es Fehler macht. Es muß wissen, daß es wichtig ist, seine Einzigartigkeit in sein Leben miteinzubringen und daß ein »aufgesetztes« Verhalten nicht nur dumm ist, sondern ihm auch seine Kreativität raubt. Zu sich selbst ehrlich zu sein ist für die Entfaltung der Kreativität ausgesprochen wichtig. Kinder müssen schon früh lernen, zu sich selbst ehrlich zu sein. Sagen Sie Ihren Kindern z. B.: »Du hast vielleicht das Gefühl, mich täuschen zu müssen oder auch deine Lehrer, aber du solltest zumindest zu dir selbst ehrlich sein« oder »Nur du weißt, ob du das Beste aus dir herausholst und ob du zufrieden und glücklich darüber bist« oder »In deinen ruhigen Momenten, wenn du alleine in deinem Bett liegst, solltest du mit dir selbst eine Konferenz abhalten und sehen, ob du wirklich ehrlich zu dir bist«. Je mehr Sie Kindern helfen, sich selbst ehrlich zu sehen, ohne Angst und ohne die Furcht vor dem, was Sie oder andere davon halten, um so mehr helfen Sie ihnen, zu sich selbst Vertrauen zu haben. Je mehr Vertrauen ein Kind zu sich selbst hat, während es älter wird, um so eher wird es bereit sein, auf seine eigene Weise an Dinge heranzugehen, und genau das unterscheidet ein kreatives Kind von einem unkreativen. Der ganze Prozeß, einem Kind Ehrlichkeit zu sich selbst beizubringen, beginnt, wenn es noch klein ist und Sie es loben, weil es die Wahrheit gesagt hat, statt es dafür zu bestrafen, daß es ehrlich war.

4. Keine Furcht vor der eigenen Größe. Kreative Kinder fürchten nicht ihre eigene Größe. Sie werden ermutigt, frei von inneren Zwängen zu handeln und zu denken. Es wird ihnen nicht beigebracht, an Idole zu glauben oder anderen Menschen mehr Wert beizumessen als sich selbst. Kreativität und Risikobereitschaft gehen Hand in Hand. Kinder müssen von Anfang an lernen, daß sie in sich das Genie und ihre eigene Größe haben und daß sie sich dazu entschließen können, diese Fähigkeiten zu kultivieren. Wie ein Kind seine Idole sieht, ist bei der kreativen Entfaltung sehr wichtig. Wenn es glaubt, daß es nie ein guter Sportler oder Musiker sein wird – oder daß jedes Idol größer, stärker und besser ist als es selbst –, dann wird es beginnen, seine eigene Größe zu fürchten.

Machen Sie für Ihr Kind alle Idole zu normalen aber einzigartigen Menschen. Die positive Erziehung von kreativen Kindern basiert auf der Idee, ihnen zu helfen, von ihrer eigenen Größe zu träumen, statt nur ersatzweise durch ihre Idole zu leben. Es bedeutet Abgeordnete, Geschäftsleute, Künstler, Autoren, Fernsehstars und andere, die sie bewundern, zu treffen und dabei diese Menschen nur als Beispiel dafür zu sehen, was sie selbst erreichen können, wenn sie dies wirklich möchten. Sie müssen in sich ihre Größe sehen und unbedingt versuchen, diese Größe an die Oberfläche kommen zu lassen. Sie müssen die Beispiele der anderen als Lichter sehen, die für sie angezündet werden, damit sie ihren eigenen Weg finden können, anstatt immer davon auszugehen, daß andere immer besser sind als sie. Ein Kind, dem beigebracht wird, wer die großen Erfinder waren, sollte dazu aufgefordert werden, heute selbst etwas zu erfinden. »Was möchtest du gerne erfinden? Wie wäre es mit einer Maschine, die uns zu einem anderen Planeten bringt, weil sie unsere Moleküle neu ordnet? Glaubst du, das wäre möglich? Glaubst du, daß du eines Tages etwas erfinden könntest, was der Menschheit hilft? Ich glaube, du könntest wirklich alles machen, du bist so klug und hast immer neue Ideen.« Wenn man so zu seinen Kindern spricht, hilft man ihnen zu verstehen, daß auch sie großartig sind und daß die, die früher einmal gelebt haben, auch keine Supermänner waren, sondern ganz normale Menschen wie du und ich – keine Idole, aber Vorbilder, die ihnen helfen können, in Bereichen, die sie sich selbst ausgesucht haben, ihre eigene Größe zu entdecken. Kreativ zu sein bedeutet, daran zu glauben, daß man Größe hat, und Sie können viel dazu beitragen, damit Kinder an ihre eigene Größe glauben.

5. *Intensität des Bewußtseins.* Kreative Menschen haben eine Intensität, die sie nicht mit den unkreativen teilen. In seinem Buch *Der Mut zur Kreativität* (»The Courage to Create«) erzählt uns der amerikanische Psychologe Rollo May folgendes: »Die Versunkenheit, das völlige Aufgehen in einer Situation, die völlige Vertiefung usw. sind Ausdrücke, die immer wieder gebraucht werden, um den Zustand eines Künstlers oder eines Wissenschaftlers zu beschreiben, wenn er schöpferisch tätig ist oder auch wenn ein Kind spielt.« Wie man es auch immer nennen mag, eine ehrliche Kreativität wird durch eine Intensität des Bewußtseins, eine gesteigerte Bewußtheit gekennzeichnet. Kinder darin zu üben, bei dem, was sie interessiert und fesselt, Ausdauer zu zeigen und den Augenblick intensiv wahrzunehmen, so wie Rollo May das beschreibt, ist das gleiche, wie ihnen beizubringen, kreativ lebendig zu sein.

Wenn kleine Kinder spielen, vertiefen sie sich in die Spiele und Fantasien, die sie erfunden haben. Unterstützen Sie dies, indem Sie sie nach ihren Geschichten und den Figuren ihrer Fantasie fragen. Sie sollten dazu angespornt werden, eigene Stücke oder Tänze aufzuführen und dafür Freude und Lob von Ihnen erhalten, wenn sie sich ihre eigenen Parodien und Spiele ausdenken. Das intensive Erleben dieser eigenen ausgedachten Dinge wird in ihren späteren Unternehmungen auf eine natürliche Weise mit einfließen. Je mehr sie in dieser Hinsicht unterstützt werden, um so mehr helfen Sie ihnen, ihre Kreativität zu entwickeln. Bringen Sie ihr ehrlich empfundenes intensives Erleben und ihre Freude bei ihren

Spielen für sie auf eine neue Ebene, gleichgültig wie alt sie jetzt auch sein mögen.

Wenn Ihre Kinder noch in der Wiege liegen, sollten Sie sich zusammen mit ihnen konzentrieren, wenn sie ein Spielzeug festhalten oder gespannt auf einen Gegenstand schauen. Sprechen Sie mit ihnen über das, was sie sehen, loben Sie sie, wenn ihre Augen Ihrem Finger folgen, oder lachen Sie laut mit ihnen. Im Krabbelalter interessieren sie sich einfach für alles. Je mehr diese Intensität gelobt wird, um so mehr helfen Sie ihnen, kreativ zu sein. Ihre Puppen können in ihrer wundervollen Welt der Fantasie in Abenteuer verstrickt werden. Sie sollten dies endlose Arrangieren ihres Spielzeugs oder das Beobachten von Insekten und Käfern in einem Feld unterstützen und fördern, auch wenn es für Sie manchmal ermüdend ist. Je häufiger Sie Ihren Kindern dieses intensive Erleben lassen, ohne daß Sie sich einmischen oder sie entmutigen, um so mehr fördern Sie die Entfaltung ihrer Kreativität.

Kinder im schulpflichtigen Alter haben eine phänomenale Fantasie und die großartige Fähigkeit, alles intensiv zu erleben. Manchmal gründen sie ihren eigenen Club mit verschiedenen Rollen für die Mitglieder. Häufig können sie voller Freude Stunden damit verbringen, ein Theaterstück zu schreiben oder ein eigenes Gesellschaftsspiel zu erfinden, das auch Ihnen Spaß machen kann. Sie möchten etwas zustande bringen, und ihre völlige Vertiefung in den Augenblick und ihre Aufmerksamkeit für Details setzen die kreative Entfaltung in Gang und bringen ihnen bei, daß es völlig in Ordnung und sogar lobenswert ist, wenn sie ihrer Fantasie soviel Raum lassen wie sie möchten. Auch die Heranwachsenden gehen in ihren kreativen Bemühungen auf. Sie können sich sehr für ihre Referate oder ihre Exkursionen interessieren und in einem Lernprojekt völlig aufgehen. Sie unterhalten sich endlos mit ihren Freunden in einer so interessierten und intensiven Art, wie dies Erwachsene nur selten können. Sie lieben es, förmlich vor Freude zu quietschen, wenn sie darüber diskutieren, wer wen mag. Sie stellen sich Situationen vor, die sie untereinander besprechen, und je intensiver sie alles erleben und je mehr Sie sie in dieser Hinsicht unterstützen, um so eher bringen Sie ihnen bei, daß sie einfach großartig sind und daß sie auf ihre eigene Größe vertrauen können, wenn es darum geht zu entscheiden, was ihnen gefällt. Das ist Kreativität. Je mehr Sie dieses intensive Erleben fördern und sich weigern, es zu kritisieren, gleichgültig wie dumm oder unreif es Ihnen vorkommen mag, um so mehr bringen Sie Ihre Kinder dazu, selbst für sich zu denken. Und das ist das Wesentliche an der Kreativität: für sich selbst zu denken in einem Maße, das sie *selbst* bestimmen.

6. Ausdauer. Wenn kreative Menschen sich einmal auf ein Projekt einge-
lassen haben, packen sie es an und bleiben solange dabei, bis sie ihre
ganzen Energien in diesem Bereich verbraucht haben. Die Fähigkeit,
ausdauernd zu sein, ist genauso wichtig wie die anderen obengenannten
Punkte. Eines meiner liebsten Gedichte beschreibt die Bedeutung, die ich
der Ausdauer beimesse, d. h. daß man etwas im Leben zustande bringt,
und es trifft auf mich persönlich noch mehr zu als die anderen Fähigkeiten, die zum Erfolg beigetragen haben. Ich weiß, daß andere gebildeter
und begabter sind als ich, aber ich habe nie jemanden getroffen, der die
gleiche Ausdauer hat wie ich, wenn es darum geht, das zu erreichen, was
ich will. Behalten Sie das folgende Gedicht im Kopf, wenn Sie auf Ihre
Kinder schauen und überlegen, wie Sie ihnen auf ihrem einzigartigen
Weg zur Kreativität helfen können:

> Nichts in der Welt ist so wichtig wie Ausdauer.
> Nicht Begabung; nichts ist üblicher als ein erfolgloser
> Mensch mit Talent.
> Nicht Genialität; unbelohntes Genie ist fast schon ein
> Sprichwort.
> Nicht Bildung; die Welt ist voller gebildeter Wracks.
> Nur Ausdauer und Entschlossenheit allein sind allmächtig.
>   (unbekannter Autor)

Sie können Kindern helfen, Ausdauer zu haben, aber der Wunsch
dazu muß ihr eigener sein. Helfen Sie ihnen, nicht die Dinge aufzugeben, die ihnen wichtig sind. Helfen Sie ihnen, nichts für unmöglich zu
halten und zu sehen, wie wichtig es ist, sich mit einem Problem zu beschäftigen bis es gelöst ist. Kleine Kinder brauchen oftmals ein bißchen
Ansporn, um Ausdauer zu entwickeln, und wenn sie ihn von Ihnen
bekommen, werden sie in frühen Jahren diese notwendigen Schritte
machen, die wichtig sind, damit sie ihre Ziele bis zu Ende verfolgen.
Kleine Kinder dazu auffordern »Bleib jetzt beim Puzzle, bis du es fertig
hast, auch wenn du jetzt nicht weiterzukommen scheinst« ist die Art des
Ansporns, über den ich hier spreche. Helfen Sie ihnen, Antworten auf
unkonventionellen Wegen zu finden, statt es nur einmal zu versuchen
und dann gleich aufzugeben. »Ich weiß, du kannst die Antwort finden.
Gib nicht auf, sondern versuche auf neuen Wegen eine Lösung zu finden.« »Du wirst ein großartiger Fußballspieler werden – ich weiß es. Laß
es uns noch eine halbe Stunde üben, den Ball mit deinem linken Fuß zu
kontrollieren, und ich wette, daß du es bald kannst.« »Du hast dich dazu
verpflichtet, drei Monate am Jazz-Dance teilzunehmen, und ich möchte,
daß du damit weitermachst und voll dabei bist. Wenn du nach den drei

Monaten noch aufhören willst, sollst du es meinetwegen tun.« »Wenn du dich für einen Tenniskurs eingetragen hast, bestehe ich darauf, daß du weitermachst, auch wenn es dich jetzt langweilt. Sich im Unterricht richtig anzustrengen ist genauso wichtig wie die Begabung, von der du sehr viel hast.« Diese und andere Aussagen, die einem den Mut geben, Ausdauer zu beweisen und nicht aufzugeben, sind in der Entfaltung der Kreativität bei Kindern sehr wichtig. Wenn sie lernen sollen, bei einer Aufgabe zu bleiben, dafür ihr Bestes zu geben und sich zu weigern, Projekte ihrer Wahl aufzugeben, müssen Sie ihnen beibringen, Ausdauer zu beweisen, obwohl sie es vielleicht für leichter halten aufzugeben. Wenn sie diese Eigenschaft, ausdauernd zu sein, entwickeln, werden sie später im Leben in ihren wichtigsten Angelegenheiten davon Gebrauch machen, und das heißt, daß sie kreativ sein werden. Ich habe festgestellt, daß ich kreativer schreiben kann, wenn ich bei meiner Arbeit mehr Ausdauer habe und »dabei bleibe«. Je mehr ich arbeite, um so zufriedener bin ich mit dem Ergebnis, und Ihre Kinder werden kreativ sein, wenn sie in ihrem Leben Ausdauer üben. Ermutigen Sie sie zur *Tatkraft,* und die Kreativität wird sich von alleine einstellen.

7. Gedankenfreiheit. Zur Selbständigkeit gehört nicht nur die allmähliche Lösung von den Eltern. Kreative Menschen denken in einer einzigartigen Weise, die ihnen erlaubt, kreativ zu sein. Sie nehmen die Welt so wahr, wie ihre innere Stimme es ihnen sagt, sie haben eine Denkweise, die ihnen nicht erlaubt, die Welt einfach zu klassifizieren und zu kategorisieren. Kreative Menschen sehen das Ganze. Sie wissen, daß die Welt nicht in reine Dichotomien aufgeteilt ist, daß sie nicht einfach schwarz-weiß ist. Durch ihren Blickwinkel vereinen sich scheinbare Gegensätze, und sie durchblicken das, was die Allgemeinheit einem zu denken vorschreibt. Kreative Menschen haben eine Denkweise, die nicht traditionell ist. Sie geben sich nicht einfach damit zufrieden, etwas abzustempeln und dann links liegenzulassen, sie schauen hinter die Kulissen. Sie wissen, daß man die Welt nicht schön säuberlich einteilen kann, sondern daß man die bisher unerforschten Ebenen untersuchen muß. William James, ein wichtiger amerikanischer Psychologe, hat das Genie als »Fähigkeit, Dinge in ungewohnter Weise zu sehen« definiert. Genau das trennt die Kreativen von den anderen: eine ungewohnte Denkweise. Sie sind keine Gewohnheitstiere. Sie möchten mehr wissen. Sie fragen immer nach. Wenn diesen Fragen mit einem stummen Blick begegnet wird oder Sie diese einfach abtun, weil Sie keine Zeit für solche Fragen haben, könnten Sie jedes weitere Interesse daran, Fragen zu stellen, ersticken. Es ist jedoch gewiß, daß Ihre Kinder sich die Antworten aus anderen Quellen holen werden oder den Enthusiasmus für den Erwerb von Wissen verlieren, wenn Sie nur oft genug nicht auf die Fragen Ihrer Kinder eingehen.

Kreatives Denken und ungewohnte Denkweisen müssen von den Eltern in Kindern gefördert werden. Bringen Sie Kindern bei, andere Menschen nicht zu verurteilen, indem Sie mit ihnen darüber sprechen, daß alle Menschen unterschiedliche Qualitäten haben. Zeigen Sie ihnen, daß es viel besser ist, einer Frage nachzugehen und offen zuzugeben, daß sie eine Antwort nicht wissen, als zu lügen. Helfen Sie ihnen, ihren eigenen Kopf zu gebrauchen, statt einfach nur alles zu akzeptieren, was die sogenannten Experten ihnen sagen. Ermuntern Sie sie dazu, Fragen zu stellen oder etwas in Frage zu stellen, was sie anzweifeln, und im Leben nicht einfach nur blind zu gehorchen. Kreatives Denken bedeutet, immer Fragen zu stellen. Als Eltern sind Sie in der Lage, diese kreative Entfaltung zu unterstützen oder zu beeinträchtigen. Auch wenn Sie die Antworten nicht wissen, Sie können immer die Antworten zusammen nachschlagen. Bringen Sie Kindern bei, alles in Frage zu stellen, was ihnen als absolut präsentiert wird. Untersuchen Sie, was die anderen sagen. An die Integrität Ihres eigenen Geistes zu glauben, müssen Kinder unbedingt lernen; sie ist ein Eckpfeiler in der Lebenseinstellung eines kreativen Menschen.

Die Kleinen werden Ihnen fast jede Stunde am Tag die Frage »warum« stellen. Spornen Sie sie dazu an. »Du bist so toll – du willst immer die Antworten hören. Was glaubst *du?* Was glaubst *du,* warum der Himmel blau ist? Wo glaubst *du,* ist der Himmel?« Mit anderen Worten: Unterstützen Sie ihre Erkundigungen und versuchen Sie, sie dazu zu bringen, das Problem selbst zu lösen. Wenn es auf eine Frage keine klare Antwort gibt, sollten Sie zugeben, daß Sie es nicht wissen, und dann mit ihnen über eine mögliche Antwort spekulieren, so daß sie schon früh lernen, ihren eigenen Kopf zu gebrauchen. Später sollten Sie sie dazu auffordern, gegensätzliche Meinungen kennenzulernen und ihre eigenen Wahrheiten zu finden. Unterstützen Sie sie, wenn sie die Interpretationen des Lehrers in Frage stellen. Erziehen Sie sie dazu, die »Experten« in Frage zu stellen und ihre eigenen Theorien zu entwickeln. Je mehr sie es lernen, wißbegierig, aufgeschlossen und unvoreingenommen in ihrem Denken zu sein, um so eher werden sie eine solche Denkweise beim Finden ihrer eigenen Wahrheiten gebrauchen. Und genau das macht die Kreativität aus: die eigenen Wahrheiten zu finden, ohne sich dabei auf überkommene Denkweisen zu stützen.

Dies sind die wichtigsten Aspekte der Kreativität. Je besser Sie Ihren Kindern helfen können, sich in diesen Bereichen zu entwickeln, um so eher werden Sie sich sagen können: »Mein Kind ist wirklich kreativ.« Und zwar nicht, weil es Kunst, Musik, Literatur oder das Erfinden mag, sondern weil es seine Welt aus seinem eigenen Blickwinkel betrachtet und nicht aus der überkommenen Sicht, auf die die meisten Menschen fixiert sind. Kreative Menschen unterscheiden sich also oft von denen, die als unkreativ beschrieben werden. Bevor ich auf einige Möglichkeiten eingehe, wie man Kindern helfen kann, sich kreativ zu entfalten, schildere ich Ihnen, was ich unter einem wahrhaft kreativen Kind verstehe, das durch den Alltag reist und sein Leben lebt. Einige dieser Eigenschaften werden Sie vielleicht überraschen, und dennoch scheinen sie in allen Kindern vorhanden zu sein, die zur Kreativität erzogen wurden.

Ein kurzes Portrait eines kreativen Kindes

Kreativität ist eine Lebenseinstellung. Sie ist eine Einstellung, die uns zur größeren und zur persönlichen Erfüllung führt, denn sie erlaubt uns, in allen unseren Lebensaufgaben wir selbst zu sein. Das kreative Kind ist nicht einfach nur ein Kind, das im Alter von vier Jahren lernt, Klavier zu spielen, das ein starkes Interesse für die Malkunst oder die klassische Musik hat. Kreativ sein bedeutet nicht, frühreif zu sein! Jedes Kind hat die Fähigkeit zur Kreativität. Wie sehr ihnen erlaubt wird, diese Fähigkeit zu entwickeln, ist der ausschlaggebende Faktor, wenn es darum geht, ob Kinder ein kreatives Leben führen werden oder nicht. Also nicht die Gene, nicht die Chromosomen, nicht die Familiengeschichte und auch nicht die finanzielle Lage ist entscheidend. Kreativität ist mehr als diese ganzen Elemente. Der entscheidende Faktor ist Ihre Einstellung zu den Kindern und wie Sie mit der Einzigartigkeit Ihrer Kinder umgehen. Obwohl viele Kinder vielleicht eine besondere Begabung oder Fähigkeiten haben, die das übertreffen, was die Eltern machen, ist das kreative Kind nicht nur ein Kind, dem es erlaubt wird, kreativ zu sein, sondern es wird sein ganzes Leben durch jene wichtigen Menschen darin bestärkt, mit denen es jeden Tag Kontakt hat. Hier ist ein kurzer Überblick, der zeigt, wie diese alltäglichen und normalen, aber ausgesprochen kreativen Menschen sind.

Kreative Kinder lieben es zu spielen und erfinden neue Spiele. Es scheint ihnen viel Freude zu bereiten, neue Regeln aufzustellen und Rollenfiguren zu erfinden, die andere dann spielen können. Sie genießen es, Fragen über alles zu stellen, und ihre Neugier scheint keine Grenzen zu kennen. Sie interessieren sich für alles, was ihnen in den Weg kommt und möchten, statt das Unbekannte zu fürchten, Neues versuchen. Diese Kinder sind am glücklichsten, wenn sie spontan sein und neue Möglichkeiten finden können, um sich einen Spaß zu machen. Sie werden an fast allem, was Sie ihnen zu spielen geben, ihren Gefallen finden. Ein Gartenschlauch wird zu einer Fontäne, eine Konserve wird zum Kicken und für andere Spiele benutzt, die sie sich selbst einfallen lassen. Aus einem alten Reifen kann leicht eine Schaukel werden, oder sie setzen eine Puppe hinein und rollen damit über die Straße. Ein Haus im Rohbau mit seinem Holz, den Ziegeln, dem Mörtel und den ganzen aufregenden Materialien, die sie kennenlernen können und die, so wie sie sind, Freude bereiten können, stellt für Kinder eine ganze Welt dar, die es zu erforschen gilt. Der Deckel eines Eimers wird zum Schild, zwei Stöcke, die zusammengenagelt werden, bilden das Schwert, und schon haben Sie Kinder, die König Arthur spielen. Mit einem bißchen Farbe kann aus einer Spule eine Puppe werden, und aus Aluminiumfolie und Papierbechern lassen sich tolle Sachen basteln. Kreative Kinder brauchen für ihre Unterhaltung keinen Computer, keine Haussprechanlage, kein Kurzwellenradio und keinen Fernsehapparat. Sie können mit einem alten Bettlaken, einem großen Stock und einigen Steinen ihren Spaß haben und bauen damit ein Zelt oder für ihren Club eine Bude.

Kreative Kinder stellen immer wieder die Frage »warum« und werden in dieser Hinsicht auch immer bestärkt. Gleichgültig, was sie auch machen, sie glauben an den Erfolg ihrer Unternehmungen. Wenn Sie Ihre kreative Tochter fragen, ob sie mit ihrem Fahrrad in die nächste Stadt fahren kann, die 15 km entfernt ist, wird sie antworten: »Natürlich, ich werd's versuchen, wenn du mich läßt.« Kreative Kinder wissen, daß sie ein unbegrenztes Potential an Fähigkeiten haben, und sie gehen die notwendigen Risiken ein ohne dabei Angst vor einer Niederlage zu haben. Sie haben in sich selbst Vertrauen, und dieses Vertrauen basiert darauf, daß sie alles auf ihre eigene einzigartige Weise machen. Sie werden vom Dreimeterbrett springen und wissen, daß sie es ohne weiteres überstehen. Warum? Weil sie in ihrem Innersten wissen, daß sie es können. Sie werden im Alter von 18 Monaten versuchen, von der Bettkante auf den Stuhl zu springen, und werden es solange üben, bis sie es schaffen – es sei denn, ihnen wird gesagt, es sei zu gefährlich und daß sie sich davor hüten sollen, zu große Schritte zu machen. Sie werden Stunden damit verbringen, ein Schulfest vorzubereiten und dabei ihrer eigenen Kreativität Raum lassen, und sie werden es gerne tun. Sie werden sich mit den Kleidern der Erwachsenen verkleiden, sich schminken, mit ihren Puppen in ihrer eigenen Sprache sprechen und in der Regel alles ausprobieren, was ihnen so in den Weg kommt.

Kreative Kinder üben auf ihre Gedanken keine Zensur aus, sondern lassen ihnen freien Lauf. Sie haben nicht gelernt, übervorsichtig zu sein, sondern sind bereit, vernünftige Risiken einzugehen. Sie haben eine unbegrenzte Unbeschwertheit, die sich darin zeigt, wie sehr sie sich auf ein Picknick, auf einen Tag im Schwimmbad oder am Strand, auf ein Fußballspiel oder auf eine Geburtstagsfeier freuen. Sie möchten im Leben keine Zuschauer sein; sie können es sogar nicht erwarten, bis sie da sind. »Sind wir bald da? Wann sind wir da?« Und während sie warten, erfinden sie die ganze Zeit Spiele und andere lustige Dinge, um sich damit die Zeit zu vertreiben. »Laß uns zählen, woher die meisten Autos kommen.« »Laß uns ein Lied erfinden.« »Laß uns Abklatschen spielen und sehen, wer dem anderen zuerst in den Bauch piekst.« »Laß uns Armdrücken machen. Nein. Wie wär's dann mit Fingerhakeln?« Sie sind tatkräftig, ihr Geist ist rege und sie nehmen am Leben teil, anstatt zu beobachten, wie es an ihnen vorüberzieht.

Kreative Kinder ziehen es oft vor, alleine zu arbeiten und zu lernen. Sie werden oft als exzentrisch beurteilt und können fälschlicherweise sogar als »Versager« abgestempelt werden, wenn sie nicht gefordert und ermutigt werden. Oft werden sie als »Störenfriede« abgekanzelt, weil sie zuviele Fragen stellen, nicht ruhig auf ihrem Platz sitzen bleiben können oder weil sie nicht das tun, was alle anderen machen. Ein kreatives Kind kann als Klassenkasper oder sogar als Einzelgänger betitelt werden, aber diese Begriffe werden häufig von unkreativen Menschen verwendet. Kreative Kinder ziehen die Vielseitigkeit einem einseitigen Interesse vor. Sie lieben Bücher und lassen sich im Krabbelalter von Bilderbüchern über das Leben auf dem Bauernhof faszinieren oder sie begeistern sich für Bibo aus der Sesamstraße. Das meiste, was sie im Fernsehen sehen, begeistert sie (besonders die Werbung mit den Mainzelmännchen). Jede Art von Musik ist für kreative Kinder eine Freude, und oft summen sie mit und ahmen die Worte und den Rhythmus nach, während sie noch im Krabbelalter sind. Sie finden alles aufregend, ohne dabei etwas als gut oder schlecht zu klassifizieren. Sie nehmen alles wahr, was in der Natur vor sich geht. Vögel, Enten, Würmer, Katzen, Hunde, Blumen, den Wind, den Regen, den Schnee und alles andere in der Natur fasziniert kreative Kinder, und sie scheinen des Aufenthalts im Freien nie überdrüssig zu werden. Sie entdecken die Natur und erfinden Erklärungen für das, was sie sehen. Überall finden sie etwas zum Spielen. Holzstöcke werden zu Zauberstäben, Laserpistolen, Schwertern oder zu anderen Dingen, die sie sich in ihrer Phantasie ausdenken. Ein Zuckerschälchen kann sich von der einen Minute auf die andere in ein Raumschiff verwandeln oder in einen Aufbewahrungsort für »Flöhe«, um damit den kleinen Bruder zu erschrecken. Allgemein ausgedrückt: Sie machen sich schmutzig und es ist schwierig, sie sauber und ordentlich zu halten. Dies liegt ganz einfach an ihrer neugierigen Natur.

Kreative Kinder lieben Puzzles, Bausteine, Irrgärten und Spielzeuge, die ihren Geist herausfordern. Sie sind wahre Meister im Herausfinden, wie Dinge funktionieren, wenn man ihnen nur dazu etwas Zeit läßt und wenn man ihr Spiel nicht durch Vorschriften und Regeln eingrenzt und ihnen vorschreibt, wie sie spielen sollen. Sie lieben es, ihre eigenen Bilder zu malen, sich ihre eigenen Geschichten auszudenken und kreativ mit Leim, Knete, Papierstreifen, Glitter und Gegenständen umzugehen, die Sie für Abfall halten. Für ein kreatives Kind ist ein Mülleimer in der Tat nicht nur ein solcher. Es ist ein Ort voller Schätze und auch das Zuhause von Oskar aus der Mülltonne. Kreative Kinder werden viel über ein Thema lesen, das sie interessiert, sie werden in die Bücherei gehen und nach neuen Quellen suchen, werden mit anderen darüber sprechen, um mehr über ihre Entdeckungen zu erfahren, und dennoch weigern sie sich vielleicht, eine Hausaufgabe zu machen, wie z. B. die Fragen am Ende eines Kapitels zu beantworten. Wenn ihr Interesse geweckt ist, haben sie unbegrenzte Energien, und dennoch werden sie kein Interesse für Aufgaben haben, die ihnen und anderen als Pflicht auferlegt werden – oder wenn sie nachgeben, werden sie sie mit wenig Enthusiasmus erledigen. Sie lieben Herausforderungen und lernen gerne neue Dinge, aber sie haben auch das Bedürfnis, ihre eigene Kreativität in ihren Projekten einzusetzen, und wenn sie wie die anderen behandelt werden, regen sie sich schnell über die Kränkung auf. Lassen Sie es zu, daß ein kreatives Kind herumexperimentiert und versucht, seine eigenen Lösungen zu finden, und Sie werden ein glückliches und enthusiastisches Kind haben. Wenn Sie dem gleichen Kind sagen, es soll aufrechtsitzen, Fragen beantworten und nur das tun, was andere auch tun, dann werden Sie, noch bevor es Ihnen bewußt ist, vor einem Problem stehen.

Kreativen Kindern sieht man ihre Gefühlsregungen im Gesicht an. Wenn sie sich darüber ärgern, wie sie behandelt werden, werden Sie genau wissen, wie sie sich fühlen. Wenn sie noch klein sind, wissen sie vielleicht nicht, wie man diese Gefühle in Schach hält, und daher werden sie schreien und brüllen und sich alles nur noch schwerer machen. Aber Sie können sie nicht, nur weil Sie dies wünschen, dazu bringen, sich zu verändern. Sie zeigen schnell ihren Ärger und genauso schnell zeigen sie ihre Liebe. Ein kreatives Kind wird Sie umarmen und Ihnen am Nachmittag viel Gutes tun, und Sie werden sich wundern, womit Sie ein solches perfektes Kind verdient haben; dann im nächsten Moment wird es mit den Armen wie wild um sich schlagen, Gemeinheiten von sich geben und heulend auf sein Zimmer rennen. Sie sind in ihrem Inneren einzigartig! Diese Tatsache muß Ihnen immer im Gedächtnis bleiben. Kreative Kinder haben ein kreatives Innenleben. Sie haben ihre ganz persönliche Denkweise, ihre ganz eigene Gefühlswelt und sie verhalten sich einzigartig. Es sind gerade diese Emotionen, die sie so kreativ machen. Sie können ihr Temperament und ihre Reaktionen auf Dinge nicht einfach zügeln, nur weil dies für Sie und auch für sie selber angenehmer ist. Sie sind in ihrem Innersten ehrlich und wenn sie sich verletzt fühlen, werden Sie sie weinen sehen. Wenn sie Freude verspüren, werden Sie in ihren Augen ihre Verzückung sehen können. Die Bewegung ihrer Hände, ihre hüpfenden Füße, ihr breites Lächeln und ihr »ich liebe das Leben«-Aussehen, das jeder Beschreibung spottet, wird auch Ihnen auffallen.

Kreative Kinder werden oft als Sonderlinge abgetan. Sie lieben es, die Landkarte zu studieren und von entlegenen Plätzen zu träumen. Noch lange bevor sie reif genug sind, um die volle Bedeutung gewisser Äußerungen zu verstehen, schlagen sie im Wörterbuch nach und versuchen Wörter zu gebrauchen, die zum Wortschatz eines Erwachsenen gehören. Sie werden neue Geschmacksrichtungen erfinden, wie z. B. süße Spaghetti mit Rosinen oder ein spezielles Monte Christo Sandwich, das aus Bananen, Mayonnaise und Honigmelone auf Schwarzbrot besteht. Sie lieben es, Geschichten weiterzuerzählen, nachdem ihnen vorgelesen wurde, und sie lassen ihrer Phantasie freien Lauf, wenn Sie sie dazu ermuntern, sich selbst spannende und wundervolle Geschichten auszudenken. Sie müssen nur ein bißchen angespornt werden, und ihre Geschichten werden wahre Meisterwerke der kindlichen Erzählkunst sein. Wenn Sie ihnen in der Küche freie Hand lassen, werden sie viel Spaß dabei haben, ihre eigenen originellen Gerichte zu kreieren. Sie werden versuchen, Curry mit Knoblauch zu mischen, auch wenn Sie dies nie machen. Sie tun dies aber nur, wenn sie jetzt sofort die Gelegenheit dazu bekommen.

Kreative Kinder lieben neue Situationen und sind Experimenten gegenüber nicht abgeneigt, es sei denn, ihnen wird diese Abneigung mit der Zeit anerzogen. Ihnen ist nicht danach, einer Clique anzugehören oder sich der Masse anzuschließen. Statt dessen haben sie die Fähigkeit, mit den verschiedenen Minderheiten und Einzelgängern in ihrer Nachbarschaft oder Schule zurechtzukommen. Sie werden nicht nur mit den Jungen oder den Mädchen in ihrer Gruppe bleiben, sondern mit allen spielen wollen. Sie haben keine Vorurteile und ihr ihnen angeborener Wunsch, Dinge zu erforschen, spornt sie dazu an, alles über andere zu erfahren, statt ihnen mit Vorurteilen zu begegnen. Als Heranwachsende werden sie eine sehr reife Denkweise haben, da sie bereits viele verschiedene Menschen und Ideen kennengelernt haben, was das Entstehen von Vorurteilen verhindert. Folglich sind sie gegenüber allen Menschen und auch allen Ideen aufgeschlossen. Sie haben in ihrem Leben bereits lernen können, daß es nichts Hassenswertes in anderen Menschen gibt und daß es auch nur Weniges gibt, wovor man Angst haben muß. Vernünftig, ja – furchtsam, nein! Sie wissen, daß die meisten Menschen das fürchten, was sie nicht kennen; sie aber wurden aufgrund ihrer Wißbegierde und ihrer ungehemmten Persönlichkeit mit der Möglichkeit gesegnet, im Leben alles kennenzulernen. Sie haben den Wunsch und den Willen, alles zu erfahren. Von der Zeit, in der sie sehr klein sind, bis spät ins Teenageralter lieben sie das Leben, sind voller Wissensdurst und haben keine Angst, auch einmal zu scheitern.

Kreative Kinder tun manchmal Dinge, die nicht gerade Ihr Wohlwollen auslösen, aber sie müssen alles kennenlernen, bevor sie wissen, was sie in ihrem Leben möchten und was nicht. Daher ist es wahrscheinlich, daß ein kreatives Kind versuchen wird, eine Zigarette zu rauchen. Es wird dies aber nicht aus einem Gruppenzwang heraus machen wollen. Statt dessen möchte es nur seine eigenen Erfahrungen machen, und zwar aus erster Hand, und es wird nicht zufrieden sein, bevor es dies nicht ausprobiert hat. Wenn das Kind es schließlich probiert und es ihm nicht schmeckt oder es das Probierte für unangemessen oder für zu gefährlich hält, wird es wahrscheinlich die Hände davon lassen. Kreative Kinder werden Experimente machen und sich ein eigenes Urteil darüber bilden, ob etwas für sie gut oder schlecht ist. Ihr Urteil wird auf den Informationen und der Anleitung basieren, die Sie ihnen geben, und was noch wichtiger ist, auf ihrem Bedürfnis, es selbst herauszufinden. Ja, sie werden wahrscheinlich eines Tages in ihrem Leben Drogen probieren. Ja, sie werden Dinge tun, die Sie mißbilligen – und sie werden manchmal Sie und auch sich selbst enttäuschen. Aber sie müssen die Gelegenheit haben, das Leben auf eigene Faust zu erforschen und Sie können sich noch so sehr das Gegenteil wünschen, es wird nichts daran ändern.

Kreative Kinder lernen sehr schnell aus ihren Fehlern. Sie wissen, was sie daran hindern wird, ihrem eigenen kreativen Wunsch, Hervorragendes zu leisten, nachzugehen, und sie werden nicht – ich wiederhole, nicht

– drogenabhängig werden, sich nicht in kleinere Verbrechen verwickeln lassen oder über sich selbst Schande bringen, weil sie die äußerst starke kreative Neigung haben, erfolgreich und völlig lebendig zu sein. Sie werden schnell erkennen, wie dumm es ist, Drogen oder einem Menschen, der eine starke Überzeugungskraft hat und dem nicht ihr Wohl am Herzen liegt, die Kontrolle über ihr Leben zu überlassen. Ihr eigener kreativer Wunsch zu leben und glücklich zu sein, wird stärker sein, genau wie die Moral und Ethik, die Sie ihnen vermittelt haben. Aber Sie können einen kreativen Menschen nicht davon abhalten herauszufinden, was hinter allem steckt. Sie haben ihren eigenen einzigartigen Kopf (was sie vor allem zu kreativen Menschen macht) und sie müssen die Welt aus eigener Erfahrung kennenlernen.

Ein kreatives Kind trifft seine Entscheidungen nicht, weil es darauf »getrimmt« wurde: »Tu das, was richtig ist«, »Gott sieht alles« oder »Deine Noten sind wichtiger als du«, sondern seine Entscheidungen beruhen auf seinem eigenen Wunsch, sich selbst zu verbessern, und auf dem liebevollen Respekt, den es anderen Menschen zollt. Kreative Kinder sind von den in der Welt existierenden Unterschieden fasziniert und versteifen sich nicht darauf, daß etwas absolut richtig oder fraglos falsch ist. Sie haben keine Angst, anders zu sein, sie sind vielmehr stolz auf das, was sie zu einzigartigen und besonderen Menschen macht. Sie lieben es, sie selbst zu sein, und im allgemeinen kümmern sie sich nicht darum, was andere über sie denken. Obwohl sie sensibel und schnell verletzt sind, wenn andere sie schikanieren oder kritisieren, sind sie sehr stolz darauf, so zu sein wie sie sind und daß sie nicht so wie alle anderen sind.

Kreative Kinder scheinen bei dem, was sie interessiert, keine Grenzen zu kennen. Sie sind bereit, alle Sportarten kennenzulernen; sie sind eifrig darauf bedacht, so schnell wie möglich das Fahrradfahren zu lernen. Sie werden mit allen sprechen, die zum Zuhören bereit sind, und haben in der Regel kein Interesse daran, Kleidung mit einem Markenzeichen zu tragen. Je nach Laune sind sie schlampig oder ordentlich, sie sind aber nicht völlig paralysiert, wenn sie nicht den »richtigen« Gegenstand oder die Frisur, die »in« ist, haben oder auf ihren Kleidern nicht das im Augenblick moderne »Tier« tragen. Sie sind auf das Leben neugierig und haben Ausdauer und fordern oftmals die ganze Aufmerksamkeit ihrer Eltern und Lehrer, um Antworten auf ihre Fragen zu bekommen, da sie sich nicht mit einem »Weil ich das so sage!« begnügen. Sie halten dann vielleicht ihren Mund, aber sie werden ihren Ärger darüber nicht unterdrükken, von einer Autoritätsperson so behandelt worden zu sein, die zwar vielleicht älter oder größer ist, aber die ihnen sonst nicht überlegen ist.

Kreative Kinder lernen, weil es ihnen genausoviel Spaß macht, Neues zu erfahren und Probleme zu lösen wie Anerkennung und materielle Belohnung zu bekommen. Wenn ein kreatives Kind auf ein spezielles Problem fixiert ist, wird nichts, was Sie tun oder sagen, es davon abbringen, sich damit auseinanderzusetzen, bis es eine Lösung gefunden hat. Kreative Kinder verspüren das Bedürfnis, Dinge kennenzulernen und zu erforschen, was wichtiger ist als alle Belohnungen, die ihnen geboten werden. Sie brauchen für ihre Schulaufgaben keine »Fleißkärtchen« und begehren solche auch nicht. Denn sie wissen selbst – auch in den ersten Klassen –, welche guten Fortschritte sie machen, und oft sehen sie die Verteilung der Fleißkärtchen als etwas, das dem Bedürfnis des Lehrers entspricht und nicht als etwas Spannendes.   Ein kreatives Kind kann vom Hausmeister, einem Verkehrspolizisten, einer Sekretärin oder einer Kellnerin genauso lernen wie vom Lehrer. Häufig wird es auch mit diesen Menschen Freundschaft schließen. Ein kreatives Kind vertieft sich völlig in das, was es macht, und obwohl es sich vielleicht an den Lehransatz des Lehrers halten wird, wird es häufig noch zusätzliche Informationen in der Bücherei suchen und ohne anderen etwas davon zu sagen seine eigenen Fortschritte machen.

Kreative Kinder haben Sinn für Humor. Sie können Sie zum Lachen bringen und können anderen sehr gut helfen, das gleiche zu tun. Sie zwingen sich weder dazu, albern zu sein, um hinter dieser Maske irgendwelche Unsicherheiten zu verbergen, noch ist ihr Humor sarkastisch, und sie hacken auch nicht auf anderen herum, wenn sie sich in der Sicherheit ihrer Gruppe wähnen. Häufig werden kreative Kinder die einzigen in einer Gruppe sein, die »den Abwesenden verteidigen« oder dem Klatsch und dem Herziehen über andere ein Ende bereiten. Sie lassen sich nicht von Niederlagen aufhalten, aber eine Überraschung ist es doch für sie. Sie lernen sehr schnell, was einem alles weh tun kann, und werden sich sehr darum bemühen, das nächste Mal ein solches Verhalten zu vermeiden, und dieses nächste Mal wird schon bald kommen, weil sie bekanntlich versuchen, das zu erreichen, was sie gerne möchten.

Kreative Kinder sind Kinder, die Strohpuppen retten werden. Sie sehen in allen Menschen ihre Tugenden und nicht das Schlechte. Sie lieben den Konkurrenzkampf, legen aber mehr Wert auf ihren eigenen Erfolg als darauf, andere zu schlagen. Sie mögen ihren eigenen Charakter und obwohl sie versuchen, das Beste aus ihrem Äußeren zu machen, wenn sie heranwachsen, sehen sie sich selbst nicht mit allzu kritischen Augen. Sie halten sich nicht für zu kurz, zu lang, zu dunkel, zu hell, zu dick, zu häßlich oder zu dünn. Sie lieben die Herausforderung, sich selbst zu verbessern, aber haben genug Kreativität, um zu wissen, daß ihr Wert nicht davon abhängt, wie ihr Aussehen auf andere wirkt, sondern von der Qualität und dem Inhalt ihrer Verhaltensweisen und von ihren Charakterzügen. Sie werden feststellen, daß kreative Kinder gerne alleine etwas unternehmen, wie lesen, Patience legen, joggen und ein neues Instrument spielen lernen und obwohl sie gesellig und sozial sind, brennt diese kreative Flamme immer in ihnen. Sie lieben das Leben und alles, was damit zusammenhängt. Sie sind bereit, alles auszuprobieren, dies ist allerdings nur dann der Fall, wenn sie ihr eigenes Ich in ihre Unternehmungen einbringen dürfen. Ein kreatives Kind kann in Ihren Augen und in den Augen der öffentlichen Meinung zu einem Rebell werden, aber gleichgültig wie Sie das Kind einschätzen werden, diese innere Flamme wird für es brennen, und es wird immer von diesem inneren Licht geleitet werden. Das kreative Kind gibt Rätsel auf. Es kann Ihnen viel Kopfzerbrechen bereiten, aber es kann auch Ihr ganzer Stolz sein.

Wenn Sie in dieser Beschreibung, die verdeutlicht, wie kreative Kinder leben, Ihre eigenen Kinder wiedererkannt haben, würde mich dies nicht überraschen. Wie ich bereits zu Anfang des Kapitels gesagt habe, alle Kinder sind kreativ. Es liegt an Ihnen, diesen natürlichen kreativen Instinkt zu kultivieren und zu fördern. Wenn Sie im weiteren darüber lesen, wie wir Kinder in ihrer Kreativität einschränken, und die Strategien überdenken, die ich Ihnen zur Förderung der Kreativität anbiete, sollten Sie an das denken, was der Schriftsteller Norman Douglas über Kinder gesagt hat. Sie sollten sich diese Worte besonders dann zu Herzen nehmen, wenn Ihre Kinder so kreativ wie möglich sein sollen: »Wenn Sie sehen möchten, was Kinder wirklich alles tun können, müssen Sie aufhören, ihnen Dinge zu geben.«

Typische Verhaltensweisen, mit denen wir die Entfaltung der Kreativität bei Kindern hemmen

Natürlich versuchen Sie nicht absichtlich, die kreative Entfaltung der Kinder zu hemmen. Und dennoch verhalten wir uns alle mit Kindern so, daß daraus dieses Ergebnis folgt. Hier sind einige der typischsten Verhaltensweisen, mit denen Sie sich möglicherweise auseinandersetzen wollen, damit Sie Ihre Kinder nicht beeinträchtigen.

☐ Kinder in ein übertriebenes Abhängigkeitsverhältnis zu Ihnen bringen und ihnen nicht erlauben, eigene Lösungen zu suchen.

- Kinder dazu erziehen, so zu sein wie all die anderen, also dazu, konform zu gehen, sich anzupassen und es zu vermeiden, anders zu sein. Ihnen beibringen, in der üblichen Weise zu denken und sie mit anderen vergleichen, wenn sie sich nicht richtig verhalten.
- Ihnen den Mut nehmen, Fragen zu stellen, indem Sie ihre beharrlichen Fragen nach dem »Wie und Warum« ignorieren oder indem Sie ihre Fragen einfach mit einem Kopfschütteln abtun und ihnen zeigen, daß Sie nicht interessiert sind.
- Ihnen beibringen, immer auf der sicheren Seite zu sein und allen Risiken um jeden Preis aus dem Weg zu gehen.
- Sich nicht für den täglichen Umgang mit den Kindern Zeit nehmen: um mit ihnen zu lesen, zu diskutieren oder ein Frage- und Antwortspiel zu spielen.
- Ihnen beibringen, »innerhalb der Linien zu bleiben«, wenn sie etwas anmalen, schreiben, eine Geschichte erzählen, ein Spiel spielen oder etwas anderes tun.
- Sie dafür bestrafen, daß sie die Wahrheit gesagt haben.
- Kinder glauben machen, sie seien durchschnittlich oder normal, und daß sie in sich keine Größe oder Genialität haben. Sie glauben lassen, sie hätten kein Talent.
- Ihnen den Mut für kreative Entdeckungen rauben, indem man sie kritisiert oder ihre kreativen Bemühungen schlechtmacht.
- Ihnen kein solches Vorbild sein, das seine eigenen kreativen Interessen mit Leidenschaft und Freude verfolgt.
- Kindern zeigen, daß Sie kein Vertrauen in ihre Meinung haben, weil Sie sie für zu jung halten, um sich eine gültige Meinung bilden zu können.
- Sie ständig beaufsichtigen und sich in ihre Spiele einmischen.
- Sich auf eine herablassende Weise mit Kindern unterhalten, sie als minderwertig behandeln oder mit ihnen immer in der Babysprache reden.
- Sie mit Geschenken überhäufen und ihr Leben mit technischen Spielereien, einem Fernseher und anderen Dingen anfüllen, um sie zu beschäftigen.
- Die volle Verantwortung dafür übernehmen, daß sie sich nicht langweilen, weil Sie sich die ganze Zeit etwas für sie einfallen lassen.
- Ihnen keine Privatsphäre gönnen, wenn sie das Bedürfnis danach haben.
- Die Stellung beziehen, daß Kinder immer im Unrecht sind und daß Erwachsene in allen Auseinandersetzungen recht haben. Oder immer gegen sie Stellung beziehen. Sie nicht alleine überlegen und selbst Lösungen finden lassen.
- Sie immer in der Wohnung behalten und sie ständig beaufsichtigen.
- Sie sehr früh zu Mannschaftssportarten zwingen und großen Gefallen daran finden, daß sie lernen, mit anderen im Wettstreit zu stehen.
- Von Kindern verlangen, daß sie gehorsam sind, um Ihnen zu gefallen, anstatt sie ihren eigenen Moralkodex entwickeln zu lassen, auf den sie später in ihrem Leben immer wieder zurückgreifen können.
- Kindern den Mut nehmen, das Leben zu erkunden, weil sie sich dann schmutzig machen oder in Schwierigkeiten geraten oder Ihnen zur Last fallen könnten.
- Sie niemals aufgrund ihrer »seltsamen« Erfindungen oder einzigartigen Lösungen loben.
- Immer nur die Belohnung und niemals die Tat als solche loben. »Toll, du hast ein Fleißkärtchen bekommen!« »Super! Du hast den Pokal gewonnen.« »Einfach sensationell! Du hast in der Klasse das beste Zeugnis.«

Warum halten Sie Ihre Kinder davon ab, ihre Kreativität zu entwickeln?

Denken Sie daran, daß es für Ihr Verhalten gegenüber Kindern immer einen für Sie lohnenden Grund gibt. Versuchen Sie sich die folgenden Beweggründe objektiv anzuschauen. Sobald Sie wissen, warum Sie Ihre Kinder nicht zur Kreativität anspornen, werden Sie vielleicht dazu geneigt sein, einige der Strategien für die Förderung der Kreativität zu versuchen. Sie müssen die Beweggründe Ihres Verhaltens zu Ihren Kindern verstehen, bevor Sie wissen können, wie Sie eine positive Veränderung herbeiführen können. Genau wie Ihre Kinder ständig nach dem »Warum« fragen, um Dinge verstehen zu können, müssen Sie sich die Frage »Warum« stellen. Unten finden Sie einige Beweggründe, die auf diese Frage eine Antwort geben könnten.

Sie finden es vielleicht leichter, Kinder so zu erziehen, daß ihre Kreativität auf ein Mindestmaß reduziert wird. Ein Kind, das alles auf seine ganz eigene Art macht, ist schwerer zu kontrollieren, und vielleicht ist es gerade das, was Sie über Ihre Kinder haben möchten: die Kontrolle. Wenn Sie ihnen erlauben, eigenständig zu denken, werden sie anfangen, einige Ihrer festeingefahrenen Ansichten in Frage zu stellen. Für Sie ist es einfacher, gehorsame Kinder zu haben, die tun, was man ihnen sagt, als sich mit der individuellen Persönlichkeit der Kinder auseinanderzusetzen.

Die ganze Zeit Fragen zu beantworten, kann sehr anstrengend sein, besonders wenn Ihr Drei- oder Vierjähriger, bei allem was er sieht, nach dem Warum fragt. Wenn Sie Ihren Kindern verbieten, ständig Fragen zu stellen, werden Sie sie los und Sie müssen nicht zugeben, daß Sie auf die meisten Fragen keine Antwort wissen.

Sie haben vielleicht das Gefühl, daß die Erziehung Ihrer Kinder Sie körperlich zu sehr beansprucht. Kreative Kinder sind voller Energie und möchten über alles Bescheid wissen und alles ausprobieren. Sie empfinden es vielleicht als große Belastung, wenn Sie ihnen erlauben, ihren eigenen Interessen nachzugehen, weil sie niemals müde zu werden scheinen, und daher verbieten Sie es ihnen lieber, in Ihrer Gegenwart ausgelassen zu sein. Sie müssen dann nicht Ihre ganze Energie für Ihre Kinder aufbieten und sie sind für eine gewisse Zeit dann auch ruhig. Statt sich selbst zu ändern, zwingen Sie einfach die Kinder dazu, ruhiger zu sein und keine Fragen mehr an Sie zu stellen. Vielleicht sagen Sie sich aber auch, daß Sie einfach nicht die Zeit haben, Ihre Kinder zur Kreativität anzuregen.

Sie sagen sich vielleicht: »Keine Extrawürste für meine Kinder.« Sie können so aufwachsen wie ich und andere in der Nachbarschaft. Der kreative Kram ist nur was für die kleinen Mozarts, aber meine Kinder werden in der Fabrik arbeiten. Sie sollen nicht durch diesen ganzen Unsinn verunsichert werden. Ihre Kreativität soll sich in Schranken halten und sie sollen wie andere lernen, sich den Lebensunterhalt zu verdienen.« Diese Einstellung macht es Ihnen einfach, Ihre Kinder davon abzuhalten, etwas Besonderes zu sein. Wenn sie über die Runden kommen und das gleiche tun wie andere, wird es ihnen besser gehen. Das ist die Logik des »Was für mich gut genug war, ist auch für andere gut genug«.

Vielleicht sind Sie davon überzeugt, daß man Kinder antiautoritär erzieht, wenn man ihre Kreativität fördert, und daß sie dann Schwierigkeiten haben werden, sich in der Welt zurechtzufinden, weil ihnen keine Disziplin beigebracht wurde. In einem solchen Falle bedenken Sie nicht, daß nur diejenigen zur Verbesserung der Welt beitragen, die sich nicht so verhalten und nicht so denken wie alle anderen auch. »Aber«, könnten Sie jetzt einwenden, »ich möchte doch gar nicht, daß meine Kinder die Welt verändern. Ich möchte nur, daß sie sich in der Welt zurechtfinden und nicht so verrückt werden wie diese ganzen »Kreativen«.« Eine solche Argumentation liefert Ihnen für Ihr Bedürfnis, die kreative Entfaltung zu hemmen, eine logische Grundlage.

Vielleicht möchten Sie, daß Ihre Kinder weiterhin von Ihnen abhängig sind. Dadurch haben Sie das Gefühl, gebraucht zu werden. Je mehr sie von Ihnen in der Hinsicht abhängig sind, daß Sie für sie das Denken übernehmen, daß Sie ihnen die Erlaubnis geben, daß Sie alles für sie tun, um so wichtiger fühlen Sie sich und um so besser, glauben Sie, sind Sie als Eltern. Wahrscheinlich glauben Sie dann auch, daß sie in Schwierigkeiten geraten werden, wenn sie ihrer Kreativität freien Lauf lassen. Daher möchten Sie, daß Ihre Kinder so lange wie möglich von Ihnen abhängig bleiben.

Sie sind vielleicht zu der Überzeugung gekommen, daß kreative Kinder nicht selbst für sich sorgen können, daß sie nur verwöhnt und verzärtelt werden und im Armenhaus landen werden, wenn sie zur Kreativität erzogen werden. »Ich kenne diese Künstlertypen. Das sind alles Hippies, die von der Wohlfahrt leben. Ich möchte, daß meine Kinder wissen, wie man Geld macht, und sie sind jetzt noch zu jung, um selbst dahinter zu kommen, wie das geht. Ich bringe ihnen von Anfang an bei, auf diesem Gebiet praktisch und tüchtig zu sein, und sie werden dann immer eine Stelle finden können.«

Ihr Risiko ist geringer, wenn Sie Ihre kleinen Kinder davon abhalten, kreativ zu sein. Wenn Sie wissen, was sie tun, wenn Sie sie kontrollieren und beaufsichtigen, werden Sie sie von Schwierigkeiten fernhalten. Sie müssen sich keine Sorgen machen, wenn Sie wissen, wo sie sind und was sie tun. Sie sind »sicher«, also können Sie sich entspannen. Je wichtiger die Konformität und der Gehorsam in ihrer Erziehung ist, um so leichter ist es für Sie als Eltern, und natürlich tun Sie alles, damit die erzieherische Aufgabe für Sie so leicht wie möglich ist.

Dies waren also nun einige Gründe, die zeigen, warum die Kreativität bei Kindern oft im Keime erstickt wird. Wenn Sie jedoch kreative Kinder haben möchten, weil Sie meinen, daß sie in ihrem Leben glücklicher und zufriedener sein werden, wenn sie alles das werden, wozu sie fähig sind, dann sollten Sie sich mit den folgenden Strategien auseinandersetzen.

Strategien für eine kreative Erziehung

Wenn Sie sich diese Strategien ansehen, sollten Sie daran denken, daß ich nicht von einer antiautoritären Erziehung spreche, bei der Kindern einfach erlaubt wird, außer Rand und Band zu geraten und alles zu machen, was ihnen in den Sinn kommt. Das kreative Kind ist kein verwöhntes oder vernachlässigtes Kind. Kreativität bedeutet, Kindern Selbstdisziplin beizubringen, daß sie sich nicht nur so verhalten, weil Ihnen das so gefällt, sondern weil es die effektivste Art ist, ihr eigenes Leben zu führen. Je mehr Sie Ihren Kindern zu einem kreativen Leben verhelfen, um so eher helfen Sie ihnen, mit allen Dingen fertig zu werden, die ihnen begegnen. Kreativität bedeutet nicht Verantwortungslosigkeit. Kreativsein bedeutet, sich zu Problemen oder anderen Lebensaktivitäten eigene Gedanken zu machen, ohne sich dabei Sorgen darüber zu machen, was andere davon halten werden.

Die meisten Menschen denken, daß man erfolgreich sein wird, wenn man viel Geld verdient. Dies ist nicht richtig. Im richtigen Leben sieht es anders aus. Es sind die Menschen erfolgreich, die Geld verdienen und die immer wissen – die wirtschaftliche Lage oder andere Umstände spielen keine Rolle –, wie sie ihren Lebensunterhalt bestreiten sollen. Erfolgreiche Menschen bringen ihre erfolgreiche Einstellung und ihr einzigartiges Ich in jede Lebensaufgabe mit, und wenn man ihnen ihr ganzes Geld nimmt und sie in eine neue Stadt, ja sogar in ein neues Land schickt, werden sie bald wieder zu neuem Vermögen kommen. Erfolgreiche Menschen sind, ohne Ausnahme, kreative Menschen. Je besser ein Kind lernt, auf sich selbst zu vertrauen, um so stärker wird es sein einzigartiges Ich in die Bewältigung des Lebens einbeziehen.

Achten Sie darauf, daß Sie hier etwas nicht verwechseln. Glauben Sie nicht, daß ein Mensch viel Geld verdienen muß, um erfolgreich sein zu können. Das Gegenteil ist der Fall. Seien Sie innerlich ein erfolgreicher Mensch, und der Rest wird Ihnen in den Schoß fallen.

Bemühen Sie sich jeden Tag darum, mit Ihren Kindern Geduld zu haben, so daß sie sich ihre eigene Meinung bilden können und nicht einfach alles von Ihnen übernehmen. Kreativität bedeutet im wesentlichen, daß ein Kind seine eigene Denkweise hat. Ich schlage vor, daß Sie leise bis 10 zählen, bevor Sie sich in das einmischen, was Ihr Kind gerade macht. Lassen Sie sich etwas Zeit, um sich darüber bewußt zu werden, daß Kinder das Bedürfnis haben, selbständig etwas herauszufinden. Wenn Sie sehen, wie eine Zweijährige versucht, ein Puzzlestück falsch herum einzufügen, sollten Sie leise bis 10 zählen, bevor Sie sich einmischen, und abwarten, ob das Kind nicht selbst eine Lösung findet. Wenn sie etwas länger dazu braucht, so hat sie zumindest doch die Gelegenheit gehabt, es alleine zu schaffen. Wenn ein Vierjähriger versucht, sich auf ein Fahrrad zu setzen und dies ganz falsch anfängt, sollten Sie sich davon abhalten, ihn zu korrigieren. Vielleicht findet er seine eigene Methode, auf ein Fahrrad zu steigen. Lassen Sie es zu, daß er kreativ anstatt unselbständig ist. Wenn eine 10Jährige für Weihnachten Geschenke einpackt und alles vorne und hinten nicht stimmt, sollten Sie leise bis 10 zählen und ihr ihre Kreativität lassen und ihre Bemühungen loben. Wenn ein 14Jähriger seinen ersten Deutschaufsatz in der Mittelstufe schreibt, sollten Sie es vermeiden, an seiner Wortwahl etwas zu ändern. Statt dessen sollten Sie ihn dazu anspornen, in seinem eigenen Stil zu schreiben. Wenn ein 17Jähriger falsch singt, sollten Sie daran denken, daß es besser ist zu singen, als aus Angst vor einem falschen Ton damit aufzuhören. Halten Sie sich davon ab, für Ihre Kinder zu denken und zu handeln, und mischen Sie sich nur ein, wenn sie so frustriert werden, daß sie nicht mehr weiterkommen oder wenn sie Sie um Hilfe bitten. Und wenn sie Sie um Hilfe angehen, sollten Sie ihnen zuerst die Frage stellen: »Was glaubst du?« »Was ist deine Meinung?« »Wie würdest du es anstellen?« Geben Sie ihnen zu verstehen, daß Sie ihre Meinung und ihre Lösungen zu schätzen wissen und daß sie die Wahl haben, Dinge auf ihre eigene Weise zu tun, auch wenn Sie selbst es ganz anders machen.

Gestatten Sie es Kindern, einzigartig zu sein, ohne daß sie dabei nur um der Nonkonformität willen anders als andere sein wollen. Jeder der bewußt versucht, anders zu sein als die anderen, läßt sich von dem, was andere tun, kontrollieren. Der wahrhaft kreative und innerlich freie Mensch lebt so, wie dies für ihn am effektivsten ist, ohne daran zu denken, was andere tun oder denken. Verzichten Sie darauf, Kinder untereinander zu vergleichen. Hier sind einige gegensätzliche Beispiele, die zeigen, wie man entweder die Kreativität oder die Konformität fördert:

Die Förderung der Konformität	*Die Förderung der Kreativität*
Warum kannst du nicht wie alle anderen sein und deine Hausaufgaben rechtzeitig erledigen?	Du schadest dir nur selbst, wenn du deine Hausaufgaben nicht rechtzeitig machst und du bist auch der einzige, der die Konsequenzen, die daraus entstehen, tragen muß.
Deine Schwester bereitet mir niemals Kummer. Warum kannst du nicht genauso sein?	Du streitest dich wirklich gerne. Ich frage mich, was es dir bringt, immer einen Krach
Wenn du dich nur mal umsehen würdest, dann würdest du merken, daß du der Minderheit angehörst.	heraufzubeschwören. Hast du keine Idee, wie wir beide besser miteinander auskommen können?
Andere beklagen sich ja auch nicht!	Ich verstehe, daß du anders als die anderen sein willst und daß du Dinge auf deine eigene Weise machen möchtest. Aber ist dies zu deinem eigenen Vorteil oder zu deinem Nachteil?
In dieser Familie haben wir es bisher immer so getan.	Was magst du nicht?
Kannst du niemals etwas so machen wie die anderen?	Vielleicht ist deine Weise, es zu tun, besser. Erzähl mir von deiner Idee, und vielleicht können wir alle es dann einmal auf deine Weise versuchen.

Fordern Sie ein Kind niemals dazu auf, sich so zu verhalten wie andere. Es gibt andere Möglichkeiten, um Kinder dazu zu bringen, ihr Verhalten zu betrachten und sich zu fragen, ob das, was sie tun, zu ihrem Vorteil oder zu ihrem Nachteil ist, als sie einfach dazu aufzufordern, sich einfach anzupassen und das zu tun, was andere machen. Denken Sie daran: »Wenn sie so sind wie andere, was haben sie dann eigentlich zu bieten?«

Sehen Sie in ihrer Ausdauer, immer Fragen zu stellen, wenn sie klein sind, etwas Positives. Nehmen Sie sich soviel Zeit wie Sie haben, um ihre Fragen zu beantworten, so daß sie Ihr Interesse für ihre Fragen erkennen können. Denken Sie daran, daß die Frage »Warum« keine detaillierte Antwort verlangt. In der Regel möchten sie nur Ihre Aufmerksamkeit haben und wissen, daß Sie sich genug für sie interessieren, um ihnen eine Antwort zu geben. Denken Sie an die Geschichte von dem kleinen Jungen, der seine Mutter fragte, woher er gekommen sei. Sie fing an, ausführlich vom Geschlechtsverkehr, von den Geschlechtsorganen und ihrer Schwangerschaft zu erzählen und hatte dabei Angst, dem Kind nicht die richtige Antwort zu geben. Die Antwort ihres kleinen Sohnes überraschte sie: »Über das Kinderkriegen weiß ich schon längst Bescheid. Es ist nur so, daß Clemens mir sagte, er sei aus München gekommen, und dann habe ich mich gefragt, woher ich gekommen bin.« Sie brauchen keine ausführlichen Erklärungen, sondern müssen nur erfahren, daß das Fragenstellen etwas Sensationelles ist. Nach dem vierten oder fünften »Warum?« habe ich sie zurückgefragt: »Was glaubst du. Du hast doch bestimmt schon eine Antwort.« Ein gutgelaunter Gedankenaustausch spornt den Wissensdurst von Kindern an. Wenn Sie sie jedoch abweisen oder ignorieren, werden sie bald aufhören, Fragen zu stellen, d. h. die kreative Entfaltung wird gehemmt. Ohne einen wißbegierigen Geist wird Ihr Kind nicht kreativ sein können.

Denken Sie daran, daß Kreativität und Risikobereitschaft Hand in Hand gehen. Wie ich bereits an früherer Stelle gesagt habe, ist eine vernünftige Risikobereitschaft immer wünschenswert. Natürlich müssen Sie immer dafür sorgen, daß Ihre Kinder sich oder andere nicht in Gefahr bringen. Kinder sollen *jedoch* nicht so erzogen werden, daß sie bei allem, was sie tun, auf der sicheren Seite bleiben. Zur Kreativität gehört eine vernünftige Risikobereitschaft. Der Mensch, der nie bereit ist, ein Risiko einzugehen, wird keine kreative Lebenseinstellung haben. Sicher sein, bedeutet das zu tun, was andere machen. Risikobereitschaft bedeutet, eine überkommene Autorität in Frage zu stellen, wenn dies erforderlich zu sein scheint. Risikobereitschaft bedeutet, etwas Neues zu wagen, etwas zu erfinden oder zu verändern, gegen die althergebrachte Tradition zu sein und ab und zu in unbekannten Gefilden herumzuwandern. Ein Kind kann lernen, die Hausaufgaben so zu machen wie alle anderen oder kann dazu ermutigt werden, mit dem Lehrer über eine neue Möglichkeit, eine Aufgabe zu lösen, zu sprechen.

Ein Kind muß schon früh lernen, daß es in seinem Leben einige Rückschläge erleben wird und daß es auch einige Schwierigkeiten bekommen wird, wenn es sich für seine Meinung einsetzt. Es muß auch lernen, daß damit immer einige Risiken verbunden sein werden. Für ein solches Verhalten haben Kinder Lob verdient, und man sollte sie nicht dazu auffordern, sich in der Sicherheit der Nichtstuer-Mehrheit wissend zurückzulehnen. Kinder wollen neue Dinge ausprobieren, neue Wege finden, alberne Vorschriften in Frage stellen oder neue Methoden finden, etwas zu tun. Ob sie nun zwei, zwölf oder zwanzig sind, versuchen Sie es, sie zur Risikobereitschaft anzuspornen und loben Sie dann ein solches positives Verhalten. Helfen Sie ihnen auch, die Folgen ihres Verhaltens zu sehen. Wenn Ihr Wunsch ein kreatives Kind ist, sollten Sie vor allem nicht versuchen, aus ihm ein weiteres Schaf in der Herde zu machen, das wie verzaubert den Flötentönen eines anderen folgt.

Nehmen Sie sich jeden Tag etwas Zeit, um mit den Kindern zusammenzusein und ihnen zuzuhören. Wenn Sie mehr als ein Kind haben, sollten Sie sich für jedes einzelne etwas Zeit nehmen, um mit ihm alleine zu sein. Wenn sie noch sehr klein sind, können Sie ihnen jeden Tag ein Bilderbuch zeigen und dann mit ihnen darüber sprechen, was sie gesehen haben. Alle kreativen Kinder lieben Bücher und Bücher helfen ihnen, ihre Kreativität voll zu entfalten. Wenn Sie noch sehr kleine Kinder haben, können Sie mit ihnen einen Spaziergang machen, ihre Hand halten und sich mit ihnen unterhalten. Wenn es Zeit zum Schlafen ist, können Sie sich auf ihre Bettkante setzen und mit ihnen über den heutigen Tag sprechen. Sprechen Sie mit ihnen über ihre Interessen, ihre Gefühle, ihre Ängste, ihre Sorgen, ihre Lieben. Nur ein paar Minuten jeden Tag. Ich weiß, Sie haben viel zu tun, aber sich jeden Tag ein paar Minuten Zeit für die Kinder zu nehmen, ist etwas Wundervolles. Wenn Ihre Kinder dann anfangen, in die Schule zu gehen, sollten auch Sie etwas von ihnen lernen. Hier sind einige Fragen, die Sie ihren Kindern stellen können, so daß sie merken, daß Sie sie lieben, daß sie wichtig sind und daß Sie ihre originellen, einzigartigen und kreativen Ideen für wichtig und interessant halten: »Was machst du den ganzen Vormittag in der Schule?« »Wen magst du in deiner Klasse am liebsten?« »Warum magst du sie am liebsten?« »Hast du einen Schreck bekommen, als die Lehrerin dich aufrief?« »Wie ist es, jeden Tag mit dem Bus zur Schule zu fahren?« »Was macht dir in der Schule am meisten Spaß?« »Hat es dir heute Spaß gemacht, mit Diana zu spielen?« »Warum magst du dein Schlummerle mehr als deine anderen Puppen?« »Was würdest du am allerliebsten machen?« »Du scheinst heute so aufgeregt zu sein. Ist alles in Ordnung? Machst du dir um Oma Sorgen, weil sie im Krankenhaus ist?«

Lernen Sie von Ihren Kindern. Teilen Sie mit ihnen ihr einzigartiges Leben. Hören Sie sich an, was sie alles zu erzählen haben und zeigen Sie ihnen, daß Sie sich für etwas interessieren, worin sie wahre Meister sind: »sich selbst«. Spionieren Sie ihnen nicht nach, stellen Sie keine Ansprüche an sie, sondern seien Sie einfach mit ihnen zusammen, halten Sie ihre Hand oder geben Sie ihnen einen Kuß und lassen Sie sie von ihrem Leben erzählen. Dadurch sind Sie nicht mehr die fachmännische, ratgebende Autoritätsperson, sondern lassen die Kinder auch einmal Experten sein, und die Kinder merken, daß sie für Sie wichtig sind. Wenn sie sich in ihrem Innersten für einzigartig halten, werden sie aller Wahrscheinlichkeit nach ihr einzigartiges Ich in ihrem Leben zu Wort kommen lassen.

Gestehen Sie Kindern die Freiheit zu, in möglichst vielen Lebensbereichen sich selbst zu sein. Wenn sie noch sehr klein sind, sollten Sie nicht allzuviel Wert darauf legen, daß sie sich beim Malen an die vorgezeichneten Konturen halten. Lassen Sie sie kritzeln und so künstlerisch sein, wie sie es wollen. Kreativsein bedeutet nicht, sorgfältig und ordentlich zu sein oder die Anerkennung der anderen zu finden. Zuallererst bedeutet es zu kritzeln, dann zu lernen, Farben zusammenzustellen, und schließlich zu tun, was einem gefällt. Sie bekommen für ihre frühe künstlerische Tätigkeit keine Noten. Wichtiger ist es, daß sie die Gelegenheit haben, sich mit Farben und Formen so auszudrücken, wie es ihrem eigenen Wunsch entspricht. Eine Bewertung oder eine Kritik (was nichts anderes ist, als sie mit den Leistungen Gleichaltriger zu vergleichen) hemmt die kreative Entfaltung. Kreativität bedeutet, etwas aus eigener Sicht zu machen. Kinder müssen die Freiheit haben, es auf ihre eigene Weise zu verrichten. Ihre frühen Zeichnungen sind kein Maßstab für ihr künstlerisches Talent. Sie haben jedoch einen Einfluß darauf, ob sie später im Leben wieder zum Pinsel greifen werden. Wenn das Kind sich in seinem kreativen Schaffen eingeengt fühlt oder meint, bewertet zu werden, wird es damit aufhören.

Kreative Menschen machen alles auf ihre eigene Weise. Sie erneuern. Kinder müssen schon früh lernen – durch viel Lob für ihren eigenen Stil –, daß das, was sie machen, nicht nur von Ihnen akzeptiert wird, sondern daß es schon an sich bemerkenswert ist. Vermeiden Sie es, ihnen Vorschriften zu machen, wenn sie spielen. Lassen Sie sie ihre eigenen Regeln aufstellen und kommen Sie ihnen dabei nicht in die Quere. Zu lernen sich mit den Freunden oder Geschwistern zu einigen, ist ein kreativer Vorgang. Ermutigen Sie sie dazu, in Aufsätzen ihre eigenen Ideen darzulegen. Sie werden vielleicht manchmal einen Rückschlag erleiden, sie werden weniger anerkannt werden, weniger gute Noten bekommen, aber auf lange Sicht ist es der Mensch, der kreativ mit der Sprache umgehen und der Sätze zum Leben erwecken kann, der letztlich den Unterschied ausmachen wird. Sie müssen natürlich die Spielregeln kennenlernen – beim Schreiben, Malen, Spielen, Arbeiten und bei anderen Dingen im Leben – aber sie dürfen nie lernen, daß diese Regeln ihnen vorschreiben sollen, was aus ihnen werden soll und was nicht.

Der kreative Mensch läßt sich nicht von den Regeln einschränken, die auf alle anderen zutreffen. Das ist es, was sie zu besonderen Menschen macht. Je mehr Sie Ihren Kindern erlauben, die Regeln zu dehnen, mit neuen Ansätzen zu experimentieren, ihren eigenen Stil zu erproben, um so stärker fördern Sie die kreative Entfaltung. Natürlich gibt es anfänglich einige Rückschläge, aber je mehr ein Kind von Anfang an gelobt und ermutigt wird und je mehr ihm beigebracht wird, eine Enttäuschung mit einem weinenden und einem lachenden Auge hinzunehmen, um so mehr wird es lernen, auf sich selbst zu vertrauen. Es wird am Leben aktiv teilnehmen statt es zu kritisieren. Kreative Menschen sind tatkräftige Menschen und keine Kritiker. Es gibt tausende Denkmäler für kreative Menschen jeglicher Disziplin. Ich habe aber noch nie ein Denkmal gesehen, das für einen Kritiker errichtet wurde.

Kinder müssen sich ihrer eigenen Größe bewußt sein. Das einzig wahre Hindernis, frei von inneren Zwängen zu sein, steckt in einem selbst. Kinder müssen viel Vertrauen in ihre eigenen Fähigkeiten haben, um ihre Wünsche realisieren zu können. Damit sie ihre eigene Geistesgröße nicht fürchten, müssen Sie sie in ihren Fähigkeiten bestärken. Kinder sind einzigartige Menschen, die das Potential haben, alles zu werden, was sie sich in den Kopf setzen. Sorgen Sie dafür, daß das, was sie sich in den Kopf setzen, auf dem Glauben an die eigene Größe basiert. Hier sind einige Beispiele, die zeigen, wie man Kindern den Mut geben kann, die eigene Größe zu erfahren, oder wie man ihnen vor der eigenen Größe Angst einflößen kann.

Die Angst vor der eigenen Größe	*Der Glaube an die eigene Größe*
Du bist zu klein, um an einem Zehnkilometerrennen teilzunehmen. Wenn du älter bist, kannst du es einmal versuchen.	Wenn du glaubst, daß du 10 km laufen kannst und bereit bist, dafür zu trainieren, kannst du mitmachen und es einmal versuchen. Mich überrascht nichts, denn wenn du dir etwas in den Kopf gesetzt hast, kannst du alles.
Ich bezweifle, daß du ein Mittel gegen Krebs finden wirst.	Wenn jemand ein Mittel gegen Krebs finden sollte, bin ich sicher, daß du es sein wirst. Du bist so schlau und ausdauernd. Ich glaube wirklich an dich.

Deine Figur ist nicht gut genug, um Fotomodell zu werden.	So toll wie du jetzt aussiehst, kann ich mir gut vorstellen, daß du ein gutes Fotomodell abgeben würdest. Wenn du es wirklich möchtest, solltest du nicht aufgeben.
Die Schauspielerei ist ein hartes Brot. Du wirst nie eine Rolle bekommen, denn es gibt schon jetzt Millionen arbeitslose Schauspieler.	Wenn du die Schauspielerei liebst, solltest du es machen. Mit deinem Talent und deiner Entschlossenheit wirst du bestimmt eine tolle Schauspielerin werden.

Wann immer Sie die Wahl haben zwischen Lob und Kritik, sollten Sie sich für das Lob entscheiden. Es ist wichtig, den Zusammenhang zwischen Lob und Kreativität zu sehen. Je mehr Lob, um so besser ist es für Ihre Kinder, wenn Sie möchten, daß sie sich kreativ entfalten. Ihr kleiner Säugling sollte alle paar Stunden zu hören bekommen, wie schön er ist. Nehmen Sie ihn auf den Arm und sprechen Sie mit ihm darüber, wie toll er ist. Machen Sie sich dies schon früh zur Gewohnheit. Studien haben gezeigt, daß nur wenige Tage alte Säuglinge bereits auf Lob und Zärtlichkeit reagieren. Sie werden dann später auch ein inneres Gefühl dafür haben, wie wertvoll sie sind, und dies wird ihrer kreativen Entfaltung sehr zuträglich sein. Wenn sie Ihnen z. B. eine Zeichnung oder einen Aufsatz zeigen, sollten Sie nach etwas suchen, was Sie loben können, bevor Sie zu einer Kritik ansetzen. »Du bist wirklich toll, Stephanie. Den meisten Kindern in deinem Alter kommt es gar nicht in den Sinn, eine halbe Seite zu schreiben, und nun hast du eine ganze Geschichte geschrieben. Das ist wirklich großartig. Du kannst deine Gedanken sehr gut zu Papier bringen. Ich bin mir sicher, daß du später sehr gute Aufsätze in Deutsch schreiben wirst. Möchtest du, daß ich dir noch ein paar Tips gebe?« Loben Sie zuerst und fragen Sie dann das Kind, ob es an Verbesserungsvorschlägen von Ihrer Seite interessiert ist, anstatt ihm nur zu sagen, welches Wort es falsch buchstabiert hat oder wie schlecht sein Stil im Alter von acht Jahren ist.

Das Lob fördert die kreative Entfaltung, während Kritik die Kinder nur entmutigt, überhaupt etwas zu tun. Verzichten Sie weitgehend auf Kritik, und wenn es doch einmal sein muß, sollten Sie nachfragen, ob sie daran interessiert sind, Ihre Kritik zu hören. Ihr Lob wird ihren Glauben an ihre Fähigkeiten stärken. Ich kann mich daran erinnern, daß mir mein Musiklehrer in der dritten Klasse sagte: »Wayne, warum hältst du nicht einfach den Mund, wenn wir den Eltern vorsingen. Du bist unmusikalisch, und ich möchte nicht, daß du den Auftritt der anderen verdirbst.« Noch dreißig Jahre danach kann ich mich an diese Worte erinnern und ich habe seitdem jegliches Interesse an der Musik verloren. Obwohl mein

Musiklehrer damals vielleicht recht hatte, wer kann schon sagen, was später im Leben eines Menschen geschieht? Edison hörte als Kind sehr schlecht und dennoch erfand er später den Schallplattenspieler. Einstein konnte mit vier Jahren noch nicht sprechen, aber als Erwachsener hatte er der Welt sehr viel zu sagen.

Das kreative Potential eines Kindes ist eigentlich unbegrenzt, aber Kritik kann dem Kind für alle Zeiten das Interesse an etwas nehmen. Auch wenn das Kind gar keine Begabung für etwas zu haben scheint, sollten Sie es dennoch loben, wenn Sie seine kreative Entfaltung wünschen. Außerdem läßt sich Kreativität nicht bewerten; sie ist eine Einstellung zum Leben, die Sie fördern sollten.

Ich habe Sie in jedem Kapitel darauf hingewiesen, daß Sie Ihren Kindern mit gutem Beispiel vorangehen müssen. Sie sollten also selbst Ihren kreativen Neigungen nachgehen. Zeigen Sie ihnen, daß Sie nicht immer ins Kochbuch schauen müssen. Zeigen Sie Ihre eigene kreative Veranlagung, wenn Sie eine Mahlzeit zubereiten oder mit ihnen im Garten Fangen spielen. Seien Sie kein Mensch, der vor lauter Vorschriften die Kreativität vergißt. Tragen Sie die Kleidung, die Ihnen gefällt, und lassen Sie sich nichts von der Mode diktieren. Erzählen Sie auch Ihren Kindern, daß es wichtiger ist, daß sie sich in ihrer Kleidung wohl fühlen, als daß sie sich dem Geschmack der anderen unterwerfen. Lassen Sie sie an Ihren kreativen Vorhaben teilhaben. Malen Sie etwas und fragen Sie sich nach ihrer Meinung. Lassen Sie sie bei dem Einrichten der Wohnung mitmachen. Zitieren Sie keine Vorschriften, um zu begründen, warum sie etwas tun müssen. Zeigen Sie ihnen, daß Kreativsein bedeutet, daß man seine eigenen Entscheidungen fällt und daß die Meinung der anderen – obwohl es manchmal schön ist, sie zu kennen – nicht der entscheidende Faktor ist, wenn es darum geht, wie sie ihr Leben leben sollen. Seien Sie selbst ein Mensch, der alles auf seine eigene Weise macht und der seinen kreativen Interessen nachgeht, und diese Einstellung wird zwangsläufig auf Ihre Kinder abfärben.

Sprechen Sie mit Ihren Kindern nicht in der Babysprache, wenn Sie möchten, daß sie eine gesunde Einstellung zur Kreativität haben sollen. Je öfter Sie von oben herab mit ihnen sprechen und so tun als könnten sie einer Unterhaltung von Erwachsenen nicht folgen, um so eher wecken Sie in ihnen Selbstzweifel. Kinder, die an sich selbst zweifeln, werden nichts tun, was Individualität erfordert. Ein einjähriges Mädchen versteht Sie sehr gut, wenn Sie ihr sagen: »Bring bitte die Decke zu mir, mein Liebling« statt »Bring das Deckilein zu Mamilein«. Sie sollten auch nicht ständig sprachliche Fehler des Kindes wiederholen, auch wenn es oft sehr niedlich klingen mag.

Hüten Sie sich auch davor, herablassend mit den älteren Kindern zu reden, denn dadurch nehmen Sie ihnen den Mut, sich für tüchtig und erwachsen zu halten. Wenn man mit einer 14Jährigen so spricht als sei sie ein hilfloses kleines Mädchen, dann nimmt sie Ihnen das übel und verliert außerdem noch ihr Selbstvertrauen. Das gleiche trifft auf Zwölfjährige und Sechsjährige zu. Kinder möchten sich erwachsen, reif, wichtig und kreativ fühlen können, und je häufiger Sie so tun als wären sie Einfaltspinsel, die der Sprache der Erwachsenen nicht mächtig sind, um so weniger werden sie sich um ihre Sprache bemühen. Sprechen Sie mit Ihren Kindern so wie mit Ihren Freunden und Sie werden ihre kreative Entfaltung nicht hemmen.

Wenn Sie sich kreative Kinder wünschen, sollten Sie sie nicht mit Spielzeug überhäufen. Wenn Sie ihnen bei jeder Gelegenheit ein Spielzeug schenken, wie sollen sie dann lernen, ihre Fantasie zu gebrauchen? Lassen Sie ihnen etwas Zeit, ihr eigenes Spielzeug zu finden, anstatt ihnen immer billiges Spielzeug zu schenken. Lassen Sie sie ihre eigenen Buden bauen, statt ihnen eine aus Plastik zu kaufen. Lassen Sie ihnen die Freude, ihre eigenen Schwerter zu basteln, anstatt ihnen mit Batterien betriebenes Spielzeug zu kaufen. Mit anderen Worten: Geben Sie Ihrem Kind die Gelegenheit, seine eigenen genialen kreativen Ideen anzuwenden. Und wenn Sie schon dabei sind, sollten Sie jeden Tag den Fernseher für ein paar Stunden abschalten und die Kinder dazu anregen, an die frische Luft zu gehen und am Leben teilzunehmen. Ein Kind, das den ganzen Tag fernsieht, glaubt bald, daß das Fernsehen ihm seine Langeweile vertreibt. In Wahrheit ruft es aber Langeweile hervor. Das kreative Kind muß lernen, seinen Bedürfnissen selbst gerecht zu werden. Gewiß schadet etwas Fernsehen nicht, nur sollte darüber nicht das kreative Spielen vergessen werden. Wenn Sie Ihre Kinder mit Sachen überhäufen, betäuben Sie ihre Sinne und bringen ihnen bei, sich auf andere zu verlassen, wenn sie ihren Spaß haben wollen. Obwohl Spielsachen etwas Wundervolles sind, regen sie nicht zur Kreativität an. Das Spielen mit gekauften und selbst erfundenen Spielsachen ist für das kreative Kind typisch. Seien Sie beim Einkauf von Spielzeug kreativ. Kaufen Sie ihnen Holzbretter und Klötze, mit denen sie ihre eigenen Buden bauen können, Zeichenstifte und einen Block für die eigene Malkunst oder Puzzles oder Bücher, die ihre Kreativität fördern können. Wenn Sie kreativ einkaufen, wird dies auch die Kreativität Ihrer Kinder anregen.

Haben Sie keine Angst davor zu sagen: »Ich weiß es nicht.« Wichtiger ist noch, daß Sie Ihren Kindern beibringen, dies zu sagen, wenn es angebracht ist: »Ich weiß es nicht, aber ich werde es herausfinden.« Wenn Kinder das Bedürfnis haben, auf Fragen zu antworten, obwohl sie die Antwort nicht kennen, dann werden sie sich bald Antworten ausdenken und dem Selbstbetrug verfallen. Bringen Sie ihnen bei, wie wichtig diese Worte sind: »Ich weiß es nicht, aber ich werde es herausfinden.« Kreative Menschen lassen sich durch diese Worte motivieren, da sie wißbegierig sind. Unkreative Menschen werden vortäuschen, daß sie die Antwort wissen. Je öfter Ihre Kinder von Ihnen diese Worte hören und je geringer der Druck auf ihnen lastet, die korrekte Antwort geben zu müssen, um so kreativer wird ihre Einstellung zum Leben sein.

Geben Sie Ihren Kindern oft die Gelegenheit, etwas selbst herauszufinden. Erwachsene haben nicht die Pflicht, ständig für die Unterhaltung der Kinder zu sorgen. Tatsächlich ist es sogar Ihre Pflicht, dafür zu sorgen, daß sie so oft wie möglich die Gelegenheit haben, etwas selbst herauszufinden. Wenn sie sich bei Ihnen über Langeweile beklagen, sollten Sie nicht den Fehler begehen, daß Sie die Verantwortung für ihre Unterhaltung übernehmen. Zeigen Sie Ihnen freundlich aber bestimmt, daß Sie sich nicht verpflichtet fühlen, ihre Tage mit aufregenden Aktivitäten anzufüllen. Wenn Sie sich nicht von ihnen dazu verleiten lassen, werden sie sich über kurz oder lang selbst etwas einfallen lassen und ihre Fantasie spielen lassen.

Ich habe mich nie dazu verpflichtet gesehen, mit meinen Kindern zu spielen. Obwohl ich es sehr gerne tue, müssen wir beide dazu bereit sein. Mir hat es nie gefallen, im Haus zu sitzen und Dame zu spielen, doch hat meine Frau immer Gefallen daran gefunden. Daher spielen die Kinder mit meiner Frau Dame, Stadt-Land-Fluß und andere Spiele, die man im Haus spielt, und alle sind glücklich. Ich liebe es, mit meinen Kindern herumzutollen, mit ihnen Ball zu spielen, zu lesen, eine Fahrradtour zu machen und zusammen Mittagessen zu gehen. Ich sehe mich keineswegs dazu veranlaßt, Spiele zu spielen, die mir verhaßt sind, genau wie meine Kinder es nicht in Betracht ziehen, etwas mit mir zu spielen, was ihnen keinen Spaß macht. Wenn ihnen etwas nicht gefällt, sagen sie es. Ich als Vater habe das gleiche Recht.

Die Dinge, die Sie mit Ihren Kindern machen, sollten beiden Seiten gefallen. Wenn Sie mit ihnen spielen wollen, aber kein Interesse daran haben, schwimmen oder spazieren zu gehen, sollten Sie Alternativen vorschlagen, die allen Spaß machen könnten. Fühlen Sie sich nicht dazu verpflichtet, etwas gegen ihre Langeweile zu tun und geben Sie ihnen zu verstehen, daß Sie kein Interesse daran haben, ihr Entertainer zu werden.

Gestehen Sie Ihren Kindern eine Privatsphäre zu. Kreative Menschen brauchen das! Fragen Sie sie nicht ständig: »Stimmt etwas nicht?« oder »Warum teilst du es nicht mit uns allen?« oder »Ich bin deine Mutter, mir kannst du es sagen.« Das gleiche Kind, das im Alter von neun zu Ihnen gelaufen kommt, wenn es sich das Knie aufgeschlagen hat, damit Sie es trösten, wird drei Jahre später voller Entrüstung auf sein Zimmer laufen und die Tür zuknallen, wenn Sie ihm helfen wollen oder über seine Wunde sprechen wollen. Sie haben sich kaum verändert, nur drei Jahre liegen dazwischen, aber für Ihr Kind sind 25 Prozent seines bisherigen Lebens vergangen. Das Kind möchte jetzt alleine sein, sich eigene Gedanken machen, eigene Antworten finden, ohne daß die Mutter oder der Vater sich einmischt (die dies natürlich aus Liebe machen). Wenn Sie diese Entwicklung in Ihrer Familie feststellen können, sollten Sie sich nicht darüber aufregen, daß Ihre Kinder nicht mehr zu Ihnen kommen, Sie sollten sich lieber in Gedanken auf die Schultern klopfen: »Ich habe etwas richtig gemacht. Sie lernen, mit ihren eigenen Problemen fertigzuwerden und ihre eigenen Lösungen zu finden, und genau das ist der Sinn der Erziehung: ihnen beizubringen, eigenständig zu denken und eigene Lösungen zu finden.« Wenn Sie versuchen, Ihre Kinder an sich zu binden, und darauf bestehen, daß sie Ihnen alles erzählen, oder wenn Sie ihnen nachspionieren und ihre Sachen durchsuchen, wenn sie nicht da sind, dann verletzen Sie einen wichtigen Grundgedanken der positiven Erziehung. Kinder brauchen eine Privatsphäre. Sie brauchen einen Ort, an dem Sie keinen unwillkürlichen Kontrollen ausgeliefert sind. Sehen Sie ihren Wunsch, auch einmal alleine zu sein, nicht als Ablehnung. Dieser Wunsch ist für sie nur normal, gesund und unbedingt erforderlich. Lassen Sie Ihre Kinder in Ruhe, wenn sie alleine sein wollen, und gehen Sie nicht davon aus, daß etwas nicht stimmt, wenn sie alleine sein möchten. Meist ist dies nur ein Zeichen für eine größere Reife. Denken Sie daran: »Die Menschen, die es nicht aushalten, alleine zu sein, können meistens nicht den Menschen ausstehen, mit dem sie alleine sein müssen.« Wenn sie alleine sein wollen, um kreativ zu sein, wissen Sie, daß sie ein starkes, gesundes Selbstverständnis haben müssen, denn andernfalls wären sie einsam anstatt manchmal einfach alleine zu sein.

Wenn Sie Kinder haben, sollten Sie dafür sorgen, daß sie aufgrund dessen, was sie für sich persönlich erreicht haben, stolz sind, und ihnen nicht beibringen, nach materiellen Belohnungen zu streben. Erziehen Sie sie so, daß sie erkennen, um wieviel wertvoller es ist, die eigene Vervollkommnung anzustreben als nach Auszeichnungen und Anerkennung zu streben. Zum Beispiel:

Materielle Belohnung	*Kreatives Lob*
Du hast das beste Abizeugnis deiner Schule bekommen. Ich bin ja so stolz auf dich.	Du bist wirklich gut, wenn es darum geht, Prüfungen zu bestehen. Ich habe schon immer gewußt, daß du ein Genie bist.
Du bist Erster geworden.	Du bist wirklich ein toller Sportler. Es hat sich für dich sehr ausgezahlt, soviel zu trainieren.

Im Zentrum der Aufmerksamkeit sollte stehen, was das Erreichte für das Kind bedeutet, und nicht, ob es z. B. besser ist als andere. Kreative Menschen haben einen inneren Standard, der nur für sie wichtig ist, und das, was andere erreichen, spielt für sie meistens keine Rolle. Wenn Sie also dafür sorgen, daß die Bedeutung des Erreichten für das Kind im Mittelpunkt steht, dann spornen Sie das Kind dazu an, nach seiner Vervollkommnung zu streben. Das gleiche trifft auf einen übertriebenen Konkurrenzkampf zu. Denken Sie daran, daß ein Kind, das immer andere schlagen muß oder sich unbedingt als Sieger wissen will oder das immer nach hinten sieht, um festzustellen, was die Konkurrenz macht, eigentlich von den Leistungen der anderen kontrolliert wird. So etwas hat nichts mit Kreativität zu tun. Das Kind mißt sich daran, wie es sich im Vergleich zu anderen hält. Wenn sein Gegenspieler hinfällt, macht ihn das zum Sieger. Wenn man aber immer die anderen übertreffen muß und um jeden Preis die Nummer Eins sein will, wird man ein Leben lang der Verlierer sein. Denn es ist ganz einfach unmöglich, immer die Nummer Eins zu sein. Wenn man diesen Maßstab für den Selbstwert nimmt, werden aus allen Verlierer.

Anders verhält es sich, wenn man den Selbstwert nach einem inneren Maßstab mißt. Nehmen Sie in jedem Lebensbereich Ihrer Wahl am Konkurrenzkampf teil und arbeiten Sie möglichst hart, aber sehen Sie sich nicht als gescheitert an, nur weil Sie gegenüber einem anderen verloren haben. Kreative Menschen vergleichen sich nicht mit anderen, statt dessen arbeiten sie mit anderen zusammen und gebrauchen ihren eigenen kreativen Geist auf eine für sie zufriedenstellende Weise. Sie können Ihren Kindern ein solches Verhalten beibringen, wenn Sie nicht Wert darauf legen, andere zu schlagen. Geben Sie Kindern die Chance, ihre eigenen Sportwettkämpfe ohne Einmischung der Erwachsenen abzuhalten, ihre eigenen Entscheidungen während des Spielens zu treffen und Streitereien selbst beizulegen, ohne daß ein Erwachsener sich vermittelnd einschalten muß. Lassen Sie zu, daß die Kinder – nicht Sie oder eine andere Autoritätsperson – sich ihre eigenen Spiele ausdenken und den übertriebenen Kampfsport denjenigen, die ihre Karriere als Sportler machen wollen, überlassen. Kinder haben das Bedürfnis, Zeit zum Spielen, Wachsen und zum Fällen von Entscheidungen zu haben.

Denken Sie daran, daß kreative Kinder nicht unbedingt saubere und ordentliche Kinder sind. Wenn Sie darauf bestehen, daß sie makellos sauber sind, können Sie die kreative Entfaltung vergessen. Kinder müssen alles erforschen, im Dreck spielen und in der Erde buddeln. Sie werden sich die Knie aufschlagen, Beulen und Kratzer abbekommen und – vor allen Dingen – dreckige Hände und Gesichter bekommen. Akzeptieren Sie dies lieber als dagegen anzukämpfen. Es ist höchst unwahrscheinlich, daß sie ihre Zimmer sauber und ordentlich halten möchten, und je weniger Druck Sie in dieser Sache auf sie ausüben, um so eher werden sie gesunde kreative Gewohnheiten entwickeln. Kreativität hat nichts damit zu tun, alles an den richtigen Ort zu stellen und das Leben so zu organisieren wie ein Buchhalter seine Bücher. Kreativsein heißt locker sein, die Freiheit haben zu denken und zu erkunden und ab und zu schlampig zu sein, aber es heißt bestimmt nicht, bevormundet zu werden und ordentlich zu sein. Verzichten Sie auf eine straffe Organisation ihres Lebens und fördern Sie ein möglichst spontanes Verhalten. Ihnen zu sagen, daß sie ihr Zimmer aufräumen sollen, ist ein Widerspruch in sich. Wenn es wirklich das Zimmer des Kindes ist, sollten Sie sich dort heraushalten und dem Kind die Entscheidung überlassen, wie es aussieht. Solange unter der Tür keine Kakerlaken hervorgekrochen kommen und es keine hygienischen Probleme gibt, sollten Sie das Kinderzimmer das sein lassen was es ist – *das Zimmer des Kindes!* Das Zimmer eines Kindes ist sein kreatives Reich. Genauso wenig wie Sie es möchten, daß andere Ihnen sagen, wie Sie Ihr Zimmer einrichten und darin leben sollen, hat das Kind das Recht, in seinem eigenen kleinen Reich das zu tun, was ihm gefällt. Es werden Ihnen Millionen Auseinandersetzungen erspart bleiben, wenn Sie lernen, die Tür zu schließen und das Chaos zu ignorieren. Denn wenn sie die einzigartigen Menschen sind, für die Sie sie halten, warum sollten sie dann in ihren Zimmern so leben, wie Sie dies für richtig halten?

Dies waren also einige Strategien, die Ihnen helfen können, die kreativen Neigungen Ihrer Kinder zu fördern. Da Kreativität eine Einstellung zum Leben ist und sich dieser Begriff nicht genau definieren läßt, können

Sie sehr zur Entfaltung der kindlichen Kreativität beitragen. Gehen Sie auf die individuelle Persönlichkeit Ihrer Kinder ein und verzichten Sie darauf, ihre Kreativität anhand von Äußerlichkeiten zu messen. Wolfgang Amadeus Mozart, der, obwohl er nur 35 Jahre alt wurde, als eines unserer kreativsten Genies gefeiert wird, hat einmal gesagt:

> Wenn ich völlig ich selbst bin, ganz allein [. . .]
> oder in der Nacht, wenn ich nicht schlafen kann,
> dann kommen mir die besten und zahlreichsten
> Ideen in den Kopf. Woher und wie sie kommen,
> weiß ich nicht, noch kann ich es erzwingen,
> daß sie kommen.

Behalten Sie diese Worte im Gedächtnis: »Wenn ich völlig ich selbst bin«, denn das ist die Kernaussage in diesem Kapitel. Die Kinder, die dazu ermutigt werden, völlig sie selbst zu sein, werden eine kreative Ausstrahlung haben. Denn Kreativität ist Selbstverwirklichung, das heißt, sein Ich so einsetzen, daß man bewußt am Leben teilnimmt. Wenn Sie Ihre Kinder zur Kreativität erziehen möchten, verlangt dies von Ihnen nicht mehr Energie, nur eine andere Einstellung – eine kreative Einstellung, wenn Sie so wollen.

Kapitel 10

Mein Wunsch: Meine Kinder sollen ihre höheren Bedürfnisse befriedigen und in ihrem Leben einen Sinn sehen können

Der innerlich freie Mensch sieht aufgrund seiner holistischen Weltanschauung in den meisten Lebensbereichen einen Sinn. Er wird vorwiegend durch höhere menschliche Bedürfnisse und Wertvorstellungen motiviert. An erster Stelle steht immer die Suche nach Wahrheit, Schönheit, Gerechtigkeit und Frieden. Er alleine bestimmt, wie er sich entfalten möchte, und gesteht anderen das gleiche Recht zu. Seine Wertvorstellungen und sein Selbstverständnis sind globaler Art, und es erfüllt ihn mit Stolz, wenn er auch nur im Kleinen etwas für die Menschheit tun kann. Intellektuell wird er durch seine ihm angeborene Neugier und seinen Instinkt motiviert, die Wahrheit für sich in allen möglichen Lebenslagen zu finden. Er hört in allem auf seine eigene innere Stimme und macht in seinem Leben das, was für ihn von Bedeutung ist, anstatt nur materiellen Reichtum anzustreben. Er mißt den Wert eines Menschen niemals an seinem Geld. Wenn er reich wird, dann wird dies ein Zufall sein, während er seiner Aufgabe im Leben nachkommt. Für ihn ist die Welt in ihrer Schönheit unbegrenzt. Für ihn sind auch alle Menschen schön, auch wenn sie sich manchmal nicht so verhalten oder Dinge schaffen, die das Gegenteil von schön sind. Für ihn ist das ganze Leben heilig, und er spricht allen Menschen den gleichen Wert zu. Er glaubt daran, daß Krieg, Gewalt, Hunger und Seuchen von dieser Erdkugel verschwinden können, wenn die Menschen sich dazu entscheiden, ernsthaft dagegen anzugehen. Der innerlich freie Mensch widmet sein Leben der Aufgabe, anderen zu helfen und dem Unrecht ein Ende zu bereiten.

Glücklich sind die Menschen, wenn sie haben, was gut für sie ist.
Plato

Unser Hauptziel sollte sein, Kinder so zu erziehen, daß sie voller Zufriedenheit sind, weil sie einen Sinn in ihrem Leben sehen. Ohne dieses Gefühl, ein sinnvolles Leben zu führen, kommt sich der Mensch verloren und ziellos vor, und er weiß nicht, was er hier eigentlich soll. Ich versichere Ihnen, Sie können sehr viel dazu beitragen, daß Ihre Kinder in ihrem Leben einen Sinn sehen und edlere Wertvorstellungen in ihrem Herzen tragen.

Sie müssen verstehen, daß Kinder lernen müssen, ihre persönlichen Wünsche hintanzustellen und sich für andere einzusetzen, wenn sie in ihrem Leben einen Sinn sehen möchten. Man muß lernen, nicht mehr nur auf sich selbst und seine körperlichen Bedürfnisse fixiert zu sein, und muß damit aufhören, sich ausschließlich darüber Gedanken zu machen, was gut für »mich« ist und welchen Einfluß etwas auf »mich« haben wird, und statt dessen dem Beachtung schenken, was gut für andere ist. Kinder müssen allmählich lernen, damit aufzuhören, sich nur Gedanken über sich selbst zu machen, und damit anfangen, sich auf das zu konzentrieren, was sie tun, und wie ihr Verhalten die Lebensqualität der anderen steigert. Meistens sieht man in seinem eigenen Leben einen Sinn, wenn man anderen auf irgendeine Weise helfen kann. Dies hat nichts damit zu tun, daß man denkt, andere seien wichtiger, oder daß man sich selbst verneint oder herabsetzt. Ein Mensch, der in seiner Arbeit aufgeht, der sich buchstäblich in dem verliert, was er macht, hat keine Zeit, darüber nachzudenken, welche Auswirkungen all dies auf ihn selbst haben mag. Er ist nicht darauf fixiert, was andere von ihm denken werden, noch tut er das, was er tut, um bei anderen beliebt und anerkannt zu sein. Er tut das, was für ihn wichtig ist, weil es ihn glücklich und zufrieden macht, so engagiert zu sein. Die anderen Dinge – materielle Belohnungen, die Meinung der anderen – interessieren ihn nicht. Wenn Sie diesen Punkt erreichen, d. h. Ihr Leben nach Ihren eigenen Vorstellungen ausrichten, in den Dingen, die Sie tun, völlig aufgehen und etwas tun, damit diese Welt zumindest für einen anderen Menschen besser wird – dann können Sie in Ihrem Leben einen Sinn sehen. Aber damit Sie diesen Punkt erreichen, werden sie und Ihre Kinder die Schritte machen müssen, die zu einem sinnvollen Leben führen.

Kinder müssen voller Eigenliebe und Selbstachtung sein, so daß sie diese Bestätigung nicht von anderen fordern müssen. Sie werden zuerst die »egoistischen« Schritte des eigenen Interesses machen und mit sich selbst Frieden schließen müssen, bevor sie diese Dinge hinter sich lassen und sich ihrer Lebensaufgabe widmen können. Wenn sie voller Liebe und Selbstachtung sind, werden sie anderen davon abgeben können. Kinder müssen lernen, sich genauso darüber zu freuen, daß Freunde Geschenke erhalten, wie wenn sie selbst welche geschenkt bekommen. Sie werden letztendlich lernen, sich sogar mehr zu freuen, wenn andere etwas bekommen, und werden nicht so viel Wert darauf legen, selbst etwas zu bekommen.

Das Gefühl, im Leben einen Sinn zu sehen, kann in Kindern schon früh entwickelt werden, aber Sie können auch heute damit anfangen, gleichgültig wie alt Ihre Kinder sind. Die Entwicklung eines solchen Gefühls ist im Grunde genommen nichts anderes als Kindern Einstellungen zu sich selbst und ihrer Arbeit (für Kinder ist die Arbeit das Spielen) zu vermitteln, die sich darum drehen, »nicht mehr auf sich selbst fixiert zu sein« und völlig in dem aufzugehen, was man tut. Sie können Ihren Kindern helfen, diesen phantastischen Punkt in ihrem Leben zu erreichen, an dem sie wissen, warum sie hier sind, und voller Enthusiasmus sind, weil sie das tun, was sie gerade tun. Dies ist das erhebendste Gefühl, das ein Mensch empfinden kann, und Ihre Kinder haben auf dieses Gefühl ein Recht. Wenn man Kinder positiv erzieht, bekommt man das Gefühl, sinnvoll zu sein. Wenn Sie Ihren Kindern helfen, einen Sinn in ihrem Leben zu finden, dann werden sie teilweise auch einen Sinn in Ihrem Leben entdecken. Solange Sie im Dienste der anderen stehen, einschließlich dem Ihrer Kinder, werden Sie in der Welt einen Unterschied ausmachen, und genau das ist der Schlüssel zu einem sinnvollen Leben. Entdecken Sie diesen Unterschied und verbessern Sie diese Welt für die Menschen, die zurückbleiben.

Die Bedürfnisskala erklimmen –
am Ende wartet ein Ziel.

Der bekannte Psychologe Abraham Maslow, der als Erster aus optimistischer Sicht über den Menschen schrieb und der eher auf die potentiellen Fähigkeiten des Menschen eingeht, statt auf seinen Schwächen Theorien aufzubauen, hat uns ein wundervolles Paradigma für unsere Einstellung zu uns selbst als Eltern gegeben. Er spricht von einer Hierarchie der Bedürfnisse und geht davon aus, daß jeder Mensch unten anfangen muß, also seine Grundbedürfnisse erfüllen und sich dann allmählich nach oben in Richtung Selbstverwirklichung entwickeln muß. Je weiter man auf dieser »Leiter der Bedürfnisse« nach oben kommt, um so leichter ist es für den Menschen, ein neurosenfreies, sinnvolles und glückliches Leben zu führen.

Ohne auf Maslows Theorie detailliert einzugehen, möchte ich Sie nun mit deren Grundzügen bekannt machen. Für mich ist das Werk Maslows eines der wichtigsten Bücher, die ich gelesen habe, und es hat gewiß einen großen Einfluß auf meine persönliche und berufliche Entwicklung gehabt. Maslow unterscheidet sich von seinen Vorgängern, die das menschliche Verhalten untersucht haben, darin, daß er zu den unbegrenzten potentiellen Fähigkeiten eine positive Stellung bezieht. Für seine »Psychologie des Seins« hat er die Menschen studiert, die im Leben Großes geleistet haben, anstatt sich auf die Menschen zu konzentrieren, die voller Neurosen und Psychosen sind. Er baut seine Theorie darauf auf, daß die mögliche Weiterentwicklung und nicht der Drang, seine Schwächen zu beseitigen, den Menschen motivieren kann. Daher kann ein Mensch sich immer als vollkommen akzeptieren. Wenn man sich selbst akzeptiert, kann ein Mensch durch den Wunsch nach Weiterentwicklung motiviert werden. Ja! Vollkommen im Augenblick und gleichzeitig einer Weiterentwicklung fähig. Daher muß man also nicht zugeben, fehlerhaft zu sein, um ein Ziel vor Augen haben zu können. Dies ist ein drastischer Denkansatz, aber es ist die Basis, um Menschen zu einem innerlich freien Leben zu verhelfen. Lassen Sie sich also von den Größen unserer Zeit motivieren, statt sich auf die kranken Menschen zu konzentrieren, und versuchen Sie, anderen zu helfen, ihre Schwächen zu überwinden.

Maslow hat seine Theorie von der Hierarchie der Bedürfnisse also auf der Studie von Menschen aufgebaut, die auf höchster Ebene in allen möglichen Lebensbereichen etwas Hervorragendes geleistet haben, und für Sie als Eltern kann diese Theorie von Nutzen sein, wenn Sie wissen möchten, wohin Sie Ihre Kinder auf diesem Weg führen. Sie können feststellen, ob sie lange Zeit auf einer der unteren Sprossen festsitzen werden oder ob Sie sie dazu anregen, weiter nach oben zu klettern. Die oberste Ebene dieser Hierarchie oder Leiter ist der Ort, an dem der Mensch frei von inneren Zwängen ist. Hier bedeutet die Hierarchie oder Leiter, so wie ich sie verstehe und wie sie Ihnen helfen kann, daß Sie Ihrem Kind helfen möchten, die unteren Sprossen zu erklimmen und das Ziel zu erreichen, frei von inneren Zwängen zu sein. Nur am oberen Ende der Leiter werden Sie das Gefühl empfinden können, im Leben einen Sinn zu haben. Erst im oberen Bereich werden Sie feststellen, daß Kinder solch ungeheuer wichtige und selbsterfüllende Werte entwickeln, die verhindern, daß sie Depressionen, Angstzustände oder andere »normale« Neurosen bekommen, unter denen so viele andere Menschen zu leiden haben, weil sie auf der untersten Sprosse der Leiter festsitzen. Studieren Sie die verschiedenen »Sprossen« der Leiter und überlegen Sie, wie Sie Ihren Kindern helfen können, so daß sie ständig weiterklettern und dabei jedoch jede Sprosse genießen, auf der sie gerade sind. Sie sollen durch ihren Wunsch, sich zu entfalten, motiviert werden. Sie sollen jeden Augenblick Ihres Lebens genießen und dennoch ihre eigenen Träume und Vorstellungen haben, die ihnen das Weiterklettern schmackhaft machen.

Maslow bietet eine Psychologie des Angekommenseins (vgl. Kapitel 7) im Gegensatz zu einer Psychologie des Strebens. Prüfen Sie, ob Sie Ihre Kinder wirklich zu einem innerlich freien Leben erziehen. Denken Sie daran, daß sie die unteren Sprossen der Leiter erklimmen müssen, damit sie nach oben klettern können.

Körperliche Bedürfnisse

Es versteht sich von alleine, daß wir lernen müssen, die Grundbedürfnisse unseres Körpers zu befriedigen, wenn wir auch nur einen Tag überleben möchten. Zu den biologischen Grundbedürfnissen gehören Sauerstoff, Wasser, Nahrung, Unterkunft und Schlaf. Sie sind als Eltern dafür verantwortlich, daß diese Bedürfnisse ihrer Kinder gedeckt werden und daß sie allmählich diese Verantwortung für sich selbst übernehmen. Wenn Sie Ihre eigenen Bedürfnisse und die Ihrer Kinder befriedigt haben, können Sie sich für die Befriedigung der Bedürfnisse der anderen Menschen einsetzen, wie z. B. die hungernden Kinder dieser Welt. Denn je mehr Sie von sich aus geben, um anderen Menschen bei der Befriedigung ihrer Grundbedürfnisse zu helfen, um so mehr werden Sie zurückbekommen und Sie werden in Ihrem Leben einen Sinn sehen können. Sie können Ihren Kindern das Geben und Teilen mit anderen beibringen. Sie können Ihnen helfen, die Werte zu verinnerlichen, die sie darin unterstützen werden, anderen zu helfen und dadurch die Welt zu verbessern.

Das Bedürfnis nach Liebe und Zugehörigkeit

Wenn einem Kind keine Liebe und Geborgenheit entgegengebracht wird, zeigt sich dies nicht unbedingt sofort im Verhalten, unbestritten ist jedoch, daß ein Kind daran genauso zugrunde gehen kann, wie wenn es ihm an Wasser und Nahrung fehlt. Um ein Gefühl der Geborgenheit und Zugehörigkeit zu bekommen, muß Liebe vorhanden sein. Liebe ist ein Grundrecht des Menschen. Wenn Sie ein Kind in die Welt setzen, sind Sie moralisch dazu verpflichtet, nicht nur seine Grundbedürfnisse zu befriedigen, sondern Sie müssen auch dafür sorgen, daß es genügend Liebe empfängt. Dieses Buch ist voller Vorschläge, wie Sie in das Leben Ihrer Kinder mehr Liebe einbringen können. Denn Ihre Kinder müssen wissen, daß Sie sich für sie interessieren, daß Sie sie zu schätzen wissen und daß sie erwünscht sind. Je mehr Liebe sie Ihren Kindern schenken, um so mehr Liebe werden sie in sich tragen. Wenn Sie überlegen, woher die heutigen Probleme der Menschen rühren, werden Sie bemerken, daß die Antwort so einfach ist, daß man sich wundert, wieso wir noch vor solchen Problemen stehen. Ja, die Antwort ist wirklich Liebe. Dies zeigt sich besonders deutlich, wenn man das Leben von Verbrechern bis in die Kindheit zurückverfolgt. Ich will damit nicht sagen, daß Verbrecher die ganze Schuld von sich weisen können, denn jeder Mensch muß für seinen Lebensweg selbst die Verantwortung tragen, aber wenn es auf dieser Welt mehr Liebe – sowohl Geben als auch Nehmen – geben würde, dann wären Gefängnisse nicht in dem Maße erforderlich. Wenn ein Kind sich schon früh ein liebloses Verhalten aneignet, muß ihm zu verstehen gegeben werden, daß ein solches Verhalten Konsequenzen hat. Es muß lernen, daß ein solches liebloses Verhalten nicht toleriert wird. Wir alle müssen uns dafür einsetzen, daß Kinder nur Liebe – keinen Haß – in sich tragen. Bemühen Sie sich jeden Tag darum, Liebe zu geben und den Haß aus Ihren menschlichen Beziehungen zu verbannen, besonders aus Ihrer Beziehung zu Ihren Kindern. Wann immer Sie in sich Aggressivität und Haß verspüren oder wann immer Sie sich so gegenüber Ihren Kindern verhalten, müssen Sie anfangen, an sich selbst zu arbeiten. Ich spreche davon, daß Sie sich nicht darauf fixieren sollen, was mit Ihren Kindern nicht richtig ist, sondern Sie müssen sich zuerst mit sich selbst auseinandersetzen. Diese Art Gefühle sind *Ihr* Problem und nicht das Ihrer Kinder. Sie reflektieren das, was in Ihnen ist. Wenn Ihre Kinder Ihnen Schwierigkeiten bereiten, sollten Sie ihnen Liebe entgegenbringen, und ihre Kinder werden mit Liebe in sich aufwachsen. Denken Sie an die Worte Gandhis: »Auge um Auge, und bald wird die ganze Welt blind sein«.

Wenn Kinder überleben sollen, bedürfen sie der Liebe. Sie brauchen Liebe, um sich zu entfalten, zu reifen und um ein Gefühl der Zugehörigkeit zu entwickeln – zuerst eine Zugehörigkeit zu sich selbst, dann zu der eigenen Familie und schließlich zu der ganzen Welt. Verstehen Sie die Liebe als ein Grundrecht Ihrer Kinder. Denken Sie daran, im Umgang mit Ihren Kindern liebevoll zu sein. Verstehen Sie die Liebe als etwas, womit wir uns selbst und diese Welt heilen können. Sie müssen keinen Unterricht darin nehmen, wie man Kindern Liebe schenkt. Sie müssen nur Ihren inneren Widerstand überwinden und verstehen, daß Liebe die Voraussetzung für das Überleben der Menschheit ist. Wenn Sie anderen Liebe schenken, werden Sie selbst viel Liebe empfangen. Wenn Sie auf andere Menschen mit Wut und Haß reagieren, werden diese sich Ihnen gegenüber genauso verhalten. Es liegt in Ihren Händen, ob Ihre Kinder voller Liebe sein werden. Sie müssen ihnen nur immer sehr viel Liebe und Zärtlichkeit entgegenbringen.

Das Bedürfnis nach Selbstachtung und Wertschätzung durch andere

Die nächste Sprosse auf der Leiter zu einem innerlich freien Leben ist die Selbstachtung. Dies ist logisch. Denn Kinder entwickeln eine Eigenliebe, nachdem sie von Ihnen so viel Liebe empfangen haben, daß sie das Gefühl entwickeln, des Geliebtseins würdig zu sein. Es scheint eine dieser vielen Ironien in unserem Leben zu sein, daß wir erst von anderen viel Liebe erhalten müssen, bevor wir uns selbst lieben können. Um liebevolle Menschen sein zu können, müssen Kinder also sich selbst lieben können, und um das tun zu können, müssen sie von Ihnen und anderen geliebt werden. Jeder Mensch hat das absolute Bedürfnis, ein starkes Selbstwertgefühl zu haben, das sich auf der Selbstachtung entwickelt. Es ist ein Bedürfnis, denn ohne diese Selbstachtung wird sich der Mensch gegenüber sich selbst und anderen destruktiv verhalten und letztendlich unfähig sein, alleine oder zusammen mit anderen Menschen zu leben. Ein wichtiges Ziel der positiven Erziehung ist es, Kindern Selbstachtung beizubringen. Die Strategien, die zu diesem Ziel führen, werden ausführlich in Kapitel 2 behandelt.

Das Bedürfnis nach Entfaltung

Die nächste Ebene ist das Bedürfnis des Menschen, sich frei zu entfalten und zum »funktionellen« Menschen zu werden. Kinder werden in ihrer Existenz einen Sinn sehen können, wenn sie durch den Wunsch nach Entfaltung und nicht durch den Wunsch, ihre Schwächen auszumerzen, motiviert werden. Das Kind, dessen innere Triebfeder seine Schwächen sind, wird immer durch den Wunsch motiviert sein, seine Schwächen im Leben zu überwinden; daher sieht es sich selbst als wertlos an und hat die innere Motivation, wertvoll werden zu wollen. Das Kind, das jedoch durch seinen eigenen Wunsch nach Entfaltung motiviert ist, sieht sich als einen wertvollen und wichtigen Menschen, der bereits einen Wert besitzt, weil er lebt. Diese »meta«-Bedürfnisse sind sehr wichtig, wenn ein

Kind das Gefühl entwickeln soll, daß es ein sinnvolles Leben führt. Diese »meta«-Bedürfnisse sind das Verlangen nach Freiheit, Gerechtigkeit, Ordnung, Individualität, Bedeutungsfülle, Selbständigkeit, Unkompliziertheit, Ausgelassenheit und Lebendigkeit. Jedes dieser Worte symbolisiert ein besonderes Bedürfnis, das Kinder haben, wenn sie an Selbstachtung gewinnen, vorausgesetzt ihre Grundbedürfnisse wurden befriedigt.

Wenn Kinder sich in ihrer Persönlichkeit entfalten, müssen sie Gelegenheiten haben, eigene Entscheidungen zu treffen, sie müssen wissen, daß ihnen Gerechtigkeit widerfährt und daß sie nicht aufgrund der Launen anderer ungerecht behandelt werden. Sie brauchen das Gefühl, daß in ihrem Leben Ordnung herrscht, und sie müssen wissen, daß sie liebevolle Eltern haben, die ihnen immer mit Rat und Tat zur Seite stehen und die selbst ein Beispiel dessen sind, wozu sie sich entwickeln sollen. Sie müssen immer das Gefühl haben, daß sie aufgrund ihrer Persönlichkeit wertgeschätzt werden und sich nicht mit anderen vergleichen müssen. Sie müssen lernen, für sich selbst sorgen zu können und selbständig zu sein. Sie haben das Bedürfnis, regelmäßig und ehrlich für das gelobt zu werden, was sie leisten und was sie sind. Sie müssen ausgelassen und heiter sein und das Leben als etwas Erfreuliches sehen können. Und sie haben das Bedürfnis, daß Sie ihnen dabei Gesellschaft leisten. Wichtig ist auch, daß sie ihre kreativen Neigungen voll ausleben können und alles im Leben würdigen können. Sie wollen der Langeweile und dem Stumpfsinn aus dem Weg gehen und vor Lebensfreude jeden Tag sprühen. Dies ist nicht weithergeholt. Es kann Realität sein. Ich glaube nicht, daß Kinder Schwächen und Fehler haben. Ich glaube, daß sie die ganze Zeit wertvoll und wichtig sind, daß eine Entfaltung immer möglich ist, daß sie wachsen und es trotzdem genießen können, daß sie so sind, wie sie heute sind. Diese Einstellung wird durch die folgende Aussage zusammengefaßt, die ich selbst häufig gemacht habe: »Man muß nicht schlecht sein, um besser werden zu können.« Denken Sie im täglichen Umgang mit Ihren Kindern daran, daß die Befriedigung des Bedürfnisses nach freier Entfaltung – auch wenn es auf den ersten Blick nicht so wichtig erscheinen mag – genauso wichtig ist wie die Befriedigung der Grundbedürfnisse.

Höherwertige Bedürfnisse

Nachdem Ihre Kinder allmählich die verschiedenen Entwicklungsphasen durchgemacht haben und ihre jeweiligen Bedürfnisse befriedigt wurden, erreichen sie schließlich einen Punkt, an dem sie im Leben und für sich einen Sinn sehen. Es ist gerade auf dieser Ebene, daß Eltern in der Erziehung aufgeben, weil sie denken, dies seien keine Bedürfnisse mehr, sondern nur Glaubensvorstellungen oder Schicksalsentscheidungen. Nach Maslow und anderen Psychologen weisen diese höherwertigen Bedürfnisse dennoch eine Bedürfnisstruktur auf, daß Kinder ihr Ziel erreichen, wenn man will, und ein sinnvolles Leben führen, das frei von Neurosen ist.

Denken Sie daran, daß es nicht nur darum geht, Kinder so zu erziehen, daß sie mit dem Leben fertig werden. Wir sprechen von der positiven Erziehung, die Kinder zu innerlich freien Menschen machen soll, also zu Menschen, die keine Angstzustände und Depressionen kennen und die sich im Leben nicht verloren vorkommen. Wir sprechen von Kindern, die in ihrer eigenen Welt die Meister sind, die ihr Leben so kreativ gestalten, daß sie das erreichen, was sie sich wünschen. Das Bewußtsein dieser höheren Werte – Wahrheit, Güte, Schönheit, Ästhetik und religiöse Erweckung – unterscheidet den Menschen, der mit dem Leben einfach nur fertig wird, von dem, der sein Leben kreativ gestaltet.

Wenn wir dafür sorgen, daß ihre ästhetischen und geistigen Bedürfnisse befriedigt werden, dann werden die Kinder das Gefühl haben können, in ihrem Leben einen Sinn und Zweck zu haben. Wann immer Menschen mir erzählen, daß sie nicht erkennen können, welchen Sinn ihr Leben hat oder daß sie noch auf der Suche nach einem Sinn sind, dann stelle ich fest, daß sie auf der Suche sind, weil sie noch auf die niederen Bedürfnisse fixiert sind. Wenn man diese Welt für alle verbessern und verschönern möchte, darf man nicht nur auf die Befriedigung der Grundbedürfnisse fixiert sein, denn diese werden automatisch befriedigt. Man wird dann ein Beispiel für diese Schönheit und anstatt danach zu schauen, wie man es macht, lebt man es buchstäblich. Wenn man die Bedeutung der Wahrheit kennt, versucht man nicht, sie zu verbreiten oder sie zu finden, *man selbst ist sie*. Ja, ein Mensch kann damit aufhören, danach zu streben und statt dessen alles *sein*.

Das Gefühl, einen Sinn zu haben, ist nicht etwas, was man findet; es ist etwas, was man ist. Die Wahrheit ist nicht etwas, was man sucht, sondern etwas, was man lebt. Ihre Kinder brauchen, um überleben zu können, die Wahrheit, genau wie sie Sauerstoff und Wasser brauchen. Wenn Menschen in einer Welt leben, die nur so vor Lügen strotzt, entwickeln sie ein solch starkes Mißtrauen, daß es ihnen unmöglich wird, vernünftig zu leben. Die Wahrheit ist also ein Bedürfnis, aber sie muß etwas sein, was Kinder lernen zu sein anstatt danach zu suchen. Dasselbe trifft auf die anderen höheren Bedürfnisse zu. Wie stark das Bedürfnis der Menschen nach Schönheit ist, läßt sich feststellen, wenn Menschen einer häßlichen, kaputten und schmutzigen Umgebung ausgesetzt werden. Das Überleben wird unmöglich, wenn es in der Umgebung des Menschen nichts Schönes gibt, was er wertschätzen kann. Das höhere Bedürfnis nach Schönheit befriedigt man nicht einfach dadurch, daß man ein Gemälde bewundert, sondern man muß es in sich selbst würdigen. Man muß die Fähigkeit haben, alles um seiner Einzigartigkeit willen bewundern zu können, und man muß die innere Einstellung haben, in allem etwas Schönes finden zu können. Auch Güte ist nicht etwas, was man außerhalb der eigenen Person findet; es ist eine Eigenschaft, die gelebt werden muß. Sie können Ihren Kindern helfen, diese Güte zu *sein*. Das gleiche trifft auf die religiöse Erweckung zu. Man muß religiös sein statt zu versuchen, die religiöse Erweckung durch eine bestimmte religiöse Richtung oder durch eine bestimmte Konfession zu erhalten. Wenn diese höheren Bedürfnisse der Kinder befriedigt sind, werden sie nicht mehr nach ihrem Sinn im Leben fragen.

Das Ziel: Ein Leben frei von inneren Zwängen

Wenn man dieses Ziel erreicht hat, sieht man in seinem Leben einen Sinn, hat sich selbst verwirklicht und ist voller Enthusiasmus und Anerkennung für das Leben. Zur Erinnerung, was einen innerlich freien Menschen ausmacht, der keine inneren Zwänge kennt, habe ich eine kurze Beschreibung (zitiert aus *Der Himmel ist die Grenze)* angeführt.

Der innerlich freie Mensch verwirklicht sich selbst und ist ohne Reue voller Enthusiasmus. Er hat weder die Zeit noch den Drang, selbstgefällig zu sein. Er hat erkannt, daß derjenige geliebt und geachtet wird, der diese beiden Tugenden kultiviert. Er wird von allen ehrlich geliebt, die ihm mit genausoviel Offenheit begegnen wie er ihnen, und macht sich keine Sorgen darüber, daß andere ihn ablehnen könnten.

Der innerlich freie Mensch erforscht das Unbekannte und liebt das Mysteriöse. Er begrüßt die Veränderung und will beinahe alles im Leben versuchen. Niederlagen und Mißerfolge versteht er als einen Teil des Lernprozesses. Der Erfolg fällt ihm in den Schoß, während er bestrebt ist, seine Lebensaufgabe zu erfüllen und das zu tun, was ihn wirklich interessiert.

Der innerlich freie Mensch lebt sein eigenes Leben nach bestem Wissen und Gewissen. Jeden Augenblick steht es ihm frei, seine eigenen

Entscheidungen zu treffen. Er verschwendet seine Zeit niemals damit, anderen für eigene Fehler die Schuld zu geben. In der Frage seiner Identität und seines Selbstwertgefühls ist er von niemandem abhängig.

Der innerlich freie Mensch weiß, daß die Besorgnis nur seine Leistungen beeinträchtigt, und er sieht auch keinen Grund, sich über das Leben zu beklagen. Zu keiner Zeit manipuliert er andere durch Schuldgefühle und läßt auch sich nicht durch andere manipulieren. Er hat gelernt, ängstliche Gedanken zu vermeiden. Er ist alleine genauso glücklich wie unter Menschen. Er möchte seine eigene Privatsphäre haben. Er pflegt die Kunst der Entspannung und Erholung und ist ein Meister der willentlichen Entspannung.

Der innerlich freie Mensch wird durch Wut eher motiviert als gelähmt. Er bewahrt die Ruhe, wenn er sich für eine kreative und konstruktive Lösung einsetzt. Es macht Spaß, mit ihm zu arbeiten und zusammen zu sein. Er paßt sich eher an, als daß er das Leben bekämpft. In seinen Gedanken, in seinen Gefühlen und in seinem Verhalten ist er sein eigener Herr.

Der innerlich freie Mensch versteht die Vergangenheit als etwas, das ihn gelehrt hat, heute zu leben. Die Zukunft bedeutet für ihn mehr Augenblicke in der Gegenwart, die gelebt werden sollen, wenn ihre Zeit gekommen ist. Er lebt ausschließlich im Hier und Jetzt. Er hat die Fähigkeit, aus allem eine Grenzerfahrung zu machen. Er zieht es vor, möglichst keine »Pläne« zu machen, um Raum für Spontaneität zu haben.

Der innerlich freie Mensch setzt sich für seine Gesundheit ein, wobei er sich so wenig wie möglich auf Ärzte und Medikamente verläßt, denn er weiß, daß er in sich die Kraft hat, gesund zu werden und es auch zu bleiben. Er liebt seine instinktive Art und empfindet für seinen Körper nur Ehrfurcht. Er treibt Sport, weil es ihm Spaß macht, und weiß das Altern als ein universelles Mittel des Lebens und des Wachstums zu schätzen. Er weiß auch, wie wichtig der Humor in allen Lebensbereichen ist.

Der innerlich freie Mensch erhebt gegenüber anderen Menschen keine Besitzansprüche. Er weiß, daß der beste Weg, etwas zu verlieren, darin liegt, sich daran zu klammern. Im Grunde ist er gegen Gefühle der Eifersucht gefeit. Bei der Lösung von Problemen ist er kooperativ. Er regt sich nie darüber auf, wie andere Menschen ihn beurteilen und erkennt in scheinbaren Widersprüchen die Wahrheit. Er freut sich über die Erfolge der anderen und lehnt es ab, mit anderen zu konkurrieren oder verglichen zu werden. Er hat keine besonderen Idole und ist zu der Einsicht gekommen, daß es für jedes bekannte Idol ein unbekanntes gibt. Er erkennt in jedem Menschen den Helden, aber ist selbst mit der Erfüllung seiner eigenen Aufgaben so beschäftigt, daß er keine Zeit hat, durch andere zu leben. Auf Konformität legt er keinen Wert, und er hat die Fähigkeit, unsinnige Vorschriften und Sitten ohne viel Aufhebens zu umgehen. Er begegnet anderen mit einer reinen, kindlichen Ehrlichkeit und läßt in allen Situationen des Lebens seiner Kreativität freien Lauf.

Der innerlich freie Mensch sieht aufgrund seiner holistischen Weltanschauung in den meisten Lebensbereichen einen Sinn. Er wird vorwiegend durch höhere menschliche Bedürfnisse und Wertvorstellungen motiviert. An erster Stelle steht immer die Suche nach Wahrheit, Schönheit, Gerechtigkeit und Frieden. Er alleine bestimmt, wie er sich entfalten möchte und gesteht anderen das gleiche Recht zu. Seine Wertvorstellungen und sein Selbstverständnis sind globaler Art, und es erfüllt ihn mit Stolz, wenn er auch nur im Kleinen etwas für die Menschheit tun kann. Intellektuell wird er durch seine ihm angeborene Neugier und seinen Instinkt motiviert, die Wahrheit für sich in allen möglichen Lebenslagen zu finden. Er hört in allem auf seine eigene innere Stimme und macht in seinem Leben das, was für ihn von Bedeutung ist, anstatt nur materiellen Reichtum anzustreben. Er mißt den Wert eines Menschen niemals an seinem Geld. Wenn er reich wird, dann wird dies ein Zufall sein während er seiner Aufgabe im Leben nachkommt. Für ihn ist die Welt in ihrer Schönheit unbegrenzt. Für ihn sind ebenso alle Menschen schön, auch wenn sie sich manchmal nicht so verhalten oder Dinge schaffen, die das Gegenteil von schön sind. Für ihn ist das ganze Leben heilig, und er spricht allen Menschen den gleichen Wert zu. Er glaubt daran, daß Krieg, Gewalt, Hunger und Seuchen von dieser Erdkugel verschwinden können, wenn die Menschen sich dazu entscheiden, ernsthaft dagegen anzugehen. Der innerlich frei Mensch widmet sein Leben der Aufgabe anderen zu helfen und dem Unrecht ein Ende zu bereiten.

Strategien, die Kindern helfen, das Ziel zu erreichen: Ein innerlich freies Leben

Man mag sich vielleicht darüber streiten, ob man in der Arbeit oder in der Freizeit einen Lebenssinn finden kann, aber nur wenige werden bestreiten, daß man in seinem Leben einen Zweck erfüllen muß, damit man in seinem Leben einen Sinn sehen kann.

Die Kindheit wird von den meisten Menschen als eine sorgenlose und idyllische Zeit angesehen. Aber in der Kindheit auftretende Probleme wie

Autismus, Schizophrenie, Drogenabhängigkeit und Selbstmord beweisen, daß manche Kinder unfähig sind, mit Schwierigkeiten fertigzuwerden und daß sie besondere Eigenschaften entwickeln müssen, um in ihrem Leben einen Sinn sehen zu können. Andere Kinder, denen es »nur« an Selbstachtung fehlt, knabbern immer noch an der Frage: »Warum wurde ich geboren?« Hier sind einige neurotische Antworten:

Um meine Mutter zu unterhalten.

Um zu beweisen, daß ich wertvoll bin, da ich nicht geplant war.

Um mich um meine Geschwister oder um meine Eltern zu kümmern.

Um der »Sohn« zu sein, weil sie bereits eine »Tochter« haben.

Wenn man in seinem Leben einen Sinn sehen soll, dann muß die Grundvoraussetzung erfüllt sein, daß man das Gefühl bekommt, auf dieser Welt erwünscht zu sein. Während Erwachsene oft innerlich bereits so gefestigt sind, daß sie mit einer Ablehnung fertig werden können, da ihr Selbstwertgefühl trotz einer Verurteilung durch andere stabil bleibt, haben Kinder ein sehr starkes *Bedürfnis* danach, erwünscht zu sein. Sie reagieren empfindlich darauf, wie sie festgehalten, gefüttert, angeredet und versorgt werden. Studien über das ungeborene Kind haben erbracht, daß es das Licht, Geräusche, Bewegungen und die Reaktionen der Mutter wahrnimmt. Ihre Einstellung zu der Schwangerschaft verändert die physische Umgebung, die auf ihr Kind in den ersten neun Monaten einen Einfluß hat.

Sowohl die Erbanlagen als auch das Milieu haben auf das Kind einen Einfluß, das bereits eifrig versucht, die Welt zu verstehen. Je mehr Fürsorge und Liebe ein Kind bekommt, um so gefestigter wird sein Glaube daran sein, daß die Welt gut ist. Ein Kind wächst heran und wird immer fähiger, etwas zu geben und zu nehmen. Einige Kinder werden dieser sich ihnen allmählich öffnenden Welt skeptisch und ängstlich entgegentreten und wenig kontaktfreudig sein. Einige werden zögern und dann doch genügend Neugier beweisen, wenn sie merken, daß interessante und aufregende Dinge um sie herum geschehen. Innerlich freie Kinder haben bereits entdeckt, daß sie der Zirkusdirektor in einem Zirkus sind, in welchem die Vorstellung dann anfängt, wenn sie ihre Augen öffnen, und die erst beendet wird, wenn mit dem Schlaf der Vorhang fällt. Das Leben ist voller Frohsinn und das wichtigste Ziel liegt darin, möglichst viel zu erleben.

In der positiven Umgebung lernen die Babies auf eine angenehme Art sehr schnell. Die Tatsache aber, daß Kinder im Alter von zwei und drei Jahren in eine schwierige Phase kommen, zeigt, daß Eltern ihnen zu oft ein »Nein« präsentiert haben, so daß der kleine Autokrat ebenfalls immer mit »Nein« reagiert, wenn er meint, die Show müsse weitergehen. Dieser Willenskampf wird überall ausgefochten. Es ist vernünftig, daß Kinder hinsichtlich ihrer Gesundheit, Sicherheit und sozialen Harmonie in ihre Schranken verwiesen werden. Das Problem ist nur, daß Eltern oft aus Bequemlichkeit immer wieder in die autoritäre Rolle zurückfallen und auf ihre Kinder mit einem »Nein« reagieren. »Weil ich das sage« ist ein Satz, den Eltern immer wieder anbringen. Man darf nicht vergessen, daß eine frühe autoritäre Erziehung Kinder in ihrer Entfaltung hemmt.

Vielen Menschen fällt es schwer, einen Sinn im Leben zu sehen. Es scheint nicht so sehr daran zu liegen, was jemand macht (z. B. beruflich), sondern eher daran, wie ein Mensch zu leben lernt (Verhaltens- und Denkweisen). Wenn der Sinn im Leben darin liegt, glücklich zu sein, dann ergibt sich daraus, daß man nicht nur an sein eigenes Glück denken soll. Die Ethik und die Wertvorstellungen eines innerlich freien Menschen sind nicht selbstsüchtig, sondern großzügig. Da es einem eine innere Zufriedenheit verschafft und eine harmonische Atmosphäre hervorruft, wenn man das Glücklichsein fördert, freuen sich innerlich freie Menschen sehr, wenn sie andere glücklich sehen, und sie empfinden dies als eine eigene Bereicherung.

Viele Menschen sind auf Äußerlichkeiten fixiert, wenn sie für sich im Leben einen Sinn suchen. Die Anhäufig materieller Güter ist in ihren Augen das Zeichen von Erfolg. Auch wenn die Ziele durchaus erhaben sind (z. B. die Welt zu verbessern), muß der Erfolg anhand von Äußerlichkeiten meßbar sein, denn sie sind auf Äußerlichkeiten fixiert. Innerlich freie Menschen halten die Welt bereits jetzt für wunderbar perfekt. Die meisten Menschen erkennen den Sinn des Lebens nicht, weil sie zu dieser wundervollen Welt nicht die richtige Einstellung haben und sie mißbrauchen. Sie haben die Chance, in Ihren Kindern den Respekt vor der Freiheit und Selbständigkeit zu fördern, wenn Sie sich selbst Ihren inneren Zielen zufolge so verhalten, daß Sie im Leben einen Sinn sehen. Ein ethisches Verhalten bringt den Kindern viel mehr bei als Moralpredigten.

Ich biete Ihnen nun die folgenden Strategien an, die Sie jederzeit einsetzen können, um in Ihren Kindern edlere Werte zu entwickeln und um dafür zu sorgen, daß sie ihren höheren Bedürfnissen gerecht werden und so einen Sinn in ihrem Leben sehen können. Dadurch werden Ihre Kinder sich zu Menschen entfalten können, die ihre Lebensaufgabe kennen, die ihre Wertvorstellungen niemals in Frage stellen und die ihr Leben damit verbringen werden, anderen zu helfen, richtig mit der wundervollen Gabe, die das Leben ist, umzugehen, und die dem Leiden auf dieser Erde ein Ende bereiten werden.

Wenn Sie sehr kleinen Kindern helfen, ihre Grundbedürfnisse zu befriedigen, sollten Sie ihnen möglichst viel Entscheidungsfreiheit lassen, soweit sich dies mit ihrer Sicherheit vereinbaren läßt. Überlassen Sie ihnen die Entscheidung, wann sie essen wollen, denn sie sind hinsichtlich ihrer natürlichen Instinkte kleine Genies. Sie wissen, was sie mögen, wann sie es mögen und wann dies nicht der Fall ist. Die kleinen Säuglinge werden es Sie schon wissen lassen, wann sie etwas brauchen. Denken Sie daran, daß sie völlig perfekte Geschöpfe sind, die über genügend Intelligenz verfügen, um zu überleben, wenn Sie nur bereit sind, ihnen zuzuhören. Wenn Sie älter werden, sollte ihnen möglichst viel Kontrolle über ihre Körperfunktionen zugestanden werden. Zwingen Sie sie nicht zu essen, bestehen Sie nicht auf einer vorgeschriebenen Schlafenszeit und hüten Sie sich davor, ihnen zu sagen, wann es ihnen kalt, warm usw. ist. Sie müssen sich natürlich nicht zum Sklaven ihrer Launen machen, aber Sie können ihnen sicherlich in diesem Bereich mehr Kontrolle überlassen, so daß sie lernen können, selbständig zu sein. Später sollten Sie es ihnen erlauben, ihre eigenen Mahlzeiten zuzubereiten, ihre eigene Schlafenszeit festzulegen (innerhalb eines vernünftigen Rahmens) usw. Es wird Sie überraschen, wie gut die Kinder den Bedürfnissen ihres Körpers nachkommen können, wenn sie nur regelmäßig dazu ermuntert werden und wenn es in diesem Punkt keine Streitereien gibt. Sobald Sie darauf verzichten, Ihre Macht gegenüber den Kindern auszuspielen und ihnen einfach mehr Kontrolle über ihr Leben lassen – soweit dies vernünftig ist und ihrer Gesundheit nicht schadet – wird ihr inneres Warnsystem ihnen helfen, sich für eine gesunde Ernährung, eine sportliche Betätigung usw. zu entscheiden. Wenn Sie davon ausgehen, daß sie mit soviel Entscheidungsfreiheit nicht umgehen können, dann sollten Sie sich die Frage stellen, ob dies daran liegt, daß Sie immer alles für sie entschieden haben, oder daran, daß sie ihre Grundbedürfnisse ausgenutzt haben, um sie zu einem guten Benehmen zu zwingen. Je mehr Entscheidungsfreiheit Sie Ihren Kindern in diesem Bereich zugestehen, um so schneller werden sie ihr Ziel – ein innerlich freies Leben, das keine inneren Zwänge kennt – erreichen.

Legen Sie möglichst viel Wert auf die Lebensqualität Ihrer Kinder anstatt ihnen beizubringen, daß sie möglichst viele Besitztümer ansammeln müssen. Verbringen Sie mit ihnen viel Zeit im Freien und lassen Sie sie zuerst die Welt entdecken. Loben Sie sie, wenn sie sich darum bemühen, etwas zu genießen. Spornen Sie sie dazu an, alles im Leben zu schätzen, zuerst indem Sie ein Mensch sind, der selbst viel Wert auf eine gute Lebensqualität legt und zum anderen, indem Sie sich nicht darüber aufregen, wenn andere dem Leben diese Achtung nicht entgegenbringen. Deuten Sie auf die Schönheit eines Sonnenunterganges hin, auch wenn Ihre Kinder zuerst nicht bereit sind, daran Gefallen zu finden. So ein Satz wie »Ich kann nicht oft genug diese Berglandschaft bewundern« wird ihnen unweigerlich beibringen, das Schöne im Leben mehr wahrzunehmen. Oft werden sie auf einen solchen Satz wie folgt reagieren: »Ach, das ist so langweilig, ich möchte lieber ein Videospiel machen.« Das ist dann auch in Ordnung. »Ich weiß, du liebst diese Spiele, und ich liebe diese Berglandschaft.« Versuchen Sie Ihre Kinder also nicht davon zu überzeugen, daß sie im Unrecht sind. Erkennen Sie es einfach nur an, daß sie ein Recht darauf haben, das zu mögen, was ihnen gefällt, und geben Sie ihnen zu verstehen, daß Sie sich nur zu der Fähigkeit äußern, dem Leben noch etwas Schönes abgewinnen zu können, auch wenn sie einmal keine elektronischen Spielereien haben. Dadurch werden Sie allmählich in der Lage sein, alles zu genießen, was sich in ihrem Leben ereignet, und dies ist ein großer Teil dessen, was man unter dem Sinn des Lebens versteht.

Wenn Ihre Kinder in ihrem Leben einen Sinn sehen sollen, sollten Sie ihnen folgendes zu bedenken geben: Niemand weiß genug, um ein Pessimist zu sein. Seien Sie optimistisch, auch wenn Ihre Kinder es nicht sind. Keine Moralpredigt, keine langatmigen Reden, nur eine optimistische Lebenseinstellung. »Ich glaube daran, daß es für alles, was geschieht, einen Grund gibt. Vielleicht kannst du etwas wirklich Wichtiges aus diesem Unfall lernen.« Sie können Ihren Kindern immer wieder ein gutes Vorbild sein und nach etwas Gutem Ausschau halten. Das Glas also nicht für halbleer, sondern für halbvoll halten. Die Pessimisten dieser Welt haben ihre negative Einstellung von ihrem sozialen Umfeld übernommen. Zeigen Sie Ihren Kindern vor allem durch Ihr Vorbild, daß Sie glücklich sind zu leben, daß Sie erwarten, daß sich alles zum Besseren wendet und daß Sie daran glauben, Ihr Schicksal selbst in die Hände nehmen zu können, anstatt sich nur zurückzulehnen und alles über sich ergehen zu lassen. Dies ist vor allem eine Einstellung, und sie kann ohne weiteres an Kinder auf eine freundliche und effektive Art weitergegeben werden. Ich habe bisher keinen Menschen getroffen, der in seinem Leben einen Sinn sah und der gleichzeitig Pessimist war. Zielbewußte Menschen glauben, daß sich alles zum Besseren wenden wird, denn gerade wenn Sie erwarten, daß sich alles nur zum Schlechten wenden wird, bereiten Sie den Weg dafür, daß es auch eintreten wird. Daher gehen Zielgerichtetsein, Optimismus und positive Erwartungen Hand in Hand.

Helfen Sie ihnen zu lernen, »den Abwesenden zu verteidigen«. Dies ist sehr wichtig, wenn Ihre Kinder diesen höheren Bedürfnissen gerecht werden sollen, die ich an früherer Stelle erwähnt habe. Bringen Sie ihnen bei, nicht schlecht über andere zu reden, die nicht anwesend sind, und verhalten auch Sie sich auf diese Weise. Erinnern Sie sie daran, daß häßliche Gedanken oder Aussagen, die sie machen, auf sie zurückfallen werden. Wenn sie aber den Abwesenden verteidigen – gleichgültig was andere dazu sagen – dann werden auch sie verteidigt werden, wenn sie einmal nicht zugegen sind und Gegenstand einer Kritik durch Gleichaltrige werden. Kinder können dies schon früh lernen, und es ist in diesem Zusammenhang keineswegs erforderlich, daß Sie ihnen ständig dazu eine Moralpredigt halten. Sagen Sie nur: »Ich möchte wirklich nichts Schlechtes über deine Freunde hören. Ich halte es nicht für richtig, über jemanden hinter seinem Rücken zu schimpfen« oder »Niemand von uns mag es, wenn über ihn hinterrücks hergezogen wird und er nicht die Gelegenheit hat, sich zu verteidigen. Ich finde, du solltest einmal hierüber nachdenken.« Kinder tun dies tatsächlich sehr gern und müssen deshalb ständig daran erinnert werden, daß man sich sehr schlecht verhält, wenn man über andere hinter ihrem Rücken herzieht, und daß sie dadurch nur ihrer eigenen Integrität schaden. Klatsch kann für junge Menschen eine schmerzliche Erfahrung sein, und wenn man ihnen beibringt, daran nicht teilzunehmen, dann helfen Sie ihnen schon früh, den Wert der Gerechtigkeit, Güte, Wahrheit und eines Sinns im Leben zu verstehen.

Loben Sie Ihre Kinder jeden Tag. Gehen Sie nicht davon aus, daß sie schon eines Tages ein Zielbewußtsein entwickeln werden. Erinnern Sie sich selbst und Ihre Kinder daran, daß jeder Tag ihres Lebens die gleiche Bedeutung hat und daß sie auch heute einen Sinn im Leben haben. »Zu lernen, wie man addiert und subtrahiert, ist für dich eine sehr wichtige Aufgabe. Ich freue mich so, daß du es jetzt schon kannst.« »Der Nachbarin die Kekse zu bringen war wirklich eine nette Geste von dir. Wenn alle Menschen so aufmerksam und fürsorglich wären, dann würde die ganze Welt davon profitieren können.« Alles, was Ihr Kind tut, ist *jetzt* wichtig. Kinder werden später erkennen können, daß sie einen Sinn im Leben haben, wenn ihnen beigebracht wird, in jedem Tag einen solchen zu sehen. Sie können hier einen wichtigen Beitrag leisten, wenn Sie den Wert ihrer Arbeit und Freizeitbemühungen hervorheben und ihnen sagen, wie gut sich andere Menschen fühlen, wenn sie etwas für sie tun. Das Kind, das einer alten und kranken Frau Kekse bringt, wird später den Wunsch haben, etwas gegen alles Leid der Welt zu tun, und dieses sinnvolle Verhalten sollte gelobt und von Anfang an gefördert werden bis ins Erwachsenenalter.

Vermitteln Sie Ihren Kindern die Gabe zu verstehen, was es heißt, daran zu glauben, daß alle Menschen gleich sind. Sie können an der Basis dafür sorgen, daß Kinder andere Menschen nicht für schlechter oder für besser halten. Sie können sie darauf hinweisen, daß innerlich freie Menschen keine Vorurteile hegen. Sie können sie zurechtweisen, wenn sie andere verleumden wollen. Sie können sie dazu anspornen, immer positiv über andere zu denken, und sie darauf hinweisen, daß niemand darum gebeten hat, in einem Land geboren zu werden, in dem Hunger herrscht. Sie können Kinder schon früh in Aufgaben einbeziehen, die das Ziel haben, anderen zu helfen, so daß sie nicht zu Menschen werden, die die Hände in den Schoß legen, und die, anstatt tatkräftig zu sein, alles nur kritisieren. Zeigen Sie ihnen wie wichtig es ist, engagiert zu sein, und machen Sie dies zu einer wichtigen Aufgabe der Erziehung. Menschen, die im Leben einen Sinn sehen, möchten anderen helfen, so daß auch sie in ihrem Leben einen Sinn sehen; sie sind nicht fähig, andere zu verurteilen oder über sie herzuziehen. Viele Kinder haben gelernt, andere schlecht zu machen oder hegen gegen Minderheiten Vorurteile. Sie tun dies nur, wenn Sie darüber hinwegsehen oder ein solches Verhalten ermutigen. Wenn es Ihre Aufgabe als Eltern ist, dafür zu sorgen, daß sie nicht das Hassen lernen, dann ist es Ihre *Pflicht,* dafür zu sorgen, daß sich Ihre Kinder nicht für etwas Besseres halten. Bringen Sie ihnen bei, daß es reiner Zufall ist, daß sie dort leben, wo sie leben, und daß sie genauso gut einer der Menschen sein könnten, die auf der Suche nach etwas Eßbarem durch die Wüste ziehen. Bringen Sie ihnen bei, für das, was sie haben, dankbar zu sein, und erziehen Sie sie so, daß sie nicht um Anerkennung durch die anderen ringen, indem sie sich über andere lustig machen. Sie sollen Menschen sein, die sich für andere einsetzen statt sie kaputt zu machen, und wenn sie wissen, daß auch Sie sich so verhalten, werden sie es für ihr Leben lernen. Sie müssen ihnen also mit gutem Beispiel vorangehen. Sie als Eltern müssen dem Schisma zwischen Reich und Arm in der Welt ein Ende bereiten und dies können Sie nur, wenn Sie ein moralischer Mensch sind, der seine Kinder dazu anspornt, anderen zu helfen.

Sie müssen von Anfang an darauf achten, daß Kinder lernen, ihr Temperament zu zügeln und auf Wutausbrüche verzichten. Sie können sehr positive Maßnahmen ergreifen, damit Ihre Kinder nicht aggressiv werden. Sie können sorgfältig darauf achten, welchen Dingen Ihre Kinder durch das Fernsehen ausgesetzt werden, und ihnen, wenn sie noch klein sind, verbieten, daß sie sich Morde, Messerstechereien, Vergewaltigungen oder andere Gewalttaten anschauen. Wenn Sie sehen, daß Kinder die jüngeren schlagen oder sie beschimpfen, müssen Sie sofort eingreifen. »Du kannst auf dich selbst so wütend werden wie du möchtest oder sogar auch auf deine Schwester, aber ich werde es nicht zulassen, daß du sie oder einen anderen Menschen schlägst. So etwas wird hier einfach nicht akzeptiert. Du wirst jetzt auf dein Zimmer gehen und es dir in dein Gedächtnis einprägen, daß du aus Wut andere nicht einfach schlagen darfst.« Dies muß dem Kind so oft gesagt werden, bis es ihm in Fleisch und Blut übergegangen ist. Sie können ihm danach Liebe schenken, es umarmen und daran erinnern, daß es in seinem Innersten nicht schlecht ist, nur weil es sich schlecht verhalten hat. Kinder müssen lernen, daß man nur friedlich in dieser Welt miteinander auskommen kann. Kinder können lernen, liebevoll, friedlich und kooperativ zu sein und ihre Frustration und Wut an Gegenständen – nicht an Menschen – auszulassen. Ein Wutanfall ist nicht ungesund, und ich habe gewiß nichts dagegen, daß Sie und Ihre Kinder Ihrer Frustration Ausdruck verleihen, die sich im Laufe der Zeit in Ihnen angestaut hat. Aber man darf seine Wut und Frustration nie an anderen auslassen. Dies ist für das Überleben der Menschheit wichtig und spielt auch in der Frage eine Rolle, ob Ihre Kinder das Ziel erreichen und frei von inneren Zwängen sein werden. Achten Sie auf Zeichen der Gewalttätigkeit und seien Sie dazu bereit einzuschreiten, wenn ein aggressives Verhalten an den Tag gelegt wird, das sich gegen andere richtet. Wichtig ist auch, daß Sie sich nicht in Konflikte hineinziehen lassen (vgl. Kapitel 6).

Lesen Sie Ihren Kindern aus Büchern vor, die sie dazu anspornen, über ihre höheren Bedürfnisse nachzudenken und die in ihnen die Anerkennung des Schönen und der Liebe in ihrem Leben fördert. Setzen Sie sich mit Ihren Kindern zusammen hin und lesen Sie ihnen aus *Der kleine Prinz, Die Möve Jonathan, Alice im Wunderland, Gullivers Reisen, Eykis Gabe* und aus anderen Parabeln vor, die Kindern eine wichtige Botschaft vermitteln können. Sprechen Sie in jedem Alter mit Ihren Kindern über auserwählte Textstellen. Ich kann mich daran erinnern, daß ich meiner Tochter, als sie acht Jahre alt war aus Hesses *Siddharta* vorlas. Obwohl sie nicht alles verstehen konnte, verinnerlichte sie mehr als ich ihr in diesem Alter zugetraut hatte. Kinder sollen sich lieber strecken, als daß Sie sich zu ihnen herunterbeugen. Sie sollen sich, neben Videospielen und dem Besuch in einem Freizeitpark, Gedichte und Konzerte anhören und

Theaterstücke und Filme ansehen, die eine Botschaft beinhalten. Sie können aus jeder Erfahrung sehr viel lernen, insbesondere wenn Sie mit ihnen darüber sprechen. Je mehr Spiele, Puzzles und Bücher Sie ihnen geben, die ihnen bei ihrer Weiterentwicklung helfen können und die eine Auseinandersetzung mit den höheren Wertvorstellungen fördern, um so früher werden sie in ihrem Leben diese Bedürfnisse befriedigt sehen. Haben Sie keine Angst davor, ihnen Gesellschaft zu leisten und selbst etwas zu lernen. Machen Sie es sich zur Gewohnheit, sich zusammen mit ihnen mit etwas auseinanderzusetzen und dann darüber zu sprechen.

Machen Sie es sich zur Gewohnheit, regelmäßig bedürftigeren Menschen zu helfen, und lassen Sie Ihre Kinder an diesem Engagement teilhaben. An Feiertagen sollten Sie sich Zeit nehmen und Geschenkpakete zusammenstellen, die die Kirche oder andere Hilfsorganisationen an die Bedürftigen weitergeben kann. Lassen Sie Ihre Kinder den Einkauf machen und sprechen Sie mit ihnen darüber, wie wichtig das Geben ist. Zeigen Sie ihnen, daß nur ihre Taten zählen, daß sich einfach schlecht fühlen oder eine Meinung vertreten eine nichtssagende Auseinandersetzung mit einem Problem ist. Eine Meinung zu haben trägt noch nicht zur Lösung eines Problems bei, dies tut jedoch ein engagiertes Verhalten. Sorgen Sie dafür, daß Ihre Kinder sich dafür engagieren, anderen zu helfen. Wenn nur ausreichend viele Kinder es sich zur Aufgabe machen, anderen Menschen auf dieser Welt zu helfen, dann wird dies sehr zur Lösung der gewaltigen sozialen Probleme beitragen, die auf uns zukommen. Sie und Ihre Kinder müssen den Anfang machen!

Denken Sie daran, daß positive Gedanken tatsächlich andere Endorphine in den Blutkreislauf ausstoßen als negative Gedanken. Die Wirkung der positiven Gedanken ist unbestreitbar. Wenn Sie Ihren Kindern beibringen, glücklicher und produktiver zu denken, dann tun Sie letztendlich etwas für ihre Gesundheit. Erinnern Sie sie daran, daß sie gesünder sind, wenn sie aufmunternde, heitere und amüsante Gedanken hegen, während negative Gedanken die Wahrscheinlichkeit einer Erkrankung sehr steigern. Bringen Sie ihnen durch Ihr positives Beispiel bei, an allem auch etwas Positives entdecken zu können. Erklären Sie ihnen die Auswirkungen ihrer Denkweisen und zeigen Sie ihnen, daß Wut nur Streß hervorruft und letztendlich den Menschen zerstört. Spielen Sie mit ihnen kleine Spiele, die sie daran erinnern sollen, daß sie sich durch ihre Gedanken nicht krank machen sollen. Zeigen Sie ihnen, wie wohl man sich fühlt, wenn man das Positive sieht. Die Ursache hierfür liegt darin, daß positive

Gedanken positive Substanzen in den Blutkreislauf ausstoßen. Je mehr sie über den Einfluß und die Bedeutung des Geistes wissen, um so eher werden sie die schädigenden Endorphine aus ihren Köpfen für immer verbannen.

Respektieren Sie das kindliche Bedürfnis danach, daß ihre Individualität respektiert wird. Die Kernidee in diesem Buch ist, Ihnen und Ihren Kindern zu helfen, einzigartig zu sein, auf ihre innere Stimme zu hören und individuell zu sein. Denken Sie daran: »Wenn Sie so sind wie alle anderen, was haben Sie dann zu bieten?« Loben Sie sie, wenn sie Dinge auf ihre eigene Art zu machen versuchen, auch wenn sie unglücklicherweise damit scheitern. Unterstützen Sie ihre Bemühungen, zu erneuern und kreativ zu sein. Der Mensch, der versucht, seinen höheren Bedürfnissen gerecht zu werden, versucht nicht, sich anzupassen und nur ein weiteres Schaf in der riesigen Herde zu werden. Ihren Kindern können Sie klar machen, wie wichtig es ist, einzigartig zu sein. Man kann nicht das Gefühl haben, im Leben einen Sinn und Zweck zu erfüllen, wenn man andere nachahmt.

Nehmen Sie ein unverschämtes Verhalten von Ihren Kindern nicht einfach so hin. Es gibt Zeiten, in denen die Aufgabe, Kinder zu erziehen, einen schier zur Verzweiflung bringen kann. Wie gut Ihre Erziehungsmethode auch sein mag, es gibt Zeiten, in denen die Kinder frech, rücksichtslos und unverschämt sind. Sie haben das Recht auf eine Pause und müssen nicht ihr Opfer werden, nur weil Sie ihr unverschämtes Verhalten dulden. Sie sollten sich für solche Fälle eine Taktik zurechtlegen. Sie können sich auf Ihr Zimmer zurückziehen und sich etwas Ruhe gönnen. Sie können explodieren und den ganzen aufgestauten Ärger aus sich herauslassen, solange Sie einen anderen Menschen dadurch nicht in Mitleidenschaft ziehen. Sie müssen Ihren Kindern zu verstehen geben, daß Sie an Ihren eigenen höheren Ansprüchen arbeiten und daß es für Sie wichtig ist, einmal eine Pause von ihnen zu machen. Machen Sie eine Pause! Nehmen Sie sich Zeit für sich selbst. Informieren Sie Ihre Kinder davon, daß Sie sich diese Pause gönnen werden und daß Sie sich keineswegs schämen oder sich schuldig fühlen, weil Sie einmal Ihre eigenen Interessen über die Ihrer Kinder stellen. Je öfter Sie sich zu diesen Pausen entschließen, um so weniger werden Sie um Ihren Freiraum kämpfen müssen, damit Sie kreativ sein und sich für Ihre eigenen Ziele im Leben einsetzen können.

Vergessen Sie nicht, daß Menschen viel wichtiger sind als Gegenstände. Ideen sind wichtiger als Besitz, und der Frieden ist jeden Preis wert. Was zählt, sind Menschen, denn Dinge können wieder ersetzt werden. Wenn Sie sich in der Erziehung an diesen Grundsatz halten, werden Sie ihnen helfen, ihre höheren Bedürfnisse nach Lebendigkeit, Ausgelassenheit und Selbständigkeit zu befriedigen. Wenn Sie sich wegen materieller Güter aufregen, müssen Sie es sich ins Gedächtnis rufen, daß Sie Kinder erziehen, und daß ihr Wohlergehen, ihr Glück, ihr Erfolg und ihre Erfüllung die wahren Ziele der Erziehung sind.

Akzeptieren Sie es, daß Ihre Kinder in ihrer einzigartigen Welt ihre eigene Ordnung schaffen wollen, ohne daß Sie sich ständig einschalten. Sie können das Bedürfnis nach Ordnung nicht für Ihre Kinder befriedigen. Von Kindesbeinen an muß der Mensch bis ins hohe Alter das Gefühl haben, daß er über seine Umgebung die Kontrolle hat. Der Mensch muß sich auch für die eigene Ordnung selbst verantwortlich fühlen. Das Kinderzimmer sollte für das Kind tatsächlich das eigene Reich sein, und Sie helfen Ihren Kindern, wenn Sie sich von diesem Zimmer fernhalten, solange es für die Gesundheit keine Gefahr gibt. Kinder müssen schlampige Zeiten durchmachen, damit sie ihren eigenen Ordnungssinn entwickeln. Wenn sie ihre Schmutzwäsche in ihrem Zimmer einfach liegen lassen können, vermittelt dies ihnen das Gefühl, daß sie in gewissem Maße die Kontrolle über ihre kleine Welt haben. Gleichzeitig gilt, daß Sie ihnen das Privileg zugestehen, ihre Wäsche selbst zu waschen, wenn sie ihre Schmutzwäsche nicht in den Wäschekorb tun. Jeder Mensch möchte Einfluß auf seine eigene Welt haben. Je mehr Sie ihren Kindern dies zugestehen, also sich nicht in ihre Angelegenheiten einmischen, sofern dies aus Sicherheitsgründen nicht erforderlich ist, um so mehr zeigen Sie ihnen, daß die Selbstbestimmung von Ihnen, ihrer wichtigsten Bezugsperson, nicht nur geduldet, sondern auch gefördert wird.

Vereinfachen Sie das Leben Ihrer Kinder, indem Sie die Anzahl der Vorschriften auf ein Minimum reduzieren. Wir alle haben das Bedürfnis nach Vereinfachung, Ihre Kinder bilden da keine Ausnahme. Sie können es ihnen erlauben, ihren Pflichten auf ihre ganz persönliche Weise oder in ihrem eigenen Tempo nachzukommen, solange das Ergebnis noch vernünftig ist. Wenn Ihr Sohn z. B. den Gartenzaun anstreicht und Sie der Meinung sind, er sollte oben und nicht unten anfangen, dann sollten Sie ihm die Chance geben, selbst die beste Methode herauszufinden. Erzählen Sie ihm, warum Sie Ihre Methode vorziehen, dies sollte aber nur ein Vorschlag Ihrerseits sein. Sie vereinfachen sein Leben, wenn Sie sich im Hintergrund halten und ihm die Möglichkeit geben, aus eigenen Fehlern zu lernen. Sie können einem Jugendlichen nicht den Kopf eines Erwachsenen aufsetzen. Ihr ganzes Wissen beruht auf eigenen Erfahrungen und das gleiche trifft auf Kinder zu. Machen Sie Ihren Kindern das Leben so einfach wie möglich. Geben Sie ihnen die Chance, eigenes zu testen, und behalten Sie dabei immer den Gedanken im Kopf, daß auch sie die Vereinfachung für erstrebenswert halten. Erklären Sie ihnen nicht zuviel, lassen Sie sie ruhig den schwereren Weg nehmen. Greifen Sie bei den Hausaufgaben nicht ein, es sei denn sie bitten Sie um Hilfe. Denn es sind *ihre* Hausaufgaben und nicht die Ihren. Sie können ihnen Ihre Hilfe anbieten, aber wenn Sie sich, ohne gefragt zu werden, einmischen, bringen Sie ihnen bei, sich bei ihren Aufgaben auf Sie zu verlassen. Außerdem setzen Sie sich ihrer Kritik aus, wenn Sie die Hausaufgaben nicht so lösen, wie sie oder ihr Lehrer es für richtig halten.

Machen Sie die Wahrheit zum Eckpfeiler in Ihrer Beziehung zu Ihren Kindern. Wenn ein Kind in der Wohnung etwas zerbricht und Angst davor hat, Ihnen davon zu erzählen, weil es sich vor einer Strafe fürchtet, dann haben Sie stillschweigend Regeln aufgestellt, die die Kinder entmutigen, die Wahrheit zu sagen. Sorgen Sie dafür, daß Ihre Kinder die Wahrheit mehr als alles andere im Leben schätzen, und sie werden es sehr zu würdigen wissen, daß sie Eltern haben, die das Lügen unnötig machen. Eine Umgebung, die völlig auf der Wahrheit basiert, ist für ein Kind das Sicherste und Gesündeste. Denken Sie an die Zeit in Ihrem Leben zurück, in der Sie sich, aus welchen Gründen auch immer, gezwungen sahen, Lügen zu erzählen. Denken Sie an die Ängste, die mit einem solchen Verhalten einhergehen. Loben Sie Ihre Kinder dafür, daß sie die Wahrheit sagen. Sprechen Sie mit ihnen darüber, warum sie lügen, wenn sie es tun, und glauben Sie nur nicht, daß Sie ihnen einen Gefallen tun, wenn Sie ihre Lügen ignorieren. Seien Sie offen und aufgeschlossen, so daß Ihre Kinder auch zu Ihnen kommen, wenn sie in Schwierigkeiten geraten sind, und Sie nicht meiden, weil sie sich vor Ihrer Reaktion auf die Wahrheit fürchten. Wenn Sie merken, daß Ihre Kinder Sie anlügen, sollten Sie den Fehler zuerst bei sich selbst suchen: »Was mache ich falsch, wenn ich eine solche Atmosphäre geschaffen habe, daß meine Kinder Angst davor haben, mir die Wahrheit zu sagen?« Gehen Sie dieser Frage nach. Sprechen Sie darüber, wie wichtig es für Ihre Beziehung ist, die Wahrheit zu sagen. Sprechen Sie mit ihnen über die Bedeutung der Zuverlässigkeit und erklären Sie ihnen, daß es viel reifer und bewundernswerter ist, wenn man eigene Fehler zugibt, als wenn man versucht, andere davon zu überzeugen, daß man etwas ist, was man gar nicht ist. Authentisch zu sein ist eine wichtige Voraussetzung für ein Leben ohne innere Zwänge. Seien Sie Eltern, die keine Angst vor der Wahrheit haben, und sagen Sie Ihren Kindern offen und ehrlich: »Ich verspreche dir, dich nicht zu bestrafen, weil du die Wahrheit sagst. Wenn du in ernsthafte Schwierigkeiten gerätst, möchte ich, daß du zu mir kommst und mich um Hilfe bittest. Ich kann vielleicht nicht akzeptieren, was du getan hast, aber ich werde es immer zu schätzen wissen, wenn du mir die Wahrheit sagst. Zwischen uns darf es keine Lügen geben, und auch ich werde mich an die Wahrheit halten.«

Erziehen Sie Ihre Kinder so, daß sie alles Leben auf dieser Welt respektieren. Bringen Sie ihnen von Anfang an bei, daß alles Leben heilig ist. Wenn Sie sehen, daß sie aus reiner Freude Ameisen töten, sollten Sie sie freundlich darauf hinweisen, daß auch die Ameise das Recht auf Leben hat. Ich bin der Meinung, daß man hier keine extreme Stellung beziehen sollte, aber ich glaube, daß es für Ihre Kinder sehr wichtig ist, daß sie lernen, die Geschöpfe Gottes zu respektieren. Maslow hat festgestellt, daß die geistig und körperlich völlig gesunden Menschen das Leben als etwas Heiliges sehen. Erziehen Sie Ihre Kinder zu dieser Einstellung, so daß sie anderem Leben genauso viel Achtung entgegenbringen wie ihrem eigenen. Wenn sie ein Lebewesen sehen, das leidet, sollten Sie sich etwas Zeit nehmen, um ihm zu helfen. Bis zum heutigen Tag ist mir etwas im Gedächtnis geblieben, was ich an einem Tag am Strand tat. Ein Fisch war an Land gespült worden und es war offensichtlich, daß er sterben würde. Ich hob den Fisch auf und warf ihn wieder ins Wasser, aber die hereinbrechenden Wellen waren zu stark, so daß er nicht aufs freie Meer hinausschwimmen konnte, und daher wurde er wieder an Land gespült. Dieses Mal nahm ich den Fisch in meine Hände und hielt ihn unter Wasser, so daß er überleben konnte. Nach zehn Minuten schien der Fisch wieder soviel Kraft zurückgewonnen zu haben, daß er aufs freie Meer hinausschwimmen konnte. Obwohl dies vielleicht albern und unbedeutend klingen mag, hatte ich das Gefühl, daß es mein Los war, das Leben dieses Fisches zu retten. Ich habe nie wieder dieses Gefühl des Triumphes und der inneren Zufriedenheit erlebt, das ich damals erlebte, als ich dem Fisch das Leben rettete. Der Respekt vor allem, was lebt, kann das ganze Tierreich betreffen. Wir leben hier alle zusammen auf der Erde und sollten uns gegenseitig helfen, selbständiger zu werden und gesünder zu bleiben, dann erfüllen wir, so meine ich, eine der wichtigsten Aufgaben in unserem Leben. Wenn Ihre Kinder zu der Einstellung kommen, daß das Leben etwas Heiliges ist, dann werden sie einen Sinn in ihrem Leben sehen können und daher als Mensch glücklicher und zufriedener sein.

Wenn Sie sehen, daß sie brutale Dinge tun, sollten Sie sie fragen: »Glaubst du nicht, daß auch ein Käfer das Recht hat zu leben?« Geben Sie Ihren Kindern zu verstehen, daß alles Lebendige auf dieser Erde Teil dessen ist, warum es uns gibt, und daß das Töten um der reinen Freude willen eine Verletzung dessen darstellt, was uns für kurze Zeit als Geschenk gegeben wurde, während wir uns auf diesem wunderschönen Planeten aufhalten.

Dies waren einige Ratschläge, die ich Ihnen empfehlen möchte, wenn Sie Ihren Kindern eine positive Erziehung angedeihen lassen wollen. Die höheren Bedürfnisse und die Sinnfrage, die das Thema dieses Kapitels waren, drehen sich darum, daß Kinder eine besondere Einstellung entwickeln. Sie möchten sicherlich, daß sie in jedem Augenblick der Schönheit gewahr werden können, die das Leben zu bieten hat, daß sie die Güte der Menschen kennenlernen und daß sie erkennen, wie wichtig es ist, daß sie eine positive, enthusiastische und respektvolle Denkweise haben. Die Einstellung, über die ich hier geschrieben habe, hängt im wesentlichen mit der Entfaltung und dem Glauben zusammen, daß die Welt im Grunde genommen gut ist, daß die Menschen wundervolle Wesen sind, und daß schließlich alles im Leben einem Wunder gleichkommt. Wenn man diese Einstellung bekommen hat, wird man auch in seinem Leben einen Sinn sehen können. Wenn Sie diese zielgerichteten und sinnvollen Ideen vorleben, werden sie sie sich schließlich aneignen. Anstatt zu versuchen, den Zehn Geboten zu gehorchen, werden sie die Zehn Gebote sein, und dann wird es ihnen unmöglich sein, diese nicht einzuhalten, weil sie die *Wahrheit* leben werden, statt sie zu suchen.

Stichwortverzeichnis